»Blandine...«

Von und mit
Blandine Ebinger,
der großen Diseuse
der Zwanziger Jahre,
der kongenialen Muse
von Friedrich
Hollaender

Arche

© 1985 by Arche Verlag, Raabe + Vitali, Zürich
Alle Rechte vorbehalten
Gestaltung: Max Bartholl, Frankfurt
Satz: Uhl + Massopust, Aalen
Druck: Fotorotar AG, Egg/ZH
Bindung: Buchbinderei Burckhart, Mönchaltorf
Printed in Switzerland
ISBN 3-7160-2031-1
(Für die numerierte signierte Ausgabe:
ISBN 3-7160-2032-X)

Mein Marionettentheater

Werft einen Blick hinter die Kulissen meines Marionettentheaters, meine Freunde. Alle sind eingeladen, an den vergangenen Ereignissen teilzunehmen.
So fing es an.
Schon als Kind bepinselte ich meine Figuren mit Gold. Der Rahmenmacher Mümmelmann, ein alter Freund der Familie, schnitzte mir die berühmten Köpfe der Zeit, die wir dann an den Fäden tanzen ließen. Eine der Puppen trug meine Züge. Zu den unterhaltsamen Vorstellungen hatten Mümmelmann und ich stets ein neugieriges Publikum, das sich gern unterhalten ließ: die ganze Familie, Kutscher, Köchin, die Pflegerinnen – mein Vater hatte ein Nervensanatorium –, meine Freundinnen, auch Fremde sahen begeistert zu. Meine Phantasie spielte eine Hauptrolle. Mümmelmann, der pfiffige Alte, nahm alle Überraschungen auf, die mir einfielen, er spann sie sofort weiter. Die Proben waren das schönste, nachmittags, nach der Schule. Mümmelmann liebte es – und verstand es! – zu politisieren. Er setzte den verschiedenen Figuren einfach Hüte auf, verpaßte ihnen seine Meinung – Papa lachte oft laut auf.

Mümmelmann ist längst tot, mit ihm sein Hobby. Aber nicht mein Marionettentheater. Mein Bruder Horst hatte Mümmelmann zugeschaut, wenn er schnitzte. Auch ihm machte es Spaß, mit mir Figuren lebendig werden zu lassen. Es gab neue Köpfe, die wir nur auf die alten Körper aufschraubten. Wir bemühten uns sehr ernsthaft, spielten noch, als wir längst erwachsen waren und unsere Puppen die Züge der Kollegen, der Größen unserer Zeit, trugen. Noch heute spiele ich gern in Gedanken mit Figuren, die mir begegnet sind, mit Menschen von damals. Kurt Tucholsky, stämmig, mit dem eckigen Kopf – meine Phantasie pinselte jene Weichheit in seine Züge, die ihn mir so liebenswert machte, Walter Mehring, immer scharf und spöttisch, Rosa Valetti, alle kommen vor in meinem Marionettentheater; der Maler William Wauer – seine Bilder hängen heute in den bedeutenden Museen der Welt –, und wie sie alle hießen. Alle werden aufgeweckt. Auch der kleine Friedrich Hollaender liegt im Fundus meiner Bühne. Friedel, der Komponist von *Ich bin von Kopf bis Fuß auf Liebe eingestellt,* sah aus wie ein Pilz im Walde, als er mir begegnete.
Machen wir sie alle lebendig!
Vorhang auf!

Eine idyllische Kindheit in Berlin und anderswo

Geschichten meiner Mutter

Ich will von der Mädchenzeit meiner Mutter erzählen, so als wäre sie heute bei uns. Damals, als Margarethe Wezel mit ihrem Vater, dem Herrn Professor Ernst Wezel, »Unter den Linden« spazierenging...

Sie blühten und dufteten besonders stark, die Linden, so empfand es Margarethe.
»Unser Berlin. Ich glaube, es gibt keine schönere Stadt. Außer Venedig vielleicht. Führst du mich dorthin, Papachen? Ich kenne es nur von Aquarellen.«
Der Professor sah seine Tochter an, die er zärtlich liebte.
»Und dann Rom und Florenz, Gretchen!«
»Ach, Papa, wenn ich erst Konzerte gebe.«
Margarethe war ein apartes Mädchen. Schön und mit einer wunderbaren Altstimme. Das feine Gesicht war eingerahmt von weichem, rötlichbraunem Haar. Die gerade Nase und der ebene, feingeschwungene Mund, dessen Winkel leicht nach oben gebogen waren wie bei einem Amor, vollendeten das Bild.
Sie bezauberte. Sie hatte eine Heiterkeit, die nur ganz wenigen Menschen gegeben ist. Sie glich ihrem Vater, der ihre schlanke Gestalt um Kopfeslänge überragte.
»Guck mal, Papa, die Leute schauen uns alle an. Sie halten uns für ein Liebespaar!«
»Unsinn, mein Herz, du bist der Magnet.«
Der Professor sah Gretchen von der Seite an.
»Papa, woran denkst du? Du bist ganz weit weg.«
»Ich dachte an deine Großmutter, an ihre herrliche Stimme, an ihre katastrophale Ehe, daran, wie sie auf das Schönste im Leben verzichten mußte.«
»Das Schönste, Papa?«
»Ja, das Schönste. Die Kunst und die Liebe!« Er machte eine Pause. *»Und auf die Familie.«*
Wieder waren seine Gedanken weit weg. Sie waren bei Gretchens Großmutter Charlotte und ihrem Liebling und Sorgenkind, dem kleinen Karl. Wie oft hatte sie für ihn gesungen, kaum konnte er laufen, da hatte er sich schon an den Flügel gestellt.
Die Liebe zwischen Charlotte und ihrem kleinen Sohn war so innig, daß sie alles andere darüber vernachlässigte. Auch Elise, Gretchens Mutter. Elise führte den Haushalt, kümmerte sich um die Geschwister. Als Karlchen dann an einer Mittelohrentzündung erkrankte, wurde es zur unerträglichen Qual, mit ansehen zu müssen, wie der

Der Großvater: Professor Ernst Wezel

Vater als Arzt seinem eigenen Sohn nicht helfen konnte. Er starb.
Von diesem Tag an war Charlotte nie mehr seine Frau.
»Papa, erzähl mir genau. Das tut sicher gut.«
Er streichelte Gretchens Hand. »Wenn endlich über eine Stelle Gras gewachsen ist, kommt sicher ein Schäfchen und frißt es ab.«
Der Professor gab ihr einen Kuß auf die Wange.
»Du willst also wirklich Musik studieren?«
Gretchen schwieg.
»Ich habe dich angemeldet am Sternschen Konservatorium bei Gustav Hollaender!«
Und nun war er es, der einen Regen kleiner Küsse fühlte.
»Papa, Papa! Wie konntest du das nur so lange bei dir behalten?«
»Ja«, sagte der Vater, »ich habe eben auch meine Geheimnisse. Und jetzt gehen wir zu Kranzler und feiern ganz allein.«
Gretchen übte, ihr Vater freute sich. Seine Frau dachte an

die Kosten. Am Abend saßen sie alle um den runden Tisch. Sie aßen, plauderten, und Papa las ihnen vor. Karl, der Älteste – der Name sollte in der Familie bleiben –, Lisa Margarethe war die zweite. Dann kamen Donchen – eigentlich Sidonie –, die immer abwechselnd futterte und schlief, und Fritzchen, ein Nachzügler, der mit verwunderten Augen in die Welt schaute.

Gustav Hollaender, der Leiter des Sternschen Konservatoriums, nahm Margarethe in Empfang. Er war damals führend in Berlin, ein Mann mit einem freundlichen Lächeln. Er engagierte stets die besten Lehrer, ebenso nahm er nur begabte Schüler.

Er stellte Margarethe einem jungen Herrn vor: »Gustav Loeser. Er ist mein bester Lehrer, und er wird Sie prüfen.«

Gretchen klopfte das Herz. Der Vater sah sie an. Was war denn los? Mut, Mut, Mut, mein Kind, sagten seine Augen. Nun also, bis zum Klavierstuhl hatte sie es geschafft. Gustav Loeser schaute sie ermunternd an.

Was für lange Wimpern er hatte! Was gingen sie seine Wimpern an? Der Vater lächelte. Die Zuhörer raschelten nicht mehr. Gretchen spielte und spielte.

Man applaudierte.

Gustav Hollaender nahm ihre Hand.

»Ich habe die Hoffnung, daß Sie Karriere machen werden«, waren seine Worte. »Sie haben das Zeug dazu. Sie haben uns allen viel Freude gemacht.«

»Ich habe für dich gespielt, Papa!«

Zu Hause nahm man nicht viel Notiz davon, daß sie Erfolg gehabt hatte und aufgenommen worden war. So ein teures Studium, dachte die Mutter wieder. Der Vater saß noch spät in der Nacht an seinem Schreibtisch. Er korrigierte Arbeiten seiner Studenten. Da war auch eine von Felix Hollaender. Unmöglich! Ein leichter Husten, der immer wiederkehrte, zwang ihn, das Fenster zu öffnen. Er ging auf den kleinen Balkon. Der Himmel war voller Sterne. Da – eine Sternschnuppe.

Noch jemand konnte in dieser Nacht nicht schlafen. Margarethe. Auch sie hatte die Sternschnuppe gesehen. Sie schrieb in ihr Tagebuch: »Lieber Gott, ich bin so glücklich, so glücklich – und dankbar, dir und Papa!«

Die Großmutter: Elise Wezel

Schuld

Ich habe Großvater Ernst Wezel nicht mehr kennengelernt, wohl aber erinnere ich mich deutlich an die Großmutter Elise.

Ich saß in ihrem hohen Salon vor einer schönen Vitrine, ein Staubtuch in der Hand. Es waren Theaterferien. Meine Mutter machte Besorgungen im Kaufhaus des Westens. Sie hatte mich auf dem Wege abgegeben und wollte mich später abholen.

Hier sollte ich nun das gemaserte Schränkchen polieren, das sowieso schon glänzte wie ein Spiegel. Um mich herum standen die kostbaren Birnbaumsessel, mit goldenem englischem Brokat überzogen. Ich bekam sie selten zu sehen, meistens standen sie mit den weißen Schutzbezügen wie Gespenster herum. Später würde ich mich auch einmal so verkleiden, ging es mir durch den Sinn. Im Moment interessierte mich ein Ebenholzkasten.

Was könnte darin sein? Zu meiner Überraschung steckte der Schlüssel. Ich machte also vorsichtig auf. In dem mit blauer Seide ausgeschlagenen Kasten lag ein Elfenbeinschmuck, ein schön geschnitztes Medaillon. Ich versuchte, das Medaillon zu öffnen. Das feine, kluge Gesicht meines Großvaters schaute mich an. Es war schmal, und das dichte braune Haar fiel in einer Welle nach hinten.

Plötzlich sagte eine Stimme: »Ja, das ist er, das ist dein Großvater, genauso sah er aus.«

Ich zuckte zusammen. Ich hatte das Kommen meiner Großmutter überhört. Sie betrachtete das Medaillon, dann strich sie sich über die Augen. Ich kannte diese Bewegung an ihr.

»Mein Brautschmuck. Ich trage ihn nie mehr. Vielleicht schenke ich ihn deiner Mutter.«

Ich lächelte.

»Komm hinaus, Blandine, du tust ja doch nichts.«

»Ich möchte noch mehr hören«, wagte ich mich vor.

»Erzähl mir doch von ihm.«

Sie war gleichgültig fast allem gegenüber, seit ihr Mann gestorben war. Viel zu früh hatte sie mit den Kindern allein gestanden. Die Jungen waren schon aus dem Gröbsten heraus und gingen ins Leben. Aber die Töchter hätten den Vater noch sehr gebraucht.

»Ich hätte ihn gern umarmt«, sagte ich impulsiv.

»Du?« erwiderte sie. »Du – du bist doch schuld an allem.«

Mir wurde ganz kalt.

»Ja, guck nur mit deinen großen Augen, du und dein Vater.«

»Aber Tut liebte doch Mami, wieso?«

»Tut, Tut, Tut... Wer nennt denn seinen Vater beim Vornamen, noch dazu bei so einem Namen. Nein, er hat uns nur Kummer gebracht.«

»Ja, aber die Konzerte müssen euch doch glücklich gemacht haben.«

»Konzerte kosten sehr viel Geld, bevor man etwas verdient. Man muß Reklame machen an den Litfaßsäulen und den Impresario bezahlen. Ach, das verstehst du nicht. Mamis kleines Vermögen ist dabei draufgegangen... Dein Großvater hat es nie verwunden, daß seine Tochter, deine Mutter, heimlich heiratete, ihre Karriere zerstörte.«

Stille.

»Als er im Sterben lag und nach ihr verlangte, stand sie unten im Hausflur und wagte nicht, hineinzugehen. Sie schämte sich, weil sie ihr Versprechen gebrochen hatte. Als deine Mutter endlich heraufkam, war alles vorbei.«

Das alles hatte sie nach so langer Zeit nicht vergessen, dachte ich bei mir. Ich schluckte.

Dann hörte ich ihre Stimme: »Da, lauf und hole Kuchen, fünf Sechserstücke. Und sei still, wenn deine Mutter kommt. Ich mache Kaffee.«

Ich lief zum Bäckerladen am Lauterplatz – Friedenau sieht heute noch genauso aus – und holte einen Pfannkuchen, zwei Sechserstücke und einen Mohrenkopf für mich. Als ich zurückgekommen war, drückte mir Großmutter einen Kasten mit alten Bildern in die Hand.

»Ein himmlisches Bild!« rief ich. Meine Mutter guckte auf eine Blume. Er liebt mich, er liebt mich nicht...

»Darf ich es behalten?«

»Ja. Deine Mutter war damals vierzehn.«

»Schau mal den hier, mit den abstehenden Ohren, der sieht ja zum Piepen aus.«

»Ein ekelhafter Bengel, Felix Hollaender! Ein eingebildeter, frecher Mensch.«

Bevor es vier schlug, kam meine Mutter. Ich schaute sie heimlich an, sie war fröhlich wie meistens. Sie wußte ja nicht, was Großmutter mir erzählt hatte.

Warum hatten Mami und Tut heimlich geheiratet? Mein Gesicht glühte. Warum hatte sich Mami von ihrem Mann getrennt?

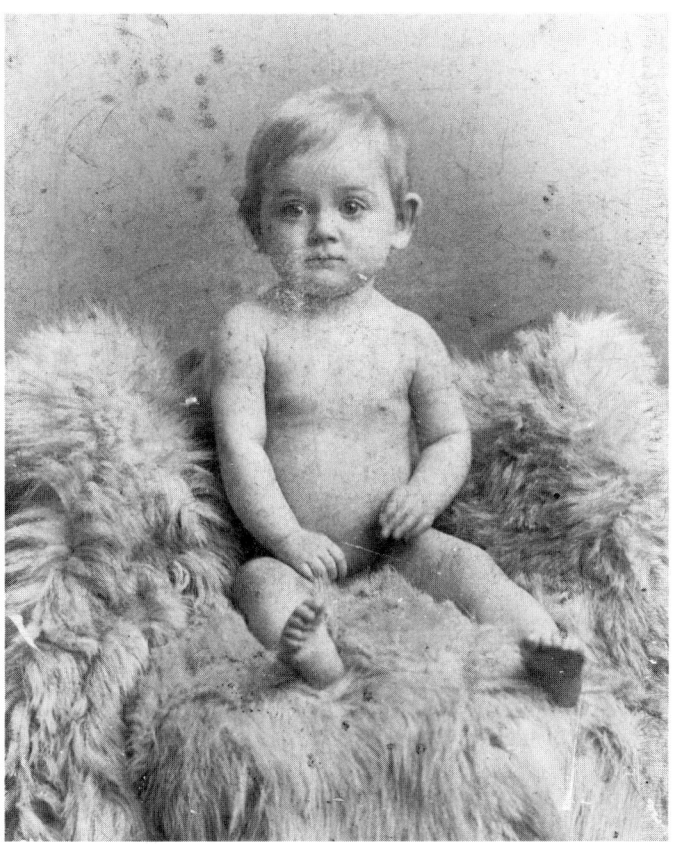
Blandine als Baby

Tagebuch

»Papa schwer erkrankt. Ich übe kaum noch, obgleich er es will. Ich möchte ihm meinen Lehrer vorstellen. Warum erlaubt Mama es nicht? Manchmal spiele ich Schubert für Papa. Er wird immer blasser. Ich kann es nicht mehr ertragen.«
Später: »Wieder ist der Sommer vergangen. Der Arzt hat keine Hoffnung mehr. Wie konnte ich nur glücklich sein, während Papa leidet!«
Dann: »Keiner weiß, daß wir heimlich verheiratet sind. Ich nenne ihn ›Tut‹, sein Kosename, so nannte er sich selbst als Kind. Ich habe eine hübsche Dachwohnung gefunden im Grunewald, eine Art Atelier. Dort stört mein Klavierüben niemanden. – Ich komme gar nicht mehr zum Spielen. Er will es auch gar nicht.«
Im November steht: »Entsetzlich ist so ein Doppelleben. Papa will mich sehen. Ich schäme mich. Bin nicht hinaufgegangen. Stehe unten an der Laterne. All meine Tränen können meine Schuld nicht abwaschen.«
Monate später, nach einer langen, langen Pause: »Ich will kein Kind, nein, ich will es nicht! Was kann ich nur machen! Tut soll ein Konzert in Moskau geben, sein Mäzen finanziert es! Ich will mit ihm reisen und nun... Wie sehe ich aus!«
Wieder eine Pause. Dann: »Da liegt sie. Ich habe sie in meinen venezianischen Schal gewickelt. Sie ist so zierlich! Die kleinen Finger. Große Augen, aber so blaß! Kinder sollen doch rot und kräftig sein! Zweieinhalb Pfund! Ich könnte es nicht ertragen, mein kleines Mädchen zu verlieren. Erst wollte ich es nicht. Doktor König hat mir versichert: ›Gut, daß ich Sie gerettet habe – mit der Kleenen wird det nischt!‹«
»Tut ist ganz aufgeregt, er sucht einen Namen. Er tröstet mich.
Ich habe so wenig Kraft. Ich nehme es als gerechte Strafe und kämpfe um das Kind.
›Det Kind muß registriert werden‹, sagt Anna, die Putzfrau, ›ob se nu stirbt oder nich. Also, wie heißt sie?‹ – Tut schmeißt sie raus. Aber nach einer Woche kommt sie wieder. Sie hat Mitleid mit mir. Sie bringt Brot und Milch. Tut spielt den ganzen Tag. Chopin, Sonaten von Liszt. Ich bin furchtbar schwach. Plötzlich reißt er die Tür auf und schreit: ›Ich hab's, sie heißt Blandine! Wie die Tochter von Liszt!‹

›Na, Jott sei Dank‹, meint Anna, ›na nu ma dalli aufs Standesamt!‹
Er nimmt das Kind – Blandine – aus dem Körbchen, legt es behutsam aufs Klavier und spielt ihm den ›Minutenwalzer‹ von Chopin vor.
Blandine erholt sich, Doktor König spricht vom Wunder.«
Ein Jahr später: »Moskau war ein großer Erfolg, herrliche Kritiken.«
Zwischen den Seiten liegt ein vergilbtes Foto von ihm. Braunes welliges Haar und feine Hände. Er ist zierlich gebaut; trägt eine Schleife, keinen Schlips, sehr elegant. Einen Moment bin ich stolz auf meinen hübschen, klug aussehenden Papa, aber nur einen Moment, denn gleich lese ich:
»Er hat nicht nur einen Erfolg mitgebracht, sondern auch die Sehnsucht nach einer Russin, in die er sich verliebt hat! Sie heißt Mira und will uns besuchen.
All das erzählt er mir! Habe ich ein Kind geheiratet? Er hat keinen Pfennig Geld mitgebracht. Dafür hat er überall von Blandine erzählt und Fotos von uns gezeigt. Schluß mit der heimlichen Ehe!
Der Konsul, der ihn studieren ließ und jeden Monat dreihundert Mark schickte, hat nur geschrieben: ›Ein Künstler heiratet nicht.‹
Ebenso hat Gustav Hollaender reagiert.
Was machen wir nur? Ich muß unterrichten! Woher bekomme ich so schnell Schüler? Gut, daß ich mein Diplom als Klavierlehrerin habe.
Er liegt auf der Erde und komponiert. ›Das Lied der Ophelia‹. Ich glaube, er lebt in den Wolken.«
Später: »Mira aus Moskau ist mit ihrem Mann in Berlin. Sie ist entsetzt über unsere Armut. Eine schöne, aparte Frau. Küßt Blandine und umarmt mich. Tut ist verlegen. Mira schwärmt davon, wie er Tschaikowsky gespielt hat.«
»Tut bringt Mira schluchzend zur Bahn. Einen Tag später macht er mir ein Szene, weil mir ein Schüler die Hand zu lange geküßt hat. Liebe ich ihn noch? Passen wir zwei zueinander?«
»Das Kind ist schwerkrank. Es ist die Milch, eine Art Epidemie. Doktor König hat wieder keine Hoffnung. Starrkrampf. Sie hat mich nicht erkannt.
Ich habe italienische Bilder ausgeschnitten und hänge sie innen ins Bett. Einen Engel von Filippo Lippi, einen von Raffael.
Mein Gott, was wird werden? Es scheint, als hätte er uns verlassen.«

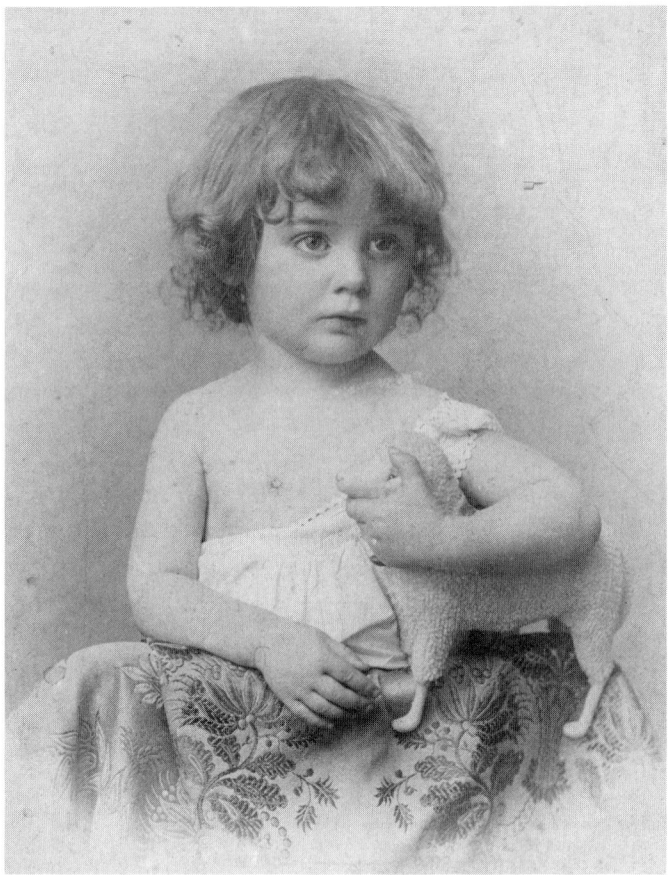

Blandine mit drei Jahren

»Sie ist bewußtlos. Der Arzt kommt zweimal täglich. Wovon soll ich ihn bezahlen? Ich bete zum hundertsten Male... Laß sie leben... Wenn sie so ein Bild erkennt, ist sie übers Schlimmste hinaus.«
»Tut ist wieder auf Tournee. Mama will mir mein kleines Vermögen auszahlen.«
Am nächsten Tag: »Der Arzt hat aufgegeben. Viele Kinder sind schon gestorben. ›Sie können ja noch andere kriegen!‹ – Ich will keine anderen.«
Dann: »Doktor König hat mir einen Hundertmarkschein hingelegt. Auf einem Zettel steht: ›Zahlen Sie es zurück, wenn Sie können, meine Liebe.‹ Er hat mir noch nie eine Rechnung geschickt. Aber ich nehme es nicht als Demütigung. Ich bin dankbar und zahle es ab. Ich kann meinen Trauring versetzen. Wie anders habe ich mir mein Leben vorgestellt.«
»Auf dem Fußboden neben Blandines Bett bin ich eingeschlafen, den Kopf auf einer großen Stoffpuppe. Ich

weiß nicht, wie lange ich so gelegen habe. Ich wurde geweckt von einem feinen Stimmchen. ›Sieh mal, Mami, die Billechen.‹ Hemmungslos schluchzte ich. Doktor König sagt: ›Das verstehe ich nicht, nur Ihre Liebe kann sie gerettet haben!‹«

Das ist das Ende des ersten Tagebuchs. Ich blättere noch in den anderen Bänden.

»›Verlaß mich nicht, Liebste‹, hat er gefleht – aber ich habe Tut verlassen. Er ist auf dem Boden gerutscht, hat meine Knie umfaßt. Blut floß aus seinem Ohr.«

Später: *»Wir sind geschieden. Man brachte ihn in ein Sanatorium. Er konnte und wollte es nicht glauben, daß ich gehe.«*

*Die Mutter:
Margarethe Ebinger
geb. Wezel*

Die verspätete Taufe

»Mami«, »Mami«, ein Wort, das Sicherheit gibt. Ganz ohne Grund, wie ich später erkannte, denn Mütter sind fast genauso hilflos wie Säuglinge.

Ja, wenn der Säugling satt ist, dann liegt er da wie ein kleiner Prälat, und nichts interessiert ihn mehr. Und später, wenn die Kinder größer werden, beobachten sie und erkennen sofort, wie sie am besten etwas für sich erreichen können. Die Zeit raste.

Ich zog Erkundigungen ein.

Die Bücherkiste zum Beispiel war ein herrliches Spielzeug. Aufn – Abn – klettern und Bücher hinunterwerfen – ein Juchzen. – Klatsch! »Pfui, Blandine«, kam es dann von Mathilde, unserer Kinderfrau. Und Schneeflocken fangen! Nur den Mund aufhalten, und sie rieseln herein. Und schmecken schön kalt! Zwei Arme ergriffen mich und trugen mich hinein.

Mami las Zeitung. Ich murmelte immer mit, wenn Mami etwas laut vorlas. Manchmal sagte sie: »Wir werden auch noch Phonetik-Stunden geben.« Ob sie damit mich meinte?

Mathilde erklärte mir später, sie meine mit »wir« den lieben Gott, was ich jedoch für einen Irrtum hielt.

Meine Mutter besorgte zur Vorbereitung erst einmal den »Kleinen Hey«, eine Art Sprech-Schule. Sie las: »Knaben kamen da gegangen, sangen Psalmen, Banner tragend.« Und manchmal sang meine Mutter auch: »He – alte Hanne – her, reich mir die Kanne her, reich mir den...« Und das klang so tief, daß es in meinem Bauch kitzelte.

Ich malte Wörter. Ich malte sie ganz groß, dann klangen sie dicker. Nach einer Weile sagte meine Mutter: »Schmeckst du sie?« Und wir schmeckten Wörter und kosteten sie. »Element« zum Beispiel und »O Mond«. Ja, das war unser Spiel, und ich lachte – und meine Mutter lachte endlich auch wieder.

Ich sagte: »Der Mond ist ein verrücktes Huhn!«

Dann mußte sie sich schnell anziehen und weggehen. Immer war es schrecklich, wenn sie wegging. Sie sagte: »Mach kein Gesicht, ich bin gleich wieder da!«

Da war zwar noch mein Bruder Horst. Aber er wollte nicht mit mir allein bleiben. Er wurde zu einer Bekannten gebracht, die ihn sehr liebte. Das sagte man so von ihr, ich weiß es nicht. Die Dame hieß »Babsi«, und sie war »süß«. Ich blieb bei Mathilde, der Kinderfrau. Mathilde war rundlich und hatte dicke Zöpfe um den Kopf gewickelt.

Margarethe Ebinger

Sie sagte: »Sei nicht traurig. Ich singe für dich: ›Morgenrot, leuchtest mir zum frühen Tod‹...«
Dabei wusch sie die Teller ab, und wenn alles fertig und sauber war, nahm sie ein dickes Buch und ging mit mir in mein Zimmer. Ich zog mich aus. Sie las mir von der kleinen Prinzessin Sina Marien vor und wie sie getauft wurde. Die Kirche war ein Meer von Blumen, die Orgel spielte, ein Engel sang. Der schöne junge Priester hielt das Kind, betupfte es mit Wasser, und die Lichter flammten auf. Paten und Patinnen, also Freunde der freundlichen Familie, knieten nieder und dankten Gott. Sie brachten dem Kind Geschenke und wünschten ihm Gesundheit. Der Segen des Himmels sollte herabkommen und ein treuer Freund ihr zur Seite stehen. Es war alles wahnsinnig aufregend.
Dann las Mathilde weiter. Die Kinder tanzten einen Blütenreigen. Alle gingen in den Orchideengarten, brachten Lilien zurück und Zauberdüfte in kleinen Gefäßen...
»Und einen großen Schinken brachten sie.«
»Nein«, flüsterte ich, »einen großen Löwen – zum Beschützen.« Das fand Mathilde auch nicht schlecht.
»Hörst du die Orgel, Mathilde?« »Nein!« – Pause.
»Ich höre sie.« Wir schwiegen, wie verzaubert von so viel Wunderbarem.
Das Buch hieß: »Tausendundeine Nacht.« Ich habe das Märchen in Mathildes Buch später nie gefunden.
Mathilde war katholisch. So war ihr Sinn für Pracht und Märchen früh geweckt. Sie stammte aus der Gegend der Wieskirche in Bayern. Diese Kirche war ihr wie ein Heiligtum erschienen.
»Ich möchte auch getauft werden, Mathilde.«
Sie erschrak. »Ah, geh, ist das junge Fräulein wirklich so unchristlich?«
Ich befand: Taufe mußte sein – mit ergreifender Musik! Eine Orgel hatte ich allerdings noch nie gehört, aber daß ich nun auch so etwas erleben wollte, war doch nur natürlich. Ich sagte Mathilde, daß wir mit Mami darüber sprechen müßten.
Es stellte sich heraus, daß ich recht gehabt hatte: Ich war nicht getauft worden.
»Sie soll nicht ohne eigene Erkenntnis getauft werden«, hatte mein Vater gesagt und seinen Willen durchgesetzt. Sie hatte eben »Tut« nichts abschlagen können.
Jetzt sollte alles so wie in dem Märchen sein. »Und singen sollen die Leute, und Blumen möchte ich und einen kleinen Freund möchte ich zur Seite.«

14

Meine Mutter schüttelte den Kopf.
»Du mußt noch warten. Blumen und Sänger – ich muß erst noch ein bißchen mehr Geld verdienen.« Dann beruhigte sie Mathilde, versuchte es wenigstens. Mathilde schwieg. Bald mußte meine Mutter wieder weg. Sogar für ein paar Tage. Sie besuchte die reichen Verwandten in Dresden. Mathilde erklärte mir in dieser Zeit den Sinn der Taufe. Kurz und bündig sagte sie: »Magst net in die Gemeinschaft der Heiligen aufgenommen werden, in Himmel kommen, wannst die Sauerei auf Erden hier hinter dir hast? An Schutzengel hast auch net, der guckt dich nit einmal an. Also, vorwärts und wannst in Gefahr bist, da zeigt er dir die andere Seite. Und red'n tut er schon gar net mit dir, net im Traum und auch net abends.«
Einen Schutzengel wollte ich selbstverständlich haben. Ich wollte auch mit ihm reden, tagsüber und im Traum. Warum war Mami nur unterwegs? Diese Dinge waren doch viel wichtiger! Während ich noch nachdachte, sagte Mathilde: »Dein weißes Kleid ziagst an, und dann finden wir raus, wost zuständig bist.«
Am Abend verkündete mir Mathilde, daß ich am nächsten Sonntag getauft werden würde. Sie hatte sich erkundigt. Zwar würde es nicht so sein, wie ich es mir ausgedacht hatte. Nein, wir seien ja leider nicht katholisch, sagte sie. Ob das mit dem Schutzengel dann auch sicher war?
»Na«, sagte Mathilde, »schließlich heißt du Blandine, und das ist das einzig Gute von deinem Papi gewesen. Die hat einen Schutzengel.« Und so stand es in der Geschichte der Jünger Jesu.
Mir fiel ein Stein vom Herzen. Es würde also klappen. Aber ich wollte diesen Zaubertag nicht ohne meine Mutter erleben.
»Aber sie ist doch verreist, he, kapierst des net?«
Dann müßten wir eben warten, bis sie zurückkäme. Es würde mir ohne Mami keinen Spaß machen!
Ja, und dann kam ein Telegramm: »Ankomme morgen.« Mathilde hatte mich sehr hübsch zurechtgemacht. Im Sinn und im Herzen die neue himmlische Welt, ließ ich mich von Mathilde in die Kaiser-Wilhelm-Gedächtniskirche bringen. Dort war ich »zuständig«. Dort wurde ich mit anderen getauft.
Es war aber nicht ganz so, wie ich es mir gedacht hatte. Ich hörte, wie man meinen Namen rief: »Blandine!«
Ich lief zum Altar. Das Wasser auf meiner Stirn war kühl. Aber wo war meine Mutter?

Dem Vater auf die Spur kommen

Meine Mutter hatte unser Leben ohne Tut eingerichtet. Sie gab Schauspielunterricht. So herrschte immer reges Treiben in der Wohnung in der Mommsenstraße, die aus drei Zimmern bestand. Rechts war ein großer Raum, in dem meine Mutter ihren Unterricht gab. Darin standen ein Récamier-Sofa und einige Stühle. Außerdem war ein großer Spiegel an der Wand, davor wurde manchmal geprobt. Und eine riesige Stehlampe. Ich lag gern auf dem Récamier-Sofa.
Mami hatte mir von der berühmten Madame Récamier erzählt. Ich wollte damals unbedingt wie sie werden. Die hatte immer auf dem Sofa gelegen, schöne Gedichte gelesen, um sich herum Freunde, teils auf dem Teppich, teils auf hübschen Stühlen. Sie hatten sich interessante Sachen erzählt. Das wäre meine Welt gewesen, als Mademoiselle Récamier ...
Auf der anderen Seite des Korridors war ein helles Wohnzimmer. Das war mit Biedermeiermöbeln eingerichtet. An den Wänden Bilder von Freunden. Gleich daneben war das Kinderzimmer, in dem mein Bruder und ich schliefen. Dahinter lag die Küche mit dem üblichen Dienstbotenzimmer, dann das Bad. Hinter dem Haus war ein kleiner Garten, den wir aber selten benutzten.
Wir gingen immer auf den Spielplatz in der Mommsenstraße schräg gegenüber. (Es gibt ihn heute noch.) Der Sand war weich und sauber, man konnte herrlich Murksen spielen – ich war stets »Murksenkönigin«. Das war etwas Besonderes. Ich hatte mir beim Murmelspielen einen riesigen Beutel mit Bleimurmeln und Buggern zusammengewonnen, der nachts hinter meinem Bett hing.
Ich konnte oft nur schwer einschlafen. Noch heute bereitet es mir Qualen, wenn jemand nebenan oder über mir Tonleitern übt. Nachdem meine Mutter mir den Gutenachtkuß gegeben hatte, blieb sie an der Tür stehen und hörte mich beten: »Lieber Gott, behüte Mami und alle Menschen, die ich lieb habe. Aber laß den Klavierspieler oben bitte fünf Minuten tot sein.«
»Blandine!«
Der liebe Gott half mir. Friedchen, unsere Hilfe, meinte, er sei entrückt worden. Und ich wußte, daß die Entrückten nie wiederkommen.
Wenn wir einmal gemeinsam in die Stadt gingen, dann meistens in Eile. Fast immer wartete ein Schüler. Als wir

einmal nach Hause zurückkehrten, stand der Fotograf, Herr Lindemann, mit einem Kasten vor der Tür. Er war etwas zu früh gekommen oder wir etwas zu spät. Herr Lindemann wollte Mami »grapofieren«.
»Sie sind selten schön, gnä' Frau«, sagte er.
Ich war mächtig stolz.
Außerdem fanden wir im Briefkasten einen Zettel von Friedchen. Sie würde gleich noch einmal vorbeikommen, sie sei umsonst dagewesen. Sie war schon im Elternhaus meiner Mutter gewesen.
Meine Mutter verschwand mit Herrn Lindemann in dem Zimmer, in dem sie unterrichtete, und bald darauf klingelte Friedchen. Sie hatte ein »Kompotthütchen« auf – so nannte man es –, und sie trug immer eine große Tasche, aus der Überraschungen für mich herausgeholt wurden.
»Friedchen«, sagte ich aufgeregt, »ich habe etwas mit dir zu besprechen.«
»So«, antwortete sie, »aber erst muß ich mich ausziehen und ein bißchen verschnaufen.«
Umständlich zog sie sich den Mantel aus und nahm das Kompotthütchen ab. Dann ging sie in die Küche. Da stand immer ein Fläschchen mit Rum. Davon goß sie sich ein, kam zurück in die Stube, nahm ein Schlückchen und sagte: »Jetzt ist mir schon viel wohler.«
Ich setzte mich auf eine Fußbank.
»Der Weg war anstrengend«, fuhr sie fort, »und es ist recht heiß.«
Friedchen war stets guter Laune. Sie setzte sich hin, holte eine Handarbeit heraus und erzählte. Immer stopfte sie Strümpfe oder strickte. Ich konnte das nicht ausstehen. Ich dachte: Warum können die Leute nicht ruhig dasitzen, die Hände im Schoß falten und einen anschauen? Aber Friedchen fühlte sich wohler, wenn sie auf so einen dummen schwarzen oder roten Strumpf blicken konnte.
»Friedchen«, sagte ich, »du hast doch meinen Vater gekannt, nicht?«
Friedchen guckte mich erstaunt an.
»Wieso fragst du das?«
Ich sagte: »Friedchen, ich habe eine Schuld.«
Friedchen sah noch verwunderter aus. »Du hast eine Schuld? Was für eine?«
»Ja, Friedchen, ich bin dazwischengekommen, ich habe gestört, und das macht mich ganz traurig. Tut hat doch ein Konzert gegeben und wollte ein großer Pianist werden – ich weiß das alles von Großmama. Aber Mami darf nicht wissen, daß ich es weiß.«

Friedchen war richtig verärgert. »Ach, warum kann die alte Dame nicht vergessen!« Sie sah immer nur auf den Strumpf.
»Also, nun hör mal zu: Dein Vater war ein Wunderkind.«
»Ein Wunderkind?« wiederholte ich. Das klang ungeheuerlich!
»Ja«, sagte Friedchen, »er spielte schon als ganz kleiner Knirps himmlisch Klavier. Sein Vater war Kapellmeister und unterrichtete ihn, und er konnte alles nach dem Gehör spielen.«
»Woher weißt du das, Friedchen?«
»Na, Dummchen, natürlich von deiner Mutter. Du wirst das auch einmal erleben.«
Ich sagte: »Lieber nicht!«
»Und einmal, als er wieder in einer Gesellschaft spielte, da kam ein eleganter, seriös blickender Herr...«
»Was für ein Herr?« fragte ich.
»Ein seriös blickender«, betonte Friedchen. »Das war ein Gönner. Ein Mäzen, vastehste?«
Ich verstand nicht genau, aber ich nickte. »Ja, ja.«
»Also, er war ein reicher Mann und ließ den Jungen ausbilden.«
Ach so, jetzt verstand ich.
»Na ja, und später hat er berühmte Lehrer gehabt. Den alten Paderewski. Und dann hat er die Mädchen entdeckt. Hier ein Mädchen kennengelernt und da ein Mädchen. Hat der doch alles deiner Mutter erzählt. Und hier 'ne Liebe und da eine, aber so eine Liebe, wie er zu deiner Mutter empfunden hat, das war wie ein Wunder.«
»Wie ein Wunder?«
»Na ja«, sagte Friedchen, »es gab ja viel Kummer. Ich hab's doch mitgemacht. Das Beste, was er gemacht hat, das bist du! Und darum mußt du deiner Mutter zur Seite stehen.«
Ich überlegte. Ich mit meiner Schuld.
»Friedchen, was muß ich denn machen?«
»Na, lernen mußte, lernen und immer artig sein und hier zu Hause immer alles schön in Ordnung halten und Staub wischen.«

William Wauer

William Wauer brauchte in seiner Schauspielschule eine »phonetische Kraft, eine Persönlichkeit«. Also gut, wir machten uns beide auf den Weg.
Ich trug einen Hut, den meine Mutter selbst gemacht hatte, schwarz und aus Papier gedreht. Dann hatten wir rote Mohnblumen darauf gesetzt. Ich war zwar klein, aber Mamis beste Freundin. Sie schaute mich an, ich schaute sie an, wir waren zufrieden. Sie hatte ihr hellblaues Wollkostüm und eine weiße Bluse an. In dem Raum, in dem Herr Wauer Unterricht gab, standen lederne Sessel. Darin saßen zwei Damen. Die eine hieß Ilse Seeck (die Mutter von Adelheid Seeck), groß, schlank, mit Riesenaugen und einer Stupsnase. Die andere sah sehr apart aus. Es war Irma von Gürgens, eine Baltin, die später Hass-Berkow heiratete. Hass-Berkow war Schauspieler und Regisseur, inszenierte große Pantomimen.
William Wauer kam, ganz beschwingt. Die drei Damen schauten ihn erwartungsvoll an. William Wauer ließ jede eine Rolle lesen, er nickte, er schien zufrieden zu sein. Dann sah er mich an und sagte: »Na, und dieses kleine Mädchen, was will es denn einmal werden?«
Ich antwortete: »Ich werde alles das, was meine Mami ist.«
In einer Woche sollte sich alles entscheiden.
»Wie fandest du Herrn Wauer?« fragte meine Mutter unterwegs.
»Er hat eine zu kleine Nase«, erwiderte ich prompt, »seine Augen sind scharf und sehr blau. Er ist aber zu wenig Mensch, findest du nicht auch? Überall zu klein.«
Mutter sah mich erstaunt an. »Hast du ihn aber genau beobachtet!«
»Ja«, sagte ich, »auch seine Hände sind zu klein. Immerhin heißt er William, William Wauer. Das klingt ganz gut. William Wauer, das könnte ein phonetischer Spruch aus dem *Kleinen Hey* sein: William Wauer, der ist schlauer.«
Meine Mutter wurde als Lehrerin bei Wauer engagiert und hatte nun neben den Stunden bei uns in der Wohnung regelmäßig dort zu unterrichten. Es war keine leichte Zeit für sie, trotzdem war sie, glaube ich, glücklich.
Am Sonntag war sie immer zu Hause. Es hieß: »Blandinchen, du ziehst dein weißes Kleidchen an, um elf kommt Wauer. Er will uns etwas Besonderes erzählen.«
Sie stand am Blumenfenster, und ich fand, daß eine

Die Schauspielerin Margarethe Wezel

schlanke Lilie, die sie mitgebracht hatte, ihr ähnlich war. Oder umgekehrt. Ihr Gesicht ist schwer zu beschreiben. Es war schmal, ihr Haar war leicht gewellt und rundherum eingeschlagen. Ich schaute sie verliebt an.
Meine Mutter fragte: »Was überlegst du?«
»Ich denke an Wauer.«
»Und wie findest du ihn?«
»Ich dachte wieder an seine blitzigen Augen.«
»Und er ist so fröhlich«, sagte meine Mutter. »Seine Fröhlichkeit ist das Schönste. Weißt du, eine kleine Schauspielerin in der Schule hat mir erzählt, daß sich die Frauen seinetwegen umbringen.«
Sie mußte lachen.
»Obwohl er so klein ist?« fragte ich. »Außerdem ist seine Haut ein bißchen gelblich. Vielleicht kommt es davon, daß er zu wenig an die Luft geht.«
»Aber sein Schritt ist elastisch«, erwiderte meine Mutter.
»Wiegend«, sagte ich, »er wiegt sich. Ich glaube, er findet sich bildschön. Sein Charakter ist merkwürdig, nicht?«
»Wieso?«
»Na, wenn er alle Frauen in sich verliebt machen will...«
»Will er das?«
»Na ja, er guckt doch immer jede ganz lange an, so von oben bis unten...«
»Aber, Blandine, er guckt sie an, weil er Maler ist, weil er sie beobachtet.«
»Ach«, sagte ich, »er ist Maler?«
»Ja, wußtest du das nicht?«
»Nein, ich dachte, er wäre Lehrer, Direktor der Schauspielschule, und dann ist er auch Regisseur. Er arbeitet ja mit euch.«
»Ja«, antwortete meine Mutter, »aber eigentlich ist er Maler. Ich habe schon Sachen von ihm gesehen, die mich sehr interessierten.«
Nun wunderte ich mich. »Die hast du gesehen? Wo denn?«
»Er hat ein Atelier«, sagte Mami.
»Du warst also im Atelier?«
Keine Antwort.
»So, hm«, machte ich, »aber ich weiß nicht, Mami, mir kommt es vor, als ob er dich am meisten ansieht. Vielleicht will er dich malen?«
»Nein. Nein, nein, mich will er nicht malen. Er will mit mir eine Rolle besprechen. Das glaube ich schon eher. Er hat mir nichts Genaues gesagt.«
Anna, unsere neue Hilfe, nahm Wauers Hut. Da stand er in seinem graublauen Anzug, die Haare glatt gekämmt und gescheitelt, und sah meine Mutter an. Lange. Dann erfaßte sein Blick den Raum, und schließlich blieb er bei mir. Es gefällt ihm bei uns, dachte ich. Er trug keine Aktentasche. Nur ein paar Bücher und ein langes Ding, das wie ein Block aussah. Seine Haut war heute nicht gelb. Jetzt lachte er sein fröhliches Lachen, das wir alle schon kannten.
»Herr Wauer«, sagte ich, »möchten Sie vielleicht eine knackige Schrippe essen und eine Tasse Kaffee mit uns trinken?«
»Sehr gern«, antwortete er, »sehr gern, Blandine.«
Damit schien alles in Ordnung zu sein.
»Blandine«, sagte meine Mutter, »hier ist etwas, das du uns einmal vorlesen kannst. Vielleicht eine Rolle für dich.«
Ich war ganz verwundert. Ich hatte zwar auch schon Stunden bei ihr, aber jetzt sollte ich tatsächlich etwas spielen?
»Ja«, sagte Herr Wauer, »und deine Mutter wird auch in dem Stück spielen.« Nun hatte er uns beide gewonnen!
»Wo denn? In einem richtigen Theater?«
»Ja«, sagte er, »in einem richtigen Theater.«
Ich mußte mich neben Mami setzen, Wauer saß an der anderen Seite. Wir lasen *Klein-Eyolf* von Ibsen.
»Aber Eyolf ist doch ein Junge!«
»Das kann man bei einem achtjährigen Kind noch nicht unterscheiden!«
In dem Stück kam eine Rattenmamsell vor. Sie entführte »die lieben kleinen Dingerchen«, wie sie sagte. Mir grauste, und ich mußte »ph« machen.
Wauer schaute mich erstaunt an. »Warum machst du ›ph‹?«
»Hach«, sagte ich, »alle diese Viecher finde ich fürchterlich und Mami auch.«
Meine Mutter nickte.
Die Rattenmamsell tat noch viel Schlimmeres: Sie entführte auch Menschen, auch den kleinen Eyolf. Nachdem die Rattenmamsell weggegangen war, suchte Klein-Eyolf sie, er war von ihr verzaubert, wollte ihr nach, aber konnte nicht, denn er brauchte zum Laufen eine Krücke.
»Eine Krücke? Das ist fein«, sagte ich. »Ich kann nämlich gut Stelzen laufen. Ich bin die Beste hier in der Mommsenstraße.«

Wauer schaute mich ernst an. »Aber lustig ist das nicht, Blandine. Es ist eine sehr traurige Geschichte.«
»Ja, ja«, sagte ich, »ich finde es ja auch gar nicht lustig. Nur interessant, und die Kinder werden mich alle beneiden.«
Meine Mutter sagte: »Du kannst jetzt spielen gehen. Es ist wohl genug für heute.«
Ich wollte aber nicht spielen gehen. Ich wollte wissen, worüber sich die beiden unterhielten.
»Ich möchte Sie noch etwas fragen, Herr Wauer.«
»Ja, was denn?«
»Warum haben Sie keine Aktentasche?«
Meine Mutter war erstaunt. »Warum? Das macht doch nichts.«
»Aber wenn Sie so durch die ganze Stadt mit den Büchern fahren, mit der Untergrundbahn und so, dann kann leicht eins hinunterfallen. Sie haben ja nicht einmal einen Riemen darumgebunden, so wie ich bei meinen Schulheften.«
»Gut beobachtet«, sagte er, »sehr gut! Ich wohne nicht weit von hier. Von eurem Hinterzimmer aus könnt ihr in meine Wohnung sehen.«
Wir lasen nochmals das ganze Stück, und dann erklärte Wauer: »Ja, sie kann es. Wirklich. Sie spielt den kleinen Eyolf ja schon bei der ersten Leseprobe. Wir werden weiterarbeiten!« Hierauf zog er den Zeichenblock hervor und sagte zu Mami: »Bleiben Sie so!«
Mami saß in der Sofaecke, hatte das Kinn in die Hand gestützt und freute sich, daß wir beide nun Theater spielen sollten. So skizzierte Wauer sie. Später ist daraus eine Rötelzeichnung geworden, die noch heute in meinem Arbeitszimmer hängt. Sie ist so ähnlich, so lebendig. Immer wieder habe ich das Gefühl, meine Mutter sitzt in der Sofaecke und lächelt, hört mir zu. Dieses Bild spricht.
Wauer probte.

Knabe mit Krücke: Blandines erste Rolle

Endlich hatten wir auch ein Theater. Leipzig! Dort sollte *Klein-Eyolf* aufgeführt werden. Wir packten unsere Kostüme ein, fuhren mit dem Auto zum Bahnhof. Ich hatte meine Krücke ausprobiert, war schon in der Mommsenstraße bewundert worden und konnte hinken.
Die Tragik kam mir erst auf der Bühne zu Bewußtsein. Auf der Bühne war ich plötzlich der unglückliche behinderte Junge.
Zur Generalprobe waren einige Leute geladen. Ich spähte durch den Vorhang und sah sie im Parkett sitzen. Auf einmal überfiel mich eine ganz merkwürdige Aufregung. Diese Menschen da unten wollten also *Klein-Eyolf* sehen. Ich mußte mich jetzt verwandeln, ich mußte der kranke kleine Junge werden. Ich war so verwirrt, daß ich kaum sprechen konnte. Da kam auch schon die Schauspielerin, die die Rattenmamsell spielte. Sie sah gräßlich aus. Ein ekelhaftes graues Kleid aus lauter Fellen hatte sie an. Als sie von den »lieben Dingerchen« sprach, grauste es mir vor ihr. Ich war also ganz in der richtigen Stimmung.
Die Generalprobe lief zur vollen Zufriedenheit aller, wie Herr Wauer sagte.
Premiere. Meine Mutter und ich gingen in die Garderobe. Ich wurde nicht geschminkt. Schade. Nur ein bißchen gepudert. Man zog mir eine kleine Uniform an und setzte mir die Knabenperücke auf. Jetzt war ich ganz der kranke Klein-Eyolf. Kurz vor Beginn der Vorstellung kam wieder diese Aufregung, die wie ein Fieber war. Ich merkte, wie ich mich verwandelte. Ich saß mit meinem »Vater« auf der Bühne, der Rattenmamsell gegenüber. Da bewegte sich plötzlich ihre Handtasche.
Ich schrie auf: »Da zappelt etwas im Beutel!«
Aber sie beruhigte mich. Es war Moppelchen, ihr Hund, der eine scheußliche Schnauze hatte!
Später sagte sie zu mir: »Komm, kleiner blessierter Krieger, komm!« Ich war wie hypnotisiert. Ich konnte das gar nicht ertragen. »Komm!« hörte ich nur immer wieder. »Komm!« Ich folgte ihr, als zöge sie mich. Ich hörte Musik vom See. Ich ertrank. Meine Eltern auf der Bühne waren verzweifelt. Der Vater rief: »Da schwimmt die Krücke!«
Asta, meine Tante – das war Mutter –, kam zu dem todunglücklichen Vater und sagte: »Ich bringe Blumen aus dem Teich, einen Gruß von Klein-Eyolf.«

Dann fiel der Vorhang, und nach der Stille brach tosender Beifall aus. Die Leute konnten sich gar nicht beruhigen. Wir mußten sehr gut gewesen sein. Sie riefen: »Bravo!« Aber meine »Eltern« waren todunglücklich. Meine »Tante«, meine Mutter, hatte Tränen in den Augen, und ich wußte gar nicht mehr, was los war. Ich hatte ganz vergessen, daß noch ein Akt zu spielen war. Ich sah von der Kulisse aus, wie begeistert das Publikum war, wie es klatschte, und ich sah, wie unglücklich mein »Vater« blickte, als er neben meiner »Mutter« stand, und wie seine Lippen zitterten. Da hielt ich es nicht länger aus. Ich nahm meine Krücke unter den Arm und ging auf die Bühne. Jetzt wurde der Beifall noch größer, und die Leute riefen: »Bravo, Klein-Eyolf, bravo!«
Und dann fiel der Vorhang.
Ich aber hatte den armen Ibsen getötet.

Blandine Ebinger als Klein-Eyolf

Theatersehnsucht

Mami machte Besorgungen. Zwei ihrer privaten Phonetik-Schüler klingelten. Sie kamen zu früh. Ich öffnete, sie rasten herein. Sie sahen mich kaum, warfen Hut und Mantel auf den Boden. Thymian und Mira Nonna, so nannten sie sich, weil sie mit ihren wirklichen Namen nicht zufrieden waren.
»Aber was ist wirklich?« rief Thymian und kniete vor Mira nieder.
Wirklich war ihre Migräne.
»Mein Kopf«, schrie sie, »oh, mein armer Kopf! Und du bist es, der mir diese Schmerzen bereitet. Du, mein Vernichter!«
Thymian zitterte vor Schmerz.
»Wasser!« brüllte er. »Waasser!«
Ich sauste in die Küche und brachte einen großen Krug, den ich mit meinen kleinen Händen kaum halten konnte. Thymian goß ihn Mira in den Ausschnitt, über den Kopf, den Rest trank er aus.
Mira sprang hoch wie elektrisiert und gab ihm eine schallende Ohrfeige.
»Hebe dich hinweg!« schrie sie.
Aber er ergriff ihre Finger, küßte jeden einzeln wie wahnsinnig und wiederholte immerzu: »Diese Spargelspitzen! Oh, diese Spargelspitzen! Er hat sie berührt, dieser Hund von einem Regisseur, dieser lahme Salamander! Geseufzt hast du, hast Hingabe angekündigt, dein Leib wogte – und ich? Was bin ich?«
»Der Mohr von Venedig«, antwortete Mira mit ihrer tiefen Stimme.
»Ins Gedärm stoße ich ihn!« stöhnte Thymian und schwang unseren guten kleinen Barocksessel. Er setzte ihn so nieder, daß er knackte und zwei Beine verlor.
Ich verschlang ihre Worte und hoffte nur, er würde nicht den Spiegel in unserem Wohnzimmer zerstören, den Mami für die Phonetik brauchte. Schon stand er davor und betrachtete sich. Sein wütender Ausdruck schien ihm zu gefallen, denn er wurde still.
»Versager!« blubberte Mira.
Plötzlich duckte er den Kopf, schrie »Feuer!« und wollte sich in den Spiegel stürzen.
Jetzt war mein Auftritt gekommen, ich spürte es instinktiv. Ich schlüpfte durch seine Beine, sprang auf den kleinen Seidenhocker. Den goldenen Spiegel mit dem Rücken deckend, griff ich in seinen langen schwarzen Vollbart und

piepste mit aller Kraft: »Verlager, oller Verlager, der gehört Mami!«
Ich hing an dem Bart. Er riß ein wenig. Thymian plumpste auf den Teppich. Mira stürzte sich auf mich. »Ha, Raubkatze!«
Da öffnete sich die Tür, meine Mutter stand auf der Schwelle. Das Zimmer sah ganz zerwühlt aus. Ein seidenes Kissen war aufgerissen, und die Federn klebten an Mira. Wie ein Sonntagshuhn, stellte ich fest und mußte lachen. Meine Mutter nach einem Weilchen auch. Da wurden die beiden nüchtern.
»Seine Eifersucht«, weinte Mira, »entschuldigen Sie.«
Ich hob den kleinen Stuhl auf.
Thymian sagte: »Ich heile ihn.«
Aber meine Mutter antwortete: »Geht jetzt. Wenn ihr nur auf der Bühne so gut wäret wie im Leben.«
»Sie haben wunderbar gespielt, Mami.«
»Nicht gespielt«, schluchzte Mira. »Ich verlasse ihn, er hat mich um meine Rolle gebracht.«
»Nur durch die Betten erreicht sie etwas, diese talentlose Henne!«
Mira rannte aus dem Zimmer.
»Das war nicht recht, Herr Meyer«, sagte meine Mutter.
»Laufen Sie ihr nach.«
Er stürzte aufheulend davon.
Meyer heißt er, dachte ich, Thymian Meyer? Und nur durch die Betten? Das verstand ich erst viel später.
»Durch Betten erreicht man was?« fragte ich Anna, unser Dienstmädchen.
»Durch Beten.«
»Ach so. Wieso war Thymian so wütend, wenn Mira mit dem Regisseur gebetet hat?«
Am nächsten Tag spielte ich meiner Mutter die ganze Szene vor. Sie lachte so sehr, daß ihr die Tränen herunterkullerten.
Bei allen Gelegenheiten spielte ich das nun. Wenn mein Bruder Horst mitmachte, wurde es noch besser, aber leider weigerte er sich oft. Er wollte nie die rote Hose anziehen, die meiner Meinung nach unbedingt dazugehörte. Differenzierter, aber mit der ganzen Leidenschaft meiner Kinderjahre habe ich sie erfolgreich Max Reinhardt vorgespielt. Er hat genauso gelacht.

Das eigene Theater

Wauer hatte sich sterblich in meine Mutter verliebt, sie sprachen vom Heiraten. Nun würde er mir meine Mutter wegnehmen. Aber es sollte anders kommen. Jemand berichtete es der Frau, die seinen Sohn aus der geschiedenen Ehe erzog. Sie drohte, das Kind und sich zu erschießen. Heimlich, ohne meiner Mutter etwas zu sagen, heiratete er diese Frau. Ich war natürlich froh darüber.
Zwischen Wauer und meiner Mutter war es aus. Vorläufig.
Meine Mutter wollte immer ein eigenes Theater haben. Nun ergab sich plötzlich eine Gelegenheit. An der Potsdamer Straße in Schöneberg wurde ein Laden in ein Theater umgebaut. Meine Mutter bewarb sich um die Konzession und erzählte Wauer davon. Er war auch gleich zur Stelle.
Mami sagte: »Als erstes bringe ich Blandine heraus. Sie spielt *Prinzessin Madeleine* von Maeterlinck.«
Frau Margarethe Ebinger bekam die Konzession, und Wauer führte Regie bei *Prinzessin Madeleine*, die wir in unserem »West-Theater« – so nannten wir es im Gegensatz zum »Theater des Westens« – herausbrachten. Meine Mutter war Wauers Regie-Assistentin. Es wurde ein beachtlicher Erfolg, wir spielten eine ganze Reihe ausverkaufter Vorstellungen. Gute Presse. Eines Abends aber wurde die Vorstellung entsetzlich gestört durch lautes Getrappel über unseren Köpfen. Was war geschehen? In die Etage über uns war eine Ballettschule eingezogen. Damit war unser Theater erledigt.

Herr und Frau Sonderblume

Wegen meines Theaterspielens kam ich oft nicht zu meinen Hausaufgaben. Daraufhin riet unser Lehrer meiner Mutter zu einigen Nachhilfestunden. Ich mußte dreimal in der Woche nachmittags zu Herrn Sonderblume gehen, einmal für Mathematik, einmal für Deutsch und einmal für Naturkunde. Ich ging gern zu ihm. Wenn ich klingelte, freute ich mich schon auf sein Gesicht. Zuerst hörte ich seine schlurfenden Schritte, dann öffnete er die Tür. Sein lockiges graues Haar war in der Mitte gescheitelt, und die Backen waren rosa, wohl vom Nachmittagsschlaf. Ich machte einen Knicks, und er hielt meine Hand in seiner riesigen Pratze.

»Wird schon werden, Blandine!« sagte er jedesmal. Frau Sonderblume brachte mir regelmäßig eine Tasse Schokolade und sagte beim Hinausgehen: »Nun paß gut auf.«

Naturkunde hatte ich am liebsten. Er fing immer mit dem Maikäfer an, der habe eine lange Entwicklung. Er erzählte vom Engerling, und ich schaute ihn aufmerksam an. Vielleicht hypnotisierte ich ihn, denn gleich darauf faltete er die Hände über seinem Bauch und schlief ein.

Derweil las ich in meinem Stück *Die Gräfin und der Bettelmann*. Der Bettler will der Gräfin ein Bier wegtrinken. Da ist die Gräfin sehr ärgerlich. Darum sagt der Bettelmann:

Liebe Gräfin, verzeihen Sie mir,
daß ich Sie gestört hab' bei dem Bier.

In Deutsch gab er mir einmal die Hausaufgabe, neue Wörter zu bilden. Dieses Spiel hatte ich oft allein gespielt, aber noch nie hatte ich die Wörter aufgeschrieben. Da standen sie nun. Deklinieren konnte man sie nicht. Sie gehörten zu einer ganz neuen Sorte, die ich mir ausgedacht hatte.

Trumbalowski	*olasümbre*
kalle detto	*schnüse, schnüse*
usa, usa	*kano quatschke*
transpoviel	*super di*
walla, walla	*düsenbabske*
sonderplitzki	*sone sane*
mu'chen, mu'chen	*salamanche*
knallmobil	*zustra ziel. DADA standen sie!*

Meine neuen Wörter klangen so lustig. Ob sie Herrn Sonderblume auch gefallen würden?

Sie interessierten ihn nicht. In der nächsten Stunde wollte er mit einem Diktat beginnen. Ich sagte zaghaft: »Wir ... wir wollten doch die neuen Wörter durchnehmen, die Sie mir aufgegeben haben ...«
»Ach ja, sehr richtig! Natürlich, mein Kind. Also, das Diktat später. Es wird nur ein kurzes, keine Sorge. Das lese ich allein.« Damit nahm er mir das Heft aus der Hand. Ich freute mich schon auf sein Lachen.

Sonderblume las und las immer wieder von neuem. Er verzog das Gesicht, aber nicht zu einem Lächeln. »Das nennst du Wörter bilden?«

Ich war verwirrt. »Ja, das habe ich doch getan.«
»*Sooo? So* hast du mich verstanden? Kennst du nicht die Wörter ›abgrundtief‹ und ›himmelhoch‹? Wie? Willst du deinen alten Lehrer verhöhnen? Du ... Du ... Pfui, Blandine!«

Er schlug mit der Pratze auf den Tisch. Mitten ins Tintenfaß. Seine roten Backen waren jetzt blaugepunktet.
»Du schlimmes Ding ...«

Er fuhr sich mit der Hand über die Nase, die jetzt ganz blau war, suchte nach seinem Taschentuch, schmierte sich die Tinte in die Stirn und in die Haare. Er sah aus wie »gebatikt«. Ich staunte. So etwas hatte ich noch nie gesehen.

Nun fing er an zu zittern, und ich bekam Angst um ihn. Er knallte nochmals mit der Faust auf das Heft, so daß das Faß hochhopste und sich ein kleiner Bach auf die neue Decke ergoß, an der seine Frau drei Jahre gestickt hatte. Sonderblume schrie: »Hab ich das verdient? Hab ich das um dich verdient, du ... du ...«

Schritte kamen näher. Die Wohnung hatte einen langen Korridor. Herr Sonderblume bekam wohl Angst vor Marthchen, seiner Frau, weil er die Decke begossen hatte. Schnell nahm er ein Sofakissen und drückte es auf den Tisch. Dann rannte er auf den Balkon.

Marthchen erschien in der Tür.
Er saß hinter hängendem Efeu und roten Geranien.
»Was ist denn?«

Ich warf mich schnell auf das Kissen, den Kopf legte ich auf meine Hände. Ich merkte, wie ich anfing zu lachen, aber dann tat er mir leid, und mein Lachen verwandelte sich in Weinen, meine Schultern zuckten.

»Beruhige dich, Kindchen, beruhige dich«, sagte Marthchen. Sie brachte mir die übliche Tasse Schokolade. Die Tasse wackelte in ihrer Hand, sie stellte sie auf das »gute Buffet«. Dabei entdeckte sie, was geschehen war, und sie flüsterte: »Meine Decke, mein Kleinod!« Sie gab einen gellenden Schrei von sich.

Inzwischen war Herr Sonderblume wieder ins Zimmer getreten. Er hatte wohl vergessen, wie er aussah.

Seine Frau hob den Kopf, warf die Hände hoch, zog eine Schere aus der Tischschublade und sprang auf mich zu.

»Ich steche dich«, stieß sie mit verdrehten Augen hervor, »steche dich, du Biest!«

Der arme blaugefärbte Lehrer schlug ihre Hand weg. Die Schere sauste an mir vorbei und bohrte sich in meine Imbißtasche, die am Stuhl baumelte.

»Pfui, Blandine!« schrie sie mit heiserer Stimme.

»Pfui, Blandine«, wiederholte er, »wie konntest du dich unterstehen?«

Er wischte ihr die Tränen aus dem Gesicht, und plötzlich hatte sie einen blauen Schnurrbart. »Hinaus, hinaus mit dir!« krächzten beide heiser, und ich wollte zur Tür sausen.

Die Decke blieb am Knopf meiner Jacke hängen. Der Rest der Tinte ergoß sich über den Fußboden. Mit Mühe konnte ich die Stickerei abmachen. Sie verhakte sich immer wieder.

Als ich mich endlich befreit hatte und losrennen konnte, rief er mir nach: »Düsenbabske, super di.« Der arme Sonderblume. Er hatte meinen (ganz naiven) DADA-ismus einfach nicht verstehen können. In mein Poesiealbum hatte er geschrieben:

> *Schläft ein Lied in allen Dingen,*
> *Die da träumen fort und fort,*
> *Und die Welt hebt an zu singen,*
> *Triffst du nur das Zauberwort.*
> *Josef Eichendorff*

Darunter steht:

»Liebe Blandine, finde immer im Leben das Zauberwort. Das wünscht Dir Dein treuer Lehrer Claudius Sonderblume.«

Mit Spucke hatte ich damals eine kleine Träne darunter gesetzt. Ich war doch ein schlimmes Ding. Aber manchmal finde ich das Zauberwort...

Idole

Nach *Klein-Eyolf* spielte ich regelmäßig Theater. Lauter Kinderrollen.

Ich beobachtete alles sehr genau, wollte mir für Rollen etwas stehlen. In der U-Bahn zum Beispiel. Es gab da Leute, die brutal stießen, und andere, die sich eingeschüchtert nach hinten boxen ließen. Es gab Frauen mit verhärmtem, müdem Gesicht. Es gab die jungen Mädchen, die noch alles vor sich hatten und dachten, alles sei ganz leicht. Ja, und dann gab es große Schauspieler, die ebenfalls mit der U-Bahn fuhren. Man konnte dort viel mehr beobachten als in einem Privatauto.

Damals erschienen sehr viele Artikel über Eleonora Duse. Natürlich fielen diese Geschichten in ein Herz, das bereit war, alles aufzunehmen, was mit Gefühl und Liebe und Begeisterung zu tun hatte. Daß diese Frau, diese große Schauspielerin, so an diesem merkwürdigen d'Annunzio hing?! Irgend etwas war wohl an ihm, obwohl er doch schließlich nichts für sie getan hatte, als sie alt und krank war! Ich verschlang jede Meldung, jede Geschichte über sie. Das war meine »Duse-Zeit«. Ich ging umher wie die Duse, und meine Mutter sagte: »Laßt sie in Ruhe, jetzt ist sie die Duse.« Viel später sah ich dann einen Film mit ihr. Ich erinnere mich nicht mehr genau daran, nur wie sie an einem Baum lehnte und auf die grünen Wiesen blickte, wie sie ihren Arm hob, den Kopf darin verbarg – dieser Ausdruck in ihrem Gesicht, diese Sehnsucht, dieses Leiden, das sehe ich heute noch vor mir.

Freudlose Zeit in Dresden

Ich hatte es gar nicht gern, wenn ich von daheim weg mußte. Meine Mutter fehlte mir dann sehr. Sie vermied es auch, wann immer es ging. Die schlimmste Trauer ergab sich, als sie mich für lange Zeit nach Dresden schickte. Mein Bruder Horst kam zu einer befreundeten Dame, ich nach Dresden zu den reichen Verwandten meiner Mutter. Millionäre waren sie. Der Onkel liebte mich besonders und sagte oft, ich würde dereinst alles erben. Aber das fand ich höchst uninteressant. Ich wollte gar nicht erben. Sie führten ein ernstes Haus. Bei Mami war's schöner!

Und dann Sarah Bernhardt. Das war erschreckend komisch. Sie spielte im Film Die Kameliendame. *Wenn es gefühlvoll wurde, schlug sie die Augen nieder und warf die Arme in die Luft. Diese Spielweise war schon damals problematisch. »Beiseite spielen« setzte sich durch – so wie bei amerikanischen Schauspielern, die ihre Sätze und Pointen einfach »fallen lassen«. Einmal sah ich zusammen mit einem Amerikaner den Blauen Engel. »Gosh, that Jannings is awful, he's a real ham!« war sein Kommentar. Das war die Szene, in der sich Professor Unrat ein rohes Ei auf dem Kopf zerschlägt und wie ein Hahn kräht. Das deutsche Publikum war damals begeistert, besonders die Berliner, weil sie »ihren Jannings« sahen. Aber für die Amerikaner war diese Rollenauffassung zu dramatisch.*

Wir gingen kaum ins Dresdner Theater. Die Höhere Schule war wichtiger. In der Nacht lag ich oft mit offenen Augen da und sehnte mich nach Hause. Warum holte mich meine Mutter nicht? Weihnachten kam. Ein Baum wurde gekauft. Ich schmückte ihn zusammen mit Clärchen, der Hausangestellten. Sie war meine Freundin geworden. Wir fertigten rosa Rosen aus Papier an. Aber dann kam die Tante herein und riß den ganzen Schmuck herunter, alle Rosen machte sie kaputt und zertrampelte sie mit den Füßen. Ich rannte mit Clärchen in ihr Zimmer: Sie war ganz ruhig und stickte an einer langen Decke mit roten Blumen rum.
»Warum macht die Tante das?«
»Sie hat ihr Kind verloren«, sagte Clärchen. »Sie will keinen Baum mehr.«
»Warum hat sie dann einen gekauft?«
»Sicher deinetwegen. Aber sie kann es eben nicht.«
Immer mußte ich gemeinsame Spaziergänge mit Onkel und Tante machen. Sie disziplinierten mich. Ich sollte meine Hände an Knöpfen halten, die seitlich (eigens) am Mantel angenäht worden waren, weil ich so sehr mit den Armen schlenkerte! Dabei machte Schlenkern soviel Spaß. Einen Sahnebaiser bekam man nur, wenn man brav gewesen war. Alles mußte man sich bei meinem Onkel verdienen.
Während ich in Dresden litt, probte Mami in Berlin ein Stück. Dann spielte sie es allabendlich – ich glaube, es hieß *Der Kuß auf der Redoute*. Kein literarisches Werk, aber manchmal müssen Theater ja auch etwas Seichtes spielen, das einfach nur Geld einbringt. Regie führte William Wauer.
Nach einer Vorstellung wollten Irma von Gürgens und Ilse Seeck auf einen Ball gehen. Meine Mutter sollte unbedingt mitkommen. Wauer platzte vor Wut, als sie entschied, sie wolle auf diesen Ball. Sie trug ihr hinreißendes schwarzes Pansamtkleid mit drei großen Silberknöpfen.
Ballsaal, schöne Frauen, Männer im Smoking... Mami stellte sich an eine Säule.
Dieses Bild muß wohl den Arzt Dr. Ernst Ebinger so fasziniert haben, daß er einen Kollegen bat: »Bitte stellen Sie mich dieser Schönheit vor.«

Ein neuer Vater

Endlich kam die ersehnte Nachricht: Meine Mutter würde mich nach Hause holen. Es würde alles so sein wie früher. Nur etwas sollte anders sein: Wir würden einen Papa haben.
Meine Mutter hatte ein taubenblaues Kostüm an, als sie mich abholte. Sie sah überarbeitet aus. Auf ihrem kastanienroten Haar saß ein breitrandiger Hut, mit zarter Spitze bedeckt, auf dem einige blaßrote Kirschen verstreut lagen. (Einmal spielte mein Bruder Horst Reifen mit ihm, auf dem Damm in der Mommsenstraße!)
»Und jetzt lernst du deinen neuen Papa kennen«, sagte sie.
»Darf ich ihn gleich duzen?«

Die Eltern: Margarethe Ebinger und Dr. Ernst Ebinger

»Wenn er dir gefällt, sonst lächle nur.«
Ich tat alles wie besprochen. »Papa« saß in einer Wolke. Pfeifenrauch umschwebte ihn. Er sah mich freundlich an und sagte: »Bißchen blaß sieht sie aus.«
Dann strich er mir übers Haar, lachte: »Na, was machst du denn am liebsten?«
Ich dachte, er meine die Schule, und antwortete: »Stafettenlaufen und Gedichte. Ich habe eine Eins in Deutsch!«
»Sehr erfreulich! Nun geh spielen.«
»Spielen?«
»Ja, lauf in den Garten. Tu, was dir Spaß macht!«
Er hatte gewonnen. Schnell gab ich ihm einen Kuß auf die stachelige Backe.
»Du, Papa, ist Mami nicht furchtbar schön?«
»Hm ... So? Na ja.«
Das war am Morgen. Am Abend saß er wieder in der Wolke. Er saß überhaupt immer in einer Wolke, morgens wie abends. Damals wurde mir klar: Männer schlafen nicht!
Am nächsten Morgen stiegen wir alle in den Zug, der uns in den Schwarzwald brachte. Der Doktor Ebinger hatte befunden, daß seine neue Frau dringend gute Luft brauche. Er hatte sich um eine Dorfpraxis beworben.
Wir kamen spät abends in Vöhrenbach an. Auf dem Bahnhof stand ein kleiner Junge mit einem großen Blumenstrauß, hinter ihm noch viele andere Kinder. Schließlich der Apotheker, ein Amtmann und der Arzt, der Vöhrenbach verließ. Ich fand, es war wie ein Fest. Die riesigen Tannen, die netten Leute und das schöne Haus, in dem unten die Apotheke war.
Eine große Straße führte durch den kleinen Ort, ein breiter Bach um unsern Garten, und abends konnte man die Sterne beinahe abpflücken, so tief am Himmel hingen sie. Den Knaben vom Bahnhof sah ich in der Dorfkirche wieder. Er war Ministrant und sah sehr ernst aus. Er wurde Mohrle genannt. Er hatte ein langes weißes Kleid an. Ich hätte gern mitgespielt, aber Mädchen dürfen keine Ministranten sein. Ich wollte auch Weihrauchduft verbreiten, ein Fäßchen schwingen, wollte mitsingen, damit ich im Falle des Todes ein schöner Nebenengel würde wie auf dem Bild von Filippo Lippi in meiner Stube. Aber da ich nicht mitmachen durfte, konnte ich ebensogut evangelisch bleiben.
Es war ein Winter, wie ich ihn noch nie erlebt hatte. Die Flocken tanzten. Oh, Eiszapfen!

Gleich gegenüber von unserem Haus in der Hauptstraße war eine Konditorei. Sie sah wie ein richtiges Knusperhäuschen aus. Weißverbrämt mit einem schiefen Dach und vielen Pfefferkuchenherzen im Schaufenster. Statt der Hexe stand ein kleines Mädchen hinter dem Ladentisch und ordnete Kringel, Engel und kleine Pilze, alles aus Marzipan. Aber sie war nicht die Gretel aus dem Märchen, sie war das Sophiele.

»Bischt du das Dokterle?« Ich nickte.

»Bist du allein? Koste mal. Heute ist keine Schule, nur nachmittags von eins bis vier Uhr Handarbeit.«

Wir kicherten. Ich bezahlte und verkündete die Neuigkeit sofort in der Küche: drei Stunden Handarbeit. Ich wollte doch singen. Beim Hinausgehen knipste ich zwei Eiszapfen ab.

»Isch a Glück, da sin mer di los, du kleine Hummel.«

Das war die dicke Rosa. Sie tat Forellen in einen großen Topf und sang mit dröhnender Stimme: »Leise rieselt der Schnee!« Unbemerkt steckte ich ihr die Zapfen in den Nacken. Da rutschte ihre Stimme aus – und ihre Hand. Aber ich war schneller.

Ein Hauslehrer wurde gesucht. Meistens kamen die Kinder des Arztes in ein Internat, aber das wollte meine Mutter nicht. So ging ich am folgenden Tag in die Dorfschule und wurde als Blandinele vorgestellt. Ich wurde angestarrt, teils mißtrauisch, teils bewundernd.

Ach, mein schreckliches Hochdeutsch! Keiner nahm es an. Dafür fing ich an zu schwäbeln und sagte nach jedem Satz: »gell«, was meine Mutter nervös machte und mir gelegentlich eine Backpfeife eintrug. Ich versuchte, es zu unterlassen, statt dessen entschlüpfte mir nun bei jeder Gelegenheit »Jesses Maria und a Stückl vom Joseph«. Das bin ich heute noch nicht losgeworden.

So verging uns Kindern die Zeit. Wir spürten sie gar nicht. Sie verflog. Mein neuer Vater liebte den Schwarzwald. Wenn er Zeit hatte, machte er lange Spaziergänge. Es war wirklich wie im Bilderbuch. Die Leute waren freundlich. Man ging zur Kirche. Es schien alles wunderschön zu sein. Wie man es auf ein Blatt Papier malt.

Doch in Wirklichkeit war es nicht so. Das erzählte mir Mohrle. Er sagte, hier seien sie katholisch, das seien die besten Menschen, die evangelischen, die protestantischen, seien gar nichts wert. Die hätten den Teufel auf ihrer Seite. Auch der Herr Bürgermeister sei katholisch. Ja, und der vorige Apotheker sei es auch gewesen. Und alle »Honorototen« seien katholisch. Ich merkte schon, was er meinte. Er wollte damit sagen, daß wir uns eigentlich schämen müßten. Mohrle betonte: »Ja, es ist schon etwas dran.« Ein anderer Junge sagte: »Der vorige Doktor ist gar nicht von allein gegangen, den hat man hinausgegrault.« Ich überlegte das alles.

Meine Mutter wurde immer trauriger. Einmal entdeckte ich, daß sie sich mit der Hand über die Augen wischte. Ich kuschelte mich in ihren Arm und sagte: »Mami, hast du wieder deine Migräne?«

Da sagte sie mit gepreßter Stimme: »Blandinchen, ich habe solche Sehnsucht nach Berlin. Wir haben hier kein Konzert, keine Musik, nichts. Nur diese entsetzlich traurigen Bäume, diese schwermütige Landschaft.«

Wir fuhren nach Donaueschingen. Ich führte meine Mutter zu einem Kiosk – da hingen auch Berliner Tageszeitungen. Meine Mutter interessierte sich sehr für Politik, aber über den Kaiser wurde zu Hause nicht gesprochen. Sie blätterte in den Zeitungen und seufzte. Ich sah sie von der Seite an. Berlin ...

Kurz darauf weckte mich meine Mutter eines Morgens mit einem Kuß. Mein Vater hatte sie untersucht und festgestellt, daß sie ganz gesund war und wir uns jetzt nach etwas anderem umsehen konnten. Er hatte in einer medizinischen Zeitung gelesen, daß in Strausberg, eine Stunde von Berlin entfernt, eine Praxis zu übernehmen war. Meine Mutter war plötzlich wieder wie ein junges Mädchen. Sie tanzte um den runden Tisch herum.

Mein Ministrant Mohrle hatte eine ganz zarte Liebe zu mir gefaßt. Mir war das nur nicht so recht aufgefallen. Als er hörte, daß wir wegziehen würden, wurden seine schönen braunen Augen immer ernster. Ich meinte, wir könnten uns ja schreiben und es wäre ja auch sehr schön, wenn der Briefträger ihm einen Brief brächte. Ich versprach, seinen Freundschaftsring zu tragen.

Von den »Honorototen« verabschiedeten wir uns an einem Abend. Als sie alle so dasaßen und sagten, wie sie es bedauerten, der liebe Doktor und die entzückende Frau Doktor und das reizende Blandinele, da dachte ich mir: Ich kenne euch, ich weiß, wie ihr wirklich aussieht. Ihr seht aus wie die Teufel, von denen Mohrle manchmal geredet hat. Ihr tragt alle nur eine Maske! Ich machte meinen Knicks und ging meine Spielsachen einpacken. Der Tag der Abreise kam. Einige Dorfbewohner und Freunde waren dabei, als wir in den Zug nach Berlin kletterten. Wir winkten und winkten. Der Zug bog um die Ecke. Mohrle wurde immer kleiner, bis er nicht mehr zu sehen war.

Strausberg mit seinen duftenden Kiefernwäldern, den vielen verschlungenen Waldwegen und der breiten Kaiserstraße war nun unser neues Zuhause. Unser Haus lag für sich, umgeben vom Garten, an der großen Kaiserstraße. Hier kamen kleine Dogcarts vorbei und Pferde. Manchmal auch ein Reiter. Und viele Fahrräder. Vorn hatte das Haus eine schöne Freitreppe. An der linken Seite führte sie zu einer überdachten Terrasse. Im ersten Stock hatten mein Bruder und ich unsere kleinen Zimmer. Im Erdgeschoß waren Patienten, denn meine Eltern hatten ein kleines Sanatorium gegründet, in das Leute kamen, die nicht direkt geisteskrank waren, aber doch ein bißchen absonderlich. Für diese Patienten war Strausberg ideal. Birken, Heide, Wiesen mit weißen und blauen Blümchen.

Kleine Hügel, die ich mit dem Rad hinuntersausen konnte, sogar freihändig. Einmal versuchte ich, die Beine zur Seite zu strecken – ich landete mit einem Kobolz im Graben.

Die sumpfige »Gummiwiese«, die wippte, wenn man zum Stinizsee lief. Dort schwammen und plantschten wir.

Wenn die Kornfelder wogten, konnte man die reifen Körner aus den Ähren herauspicken und essen.

Der Geruch von frischem Holz folgte mir, wenn ich an der Sägemühle vorbeiging.

Die Patienten

Meine Mutter zeigte großes Verständnis für Kranke. Schon bei ihren Schülern hatte sie den Ruf gehabt, nicht nur eine gute Lehrerin zu sein, sondern sich auch in die Probleme der Schüler einfühlen zu können. In einem Gespräch mit meinem Vater, in dem er ihr erklärte, wie schwerkrank eine junge Patientin mit »jugendlichem Wahnsinn« sei, sagte sie: »Aber sie hat doch sicher lichte Momente.«
»Natürlich, aber sie sind sehr selten, und diese Krankheit endet in vollständiger Geistesabwesenheit.«
Das war für meine Mutter unerträglich, sie erfand daraufhin eine Therapie, die ihrem Gefühl für Menschlichkeit entsprang, ihrem Herzen. »Wir werden sie in unsere Familie aufnehmen, sie an unserem täglichen Leben teilnehmen lassen, sie vielleicht auch beschäftigen, ihr kleine Aufgaben geben. Vielleicht hilft das, die Gegenwart zu verschönern, und es ist ja nur die Vergangenheit, die sie quält.«
Mein Vater lächelte und antwortete: »Nun ja, meine Liebe, du kannst ja den Versuch machen. Nur mußt du natürlich immer die Pflegerin bei der Hand haben, denn es ist nicht auszuschließen, daß die Anfälle sehr plötzlich kommen und erschreckend sind.«
Er überließ die Pflege gern meiner Mutter und wandte sich in seiner freien Zeit seinen geliebten Griechen zu. So wurde meine Mutter die Seele des Sanatoriums.
Unter den Patienten faszinierte mich Ilona, die Tochter des Barons Epajeszy. Ein schlankes, schönes junges Mädchen, das seltsam mit den Armen schlenkerte. Sie bekam zwei Zimmer am Ende eines langen Flurs. Das eine Zimmer hatte eine Aussicht auf den weiten Hof, der wie ein Garten aussah, das andere auf die Straße. Überall hatte meine Mutter weiße Gardinen mit Pünktchen anbringen lassen, überall helle Tapeten, helle Möbel. Das ganze Haus hat noch heute in meiner Erinnerung etwas Heiteres, Fröhliches.
Ilona setzte sich sofort in den bequemen Stuhl und lachte strahlend. Der Baron schaute Ilona traurig an. Ilonas Mutter, eine geborene Gräfin Oriola – Nachfahrin der Bettina v. Arnim –, war eine breithüftige Frau mit einer lauten Stimme. Sie ging ihrer kranken Tochter mit dieser Derbheit offensichtlich auf die Nerven. Das Gefährliche an der Liebe der Mutter zu ihrer Tochter war außerdem, daß sie – anders als der Vater – die Krankheit nicht wahrhaben wollte. Ilonas Verwirrtheiten galten als »schlechte Tage«.

Nun begann das Experiment meiner Mutter, von dem ich damals keine Ahnung hatte. Sie selbst war ihrer Sache natürlich nicht sicher. Doch Liebe und Geborgenheit halfen, daß Ilona immer seltener »schlechte Tage« hatte. Eines Tages – meine Mutter war zu einer Besprechung im Ort – sagte Schwester Helene zu mir: »Blandinchen, ich möchte unbedingt nach Berlin fahren, ich muß etwas Wichtiges besorgen. Passen Sie bitte auf Ilona auf. Sie hat heute einen guten Tag.« Helene wollte in zwei Stunden zurück sein – natürlich wurde es länger.

Ich ging mit Ilona spazieren. Wir wanderten fröhlich auf der Hauptstraße entlang. Dort gab es einen Bäckerladen, aus dem es immer herrlich duftete. Heute roch es nach Pfannkuchen. Ilona und ich waren bereits am Bäcker vorbei, als sie plötzlich schnupperte. Ich schnupperte auch. Wir beschlossen, uns einen Pfannkuchen zu holen. Der Bäcker mit seinen lustigen Augen, der immer von den Wimpern bis zu den Händen mit Mehl bestäubt war, fragte Ilona:

»Na, Komteßchen, geht's besser?« Dabei lachte er sie an und wollte ihre Hand nehmen – da griff sie nach dem langen Brotmesser neben der Kasse und kitzelte damit den Bäcker ein bißchen an seinem dicken Bauch.

Mir war das durchaus nicht geheuer, denn ich wußte ja, daß ihr Zustand plötzlich umschlagen konnte, daß sie Momente des Wahnsinns und der Geistesabwesenheit hatte. Ich suchte ihre Augen und sah schon ein Flackern darin, ein ungeheuer belustigtes Flackern. Ich rief dem Bäcker zu: »Vorsicht, Herr Bäckermeister! Ducken Sie sich!«

Dann wollte ich Ilona für einen Pfannkuchen interessieren. Sie spießte aber schon sämtliche Pfannkuchen auf, warf sie in die Luft und fing sie auf. Es entspann sich ein derartig großartiger artistischer Akt, daß sogar der Bäcker unter seinem Ladentisch ein ängstliches Lachen hervorbrachte. Ich blickte erstaunt auf Ilona, vor Schreck blieb mir das Lachen in der Kehle stecken. Ich sagte ihr, daß ich auch jonglieren wollte. Sie warf das Messer in die Luft, und zum Glück spießte es sich im Ladentisch auf. Ich nahm es sofort und schob es irgendwohin, wo sie es nicht erreichen konnte. Dann verließen wir, Pfannkuchen futternd, den Laden.

Ilona gluckste vor sich hin. Der in Not geratene Bäcker schien ihr viel Spaß gemacht zu haben.

Zu Hause erwartete uns bereits meine Mutter, die mich erschrocken und leise fragte: »Wo ist denn Helene?«

Ich antwortete: »Helene? Die ist nur mal um die Ecke.«

Wunderbare Glasmurmel

Ich hatte einen Verehrer. Der Junge war groß, hatte ein feines Gesicht und blaue Augen. Er war sehr zurückhaltend.

Er begleitete mich eines Tages von der Sägemühle nach Hause und erzählte mir unterwegs von Robinson Crusoe. Das gefiel mir. Er nahm meine Hand und fragte mich, ob ich am Abend zum Gartenzaun kommen würde, er wolle dort etwas für mich hinlegen.

Nach dem Abendbrot ging ich mit Unschuldsmiene die Freitreppe hinunter, an den Himbeerbüschen vorbei, vorbei an der großen Birke bis zu der Stelle am Nachbarzaun, die wir vereinbart hatten. Da stand er, wir sahen uns an. Er begann: »Ich wollte dir etwas sagen, aber ich habe es vergessen.«

Ich konnte gar nichts antworten, spürte Herzklopfen. Wie angewurzelt standen wir und schauten uns an, bis ich meine Mutter rufen hörte: »Blandine!«

Ich sagte ihm, ich müsse jetzt gehen. Er fragte: »Kommst du wieder?« Ich versprach es. Er zeigte mir eine Kuhle und sagte: »Da wird immer etwas für dich sein.« So war es dann auch. Entweder lag dort eine wunderbare Glasmurmel oder eine Tafel Schokolade, jeden Abend.

Das ging so eine ganze Weile, und ich ertappte mich dabei, daß ich in der Schule plötzlich geistesabwesend war und an ihn dachte. Mir kam das alles so komisch vor. Als ich ihn wieder einmal in der Dämmerung traf, beugte er sich vor und gab mir einen Kuß auf die Wange. Ich rannte davon. Ich faßte ganz erstaunt an mein Gesicht. Ach, was war das für ein Gefühl. So neu. Aber es war sehr schön.

Das Gespenst

Eine lange geplante Italienreise der Eltern sollte endlich Wirklichkeit werden. Alle Koffer waren gepackt, die Anweisungen gegeben. Eine Ärztin sollte meine Eltern vertreten. Wir warteten bis zum letzten Augenblick, aber Frau Dr. Reche war noch immer nicht da. Die Abreise konnte wirklich nicht mehr hinausgeschoben werden. Ich versprach meiner Mutter, bis zum Eintreffen der Frau Doktor alles zu beaufsichtigen.

Wir warteten den ganzen Tag vergeblich. So stand ich am nächsten Morgen – meiner Verantwortung bewußt – sehr früh auf. Die Reise der Eltern fiel gerade in meine Ferien, und so lag mir natürlich viel daran, meine Mutter würdig zu vertreten. Ich hatte mir meine Locken aufgesteckt und machte ein möglichst energisches Gesicht, das ich vor dem Spiegel geprobt hatte. Ich kam mir sehr erwachsen vor. Das war auch nötig, denn die Frau Doktor erschien weder am Mittag noch am Abend. Wir wußten nicht, was geschehen war. Ich kümmerte mich nicht weiter darum. Ich gab dem Kutscher und der Köchin meine Anweisungen. Es machte gar keine Schwierigkeiten. Nach dem Mittagessen unterhielt ich mich kurz mit jedem Patienten und erklärte vorsorglich, meine Eltern seien nur in Berlin. Jeder freute sich schon auf den Kaffee um vier Uhr. Da gab es entweder Weißbrot mit Honig oder Streuselkuchen.

Dann ging ich in Mutters Zimmer und legte mich auf ihre Couch. An diesem Tage regnete es. Ich dachte darüber nach, was sich geändert hatte seit der Hochzeit meiner Mutter und dem Abschied vom Schwarzwald. Wir fuhren einmal in der Woche nach Berlin. Meine Mutter und ich, ganz allein. Ins Theater. Dieser Tag in Berlin war wie ein Elixier für sie, wir konnten alle die Kunstgenüsse, wie meine Mutter sagte, »einatmen«.

Wir gingen nie in eine Operette, was ich heute bedaure. Wir sahen nie die großen Komiker oder Fritzi Massary. In der Scala waren wir auch nicht. Meine Mutter hatte nun einmal diese Sehnsucht nach dem »richtigen Theater«, wie sie es nannte. Zuletzt hatten wir *Hamlet* gesehen. Das hatte mich mächtig beeindruckt, besonders die Totengräberszene.

Als ich auf der Couch meiner Mutter an Hamlet und seinen Totenkopf dachte, fiel mir plötzlich das Gerippe in Vaters Sprechzimmer ein. Es stand gleich links neben der Tür. Ich wußte, daß manche Patienten und Besucher sich davor entsetzten und das klappernde Gerippe, das nur noch einen Zahn hatte, nicht gerade begeistert betrachteten.

Ich stand auf und besuchte das Gerippe. Ich schubste es ein bißchen an, die Beine hingen über dem Boden, und es schaukelte hin und her. Plötzlich dachte ich mir, an diesem trüben Nachmittag ohne Eltern wäre es angebracht, allen eine Theatervorstellung zu bieten. So ähnlich wie in Berlin. Ich entdeckte mein Regietalent und folgte ihm: Ich wollte mich mit diesem Gerippe spät am Abend in den mit Gras bewachsenen Graben vor der Eingangstür legen. Ich wollte alle überraschen. Keiner durfte wissen, daß ich es war, die dieses Schauspiel inszenierte.

Ich holte also Mutters schönen Federhut und ihren weiten Umhang, um das Gerippe damit zu bekleiden. Am Abend, als es dunkel war, schleppte ich das Skelett durch den Gartenaufgang vor die Haustür. Das war gar nicht so einfach. Schließlich aber lag es da, der klapprige Geist mit Samtumhang und Federhut. Leuchtende Augen mußte er auch noch haben! Ich steckte ihm Papier in die Augenhöhlen, das ich in eine leicht phosphoreszierende goldene Farbe getunkt hatte. Zurück ins Haus zum Abendbrot. Ich glaubte, meine Mutter würdig zu vertreten. In die Milch, die die Patienten abends tranken, gab ich ein bißchen aus Vaters Kognakflasche. Ich wollte ihnen einmal etwas anderes bieten. So war es auch, denn alle wurden ganz lustig.

Dann sagte ich, ich sei müde und müsse gleich zu Bett gehen, sie aber dürften noch ein bißchen aufbleiben. Sogar Schwester Helene fand, daß sie noch mit dem Kutscher Karten spielen könnte.

Der Himmel hatte sich eingetrübt, die Nacht war schwül. Ich konnte in aller Ruhe mein Gerippe an die Haustür stellen, ihm den Federhut zurechtsetzen. Ich war ja noch recht klein und schmal und stellte mich dahinter. Der große Umhang verdeckte mich. Nun kam der entscheidende Augenblick: Ich klingelte. Ganz lange.

Die Schwester erschien an der Tür und fragte: »Wer ist da?« Einige Patienten erschienen an den Fenstern. Jetzt schob ich das Gerippe langsam nach vorn. Ich hörte, wie Schwester Helene aufschrie und rief: »Um Gottes willen! Wer ist das?«

Die Patienten drückten die Nase an die Fensterscheiben, und ich merkte, daß ein großes Hin- und Herrennen entstand. Ich war neugierig auf die weitere Wirkung, lehnte die Gestalt an einen der jungen Bäume und kroch

auf dem Rasen zurück. Hinein ins Haus, schon im Treppenflur fragte ich unschuldig: »Was ist denn los? Was habt ihr?« Schreie... Ich schaute durchs Fenster – der Anblick war wirklich entsetzlich. Das Gerippe mit dem Federhut meiner Mutter bewegte sich leicht im Wind. Mein Regietalent war erwiesen!
Merkwürdig, die Patienten regten sich viel weniger auf als Schwester Helene, Max und die Köchin. Am wenigsten Ilona. Sie hatte das Ganze gelassen betrachtet.
Nach einigen Minuten gingen alle in ihr Zimmer, ich konnte die Requisiten meiner Vorstellung wieder an Ort und Stelle bringen. Ich vergaß allerdings, dem Gerippe das Papier aus den Augenhöhlen zu nehmen.
Am nächsten Tag erschien Frau Doktor Reche und entschuldigte sich. Sie hoffe, wir seien ohne sie zurechtgekommen. Es sei doch nichts geschehen, oder?

Mutter und Tochter

Ohrfeigen in Berlin, Kriegsalltag in Strausberg

Es wurde Herbst, Laub lag in unserem Garten. Mit einer großen Harke wurde es zusammengekehrt.
Meine Mutter sagte: »Jetzt kommt wieder die schöne Theaterzeit, wir werden gute Stücke sehen.«
Berlin! Ich höre noch heute die Stimme des großen Albert Bassermann, als er sagte: »Und sie sagte es mit einem Toone, mit einem Tooone. Marinelli!«
An diesem Abend gingen wir nach der Vorstellung mit meinem Vater zu Kempinski. Ich durfte von der Speisekarte essen, was ich wollte. Ich wählte die Fürst-Pückler-Bombe. Mein Vater trank seinen Wein, den ich schrecklich sauer fand, meine Mutter aß gern Austern. Es wurde spät, wir mußten den letzten Zug erreichen, der vom Bahnhof Friedrichstraße abfuhr. Wir warteten an der Haltestelle auf die Straßenbahn. Ein Taxi kam natürlich nie in Frage. Aber auf der vorderen Plattform der Straßenbahn war es auch schön.
Im Winkel stand ein junger Mann und tuschelte mit einem jungen Mädchen. Es war dunkel, mein Vater hörte das Tuscheln und drehte sich um. »Was erlauben Sie sich mit meiner Tochter?« Der junge Mann hatte das Mädchen gerade gestreichelt, ihr einen Kuß gegeben, und sie war ausgestiegen. Papa wurde sehr ärgerlich: »Eine Unverschämtheit, hier kleine Mädchen zu streicheln und zu küssen!« Er gab dem jungen Mann eine schallende Ohrfeige. Wenn man von meinem Vater eine Ohrfeige bekam, dann war die ganze Seite rot, und es dauerte sehr lange, bis die Röte verging. Meine Mutter sagte erschrokken: »Um Gottes willen, Ernst, er hat doch gar nicht Blandine geküßt, du hast sie verwechselt. Komm, laß uns schnell aussteigen.«
Ich erstarrte. Ich hatte meinen Vater noch nie so gesehen. Er war für mich eingetreten. Das war ja eine Geschichte wie mit dem Drachen und dem Ritter. Ich sah meinen Vater in einem ganz neuen Licht. Er war also ein Ritter. Nicht nur für meine Mutter, sondern auch für mich.
Als wir dann im Abteil saßen, lachte meine Mutter und sagte: »Nein, Ernst, wie konnte dir das passieren?« Ich lachte ebenfalls. Der junge Mann hatte vielleicht die Ohrfeige verdient, denn er war gar nicht wütend geworden. Er hatte wie versteinert auf der Plattform gestanden und sich nicht gerührt.

Das Deutsche Theater (oben) und die Kammerspiele, Berlin (unten). »Man müßte eigentlich zwei Bühnen nebeneinander haben, eine große für die Klassiker und eine kleinere, intime, für die Kammerkunst der modernen Dichter. Schon damit die Schauspieler in keinem Stil erstarren und sich an beiden Darstellungsarten abwechselnd erproben können. Und weil es in manchen Fällen notwendig sein wird, moderne Dichter wie Klassiker und gewisse klassische Werke mit der ganzen Intimität moderner Seelenkunst zu spielen.« *Max Reinhardt, Über ein Theater, wie es mir vorschwebt. 1901*

Am nächsten Abend sahen wir *Hanneles Himmelfahrt.* Als das Hannele fragte: »Bist du der Herr Lehrer Gottwald?« wußte ich: Das muß ich einmal spielen! Deshalb traf es sich gut, daß eine Bekannte von Rosa Valetti kam, die mich in *Klein-Eyolf* gesehen hatte: »Blandine soll zu Rosa kommen. Man sucht ein Kind für *Die Wildente.*«

Mami und ich lasen das Stück. Ibsen kam nach Strausberg. Es war so schön, mit meiner begabten Mutter einen Text zu durchdringen. Dabei entstand immer wieder eine ganz eigene Welt – behütet, abgeschirmt, dem Schönen verbunden.

Dennoch ließ sich die Realität des Ersten Weltkriegs nicht mehr ausklammern. Der Jubel auf der Kaiserstraße war verklungen. Nun wurde gekämpft. Es kam der Tag, an dem die Mutter aus der Zeitung vorlas, daß Hindenburg die Russen in die Masurischen Seen getrieben habe. Auf den Straßen sangen die Kinder:

> *Jeder Schuß ein Ruß'*
> *Jeder Stoß ein Franzos'.*
> *Jeder Tritt ein Brit'.*

Der Osten war nicht so weit entfernt, der Krieg kam spürbar zu uns. Meine Mutter war sehr blaß – sie hatte immer noch auf einen schnellen Frieden gehofft.

Das Krankenhaus in Strausberg wurde in ein Lazarett umgewandelt. Die Frauen der Honoratioren mußten mit gutem Beispiel vorangehen und stellten sich als Helferinnen zur Verfügung. Mein Vater war ständig dort, und meine Mutter stand ihm zur Seite.

»Es kann gar nichts schaden, wenn du auch hilfst«, sagte mein Vater. Sie nahmen mich mit. Ich kannte das Krankenhaus, denn Mutters Freundin Elschen Zipper hatte mich schon einmal auf die Säuglingsstation mitgenommen.

In der Küche mußte ich Pudding rühren. Mein Herz begann zu klopfen – diesen Geruch kannte ich doch von Minna! Der Pudding war angebrannt. An der Ausgabe warteten die Schwestern. Schnell nahm ich aus dem Vorratsschrank die Kognakflasche für Notfälle und goß den Inhalt in den Pudding. Er schäumte beinahe über. Die Patienten freuten sich sehr über die Abwechslung. Eigentlich sollte ich in der Küche helfen. Aber die Oberschwester Emma – sie sah aus wie eine Eule – konnte mich nicht leiden. Ich hatte meinem Vater berichtet, daß sie gesagt hatte, man solle mit den Feinden nicht soviel Umstände machen und einem verwundeten Russen den

Daumen ohne Narkose amputieren lassen. Sie wußte, daß ich sie bei meinem Vater »verpetzt« hatte. Deshalb schickte sie mich in den Lazarettsaal und ließ mich die schlimmsten Arbeiten meines Lebens verrichten. Nach dem Motto: »Von der Pike fängst du an!« mußte ich Spucknäpfe reinigen und vereiterte Beinstümpfe verbinden.
Nachts lag ich wach und hörte die endlosen Lazarettzüge schnaufen und röcheln, weil sie beinahe Schritt fuhren. Das Herz tat weh. Ich steckte mir die Finger in die Ohren.

Die Kindfrau
Erste Erfahrungen mit der Theaterwelt

Die erste Rolle bei Max Reinhardt

Meine Mutter unterrichtete mich in all den Fächern, die an der Höheren Töchter-Schule in Strausberg nicht gepflegt wurden. Am schönsten war ihr Schauspielunterricht. Eines Tages kam ein Anruf vom Deutschen Theater. Man suche einen kleinen Jungen für ein Stück von Mechtilde von Lichnowsky, wild und forsch solle er sein. Ich war sehr stolz, daß ich Max Reinhardt vorsprechen sollte. Ich wollte eine Szene aus *Hannele* bringen, die ich besonders gründlich studiert hatte. Aber Reinhardt sagte, ich solle irgend etwas improvisieren. Das tat ich für mein Leben gern, ich wußte auch gleich, was ich darstellen wollte: Wie meine Mutter nach Berlin fährt. Immer vergaß sie etwas, lief ein paarmal zurück. Jedesmal, wenn es endlich losgehen sollte, kam wieder ihr Schrei »Hach«, und diesmal war es der Schirm oder die Brille. Oder der Zettel für die Besorgungen. Reinhardt amüsierte sich köstlich. Dann mußte ich aus dem Stück von der Lichnowsky lesen – und war engagiert.

Ich hatte gar nicht bemerkt, was da beschlossen worden war. Aber plötzlich hielt ich das Rollenbuch in der Hand, und meine Mutter sagte in halb frohem, halb traurigem Ton: »Ja, nun wirst du wohl jeden Tag nach Berlin fahren müssen. Vielleicht wird es zu anstrengend werden. Ich weiß auch nicht, wie Papa darüber denkt.«

Sie hatte noch nicht fest zugesagt.

Mein Vater erlaubte es. Ich begann gleich zu lernen, stand dann mit der berühmten Helene Thimig auf der Bühne. Die Fürstin Lichnowsky saß während der Proben im Parkett. Eines Tages lud sie mich ein in ihr Haus in der Nähe vom Nollendorf-Platz. Ich wurde in eine Halle geführt, schlidderte quer über das spiegelblanke Parkett. Dabei hatte man uns in der Schule gesagt, wir seien jetzt junge Damen. Die Fürstin Lichnowsky kam auf mich zu. Sie war eine liebenswürdige, große blonde Frau. Wir unterhielten uns über die Rolle. Schließlich meldete ein Diener, daß serviert sei. Es war wie im Märchen. Wir gingen in ein Speisezimmer. Der Diener trug auf. Auch das gefiel mir. Was mich aber wunderte und mir gar nicht so angenehm war: Der Diener blieb hinter meinem Stuhl stehen. Ich hatte das zwar schon auf Bildern gesehen, aber die Wirklichkeit bereitete mir Unbehagen.

Ich lächelte Mechtilde von Lichnowsky an. Ihr Einverständnis voraussetzend, sagte ich zu dem Diener: »Setzen Sie sich doch!«

Er erstarrte sichtlich. Die Fürstin lachte und sagte: »Nein, Fräulein Blandine, das geht nicht. Er muß hinter dem Stuhl stehenbleiben, das ist sein Platz.«

Wenn es so Sitte war, konnte ich es wohl nicht ändern. Das Essen bei der Fürstin war trotz dieser Probleme unterhaltsam. Sie war zufrieden mit meiner Wißbegier. Ich lernte. Ich spielte.

Max Reinhardt während einer Probe, gezeichnet von Emil Orlik

Noch immer »Blandinchen«

Niemand nahm Notiz davon, daß ich älter wurde. Überall hieß es immer nur »Blandinchen« (übrigens sonderbar, noch heute nennen mich alle Freunde so). Es kränkte mich, daß die Kadetten in Strausberg mich überhaupt nicht beachteten. Meine beiden Freundinnen Herta und Fränzchen waren – fand ich – gar nicht so viel schöner als ich, aber sie hatten schon einen richtigen Busen. Ich sah aus »wie ein Strich«, wie mein Vater immer sagte. Für Striche interessierten sich Kadetten natürlich nicht. So hielt ich mich weiterhin an Hänschen, der noch immer meine heimliche Liebe war, von der niemand etwas wissen durfte. Ich ärgerte mich nicht lange über die dummen Kadetten, ich lernte lieber meine Rollen.

Eines Tages kam ein Angebot: Ich sollte in Dresden spielen. Meine Mutter sagte: »Das geht nicht. Du bleibst unter meiner Aufsicht. Am Theater geschehen manchmal Dinge, die nichts mit Kunst zu tun haben. Bleib du schön in Berlin, hier gibt es fünfundvierzig Bühnen.«
Nach den Kinderrollen in der Wildente *und in* Hanneles Himmelfahrt *spielte ich ein blindes kleines Mädchen in der komischen Oper* Glück im Winkel. *Dann spielte ich die Berta im* Vater *von Strindberg. Es wurden mir zwar auch lustige Rollen offeriert, jedoch Tragödien waren häufiger – wie bei Strindberg.*

In einem der wenigen »unterhaltsamen« Stücke spielte ich mit dem Komiker Hellmut Krüger. Ich mochte ihn sehr. Er hat mir ein Gedicht gewidmet.

An Blandine Ebinger

Die Welt ist nicht mondain von Gott erfunden,
Sie duftet nicht, zuweilen riecht sie nur.
In dunklem Straßenschacht ist die Natur
Bis auf den letzten Sonnenstrahl verschwunden.

Im Hinterhaus, im Keller, tief im Norden
Wächst eine kleine Pflanze, blaß und schmal;
Sie hungert ewig nach dem Sonnenstrahl,
Und ist schon klug, bevor sie klug geworden.

Daß ihre Kinderseele uns erschiene,
Ihr Schmerz, ihr Wünschen, ihre Lust, ihr Hoffen,
Daß unser Herz so tief von ihr getroffen —
Das ist der große Zauber Deiner Kunst, Blandine!

Hellmuth Krüger

Melusine und »Frühlings Erwachen«

Melusine war eine gute Freundin meiner Mutter. Wir nannten sie Mine oder Tante Mine, aber sie war keine richtige Tante. Eines Sonntags kam Mine wieder einmal nach Strausberg, wollte gute Luft schöpfen, spazierengehen und einen Schwatz mit meiner Mutter halten.
Als die Damen fertig waren, zog ich Mine beiseite: »Du, Mine, ich möchte einen Rat von dir haben.«
»Ja, gern«, antwortete sie.
»Der Regisseur hat gesagt, ich muß alles erleben. Ich soll jetzt eine Rolle spielen, in der ich sehr verliebt bin. Er hat gesagt, ich müßte mich ganz hingeben, ganz frei sein von allen Hemmungen. Nun wollte ich von dir wissen, wie das ist.«
»Sieh mal einer an!« sagte Mine. »Was für Hemmungen meinte er denn?«
»Er sagte, er würde mich wecken.«
Tante Mine schien genau Bescheid zu wissen. »Aha! Also, das soll er man bleiben lassen, du bist schon wach genug.«
»Mine«, sagte ich, »leg dich bitte auf die Couch, und ich lege mich hier auf mein Bett. Er hat gesagt, ganz still liegen und sich entspannen...«
Mine machte sofort mit und legte sich auf die Couch.
»Was nun?«
»Bist du entspannt?« fragte ich.
»Ja«, sagte Mine, »ich bin entspannt.«
»Also, nehmen wir an, du liegst ganz nackt auf der Couch.«
Nach einer Weile sagte Mine: »Ich lege mich ungern nackt auf eine Couch.«
»Warum nicht?« fragte ich.
»Weil es mir zu kühl ist.«
Ich war enttäuscht. »Dabei herrscht doch gerade Nacktkultur.«
»Aha, das ist ja ein netter Regisseur.«
»Sag mir bitte, was du empfindest.«
Mine antwortete: »Ich sagte dir schon, daß es mir kühl ist, und lange liege ich hier nicht mehr nackt herum!«
Wir lachten.
»Du bist ja gar nicht nackt.«
»Doch«, sagte Mine, »du hast es mir befohlen.«
»Du hast dich also jetzt hineinversetzt?«
»Ja. Wie geht's nun weiter?«
»Er sagt, ein seltsames Gefühl kriecht dir langsam den Rücken herauf.«
»Mir kriecht überhaupt nichts den Rücken herauf, hoffe ich«, sagte Mine.
Ich war enttäuscht. »Kennst du denn nicht Sanders *Einführung in die Erotik für junge Mädchen?*«
Jetzt setzte sich Mine auf. »Was? Hast du das schon deiner Mutter erzählt?«
»Nein«, sagte ich. »Warum soll ich ihr denn so einen Quatsch erzählen?«
»Quatsch finde ich das allerdings auch.«
»Hör zu, Mine, ich muß das doch wissen – mit der Liebe und so, wenn ich es auch noch nicht fühle.«
»Na, Gott sei Dank«, sagte Mine, »daß du's noch nicht fühlst. Es ist nämlich nicht sehr angenehm.«
»Doch, er hat gesagt, es ist sehr angenehm. Übrigens kriege ich ein Kind.«
»Um Gottes willen«, sagte Mine. »Was ist denn das für ein Stück?«
»Es ist ein Pubertätsstück«, erklärte ich mit gebührendem Ausdruck.
»Aha«, sagte Mine, »ich glaube, dieser Regisseur ist nicht ganz der Richtige für dich. Sag ihm ruhig, du fühlst das alles, und wir nehmen die Rolle zusammen durch.«
»Der Junge schlägt mich übrigens. Es ist ein ganz berühmtes Stück, und du mußt Gott danken, daß ich hier mit dir darüber spreche.«
»Seit wann hast du denn Geheimnisse vor Mami?«
»Ich hab ja gar kein Geheimnis, aber es ist mir peinlich, daß ich nicht weiß, wie das Gefühl ist. Sag mir bitte, was du fühlst, wenn dich ein Mann schlägt.«
Mine entgegnete: »Weißt du, das würde ich mir verbitten.«
»Nein, sie findet es doch schön. Ach, Mine«, sagte ich resigniert, »ich möchte am liebsten heulen.«
»Warum?«
»Weil du so gar nichts fühlst. Es muß dir doch ein Gefühl langsam den Rücken heraufkriechen.«
Mine fragte: »Also, wie heißt das Stück?«
»*Frühlings Erwachen.*«
Pause.
»Und es ist von einem berühmten Dichter, ich spiele die Wendla.«
»Du wirst die Rolle wie alle anderen mit Mami studieren. Und sag deinem Regisseur, wenn man Talent hat, kann man das alles spielen, ohne es als Privatmensch empfunden zu haben.«
Pause.

»Darf ich es dir einmal vorsprechen?«
Ich rief mir den Text in Erinnerung und sprach ihn Tante Mine vor.
Sie war ganz erstaunt. Als ich auf dem Bauch lag und mich schüttelte und weinte und schluchzte, sagte Mine sehr besorgt: »Beruhige dich, Kindchen, beruhige dich. Es war sehr gut. Sag deinem Regisseur, er braucht dich nicht zu wecken. Wir stellen den Wecker auf einige Jahre später.«
Sie gab mir einen Kuß.
Beruhigt ging ich am nächsten Tag zur Probe.
Der Regisseur war höchst verwundert.
Er fragte: »Wer hat das getan? Wer hat daran gedreht?«
Ich bekam die Wendla. Aber erst viel später kroch es mir den Rücken herauf. Da rannte ich davon.

Entscheidung

Eines Tages rief mich mein Vater in sein Zimmer. Das kam äußerst selten vor und hatte stets besondere Bedeutung. Es ging um meine Zukunft. Ich wollte später Kunstgeschichte studieren. Ich sollte in Berlin aufs Dorotheen-Gymnasium, bis zum Abitur – aber es kam anders.
Das Theater nahm immer mehr Raum in meinem Leben ein. Prüfungen schreckten mich nicht, jede Premiere war eine Prüfung. Immer wieder mußte man beweisen, was man konnte. Einmal sagte ein junger Freund – er stand vor dem Abitur – zu mir und meiner Freundin: »Jungsein ist keine Karriere.« Wir waren beide sehr eitel und ließen unsere langen Haare über die Schultern fallen. Ich trug noch Haarschleifen. Ja, er hatte damit recht. Er meinte: »Ihr müßt arbeiten, meine kleinen Damen, arbeiten!« Natürlich, das wollte ich ja, nur nicht immerzu. Das Erwachsenwerden war nicht einfach.
Ich hatte mich für das Theater entschieden. Für mich hatte es im Grunde nie etwas anderes gegeben, aber nun wurde alles mit meinem Vater besprochen und klargestellt. Ich ging auf ihn zu und gab ihm einen Kuß auf die Backe, worauf er sein berühmtes »Hm, na ja« sagte. Das war nicht viel, aber es bedeutete, daß alles in Ordnung sei.
Ich sollte in Berlin wohnen. Als Ensemblemitglied des Residenz-Theaters konnte ich nicht in Strausberg bleiben. Ich bezog in Friedenau die Wohnung von Tante Donchen, der Schwester meiner Mutter, die mit ihrem Mann und den Vettern René und Peti in Genf lebte.

Einstein auf der Straße

Immer wieder ging ich in das Universitätsviertel. Eines Tages kam mir in der Dorotheenstraße Albert Einstein entgegen, den ich von vielen Bildern kannte. Ich blieb stehen und starrte ihn unverhohlen an. Ein gütiges Gesicht, kluge Augen und ein verschmitzter Zug um den Mund. »Er verändert die Welt«, hatte Vater von ihm gesagt. Einstein war stehengeblieben, schaute mich freundlich an, nahm meine Hand, nickte mir zu und ging weiter. Durch diese Begegnung war mir der Tag verschönt. Ich wußte damals natürlich nicht, daß ich ihn später noch einmal treffen würde – in Princeton, vor meiner Rückreise nach Europa, war ich bei ihm zum Tee eingeladen.

Angst vorm Fallen

Meine Mutter wollte mich nicht erwachsen sein lassen. Ein Hausmädchen sollte her. Sie versprach sich und sagte: »Ein Kindermädchen.« Ich blickte hoch. »Nein, natürlich meine ich kein Kindermädchen, sondern eine Hilfe für dich. Sie wird jeden Tag kommen, denn du mußt ja arbeiten und lernen.«

Ich bekam einen Vertrag, meinen ersten selbstunterschriebenen Vertrag. Ich wollte ihn zuerst nicht unterschreiben. Ich unterschrieb nie gern etwas.

Der Direktor des Residenz-Theaters war Eugen Robert. Er schickte mir eines Tages einen Zeichner, der mich fürs Programmheft porträtieren sollte. Er war jung, hatte blaue Augen und leicht gewelltes schwarzes Haar. Er nahm den Zeichenstift und schaute mich durchdringend an. Ich mußte ganz still sein und hatte genügend Zeit, ihn genau zu betrachten. Sehr genau. Nach der vierten Sitzung dachte ich, um Gottes willen, wenn er auf mich zukommt, bin ich verloren. Doch er rührte sich nicht. Einmal kam er ganz nahe, und ich dachte, ich müßte vom Stuhl fallen. Ich hielt mich fest. Viel später gestand er mir, daß er wahnsinnig verliebt gewesen sei.

Ich hielt mich meistens fest, denn meine Mutter sagte: »Überall schreib es dir hin, vor allem hinter die Ohren: ›Disziplin‹! Schreib es dir auf einen Zettel und hänge ihn über dein Bett.« Disziplin – ein strenges Wort. Immer sich zusammennehmen, nur das Richtige tun – was ist das Richtige?

Meinen ersten Kuß bekam ich übrigens auf der Bühne von jemandem, der mir wirklich ganz gleichgültig war. Wir probten *Raskolnikoff,* ich spielte die Dunja, den Raskolnikoff spielte der junge Regisseur. Schon nach der ersten Probe wartete der Regisseur auf mich. Er nahm meinen Arm und sagte: »Fräulein Blandine, darf ich Sie nach Hause bringen? Ich habe denselben Weg.«

So ging das während der ganzen Probezeit. Die Proben wurden unerhört leidenschaftlich, und eines Tages war ich die »Dunjetschka«, und er war der »Raskolnikoff«. Es wurde ein Riesenerfolg. Stephan Großmann schrieb etwas von einer »kleinen Duse«.

Nach der Premiere kam mein Partner in meine Garderobe und umarmte mich. Er schaute mich lange an, und ich hatte wieder dieses Gefühl, jetzt falle ich gleich ... Ich fiel in seinen Arm, er hielt mich ganz fest und sagte immer: »Dunjetschka, Dunjetschka.« Ich merkte, daß mein Herzklopfen immer stärker wurde, wenn ich ins Theater kam und ihm begegnete.

Ich spürte jetzt, daß alles ganz anders wurde. Auf der Bühne sagte er an einer Stelle, an der es der Text gar nicht vorschrieb: »Ich liebe dich!«

Da hörte ich es: »Ich liebe dich!«

War ich nun glücklich? Es war unbeschreiblich.

Ich wollte niemanden sehen, mit niemandem sprechen. Ganz allein ging ich eine Straße entlang. Und immer wieder sagte ich mir mit seiner Stimme vor: »Ich liebe dich!«

Eines Tages sagte er, die nächste Woche sei spielfrei für uns. Aber da war meine Mutter, die sagte: »Du hast in der nächsten Woche nichts zu tun, du kommst nach Strausberg.« Aus. Und: »Du denkst wohl, ich habe nichts gemerkt. Hier passen alle auf, auch Rosa Valetti paßt auf. Du bist noch ein Kind.«

Ich sank vom Stuhl, halb gespielt, halb wirklich. Meine Mutter sagte nur: »Komm, laß diese Dummheiten, steh sofort auf, spiel mir hier keine Ohnmacht vor.« Danach gab es eine lange Auseinandersetzung.

»Weißt du nicht, daß dieser Mann verheiratet ist?«

Nein, das hatte ich nicht gewußt.

»Seine Frau hat gesagt, sie würde sich erschießen.«

»Du, Mami, das ist aber ein anderes Theaterstück.«

Ich war todtraurig.

Es kam eine Neueinstudierung der *Möwe.* Ich ging dem Regisseur mit den wunderschönen Augen aus dem Weg. Hinter der Bühne hatte ich ein russisches Lied zu singen, am Schluß sollte ich schluchzen. Das muß ich sehr gut gemacht haben, denn es wurde in der Kritik erwähnt. Er kam zu mir und fragte: »Was hat man dir gesagt?« Ich erzählte es ihm. Er küßte mich und erklärte mit seiner sanften Stimme, daß er diese Frau nur geheiratet habe, um ihr zu helfen. Sie sei aus Rußland geflüchtet. Das mußte ich nun glauben. Aber trotzdem war es zu Ende. Er nahm sich später das Leben. Im Tiergarten schoß er sich mit einer Pistole ins Herz.

Jedes Talent
lebt von einem Mangel

Ohne Großzügigkeit, die über jedes bürgerliche Denken hinausgeht, kann man, glaube ich, den Beruf der Schauspielerin gar nicht ergreifen. Wahrscheinlich ist an dem Punkt, an dem das große Talent einsetzt, irgendein Manko. Um die Ausfüllung dieses Mankos kämpft man sein Leben lang. Dieser Kampf bringt die Energie hervor, die sich in der künstlerischen Arbeit ausdrückt.
Neue Proben begannen im Lessing-Theater. Diesmal *Fuhrmann Henschel* mit Emil Jannings und Lucie Höflich. Ich spielte die Adelheid, die Pflaumenkerne hinunterspuckt, wenn sie im Dachgeschoß sitzt und an Herrn Siebenhardt denkt. Eine kleine Rolle, aber ich spielte sie so, daß ich auffiel.
Deshalb kam wohl eines Tages ein junger Mann, um ein Interview mit mir zu machen. Wir saßen im Foyer des Theaters, dessen nüchterne Stimmung bei Tag mich verwirrte. Aber er machte mir Mut und begann: »Fräulein Blandine, was trinken Sie morgens zum Frühstück?«
Ich antwortete: »Drei Tassen Schokolade. Dazu esse ich Apfelkuchen mit Schlagsahne.«
»Waaas?«
Ich fuhr fort: »Abends esse ich Hummer mit Kaviar und sonntags Schrippe mit Butter, die stippe ich in den Kaffee. So esse ich sie am liebsten.«
Er sah mich ungläubig an, dann lachten wir beide.
»Sie flunkern.«
»Natürlich.«

Das Lessing-Theater in Berlin

Nun war der Bann gebrochen, und er freute sich, daß ich ihm allerhand erzählen konnte. Dann fragte er nach einem Erlebnis »aus Ihrer beginnenden Laufbahn«. Ich hatte ja noch nicht viel erlebt, außerdem fällt einem leider meistens im Augenblick nicht das Richtige ein. Er erwartete gewiß irgendeinen lustigen Streich, den ich auf der Bühne gespielt hatte, oder Bühnenklatsch, aber mir fiel ganz etwas anderes ein.

Emil Jannings als Streckmann in »Rose Bernd«

Lucie Höflich als Käthchen von Heilbronn

Der Dybuk

Zur gleichen Zeit, als wir *Fuhrmann Henschel* spielten, gastierte im Lessing-Theater eine russische Truppe mit dem allegorischen Drama *Dybuk* von An-Ski, in dem Meyerhold und Nijinski spielten.

»Haben Sie es gesehen?« fragte ich.

»Natürlich! Großartig!« rief er.

»So? Finden Sie?«

Er schaute mich erstaunt an. »Nanu, alle sprechen darüber, und Ihnen gefällt diese moderne Art nicht, mein Fräulein?«

»An sich schon – nur die grünen Nasen!«

Ich erzählte ihm von der Generalprobe. Ich hatte neben Direktor Barnowsky gesessen, hinter mir Jannings und die Höflich, zwei Sitze rechts vor mir Alessandro Moissi. Als der Vorhang aufging, saßen an einem runden Tisch lauter Männer in langem schwarzem Mantel und mit hohem Hut. Sie murmelten etwas vor sich hin. Murmelten, murmelten immerzu. Neben mir saß Ditha, meine Freundin, eine sehr gute Schauspielerin. Ich stieß sie an und sagte: »Guck mal, die sehen alle aus wie aus dem Büro des Deutschen Theaters.«

Sie kicherte, natürlich wurde ich angesteckt.

Auf der Bühne wurde weitergemurmelt, allmählich konnte man verstehen, daß die drohend immerzu »Dybuk« murmelten. »Dybuk, Dybuk, Dybuk ...«

»Genialer Regieeinfall«, lästerte ich. Ditha gab mir einen Schubs.

Das ging eine ganze Weile so, die Murmelmänner verschwanden schließlich hinter einer merkwürdigen Kulisse, die vom Schnürboden heruntergelassen wurde, von der anderen Seite kam etwas Kubistisches. Das war ganz modernes Theater, es interessierte uns natürlich sehr, heute kann ich mich aber nur noch an diese Einzelheiten erinnern. Der Vorhang fiel. Barnowsky warf uns einen tadelnden Blick zu, das nützte aber nicht mehr viel, wir waren schon zu albern.

Als der Vorhang wieder aufging, erschien eine vermummte Gestalt, andere folgten mit gesenktem Kopf, murmelten vor sich hin und streckten den Zeigefinger drohend in die Höhe. Auf ein Stichwort hin hoben sie alle gleichzeitig den Kopf. Ein Scheinwerfer fiel auf sie, und sie hatten alle eine grüne Nase! Ich bekam einen fürchterlichen Lachkrampf. Verzweifelt suchte ich nach dem Taschentuch, das ich mir in den Mund stecken wollte. Das schlimmste war, daß der erste Vermummte dem Verwaltungschef des Deutschen Theaters, Felix Hollaender, ähnlich sah, der auch immer den Zeigefinger hob, wenn er auf etwas aufmerksam machen wollte. Jeden Tag verkündete er mit der Stimme eines Propheten im Büro des Deutschen Theaters: »Es ist fünf Minuten vor zwölf!« Das Büro war immer derselben Meinung.

Ditha und ich kicherten so sehr, daß die Sitze wackelten. Barnowsky flüsterte mir ins Ohr, er hoffe, ich schäme mich, aber ich sagte: »Ja, ja, Sie haben recht, aber er sieht doch aus wie Felix Hollaender!«

Die großen Kollegen um mich herum wurden angesteckt, und ich merkte, daß ihnen der Vergleich gefallen hatte.

»Ob wirklich das ganze Büro mitgespielt hat?« fragte ich unschuldig.

Der Journalist schenkte mir eine Tafel Schokolade. Er schmunzelte. Das Interview brachte er jedoch nicht.

Eine Erinnerung an den Schwarzwald

Als ich am Wochenende wieder in Strausberg war, sagte meine Mutter: »Da ist ein Briefchen für dich. Rate mal, es kommt aus dem Schwarzwald.«
Wie weit fort war das! Ich öffnete den Brief und fand eine kleine Karte mit einer gezeichneten Tanne. Eine riesige Kartoffel lag daneben, und mit einer nicht mehr so kindlichen Schrift stand geschrieben: »Denkst Du auch an mich?«
Mit dieser großen Kartoffel war die Erinnerung an ein Feuer verbunden, über das wir gesprungen waren – mit einem Schlage war die Kinderzeit im Schwarzwald wieder da.
Meine Mutter sagte: »Siehst du, das ist Poesie. Du solltest sie immer in deinem Herzen bewahren. Sie ist wichtiger als Dinge, die jetzt an dich herankommen werden. Die bleiben nicht, die geben dir nichts. Sie haben nichts mit der großen Liebe zu tun, Blandinchen.«
Ich schaute Mohrles Karte nachdenklich an.

Liebe auf der Bühne, Liebe im Leben

Meine Szene wurde vorgeprobt. So konnte ich den Kurfürstendamm entlangschlendern. Es war warm, ein blauer Himmel, so ein richtig schöner Berliner Sommertag. Vor mir die Gedächtniskirche, in der ich getauft worden war. Weiter zum Kaufhaus des Westens. Kurz vorher war auf der rechten Seite ein Riesenkino. Ich sah mir die Bilder an. Plötzlich hatte ich das Gefühl, daß jemand hinter mir stand, aber ich drehte mich nicht um. Ich ging weiter, und auf einmal berührte mich jemand. Ich war unwillig und schaute kaum zur Seite. Wie merkwürdig: Hänschen. Meine erste Liebe aus Strausberg. Hänschen, der Schokolade unter den Zaun gelegt hatte. Er war nun ein junger Mann. »Ich hatte Probe«, sagte ich. Er lächelte. Das war alles. Wir blieben vor einigen Geschäften stehen und vor einem Café, das »Zuntz« hieß. Wir lachten beide. Als Kinder hatten wir oft darüber gelacht, aber da stand: »Zuntz« und dann »sel. Ww.«.
»Selige Witwe«, riefen wir wieder und lachten.
Er sagte: »Bis zur Witwe hast du noch lange Zeit. Du hast ja noch gar nicht angefangen.«
»Angefangen?«
»Ja, ich meine... Ich meine, bist du schon... Ich meine, hast du schon irgend jemanden... du könntest doch vielleicht... versprochen sein.«
»Nein.« Ich war nicht versprochen, aber ich fand es sehr schön, wie er so herumstotterte. Mich erfüllte Wärme.
»Und du? Bist du versprochen?«
»Nein«, antwortete er und schaute mich treuherzig an. Derselbe Ausdruck. Die langen schwarzen Wimpern, das Haar mittelblond, das Gesicht sehr fein.
»Wollen wir hier Kaffee trinken? Ißt du immer noch so gern Sahnebaisers?«
Ja, ein Sahnebaiser war unwiderstehlich.
Er brachte mir ein imposantes Stück, ich holte Kaffee, und so saßen wir und waren sehr zufrieden.
»Was machst du in der nächsten Woche?« fragte er.
»Ach«, sagte ich, »das kann ich noch nicht wissen. Ich habe die ganze Woche Proben. Und was machst du?«
»Das ist gar nicht so einfach zu erklären. Ich überlege immer noch, soll ich Jura zu Ende studieren? Mein Vater meint, ich soll etwas Praktisches lernen, es gäbe schon genug Juristen.«

Blandine Ebinger als Franziska in »Minna von Barnhelm«

»Du willst also einen ganz ernsten Beruf ergreifen.«
»Ja. Ich möchte dich fragen, ob du mit mir nach Strausberg fahren magst. Ich will meine Eltern besuchen.«
»Ja«, sagte ich, »am Wochenende fahre ich sowieso...«
Ich spürte, daß ich rot wurde. Das war mir noch nie widerfahren. Bis in die Schläfen ging es.
Er nahm meine Hand. »Es wäre doch hübsch, wenn wir dort wieder spazierengingen.«
»Du warst damals plötzlich fort«, sagte ich.
»Ich mußte weg. Meine Eltern hatten sich zerstritten. Sie gaben mich in ein Internat.«
»Ich war traurig, als ich gar nichts mehr von dir hörte. Aber das ist lange her.«
»Du hast längst eine neue Liebe«, sagte er.

»Ach, du glaubst, ich...ich hätte dich damals geliebt?«
Er nickte lachend. »Ja, das glaube ich, und das hast du auch.«
»Nein«, erwiderte ich schnell.
»Nein?« Er machte ein enttäuschtes Gesicht.
Das war mir nun auch wieder nicht recht. »Na ja, ein bißchen schon.«
»Komm«, sagte er, »ich bringe dich zur Haltestelle.«
Wir verabschiedeten uns an der Haltestelle, und Hänschen sagte: »Bis zum nächsten Sonntag.«
War das nun die Liebe, oder war das andere die Liebe?
Dies hier war schön und frei, und das andere war immer mit Angst verbunden.
Ich wußte es nicht. Ich überlegte auch nicht mehr, fuhr nach Hause, holte mein Textbuch und repetierte: »Warum soll ich nicht Pflaumenkerne hinunterspucken, wenn ich will?«

P. Im **Königl. Schauspielhause** absolvierte gestern Blandine Ebinger vom Residenz-Theater ein Probegastspiel als Franziska in Lessings „Minna von Barnhelm" und — es sei gleich vorweg gesagt — mit gutem Erfolge. Die junge Künstlerin besitzt so ziemlich alle Eigenschaften, die für das Fach der naiven Liebhaberin erforderlich sind. Eine frische, natürliche Spiel- und Sprechweise, einen kecken Humor, muntere Drolerie und Schelmerei sowie ein lebendiges Mienenspiel und vor allem Jugend, unverfälschte Jugend. Und gerade die zuletzt angeführte Eigenschaft wird es ihr ermöglichen, einige Unebenheiten ihrer Darstellung auszugleichen und ihr Können ausreifen zu lassen. Es wäre daher immerhin ein dauerndes Engagement an der Königlichen Bühne in Erwägung zu ziehen. Das Publikum spendete der Gastin sowie der gesamten vortrefflichen Aufführung mit Fräulein Arnstädt und den Herren Sommerstorff, Pohl, Barth, Eggeling und Sachs in den Hauptrollen lebhaften Beifall.

Mit den Kollegen sprach ich natürlich nie über mein Privatleben. Diesmal wollte ich auch mit meinen nächsten Freunden nicht darüber sprechen.
Auf diesen Proben merkte ich, daß sich Jannings in Lucie Höflich verliebt hatte. Und die Höflich verliebte sich in ihn. Zuerst spielten sie immer wunderbar. Dann aber wurden sie immer inniger und vertrauter, immer leiser, und sie spielten gar nicht mehr so wunderbar. Das war sehr merkwürdig, und es endete genauso, wie ich es mir gedacht hatte: Sie heirateten plötzlich.
Ja, ist das so? Wird man eine weniger gute Künstlerin, wenn man sich »wirklich« verliebt? Und sogar heiratet? Vielleicht verliert sich das ganze Talent. Ich bekam einen furchtbaren Schrecken. Da mußte man aufpassen. Ich nahm mir vor aufzupassen.

Talent bewahren, Wirklichkeit meiden

Durch einen Zufall fiel mir *Dorian Gray* in die Hände. Ein bißchen zu früh vielleicht, aber ich las das Buch mit großer Anteilnahme. Ich konnte nicht aufhören. Ich las mit einer kleinen Lampe, die ich an mein Buch klemmte, bis morgens um drei, und wahrhaftig: Das Talent verlor sich, wenn man sich wirklich verliebte. Das konnte man an der süßen kleinen Schauspielerin Sybil Vane sehen. Sie verliebte sich so sehr in den schönen Dorian Gray, daß sie nicht mehr richtig Theater spielen konnte.
Ich dachte immerzu an Sybil Vane. Sie verließ mich nicht, und ich spürte genau, was Oscar Wilde meinte: Wenn wir einen Menschen innig lieben, fällt alles Theaterspielen von uns ab. Dann wollen wir nur noch für diesen Menschen dasein. Ich mußte sehr aufpassen, daß ein Mensch nicht das Wichtigste wurde.
Sybil Vane fand es herrlich, nur an Dorian Grays Seite zu sein, nur ihn zu bewundern. Er aber wollte stolz auf sie sein, mit ihr prahlen, wollte sagen: Seht, diese einzigartige Schauspielerin lebt nur für mich – auf der Bühne! Er wollte eine Berühmtheit aus ihr machen. Und was tat sie? Sie handelte wie irgendeine kleine Frau in London, sie gab sich der bürgerlichen Liebe hin, erlebte die Liebe eines kleinen Mädchens. Was sollte er, Dorian Gray, mit einem kleinen Mädchen?
Ich konnte mich nicht lösen von diesem Buch.

Ich haßte Dorian Gray, und ich liebte Sybil Vane. Ich liebte sie so sehr, daß ich später in Amerika unter ihrem Namen auftrat. Ich war überzeugt, keiner würde sich an sie erinnern.
Mußte man sich wirklich der Kunst opfern? Nur der Kunst gehören? Blieb gar nichts mehr für einen anderen Menschen? Nach einer Weile dachte ich: Man muß einen Mann finden, der gar nicht weiß, daß man Künstlerin ist, damit man prüfen kann, ob er einen auch »so« lieben kann. Oder aber man fand einen anderen, der einen nur auf der Bühne liebte, oder vielleicht einen dritten, der beides in sich vereinte. Das Ganze war kompliziert. Mir fielen die Worte meiner Mutter ein: »Man muß sich entscheiden. Du siehst es ja an mir, ich bin hier im Sanatorium...«
»Ja«, hatte ich gesagt, »und du bist Papas Frau.«
»Eben. Man kann als Künstler nur der Kunst leben. Ich glaube, es ist sehr schwer, beides zu verbinden.«
»Aber, dann kann ich ja nie heiraten.«
Bei jeder Rolle sich in ein neues Wesen zu versetzen. Warum tat ich das überhaupt? Weil mich etwas dazu trieb. Was trieb mich? Ich glaube, mein Talent. Das war ja ein Geschenk, und dieses Geschenk, hatte meine Mutter gesagt, mußte man verwalten.

Es ist nicht nur wie bei Strindberg

Die Woche verging sehr schnell. Ich lernte und lernte, und Barnowsky, der Regie führte, war zufrieden. Ich dachte an meinen wiedergefundenen Freund Hans, der nun erwachsen war und Jurist werden wollte oder auch nicht.
Am Sonnabend zog ich mein schönes rosa Organdy-Kleid an, oben kleine Samtbändchen. Meine Mutter hatte es genäht – ihre Kleider sahen immer hübsch aus, aber sie kniepten.
Wir trafen uns wie verabredet und fuhren nach Strausberg. Zuerst gingen wir zu mir nach Hause, und ich sagte: »Mami, ich habe eine Überraschung für dich.«
»Eine Überraschung?« überlegte sie. »Bringst du etwa einen jungen Regisseur mit?«
»Nein«, sagte ich, »aber einen, der Verleger werden will. Er will Theaterstücke verlegen, die ich spiele, und er wird dafür sorgen, daß ich die Rechte bekomme.«
Wir mußten beide lachen.
»Sie hat alles falsch verstanden«, sagte Hänschen und kam hinter mir ins Haus.
Meine Mutter freute sich.
Wir setzten uns auf die Veranda. Er erzählte, daß er Spezialist für Urheberrechte werden wolle, ich hätte das alles verwechselt. Aber wenn ich jemals ein Theaterstück schriebe, würde er für meine Rechte sorgen.
Im Birkenwäldchen machten wir einen Wettlauf. Ich flitzte wie der Wind. Es war auch leicht für mich zu flitzen, denn ich war sehr schlank, keine vierzig Kilo schwer, und natürlich gewann ich. Ich klatschte an einen Baum und rief: »Erste!«
Als Hänschen anlangte, klatschte er ebenfalls und fiel ein bißchen gegen mich. Wir schauten uns an, und mir wurde ganz schwindlig. Es war kein Stuhl da zum Festhalten...
Er sagte zu mir: »Schnuckeline, du bist berückend süß!« Er streichelte mich, ich spürte seine Lippen auf meinen Lippen, aber ganz zart und sanft. Ich schluckte und wollte ihn wegschieben, aber statt dessen legte ich ihm die Arme um den Hals.
Langsam gingen wir zurück. Wir sprachen kein Wort, und ich glaube, meine Mutter wunderte sich, daß wir beide so still waren.
»Weißt du, Mami«, sagte ich, als ich mit ihr allein war, »es ist gar nicht wie bei Strindberg.«
Sie lachte. »Nein, Gott sei Dank nicht. Warum?«

»Die junge Bühne«

Moritz Seeler war einer von den jungen Menschen, die die begabtesten jungen Schauspieler und Regisseure zusammenbringen wollten. Er eröffnete deshalb »Die junge Bühne«. Gage gab es nicht, aber wir spielten alle leidenschaftlich. Seeler entdeckte Bronnen, dessen Stück *Vatermord* er herausbrachte. Der gerade nach Berlin gekommene Bert Brecht sollte Regie führen, aber es gab Krach, und er ging.
Ich lernte Brecht früh kennen. Ich wohnte noch in der Wohnung meiner Tante Doni. Er pflegte auf der Erde zu sitzen und auf seiner Gitarre zu spielen. Dazu sang er mit knarrender Stimme *Wo im dunklen Schoß der Erde ruhte Baal*. Das war natürlich für ein junges Mädchen wie mich sehr eindrucksvoll.
BAAL! Die Arbeit mit ihm war nicht einfach. Brecht hatte eine sehr eigene Art, Regie zu führen. Er erklärte: »Erst wenn die Frauen weinen und völlig zermürbt sind, sind sie gut.« Er wollte aus uns lauter kleine Brechts machen. Ebenso wie später Kortner kleine Kortners. Auch mich wollte Brecht in die Knie zwingen, doch ich rettete mich durch eine Grippe.

Der junge Bertolt Brecht

Atelierfest

Als ich bei der »Jungen Bühne« auftrat, hatte ich meine ersten Rendezvous. Ich mußte es heimlich tun, denn meine Mutter hätte es mir bestimmt verboten. Sie hielt das für den ersten Schritt zum Abgrund.
Der Maler Glöckner, ein Gönner der »Jungen Bühne«, gab eines seiner bekannten Atelierfeste. Diesmal wurden Ditha und ich eingeladen. Ich verabschiedete mich zu Hause mit dem Hinweis, daß ich bei Ditha übernachten würde. Ich war froh, daß meine Mutter nicht weiter fragte, und verschwand schleunigst. Gleich nach der Vorstellung wurden wir abgeholt. Das Fest fand in einer Nebenstraße beim Kaufhaus des Westens statt.
Mit dem Fahrstuhl ging es in den obersten Stock. Farbige Lämpchen allenthalben, auch auf der Terrasse. Überall standen große Schalen mit Obst, ich hatte noch nie so blaue Weintrauben gesehen. Bunte Kissen, keine Stühle, alle saßen auf dem Boden. Die Vorhänge bestanden aus Perlschnüren – ich war fasziniert.
Man feierte schon lange, als wir kamen. Lauter schöne Kostüme. Ich sah in meinem schwarzen Domino etwas ärmlich aus.
Glöckner stellte uns seinen beiden Söhnen vor. »Ich bin geschieden, aber die Jungen sind bei mir.« Der eine hatte mich sehr aufdringlich angestarrt, als wir gekommen waren. Der andere sah ein wenig doof aus.
Die Musik war leise, im Gegensatz zu heute konnte man sich gut unterhalten. Ich sah Dr. Klapper, den Theaterarzt, traf auch die Kollegen von der »Jungen Bühne«. Der Abend wurde kurzweilig, voller Überraschungen. Ein runder Mond schien auf die tanzenden Paare auf der Terrasse. Erich, der ältere von Glöckners Söhnen, bat mich um einen Tanz. Wir tanzten Tango Argentino, den ich gerade gelernt hatte. Fünf Touren tanzten wir, ich lag in seinen Armen und fühlte mich sehr erwachsen. Aber das war schnell zu Ende, denn er schickte mich nach diesem Tanz zu seinem jüngeren Bruder Rolf. Wir sollten Ma Yong spielen. Ich wurde also wieder zu den Kleinen geschickt. Rolf wurde ärgerlich, als ich gewann.
»Ich habe keine Lust mehr. Ich gehe jetzt ins Bett. Wenn du willst, kannst du mitkommen.«
»Du Dussel! Denkst du, ich lege mich mit dir ins Bett?« Ich streckte ihm die Zunge heraus, drehte mich um und ging. Das war leider nicht sehr erwachsen.
Allmählich war es ruhiger geworden. Der Mond war verschwunden, am dunklen Himmel ein paar Sterne. Das erinnerte mich an Strausberg, und mein Gewissen regte sich. Auf dem Boden, auf Couchs lagen die Menschen, ich hörte leise Geräusche... Da es mir unheimlich wurde, beschloß ich zu gehen. Nachdem ich die vielen Treppen hinuntergelaufen war – der Fahrstuhl war nur mit einem Schlüssel zu benutzen –, fand ich das Haus verschlossen. Ich setzte mich auf die unterste Treppenstufe und schlief sofort ein. Mit den Worten »Was machst du denn hier?« wurde ich von dem ersten Hausbewohner geweckt, der seinen Hund ausführen wollte.
»Die Tür war zu.« Ich verschwand schnell, ich wollte einem wildfremden Menschen nicht Rede und Antwort stehen. Ilse Seeck mußte mir helfen! Je wacher ich wurde, um so größer wurde meine Angst, daß meine Mutter sehr wütend werden würde. Ich fuhr mit der U-Bahn nach Dahlem-Dorf und wanderte zu der großen Schule. Wenn hier der Pförtner gegen acht Uhr aufmachte, konnte ich zu Ilse Seeck gehen.
Ich wartete, dann klingelte ich bei ihr.
»Blandine?! Um diese nachtschlafende Zeit?«
»Alle Leute frühstücken schon.«
»Aber wir nicht.« Ilse war gar nicht freundlich. Sie wollte genau wissen, was geschehen war. Ich erzählte es ihr.
»Sei so gut und ruf Mami an und sag ihr, ich sei bei dir gewesen. Sie ängstigt sich doch immer so.«
Ilse ging mit abweisendem Gesicht ans Telefon, rief meine Mutter an – und erzählte ihr alles.
Meine Mutter kam sofort. »Was hast du getrieben?«
»Nichts habe ich ›getrieben‹. Ich habe Tango getanzt mit dem großen Sohn von Glöckner und mit dem kleinen habe ich Ma Yong gespielt.«
»Du lügst! Was ist geschehen?«
»Mami, wenn du mir nicht vertraust, spreche ich kein Wort mehr mit euch!«
»Bitte, sag mir sofort die Adresse. Ich will von Herrn Glöckner selbst hören, was da los war.«
Ich mußte zu allem Überfluß noch mitgehen.
»Herr Glöckner, geben Sie mir Ihr Ehrenwort, daß nichts geschehen ist?«
»Gnädige Frau, mein Sohn ist schwul, er hat Ihrer Tochter sicher nichts angetan.«
Meine Mutter beruhigte sich. Ich nicht. »Ich spreche nicht mehr mit dir, Mami.« Das hielt ich durch, ein ganzes Wochenende lang.
»Es tut mir leid, Blandine«, sagte sie schließlich.

Stummfilmkarrieren

In Berlin wurde damals jeden Tag eine neue Filmgesellschaft gegründet. Junge Männer witterten das große Geschäft ihres Lebens. Dafür brauchten sie Stars.
Sie suchten bekannte Schauspieler und Schauspielerinnen auf, denen sie goldene Berge versprachen. Es war sehr schwer, diesen Versuchungen zu widerstehen.
Eines Tages rief ein Alberto di Casanova bei mir an. Ich gestattete ihm, mich zu besuchen. Ganz, wie es sich gehörte. Nein, er bat mich, zu ihm in sein Büro an der Potsdamer Straße zu kommen, in seine Privatwohnung. Ich war neugierig.
Da saß ein schlanker junger Mann mit riesigen braunen Augen, langen Wimpern, sehr bleich, mit etwas klebrigen Haaren. Er hatte die Beine übereinandergeschlagen und wippte immerzu mit dem Fuß. Ich dachte: Warum ist er so aufgeregt? Der neben ihm stehende Assistent, ebenfalls ein bildhübscher Junge, zappelte mit den Händen.
»Ich bin Alberto di Casanova«, stellte er sich vor, »Sie sollen unser Star sein.«
»Ach. Einfach so und ganz plötzlich?«
»Ja, wir sind angeschlossen an die Felix-Filmgesellschaft. Wir haben Großes mit Ihnen vor. Nur fehlt noch etwas Kleingeld.«
»Kleingeld habe ich nicht.«
»Sie sind schön.«
Seine Hände fielen mir auf. Riesig groß mit dicken Fingern, der Zeigefinger überlang.
Felix-Film? Davon hatte ich nie etwas gehört.
Er erschien am nächsten Morgen bei meiner Tante und mir. Während er begann, mir seine Pläne zu schildern, rief meine Mutter an. Ich berichtete ihr von Alberto di Casanova. Ihr Lachen irritierte mich. »Was ist daran so komisch, Mami? Ich werde sein Star sein.«
Meine Mutter kam wieder einmal schleunigst aus Strausberg angefahren. Ich hatte sie gebeten, Leberwurststullen für die blassen Männer mitzubringen. Sie war gar nicht begeistert von Casanova. Ich fand das übereilt.
»Du wartest ab«, zischte sie, »Papa zieht erst Erkundigungen ein. So viel Zeit wird deine Star-Karriere ja noch haben.« Ich versprach, Herrn Casanova für später wieder zu bestellen.
Alberto di Casanova sagte, bevor er sich verabschiedete:
»Mein Fräulein, ich bin heute in großer Not. Ich muß sofort ein paar hundert Mark haben, sonst denken die Leute, mein Kapital sei nicht flüssig.«
»Ach, ist es denn nicht flüssig?« fragte ich interessiert.
»Nein, es ist fest angelegt in Aktien. Ich kann sie nicht alle sofort verkaufen, sonst geht zu viel vom Kapital verloren.«
Oh, wie leid tat mir der Mann! Nun brauchte er flüssiges Kapital.
»Sie haben eine so schöne goldene Armbanduhr«, sagte er. »Wenn Sie sie mir für zwei Tage leihen könnten, bringe ich sie Ihnen wieder.«
Natürlich gab ich ihm die Uhr. Er küßte sie.
Am nächsten Tag brachte mir meine Mutter frohlockend die Zeitung. Alberto di Casanova war ein Ganove, der sich auf diese Weise hatte Geld verschaffen wollen. Er hieß in Wirklichkeit Max Müller und hatte natürlich außer bei mir auch bei anderen Kollegen versucht, sich Geld zu erschwindeln.
Er landete in Weißensee.

Blandine Ebinger in einem frühen, verschollenen Film

Der nackte Mann im Ledersessel

Immer waren die Filmleute auf der Suche nach neuen Talenten. Sie rannten in jede Premiere. Sie besuchten Nachmittagsvorstellungen, gingen dann ins Admiralsbad am Bahnhof Friedrichstraße. Sie ruhten sich in der Sauna aus, dann wurden in Bars Pläne geschmiedet und neue Ideen gewälzt. Eines Tages bekam ich einen Anruf von so einem »vielversprechenden jungen Regisseur«. Er sagte: »Fräulein Ebinger, ich hätte gern mit Ihnen über eine Idee gesprochen, die Ihnen wahrscheinlich gefallen wird. Ich habe da etwas...«

Mein Herz klopfte vor Spannung und Erwartung.

»... und ich möchte Sie bitten, zu mir zu kommen.«

Ich fragte – irgendwie irritiert –, warum ich in seine Wohnung kommen sollte, man treffe sich ja üblicherweise im Büro oder in einem Café.

»Nein, nein, da haben wir nicht die nötige Ruhe.«

Ich sagte zu, rief sofort Ditha an und erzählte ihr die ganze Geschichte. »Etwas macht mich stutzig. Als ich fragte, ob ich meine Freundin mitbringen könne, sagte er, um Gottes willen, keine Freundin!«

»Ach ja, ich kann mir das schon vorstellen. Was hat er denn genau gesagt?«

Ich wiederholte es: Ich solle pünktlich sein (pünktlich war ich immer!), solle klingeln und dann warten. Die Tür werde angelehnt sein, und er wolle »Kommen« rufen.

»Aha, bereits lauter Regieanweisungen«, stellte Ditha fest.

»Darum läßt mich ja meine Mutter nicht in die Provinz. Sie sagt, da würde den jungen Mädchen soviel weisgemacht.«

Wir freuten uns mächtig.

Der nächste Tag war Freitag, der Dreizehnte. Freitag ist mein Glückstag, der Dreizehnte ebenfalls. Gerade das, was andere Leute fürchten, bringt mir Glück.

Als wir vor der Haustür standen, klopfte mir doch das Herz. War es nicht unrecht von mir, Ditha mitzubringen? Es war ein gewöhnliches Mietshaus, nichts Besonderes, aber es war eine gute Gegend. Nun standen wir hier. Sollten wir klingeln?

Ich sagte: »Drück du zuerst auf die Klingel.« Ditha tat es. »Geh zur Seite, damit er dich nicht sieht, falls er durchs Fenster guckt.« Die Tür gab nach. Nun die Treppe. Wir kicherten uns hinauf. Richtig, die Wohnungstür war angelehnt. Am liebsten wäre ich weggelaufen, aber da sagte eine tiefe und energische Stimme: »Kommen!«

Szene aus dem Film »Die Austernprinzessin« von Ernst Lubitsch

»Warte auf jeden Fall, bis ich ›twiwitt‹ mache«, flüsterte ich. »Twiwitt« war unser verabredeter Notruf, nur für Eingeweihte.

Nachdem ich hineingegangen war, ließ ich die Tür angelehnt. Ich kam zum ersten Zimmer. Vorsichtig schob ich die Tür auf. Niemand zu sehen. Auf einem großen, runden Tisch lag ein Manuskript. Am liebsten hätte ich darin geblättert. Auf dem Sofa und auf Sesseln waren gestickte weiße Deckchen. Ich fand das albern. Ob es Tee gab? Ob er vielleicht in der Küche war?

Ich rief: »Huhuh.« Keine Antwort.

»Hallo«, versuchte ich. Auch nichts.

»Twiwitt« durfte ich noch nicht machen. Roch es nicht nach Weihrauch? Ein bißchen dumpf. Ach, dachte ich, das Zimmer sieht so spießig aus, aber vielleicht hatte er die Wohnung möbliert gemietet. Ein Regisseur müßte eigentlich eine tolle Wohnung haben. Wieder rief die Stimme: »Kommen!«

48

Aus dem Nebenraum drang magische Beleuchtung, ein seltsames Violettrot. Schwarze Vorhänge verbannten das Tageslicht. Irgendwo brannten Kerzen. Mir wurde etwas sonderbar zumute. Dann hörte ich ein leichtes Stöhnen. Ich bekam schon Angst, da entdeckte ich einen riesigen Sessel. Von der Seite sah ich ein nacktes weißes Bein. »Näher«, ertönte es aus dem Sessel, worauf ich mich heranschlich. Ich sah etwas völlig Unerwartetes: einen nackten Mann in einem hohen Ledersessel, die dicken Lider fest geschlossen. Auf seinem Schoß ein rotes Taschentuch. Zwei Kerzen flackerten neben ihm. Sollte ich eine Szene mit ihm spielen? Stegreifkomödie? Wollte er so mein Talent prüfen?
»Hebe auf!«
Was sollte ich aufheben?
»Hebe es auf und schau das Wunder!«
Das konnte doch wohl nicht möglich sein.
»Anfassen!« stöhnte er.
Dieser Seufzer erfüllte mich mit namenlosem Staunen. Der untersetzte kleine Mann mit der glatten schwarzen Scheitelfrisur – wem sah er nur ähnlich? Ein Kollege von mir hatte ein Buch mit den Abbildungen kleiner Glücksbringer aus Pompeji, einem davon sah er ähnlich. Einerseits. Aber nein, er sah unserem Butterverkäufer an der Ecke ähnlich. Dieser Gedanke brachte mich fast zum Lachen. Um mich zu beherrschen, tat ich so, als sollte ich eine Theaterszene aus dem Stegreif spielen: »Großer Meister, soll ich Ihren Teppich küssen?«
Er wurde unruhig, seufzte noch stärker, strich mit den Händen langsam an den Schenkeln entlang und ergriff einen Zipfel des roten Taschentuchs. Das »Wunder« war beängstigend.
Da machte ich: »Twiwitt!« Ditha kam aufs Stichwort. Sie mußte schon vorher zur Tür geschlichen sein.
Ditha stand starr in der Tür und sagte: »Gibt's des aa?!« Da sprang er plötzlich wütend auf und schrie: »Raus, ihr Biester! Raus!« Wir rannten zur Wohnungstür und hinaus. Die ganze Treppe hinunter prusteten wir vor Lachen. Leider wurde nichts aus dem Angebot von Herrn L. Ja, leider. Er wurde später ein berühmter Regisseur.

Murnau und das Kettchen

Ein anderer aus der Gruppe »Talentprüfer« suchte eine junge Schauspielerin für seinen Film *Der blaue Knabe*. Es war ein gewisser Herr Friedrich Wilhelm Plumpe, bekannter als Murnau. Er kam in meine Wohnung. Ich hatte Tee gemacht, und es gab Gebäck. Wir sprachen über sein Stück. Er sagte, ich hätte etwas Knabenhaftes, und das wäre vielleicht das Richtige, vielleicht auch nicht, je nachdem. Er müsse noch darüber nachdenken. Plötzlich sagte er, er würde mich gern so sehen, wie ich sei.
Ich sagte: »Sie sehen mich ja.«
»Ich möchte Sie fühlen, ich muß einen Kontakt haben.« Ich reichte ihm meine Hände. Er streichelte sie, strich auch über mein Gesicht, meinen Hals. »Was würden Sie tun für einen Mann, der Ihnen etwas bedeutet?«
Ich antwortete: »Wissen Sie, darüber habe ich noch nicht nachgedacht, ich muß es mir überlegen. Was würden Sie denn tun?«
»Oh«, sagte er, »darauf bin ich nicht vorbereitet. Ich habe zuerst gefragt.« Wir tranken noch mehr Tee.
Er öffnete meinen Halskragen und nahm mir mein Kettchen ab. Dann legte er seinen Arm um mich, gab mir einen Kuß auf die Stirn und sagte: »Diese roten Lippen. Würden Sie mir das geben, Blandine?«
»Ich gebe es Ihnen, aber ich möchte die Kette zurückhaben.«
»Natürlich«, sagte er. »Sie werden von mir hören.« Das Kettchen habe ich nie wiedergesehen. Ich habe F. W. Murnau später nie daran erinnert.
Ich könnte noch viele ähnliche Geschichten erzählen. Bei Fritz Lang mußte man prinzipiell wohnen, wenn man engagiert werden wollte. Meine Mutter erlaubte es nicht. Es gab auch einen Herrn Blue, der eine Filmserie mit mir machen wollte. Es wurden Probeaufnahmen gemacht, die Serie wurde angekündigt und der erste Tag der Aufnahmen festgelegt. Vorher gab es einen Nachmittag bei Mr. Blue. Er präsentierte mir einen riesigen Brillanten, der eine Belohnung sein sollte. Eine Belohnung wofür? Ich hatte gedacht, Mr. Blue wolle die Serie mit mir machen, weil ich die richtige Schauspielerin dafür sei. Ich verzichtete auf den Brillanten. Mr. Blue war so wütend, daß er die Serie absagte.
Eine gute Fee hat mir eine glückliche Eigenschaft verliehen: Wenn sich eine Hoffnung zerschlägt, bin ich nicht lange traurig. Die Sache ist für mich erledigt.

Der grausame Scheich

Im Deutschen Theater wurde *Sumurun* vorbereitet. Victor Hollaender hatte die Musik zu dieser berühmten Pantomime geschrieben. Bei der Generalprobe saßen wir jungen Schauspielerinnen im Parkett. Hollaender dirigierte selbst, ein zauberhaftes Thema entwickelte sich aus den Violinen – ich habe es noch heute im Ohr. Die Musik war der Auftakt zu der Geschichte von einem berühmten Scheich. Sie war angelehnt an *Tausendundeine Nacht,* und damit weckte sie bei mir Kindheitserinnerungen.

Der Vorhang ging auf, und man sah einen Scheich mit untergeschlagenen Beinen sitzen. Das Gesicht war braun geschminkt, große Augen, dunkel umrändert. Der Turban, geschmückt mit funkelnden Steinen, saß über einem strengen, sehr orientalischen Gesicht. Die Hände lagen auf den Knien. Die langen Finger mit den spitzen Nägeln sahen grausam aus. Die ganze Märchenwelt tat sich vor mir auf. Der Scheich war eine Art erwachsener Sarotti-Boy.

Der Scheich sprach die Worte: »Da geschah es eines Tages, daß die Herrin Sumurun...«

Dieser Name mit den vielen »u« verzauberte mich. Ich war sprachlos. Als die Generalprobe erfolgreich vorüber war, kam der Märchenprinz zur »Kritik« herunter. Max Reinhardt und Victor Hollaender: Der Trubel war gar nicht mehr zauberhaft. Da kam dieser Prinz ausgerechnet auf mich zu, streichelte meine Wange und sagte: »Nun? Ich hätte gern einmal ein unbefangenes Urteil.«

Ich war fassungslos und antwortete nur: »Sumurun!« Im gleichen Ton wie er. Das schien ihm sehr zu gefallen, denn er sagte: »Wir sehen uns wohl noch.«

An diesem Abend sahen wir uns natürlich nicht mehr. Es wurde nochmals eine Nachtbesprechung angesetzt, der gewöhnliche Nervenkrieg.

Die Premiere brachte einen überraschenden Erfolg. Ernst Deutsch aber, »mein Scheich«, hatte mein Kompliment nicht vergessen.

Ich spielte in *Fuhrmann Henschel,* und eines Abends holte er mich in der Garderobe ab. Ich wollte mich gerade auf den Heimweg zum Bahnhof Friedrichstraße machen. Erst lehnte ich brav ab mitzukommen, ich wolle gleich nach Hause. Er versprach mir, mich zum Zug zu bringen. Spätestens in einer Stunde. Was er aber nicht tat.

In meiner Phantasie war Deutsch eine Märchenfigur, der Scheich mit dem Turban aus *Sumurun*... Ich mache noch heute den Fehler, Menschen das anzudichten, was ich in ihnen sehen möchte. Da gibt es natürlich oft ein schmerzliches Erwachen.

Ich ging also mit dem Scheich aus *Sumurun* in die Kantine.

»Wenn Ernst Deutsch vom Spielen heraufkam und vielleicht für eine Probe am nächsten Tage fit sein mußte und wenn Walter Hasenclever vom Abfassen eines neuen Stückes bewegt war, so waren den Liebesspielen Grenzen gesetzt, und auch die Lust am Diskutieren konnte nicht ins Uferlose gehen. Der Schlaf forderte sein Recht... Zu jeder Tageszeit und in jeder Gesellschaft konnte Deutsch einen Schlummer extemporieren. Ich sah ihn schlafend dicht neben Heinrich Mann und Gottfried Benn, die in korrekter Kleidung und Haltung über Politik diskutierten.«
Georg Zivier über Ernst Deutsch

Ernst Deutsch
und Walter Hasenclever

Walter Hasenclever, der von Natur sehr neugierig war, erzählte gerade eine Klatschgeschichte. Sie wurde begeistert aufgenommen. Hasenclever sprudelte vor Witz und Fröhlichkeit. Er hatte ein feingeschnittenes Gesicht, kritische braune Augen, dunkles welliges Haar und einen hübschen Mund. Er war groß, etwas größer als Ernst Deutsch, stand auf, als ich kam, verbeugte sich und sagte: »Nehmen Sie Platz, verehrte Süße.«
Das verwirrte mich. Ich sagte: »Dankeschön« und machte einen Knicks. Es muß ihn beeindruckt haben, denn er sah einen Moment lang ganz ernst aus und schwieg.
Deutsch rief mir mit samtener Sumurunstimme zu: »Aber, Baby, Sie brauchen doch vor Walterchen keinen Knicks zu machen.«
Ich war irritiert und kam mir doch sehr erwachsen vor in diesem Kreis.
Es wurde sehr spät. Ich hörte die Anekdoten, die mich einweihten in die Unheimlichkeit und Doppelbödigkeit dieses Berufes. Über wieviel Kummer und Ängste wurde gesprochen! Was da oben im Büro vor sich ging, mit wem eine Frau etwas haben mußte, um weiterzukommen.
»Geht es denn nicht mit Talent?« fragte ich. »Das ist, denke ich, die Hauptsache!«
»Es hilft, Baby, aber der andere Weg ist leichter und sicherer.«
Ich jedenfalls würde der Lüsternheit dieser Ober-, Über- und Unterdramaturgen keinen Weihrauch spenden. Sollte jemals so etwas an mich herantreten, so würde ich sie verwirren und in eine Löwengrube locken, in der die säßen wie Daniel. Besonders Felix Hollaender wollte ich so behandeln. Von ihm wurde erzählt, er sei ein Nimmersatt und »prüfe« immerzu Talente.
Hasenclever war begeistert. »Süße, wir schreiben ein Stück für dich, gleich morgen fangen wir an.«
Morgen! Ich sprang auf, der letzte Zug nach Strausberg war weg! Ich wollte telefonieren, aber der Wirt hatte das Telefon abgeschlossen.
»Gehen wir alle zu Deutsch.«
Mein Herz klopfte. Meine Mutter würde gar kein Verständnis dafür haben, daß ich sie so in Sorge ließ. Ich kam mir auf einmal gar nicht mehr erwachsen vor und hätte beinahe geweint.

Deutsch wohnte nur ein paar Straßen vom Lessing-Theater entfernt am Kronprinzenufer. Da saß nun der Märchenprinz in gewöhnlicher Kleidung. Ich war irgendwie enttäuscht. Ohne Turban und ohne Brillanten. Nur die grausamen Hände waren übriggeblieben.
Es wurde erzählt, diskutiert – stundenlang. Und mein Gewissen wurde immer schlechter. Ich überlegte: Sollte ich meine Eltern stören? Sicher schliefen sie schon. Aber nein, meine Mutter hatte einmal gesagt: »Bitte laß mich nie in Sorge.« Ich bat Ernst Deutsch um Erlaubnis, sein Telefon zu benützen.
»Gott sei Dank!« waren Mutters erste Worte. »Wo bist du?«
»Bei Ernst Deutsch.« Pause.
»Ich nehme den ersten Zug.«
»Max holt dich ab, steig in kein leeres Abteil!«
Ich lief zum Bahnhof Friedrichstraße. Plötzlich Schritte hinter mir. Der Theaterarzt Dr. Klapper.
»Man läßt doch ein Kind nicht so allein, ich bringe Sie, Fräulein Blandine.«
»Baby« hatte mich Deutsch genannt. Aber Hasenclever wollte ein Stück für mich schreiben. Von heute an, nein, von jetzt an würde ich wirklich erwachsen sein und unnahbar (das gehörte meiner Meinung nach dazu). Max stand vor dem Bahnhof und grinste. »Det jibt vielleicht 'ne Abreibung.« Ich kletterte auf den Sitz des Dogcarts und nahm Max die Zügel aus der Hand. »Max, eine Dame reibt man nicht ab!«
Trotzdem gab's eine.

Die Entführung einer sehr jungen Dame

Als wir uns enger befreundet hatten, sagte Ernst Deutsch: »Jetzt möchte ich mir etwas von Ihnen wünschen.«
Ich war erstaunt. »Was denn?«
»Ach«, sagte er. »Es ist doch sinnlos, immer ›Fräulein Blandine‹ und so. Ich meine, wir haben jetzt schon so viele schöne Stunden zusammen verlebt, und Sie haben *Sumurun* mindestens zehnmal gesehen.«
Ich sagte nichts. Ein bißchen genierte ich mich. Ja, ich hatte *Sumurun* sehr oft gesehen.
»Also«, sagte er, »wie wäre es denn, Baby . . . Ich muß jetzt ungefähr vier Wochen ins Sanatorium ›Weißer Hirsch‹.«
»In Dresden?«
Ich hatte dort jene reichen Verwandten, bei denen ich mich als Kind so unbehaglich gefühlt hatte. Woran Ernst Deutsch im »Weißen Hirsch« arbeiten wollte, weiß ich nicht mehr genau. Ich glaube, es war *Der Sohn* von Hasenclever. Ich studierte gerade die *Wildente*.
»Komm mit. Wo du die Hedwig studierst, ist doch gleich. Wir werden uns um nichts kümmern, und niemand wird es wissen.«
Konnte ich denn einfach so ausrücken?
Mein Märchenprinz fragte: »Was überlegst du noch?«
Ich merkte, daß der Gedanke an ein solches Abenteuer eine aufregende Sache war. Das mußte ich unbedingt machen, ich konnte es mir nicht entgehen lassen. Das Märchen verdrängte die Wirklichkeit: »Ich komme mit.«
Ich fuhr nach Hause und packte heimlich eine Tasche, zum erstenmal heimlich vor meiner Mutter. Ich steckte eine Zahnbürste, ein Nachthemd und ein Kleid ein. Eins hatte ich ja an.
Ich sagte zu meiner Mutter: »Ich fahre jetzt nach Berlin.«
»Wir treffen uns wie gewöhnlich nach deiner Probe.«
»Ja, weißt du, Mami, die Probe ist verschoben worden.«
»Verschoben?«
»Ja, wir haben nur eine Besprechung.«
»Also gut, wir treffen uns nachher in der kleinen Schloß-Konditorei Unter den Linden.«
Ich konnte meine Mutter nicht belügen. Ich bekam es einfach nicht fertig und antwortete: »Mal sehen.«
»Blandine, sei nicht so frech. Was heißt ›Mal sehen‹?!« Sie lachte dabei. »Wir treffen uns dort und damit Schluß!«
Nun war mir doch etwas mulmig zumute. Ich ging schnell noch einmal in mein Zimmer und fing einen Brief an. Ich wollte ihr erklären, daß es für mich sehr wichtig sei, mit einem so berühmten Schauspieler einmal länger zusammen zu sein und mit ihm zu arbeiten. Nicht gut. Ich grübelte weiter. Schließlich hatte ich einen blendenden Einfall. Ich schrieb: »REG DICH NICHT AUF, ICH VERSCHWINDE.« Den Zettel legte ich auf mein Bett, und dann ging ich ganz schnell – so schnell war ich noch nie zum Bahnhof gegangen.
Berlin, Kronprinzenufer, Deutsch, Baby! Eine Stunde später saßen wir beide im Zug nach Dresden. Unterwegs sagte mir jedoch Ernst Deutsch, er werde natürlich nicht im Sanatorium »Weißer Hirsch« wohnen, weil wir dort auffallen würden, er habe eine kleine Wohnung gegenüber gemietet. Er fragte mich, wie ich meinen Aufbruch arrangiert hätte. Ich sagte, es sei alles ein bißchen schwierig, denn ich sollte meine Mutter am Nachmittag in der Schloß-Konditorei treffen. Er sagte: »Nun, du wirst eben nicht dort sein.«
»Nein«, sagte ich, »ich werde nicht dort sein.«
Wir fanden das eigentlich sehr lustig und freuten uns und knabberten Schokolade. Gegen Abend kamen wir beim »Weißen Hirsch« an. Es war sehr aufregend, und immer, wenn ich mit Herzklopfen an die Schloß-Konditorei dachte, tat ich das, was die Psychologen »verdrängen« nennen.
Ich hatte ein kleines Zimmer für mich, Ernst Deutsch ein großes, außerdem gehörte zu der Wohnung eine kleine Küche. Draußen war Frühling. Wir gingen auf dem »Weißen Hirsch« spazieren. Ich war sehr froh. Aber merkwürdigerweise arbeiteten wir gar nicht. Wir erzählten uns Geschichten, und wir lachten zusammen. Wir gingen in den Zirkus Sarasani, mindestens siebenmal. An einem der folgenden Morgen erschien plötzlich ein Mann, der sagte, er sei von der Polizei. Ich flüchtete sogleich in die Küche. Was Ernst Deutsch mit dem Mann gesprochen hat, weiß ich nicht, aber der Mann zog ab. Gott sei Dank!
Ernst Deutsch schaute mich an und sagte: »Jetzt wird es kritisch.« Nach diesem Wort beschlich mich wieder Bangen, aber ich verdrängte es so rasch wie möglich.
An diesem Abend gingen wir aus. Eine sehr schöne junge Frau war dabei. Ernst Deutsch sprach lange und eindringlich mit ihr, sie seufzte immerzu und verabschiedete sich. Ich dachte mir, warum seufzt sie immerzu?

52

Dresden, das Elb-Florenz

Dann saßen wir zusammen. Er nahm meine Hand und sagte: »Baby, bald bist du nun erwachsen, und man kann mit dir schon sprechen. Wie gefällt dir Melitta?«
»Melitta ist sehr schön«, antwortete ich. »Sie hat merkwürdige Augen.«
»Sie ist auch eine sehr gute Schauspielerin. Ihr Mann ist unterwegs.«
»Ach«, sagte ich, »ihr Mann ist unterwegs?«
»Ja, sie ist verheiratet. Der Mann ist im Feld.«
Ernst Deutsch nahm mich in den Arm und streichelte meine Haare und sagte immerzu »Baby«.
Was soll denn das? dachte ich. Warum? Er hat diese Frau so sonderbar angesehen, und sie hat geseufzt, und zu mir sagt er »Baby«. Er könnte doch etwas netter sein... Nicht daß ich in ihn verliebt war. Ich bewunderte ihn. Aber dann merkte ich, daß etwas anderes geschah: Ich war von ihm wie hypnotisiert. Zuerst wurde es mir nicht bewußt. Ich tat eigentlich alles, was er wollte. Wenn er mich anschaute und sagte: »Also, nun mach mal das«, tat ich es immer.
Was war nur los mit mir, was sollte das?
Damals wußte ich es nicht, doch heute weiß ich es: Ich war ihm verfallen.
Eines Tages erschien meine Tante in der kleinen Wohnung. Ein majestätischer Auftritt. Sie war ein Meter achtzig groß, sehr vornehm. Sie trug ein schwarzes moiréseidenes Kleid und einen phantastischen Hut mit einer Pleureuse.

Ich war im Nebenzimmer und lauschte. Sie sagte: »Meine Nichte sollte überhaupt nicht mit so einem Beruf in Berührung kommen, geschweige denn mit Ihnen, Herr Deutsch!« Womit sie recht hatte, aber ich wußte das damals nicht. Sie vermutete »furchtbare« Sachen und sagte, wenn irgend etwas passierte... Es war aber gar nichts passiert, und es konnte nicht, denn Melitta war da. Sie war verheiratet, das war viel schlimmer. Das wußte die gute Tante nicht. Ich würde es nicht petzen, dachte ich damals, und ich habe es auch nicht gepetzt. Ich war ein kleiner Kamerad, wie Deutsch sagte, und er nannte mich ja »Baby«, was mich mehr und mehr ärgerte.
Auch als ich erwachsen war und ein Kind hatte, begrüßte er mich in Amerika mit »Baby«.
Meine Tante brachte einen Brief von meiner Mutter: »Mein Liebling, Du kannst jeden Tag nach Hause zurückkommen. Wenn Du keine gute Schauspielerin werden willst, dann bleib nur da. Aber eine gute Schauspielerin darf sich wie eine Priesterin nur um ihre Arbeit kümmern!«
Eine Fahrkarte lag dabei. Da ich eine gute Schauspielerin werden wollte, nahm ich die Fahrkarte und ging zum Bahnhof – ohne Abschied.
Ernst Deutsch wollte, daß ich wiederkäme, er bat um Verzeihung. Er sagte, er sei verrückt gewesen.
»Baby, komm, wir wollen weiterarbeiten.«

»Baby« löst sich . . .

Natürlich begegneten wir uns wieder, sprachen aber nie davon. Ernst Deutsch – ein seltsamer Mensch mit einer seltsamen Freude, einen zu verwickeln, einem wehzutun, zu quälen. Warum tat er das?

Mich konnte er nicht quälen. Ein einziges Mal, als wir im Theater saßen, drückte er eine brennende Zigarette in aller Ruhe auf meinem Arm aus. Ich konnte das gar nicht fassen. Es tat so weh, daß ich nicht einmal weinen oder schreien konnte. Vielleicht war das seine Rache für Dresden, eine sonderbare Rache.

Er hatte eine seltsame Macht, Menschen zu Dingen zu veranlassen, die sie normalerweise nicht getan hätten. Eine Frau aus einer sehr guten bürgerlichen Kurfürstendamm-Familie veranlaßte er, wie ein Hund in der Wohnung herumzukriechen. Er lachte sich halbtot und sagte: »Sieh nur, Baby, wie komisch!«

Und die Frau bellte. Ich fand das entwürdigend und sagte: »Stehen Sie auf.«

Straßenkämpfe in Berlin

Nach dem Ersten Weltkrieg war es in Berlin fast an der Tagesordnung, daß geschossen wurde. Straßenkämpfe, Putschversuche.

Ich sollte in Strausberg bleiben, aber neue Proben begannen, und ich mußte in die Wohnung der Tante nach Friedenau. Dort war ich für mich, las mit Begeisterung Nietzsche. Das Kapitel *Vom freien Tode* beeindruckte mich sehr.

Es klingelte.

Vor der Tür stand ein Freund, Frank von Nathusius. Seine Mutter war eine großzügige Frau, nur trank sie leider zu viele Cocktails. Überhaupt war sie leichtsinnig. Sie war befreundet mit der Nackttänzerin Anita Berber.

»Ich hörte, daß du hier allein bist, und habe mir große Sorgen gemacht.« »Warum?«

»Es wird wieder geputscht. Die Rechten gegen die Linken.« Er zog eine große Pistole aus der Tasche. »Du mußt lernen, dich zu verteidigen.«

»Da hätte ich lieber etwas Kleineres«, erwiderte ich kühl.

Er holte einen Browning hervor. »Schau, so muß man das Ding laden und dann . . .«

Ich bekam einen Schrecken! »Du willst doch hier nicht etwa schießen! Die Leute würden zusammenlaufen, und man würde mich für eine Putschistin halten.«

»Nein, nein«, sagte er. »Wir gehen in den Grunewald. Dort befestigen wir eine Scheibe und beginnen mit Pfeilen.«

Ich war Feuer und Flamme. »Du bist großartig. Wirklich, man kann ja nie wissen. Ich lese gerade von Nietzsche *Vom freien Tode*.«

Er sah mich verwundert an. »Red doch keinen Quatsch. Ich bringe dir eine Waffe, damit du dich verteidigen kannst, weil Berlin so unsicher ist.«

»Nein, nein«, sagte ich, »ich will mich gar nicht erschießen. Es ist bloß eine Beruhigung.«

»Aber nur theoretisch.«

»Nein, auch praktisch. Ich bin zum Beispiel ganz gegen Leiden. Ich meine, Sterben ist nicht schlimm. Jeder kann mit seinem Körper machen, was er will. Nur leiden, das finde ich eine niederträchtige Angelegenheit.«

Wir flitzten mit dem Dogcart in den Grunewald. Hier befestigte er eine Scheibe an einem Baum, und ich war erstaunt, wie gut ich treffen konnte. Er geriet ganz außer sich vor Begeisterung.

Am folgenden Morgen wollte ich zur Probe, da fiel mir mein neuer Browning ein. Ich steckte ihn in meine Jackentasche.

Vor der Tür begegnete ich dem Zeitungsmann. »Um Gottes willen, Fräulein Ebinger, gehen Sie nicht in die Stadt! Sie putschen!«

Ich sagte: »Mein Lieber, ich muß zur Probe.«

In der Stadt waren überall Sperren. Schließlich entdeckte ich eine Droschke. Ich winkte dem Kutscher und trug ihm auf, mich irgendwie ins Lessing-Theater zu bringen. Aber er kam nicht durch.

»Also«, sagte ich zu dem Kutscher, »sehen wir uns doch den Putsch einmal an!«

»Wat? Sie sind wohl verrückt jeworden, Frollein! Ich will hier nicht als Leiche rumfahren! Wenn wir zum Lessing-Theater jelangen, is jut, sonst machen wir, daß wir hier wegkommen!« Die vielen Umleitungen brachten uns in die Nähe des Reichstags. Der Kutscher meinte: »Na, wenn's hier noch schön ruhig ist, dann haben wir Glück.«

Das durch Artilleriefeuer beschädigte Berliner Schloß, 1918

In diesem Moment ging eine Schießerei los. Es pfiff über unsere Köpfe. Das Pferd bäumte sich und galoppierte davon, der Kutscher war außer sich.

Ich beruhigte ihn: »Haben Sie keine Angst, lieber Mann, ist gar nicht nötig. Ich habe eine Pistole bei mir, und wenn Sie verletzt werden, schieße ich Sie sofort tot.«

Er starrte mich an.

»Ja, ich gebe Ihnen den Gnadenschuß. Sie brauchen gar keine Schmerzen zu leiden.«

Der Kutscher war davon gar nicht begeistert. Er sagte: »Ich will hier weg. Ich fahr rüber zum Kronprinzenufer.« Ernst Deutsch wohnte dort im Hochparterre und hatte die Fenster offen.

»Was machst du denn hier? Keine Probe?«

»Nein«, sagte ich, »ist ja Putsch, alles umgeleitet.«

Da ging es wieder los. Ganz in der Nähe.

Deutsch wurde ganz aufgeregt. »Du kommst hierher, während geschossen wird? Das ist doch fürchterlich.«

»Hab keine Angst«, sagte ich fröhlich. »Ich kann dich beschützen. Ich hab eine Pistole bei mir.«

Es verschlug ihm die Sprache. Ernst Deutsch mit den großen Augen, den langen Händen, außer sich vor Angst. Er spielte sonst immer den Mutigen, besonders Frauen gegenüber. Ich beruhigte ihn und nahm meine Pistole heraus. Er starrte auf das kleine Ding. »Ist sie geladen?« Er wich zurück.

»Natürlich ist sie geladen. Sonst hat sie ja keinen Zweck.« Ich klappte sie auf, um zu zeigen, wie sie funktionierte. Ernst Deutsch, der den tapferen *Sohn* spielte und auch durch *Sumurun* als Held schritt, verwandelte sich in zitterndes Espenlaub.

»Leg sie weg, da drüben auf den Tisch. Leg sie sofort weg!«

»Warum soll ich sie weglegen? Man hat sie mir eigens gebracht, damit ich mich verteidigen kann.«

»Nein, nein«, sagte er, »jemand soll sie fortnehmen!«

»Es ist ja gar keiner hier außer dir und mir. Ich nehme sie nach Hause mit.« Ich steckte meine Pistole wieder ein. Er schrie: »Baby, laß das, du kannst damit nicht umgehen!«

»Ich hab's gelernt«, erwiderte ich ruhig. Und um zu bekräftigen, daß er keinen Eindruck mehr auf mich machte, ging ich vor die Wohnungstür und gab fröhlich einen Schuß ab. »Baby ist erwachsen!«

Ich ging über die Brücke ins Lessing-Theater. Direktor Barnowsky war völlig allein. »Was, Sie kommen trotzdem zur Probe?!«

»Ja«, sagte ich, »Sie sind ja auch da.«

»Milieustudien« mit Hasenclever

Walter Hasenclever machte mir oft Komplimente über mein Spiel und über meine Bewegungen, die so plastisch seien. Er war überhaupt immer sehr liebenswürdig. Einmal sagte er: »Ich könnte einen Menschen töten mit Liebenswürdigkeit.«

Ich schaute ihn an: »Ja, das glaube ich.«

»Sie natürlich nicht, Fräulein Blandine! Einmal werde ich bestimmt etwas für Sie schreiben!«

Später gingen wir allein in den Regen hinaus, in unser geliebtes scheußliches Klima, husteten und fanden die Berliner Luft trotzdem wunderbar. Am Bahnhof Friedrichstraße sagte Walter: »Auf morgen?«

»Ja, morgen bin ich frei.«

»Oh, dann möchte ich, daß Sie mich begleiten. Ich habe da einen interessanten Bekannten. Eine Entdeckung. Ich möchte, daß Sie ihn kennenlernen. Das ist gut für eine junge Schauspielerin.«

Wir gingen eine Weile stumm weiter.

»Warum wollen Sie überhaupt nach Frankreich zurück?« fragte ich am Zug. »Sie bekommen sicher Sehnsucht nach Berlin.«

So war es auch.

(Später schrieb er mir einmal: »Berlin ist überraschend, Sie haben recht, und besonders, weil Sie dort sind.«)

Pünktlich holte er mich am nächsten Tag am Bahnhof ab. Es dämmerte schon. Ich trug ein altrosa Wildlederkleid mit einem passenden Hütchen.

»Schick«, fand er, »ganz französisch.«

Wir schlenderten die Friedrichstraße entlang. Ich fühlte, diese Stadt lebt, lebt intensiv. Man eilte, man raste, hatte nie Zeit.

»Was denken Sie, Blandine?«

»Der Reiz Berlins ist, denke ich, die Arbeitsatmosphäre.«

»Ja, in den südlichen Ländern hat man viel mehr Muße.«

»Genies wachsen leichter in der Wärme«, meinte ich.

Er lachte. Ich fuhr fort: »Michelangelo, Leonardo, Botticelli, ach so viele.«

Er hörte mir zu. Ich war innerlich ganz stolz. »Zum Glück haben wir uns einen Tintoretto nach Berlin geholt. Er hängt im Kaiser-Friedrich-Museum. Gleich über der Tür, wenn man eintritt. Diese Farben. Dieses Lila. Diese Elfenbeinhaut, dieses Weiß, das kann kein anderer.«

»Sie sind bewandert in Kunstgeschichte. Wollen wir eine Droschke nehmen?« fragte er.

»Leider gefallen sich die Frauen zu oft in der Rolle des Opfers.«
Walter Hasenclever

»Nein, das sind Klepper und keine Pferde.« Dabei fuhr ich sehr gern Droschke, aber jetzt paßte es nicht hierher. Ach, wie herrlich eingebildet man doch als junges Mädchen ist! Und das schönste: Man weiß es nicht. Die Reklamen waren bunt und wechselten immerzu.
»Großartig, diese Reklame«, meinte Walter. »Der Norden bringt doch auch sehr schöne Sachen hervor.«
»Ja, zum Beispiel Strindberg. Er wird gerade überall gespielt. Meine Mutter schätzt ihn sehr.«
Ich war im *Vater* von Strindberg die Tochter Bertha. »Papi wird von Mami in die Zwangsjacke gesteckt.«
Walter schmunzelte. »Das ist auch eine Ansicht, die Ansicht einer sehr kleinen jungen Dame.«
»Übrigens, Strindberg übertreibt maßlos. Er hatte Pech mit seinen Frauen. Ich würde viel lieber in die Oper gehen und mir Mozart anhören. *Don Giovanni* oder *Die Zauberflöte.*«
Wir gingen weiter. Walters Blicke suchten. »Hier muß irgendwo das Lokal meines Bekannten sein. Er ist, damit Sie vorbereitet sind, ein Transvestit.«
»Ist er schön?« fragte ich.
»Interessant. Er heißt Jussuf. Er hat sich das Geld für sein Lokal mühsam zusammengespart. Sie wissen doch, was ein Transvestit ist, Blandine?«
»Ja, ich weiß, was das ist. Hermann ist genauso.«

»Wer ist Hermann?« staunte Walter.
»Unser Theaterfriseur. Er ist eine Wunschdame, und wenn er in die Garderobe kommt, genieren sich die Schauspielerinnen überhaupt nicht. Sie ziehen sich ganz ruhig vor ihm aus. Er weiß alles. Er berät auch jeden.«
»Eine Milieustudie«, sagte Hasenclever.
Das Wort gefiel mir. Ich merkte es mir.
»Hoffentlich hat sich Jussuf ein schönes Kleid angezogen.«
Walter bezweifelte es. »Er sieht wie ein älterer Mann aus.«
Ich war enttäuscht. »Ein älterer?«
Walter meinte: »Auch ältere Männer können interessant sein.«
In dem Lokal waren zwei, drei Tische mit leeren Gläsern und Kaffeetassen.
»Wir haben einen guten Moment erwischt«, meinte Walter.
Der Transvestit Jussuf kam. Walter stellte ihn mir vor.
»Und das ist eine hochbegabte junge Anfängerin.«
Ich war gekränkt. »Schauspielerin! Gespielt habe ich nämlich schon mit acht Jahren.« Sie lachten.
Ich war enttäuscht. Er war nicht besonders angezogen. Nur auf dem Kopf hatte er eine Lockenperücke. Darunter hat er vielleicht eine Glatze, dachte ich und sagte laut: »Ziehen Sie sich doch einmal ein schickes Kleid an. Ich dachte, Sie würden zu dem Ball gehen, zu dem auch Hermann geht.«
»Hermann?« fragte Jussuf. »Wer ist das?«
»Hermann ist unser Friseur, er geht immer zu dem Ball, der Seelentröster heißt.«
Das amüsierte ihn. »Das Lokal kenne ich.«
Jussuf verschwand hinter dem Vorhang. Walter machte sich Notizen. Ich saß beleidigt an einem anderen Tisch, um zu beweisen, daß ich erwachsen war. »Anfängerin«, das hatte mich gepiekt. Nein, gepiekt ist nicht richtig – es hatte mich irritiert.
Der Kaffee kam, und ich vertiefte mich in eine Zeitung. Ich las einen Artikel: *Die leidenden Herzen.* Das gefiel mir.
Auf einmal ging die Tür auf, und ein junges Mädchen kam herein. Nein, sie »erschien«. Schön wie eine Märchenfee. Sie kam an mein rundes Tischchen und fragte mich, wieviel ich angeschafft hätte. Ich verstand kein Wort, aber ich war glücklich, daß sich die Fee zu mir setzte.
Jussuf oder Jessica, wie ich ihn im stillen nannte, lugte durch den Vorhang. Dann kam er in einem langen Seidenkleid mit einem zweiten Kaffee.

»Na, Herzchen«, sagte er zu dem Mädchen. Sie hätte seine Tochter sein können. »Hier hast du deinen Kaffee, ruh dich ein bißchen aus.«
»Du spinnst wohl! Bring mir einen Kognak!«
Er legte ihr die Finger auf die Lippen. »Wir haben Besuch!«
Was ging hier vor?
Das Mädchen war ihren Eltern ausgerückt und verdiente nun ihr Geld in Berlin. Ich tippte auf Verkäuferin.
Sie lächelte wie eine Madonna, und als Walter dazukam, erklärte sie charmant ihr Gewerbe.
Ich bekam Angst um sie und bat Walter: »Sprich mit ihr, sie darf das nicht mehr tun, sie darf nicht!«
Walter sagte leise zu mir: »Nur keine Rettungsversuche!«
Sie kokettierte mit ihm, beide alberten, und sie rief immer wieder: »Ich könnte mich kringeln.«
Das Mädchen schaute mich von oben bis unten an. »Dein Hut gefällt mir.«
Ich liebte ihn sehr. Ein Geschenk meiner Mutter.
Ich nahm den Hut vom Kopf und gab ihn ihr. Ich versuchte einen Tausch. »Aber du mußt das lassen, weißt du, es ist grauslig. So etwas tut man aus Liebe wie Julia, und später nimmt man Gift.«
Sie hörte nicht auf mich, setzte sich den Hut auf und lief zu einem kaputten Spiegel.
»Ist der schön! Ach, am liebsten würde ich mit ihm schlafen gehen. Er ist so weich.«
Ich redete weiter, versuchte, ihr von meinem Beruf zu erzählen. Ich erklärte ihr, vielleicht habe sie Talent, sonst könne sie zum Film gehen, da brauchte man nicht soviel Talent. »Versuchen Sie es doch, Fräulein, für den Film muß man hauptsächlich schön sein. Sie sind schön. Wie heißen Sie?«
»Ich nenne mich manchmal so und manchmal so. Manche Herren möchten gern, daß ich Berta heiße. Bei anderen bin ich Lulu oder Annemie.«
Annemie fand ich ganz gut, so hieß meine Katze.
»Mutschiko finde ich noch besser.«
»Ja«, meinte sie, »Mutschiko ist sehr hübsch.«
»Meine Mutter wird sich sicher freuen, wenn Sie mich besuchen.«
»Das glaube ich nicht«, erwiderte sie lachend.
Walter war wieder zu uns gekommen.
»Ja«, sagte er, »auch ich bezweifle es.«
Schweigen.
Jussuf bediente neue Gäste. Danach kam er zu uns herüber. »Lassen Sie nur, Fräulein, die kann nicht anders.«
Sie murmelte: »Bring mir noch einen Kognak.«
Wir standen vor dem Lokal.
»Wenn du alle Damen von der Friedrichstraße retten willst, meine Süße, kostet uns das ein Vermögen.«
Ich war untröstlich. Walter wollte die Stimmung heben.
»Du kannst im Lunapark siebenmal Berg- und Talbahn fahren. Ich lade dich ein.«
Das war kein Trost. Aber schließlich hatte »Berta« meinen Hut und meine Adresse.
Wir nahmen einen Doppeldecker, saßen oben, fuhren durch die Friedrichstraße zurück. Ich starrte auf die Lichtreklamen, die hinauf- und herunterrasten – blau, grün, rot. »Erzähl doch mal – erzählen Sie doch mal«, verbesserte ich mich, »von Jussuf. Was ist er wirklich?«
»Journalist war er, hat jetzt einen Freund, mit dem er glücklich ist.«
»Aber warum hat man ihn so geschlagen? Ein Auge ist ganz schief.«
»Weil er seinen Freund auf offener Straße geküßt hat.«
»Das macht doch nichts«, sagte ich.
Walter schaute mich an. »Ja, dir macht es nichts aus, aber so denken die meisten nicht. Es gab auch politische Gründe. Der Paragraph muß fallen! Erpressung ist unwürdig!«
Genau verstand ich das nicht. Ich wollte Hermann fragen, den Friseur.
Walter setzte mich in die Bahn nach Strausberg. »Wie grausam die Menschen sind.«
»Ja.«
»Es war schrecklich schön. Gute Nacht.«
Er gab mir einen Kuß auf die Stirn, der ein ganz klein bißchen auf die Seite rutschte.

Baby Lulu

Ich war bei Walter Hasenclever, der ein Häuschen in Oberbärenburg gemietet hatte. Er hatte auch Deutsch eingeladen. Das war mir nicht so recht, weil ich dachte, Hasenclever wolle nun ein Stück für mich schreiben. Ernst Deutsch kam.
»Baby, mach Kaffee, ich bin müde.«
»Lulus kochen keinen Kaffee, trink Wein.« Ich holte ein drittes Glas und goß ihm ein.
»Lulu? Ja, sie ist die geborene Lulu!«
»Ja«, sagte Hasenclever, »sie hat so einen kindlichen Charme und...«
»Und?« fragte Deutsch.
»Sie geht auch auf allen Unsinn ein.«
Deutsch lachte seltsam.
Dann sprachen die beiden über Kokoschka, über Grosz. Grosz kannte ich schon, er war öfter bei den geselligen Abenden dabei. Kokoschka hatte Walter Hasenclever gemalt. Hasenclever wollte uns zusammenbringen. (Daraus wurde nichts. Auch aus der Lulu wurde nichts.) Deutsch wollte uns ärgern. Nicht nur sagte er bei jedem Aperitif oder Essen: »Baby darf keinen Alkohol trinken«, sondern auch: »Wedekind kann man nur in seiner Zeit spielen und sprechen.«
»Das mag für eine Rolle gelten, aber nicht für ein Gedicht. Ein Gedicht ist zeitlos«, ereiferte ich mich.
Wir tranken Aperitif, der Himmel färbte sich rosa, ein Wind kam auf, alles wäre viel schöner gewesen, wenn Deutsch nicht auf seine zänkische Art immer den Supermann hätte spielen wollen.
»Baby, mach einen Kaffee.«
»Ich habe keine Ahnung, wie man hier Kaffee macht.« Ich hatte keine Lust, in diesem Haus Strindberg zu spielen. Walter lachte.
»Ich gehe noch ein wenig spazieren«, sagte ich ärgerlich.
»Aber wir essen bald Abendbrot«, erwiderte Walter, »geh nicht zu weit, es wird bald dunkel.«
»Ph.«
»Baby, du mußt gehorchen lernen.«
Dussel, dachte ich. Aber ich knallte die Tür nicht zu. Verstimmt ging ich los, achtete nicht weiter auf den Weg. Immer geradeaus.
Mit dem Laufen hatte ich meinem Zorn schon etwas Luft gemacht. Ich blieb stehen – von wo war ich gekommen? Wir wollten doch gleich Abendbrot essen.

Ich hatte mich verlaufen. So sehr ich mich auch bemühte, mich an den richtigen Weg zu erinnern, nichts führte mich zurück. Ich lauschte. Die Männer müßten doch meinen Namen rufen ...
Nichts.
Ich schrie.
Nichts. Nur der Mond hing schon da oben herum. Kein Echo. Der Sternenhimmel beruhigte mich. Ich legte mich ins Gras auf den Rücken. Wo war bloß mein Schutzengel? Ich schlief ein.
Etwas Warmes, Feuchtes weckte mich, es berührte mein Gesicht. Ich spürte es schnuppern. Es war dunkel. Ich griff über mich, fühlt eine Leine, den Geruch kannte ich. Über mir ein Pferdekopf. »Liese!« rief eine Stimme.
»Was machst denn du hier?« Es war ein älterer Mann. Er hob mich auf den Bock des Wagens, er roch nach Holz. Ich war erschöpft, legte meinen Kopf an seine Schulter.
»Na, so was, ein kleines Mädchen allein hier im Walde. Es ist gefährlich hier, neulich wurde ein Mädchen mißhandelt ...«
»Ich bin weggerannt.«
»Warum?«
»Sie haben mich geärgert.«
»Denen werde ich Bescheid sagen! Woher kommst du?«
»Aus Berlin.«
»Aus Berlin?!«
»Nein, nein, nicht jetzt, ich wohne hier bei einem Dichter, bei Herrn Hasenclever. Er hat hier ein Häuschen gemietet.«
»Kenne ich, ich versorge ihn mit Brennholz. Na, dem werde ich etwas sagen! Angst hast du ausgestanden, nicht?«
»Ja«, gab ich kleinlaut zu, »aber sagen Sie es nicht weiter.«
»Einen Schutzengel hast du gehabt!«
Mein Schutzengel war wohl in das Pferd Liese gefahren. Ich fiel sofort in tiefen Schlaf. Da hielt der Wagen mit einem Ruck.
»Kleines Fräulein, wir sind bei Ihrem Dichter. Soll ich Sie reinbringen?«
»Nein, danke, es geht schon.«
Vorsichtig öffnete ich die Tür. Alles war dunkel, nur Ernst Deutsch saß neben einer kleinen Lampe.
(»Die Männer sind Egoisten.« Das hatte eine Freundin gesagt. »Du wirst schon sehen, wenn sie etwas davon haben, sind sie nett, und wenn sie nichts davon haben, sind sie nicht nett.« So war das wohl auch mit Deutsch gewesen, denn er hatte nichts von mir gehabt. Vielleicht war er deswegen so zänkisch, der große Schauspieler.)
Als ich ins Zimmer trat, zuckte er zusammen, schrie, sprang vom Stuhl auf, warf die Arme in die Luft und zischte irgend etwas Drohendes, das wie »Hüte dich!« klang. Er sah aus wie eine zum Angriff gestreckte Klapperschlange. Sein Hals wurde immer länger, sein Kopf kleiner, weil der geöffnete Mund sich zum großen schwarzen Loch umformte. Er zeterte und knatschte wie eine alte Jungfer in Strausberg. Ein schlechter Schauspieler, dachte ich.
Es ist mir immer so gegangen. Ob ich nun sehr unglücklich war, weinte, oder was immer geschah, ich mußte beobachten. Irgend etwas in mir beobachtete immer. Schlechter Schauspieler, dachte ich wieder, aber laut sagte ich es nicht, obgleich es mir wohlgetan hätte, denn bei seiner Eitelkeit wäre er auf der Stelle geplatzt.
Ich pfiff, was ihn immer besonders ärgerte. »Baby!« schrie er. »Baby, das sollst du büßen!«
Ich wußte nicht, wofür ich büßen sollte. Ich hatte ja schon genug gebüßt, weil ich so verdrossen und unbeherrscht weggerannt war.
»Ich könnte dich ...«
Er hatte sich die Haare gerauft, sah sehr komisch aus. Er hatte wohl irgendeinen schönen Satz für mich vorbereitet. Immer wieder sah ich auf seine langen Hände, die so dünn waren, viel zu dünn. Die Haare hatte er offenbar mit seiner französischen Spezialcreme eingerieben, sie standen igelig um seinen Kopf. Ich verschwand im kleinen Gästezimmer, legte mich in Kleidern und Schuhen aufs Bett, zog die Decke über den Kopf. Noch im Traum hörte ich seine penetrante Stimme: »Wo warst du? Wo warst du?«
Am folgenden Morgen rief mich Hasenclever zum Frühstück. Ich war furchtbar müde und sagte zu ihm:
»Schöne Grüße von Herrn Huber. Er hat mich gefunden, er und die Liese.«
Hasenclever war entsetzt. »Was?« sagte er. »Um Gottes willen! Ich war gestern so fertig, ich habe eine Schlaftablette genommen. Aber, Ernst, hast du sie denn nicht gesucht?«
Deutsch sagte nichts, er rührte in seiner Tasse. Ich sagte auch nichts, ich pfiff wieder ein bißchen.
»Du liebe Zeit, wenn sich das herumspricht!« stöhnte Deutsch. »Sie macht einem immer nur Ärger!«
Ja, dachte ich. Das ist für ihn das Wichtigste, wenn es sich herumspricht.

60

Hasenclever sagte gar nichts, er genierte sich. Ich aß eine frische Schrippe.

»Ich möchte bitte zur Bahn gebracht werden und sofort nach Berlin fahren.«

»Warum?« fragte Hasenclever.

»Erstens, weil ich genug habe«, antwortete ich, »und zweitens, weil ich versprochen habe, heute zurückzukommen.«

»Gut«, sagte er, »ich bringe dich zur Bahn.«

Deutsch wollte mit, doch ich sagte: »Wir verzichten auf deine Begleitung!«

»Aber Baby!«

Schweigend gingen wir zum Bahnhof. Der Zug fuhr ein. Hasenclever suchte ein Abteil für mich. Wann immer er einen Satz anfing, schaute ich ihn nur vielsagend an, denn ich hatte wirklich große Angst gehabt, und er spürte das.

»Es tut mir leid, daß es heute so geendet hat«, sagte er.

»Mir auch.«

Der Zug fuhr los. Walter Hasenclever lief ein Stückchen mit und rief plötzlich: »Blandine, weißt du denn nicht, daß Deutsch furchtbar verliebt in dich ist?«

Ein Brief

Lieber Walter!

Ist der Himmel in Paris immer noch so schön graublau? Hast Du wieder etwas Neues geschrieben? Wird der Name Hasenclever in Paris bald an allen Litfaßsäulen prangen? Nein, ich bin nicht ironisch. Ich habe endlich Zeit, Deine Fragen zu beantworten.

Also: Warum ich immerzu dem Thema Sexualität, Erotik, Liebe ausweiche? Du meinst, gerade im Theaterleben wäre es sehr wichtig! Wichtig wegen der künstlerischen, menschlichen Entwicklung, und darum ein Punkt, der für eine junge Schauspielerin schwierig ist.

Bei der Arbeit entsteht oft ein Kontakt, das ist natürlich. Aber es ist immer viel Phantasie dabei: Man denkt in den anderen Dinge hinein, die gar nicht vorhanden sind. Wenn die Arbeit vorbei ist, verliert es sich.

Ich spielte die Hauptrolle in Feketes *Verhüllte*. Rosa Valetti, die mit dem Direktor Eugen Robert befreundet war, saß oft während der Proben im Zuschauerraum. Sie war nicht nur eine großartige Schauspielerin, sondern auch eine scharfe Kritikerin. Ihre Komik war umwerfend, ihre Bosheit genial. Sie gab mir wichtige Hinweise.

Rosa Valetti

Bei der öffentlichen Generalprobe saß ein ausgewähltes Publikum im Parkett. Ich hatte einen Napfkuchen mit brennenden Kerzen hereinzubringen und war froh, als ich ihn auf dem Tisch abgesetzt hatte. Meinem Geliebten warf ich einen zärtlichen Blick zu, er stürzte sich schluchzend auf mich (später hatte er aus dem Fenster zu springen). Aber statt mir einen Bühnenkuß zu geben, schlürfte er an meinem Mund herum. Ich sank nicht, wie es geprobt worden war, an seine Brust, sondern knallte ihm eine solche Ohrfeige, daß der Tisch wackelte und die Torte umfiel. Der Feuerwehrmann raste auf die Bühne, da die Flammen die Tüllgardinen erfaßt hatten. Jemand schrie: »Vorhang!«
In meiner Garderobe weinte ich vor Wut, das Publikum jubelte und applaudierte. Rosa Valetti zeigte zum Glück Verständnis. Ich beklagte mich bei Robert, der über die Unterbrechung außer sich war: »Herr Direktor, er hat mich abgeleckt, und das steht nicht im Vertrag!«
»So?« Er schien zu schmunzeln, aber er sah mir an den Augen an, daß ich mißtrauisch war, und sagte: »Blandine, ich werde den jungen Mann zur Rede stellen. Unerhört!«
Ich war beruhigt, das würde nicht mehr vorkommen. Aber es war ärgerlich, daß die Kollegen über mich lachten.
Nach der Premiere nahm Robert meine Hand.
»Blandinchen, können Sie sich vorstellen, in ein oder zwei Jahren zu heiraten?«
»Nein«, lächelte ich, »ich muß noch viel lernen, ich muß Rollen spielen...«
Er unterbrach mich. »Das kannst du alles bei mir.«
Jetzt verstand ich. »Nein, bitte jetzt noch nicht, aber ich freue mich, daß Sie das gesagt haben.«
Er gab mir einen zarten Kuß auf die Wange, und wir blieben gute Kameraden.
Ein anderes Mal mehr, Walter, ich bin furchtbar müde, denn es ist zwei Uhr nachts. Morgen ist wieder Probe. Wie gern würde ich einmal Hasenclever spielen...
Auf Wiedersehen.

Die Zeit
mit
Friedrich
Hollaender

Unretouchiert

Friedrich Hollaender:
Der kleine Zauberer

Friedrich Hollaender sah ich zum erstenmal im Dunkeln. Irgend jemand – wahrscheinlich Ernst von Wolzogen – hatte mich angerufen und aufgefordert, in die Ansbacher Straße zu kommen. Ich betrat einen Raum, der von Zigarettenqualm erfüllt war. Man konnte Stimmen hören, aber kaum jemanden erkennen. Hier waren Kurt Tucholsky (der sich gleich mit seinen vier Pseudonymen vorstellte), Klabund, Joachim Ringelnatz, Walter Mehring, Werner Richard Heymann, Mischa Spoliansky und Paul Graetz. Es ging um Kabarett, Pläne wurden geschmiedet. Paul Graetz wurde aufgefordert, etwas zu improvisieren. Er tat es mit Vergnügen und hinreißend. Dann sollte ich etwas vorspielen. Ich improvisierte eine Bardame. Darüber berichtet Hollaender:

»*Dann kommt ein junges Mädchen dran, die kann auch so. Aus dem Stegreif. Ein fast zu schlankes Mädchen, mit einem Gesicht bleich – bleicher – am bleichsten unter dem dunklen Bubenschopf. Sie sieht aus wie der Geist von einem Geist. Mimt eine Barnutte. Setzt sich auf einen Barstuhl, der gar nicht da ist, kreuzt die Beine, zupft sich den Rock bißchen hoch – gebt mir schnell mal'n Cognacglas, und flötet sich einen von der Seele, so aus dem Metier, was da so für Kunden aufkreuzen, hat man das nötig, klar hat man das nötig, und es sprudelt aus ihrem Mund, mit einem Witz, einer Beobachtungsgabe, so müßte man schreiben können. Einer schreibt auch gleich. Mehring. Knackfuß schreibt gleich mit, das muß man ja festhalten. Aber die kann noch viel mehr, das spürt man, Barometer geht den Rücken runter. Wie heißt denn das Wesen? Blandine? So heißt man doch nicht. Doch, so heißt man: Blandine Ebinger.*«

»Hallo«, aus dem Dunkel tauchte eine kleine Gestalt auf. »Ich bin Friedrich Hollaender.«

Ich war verwirrt, redete sinnlose Entschuldigungen. Wir sahen uns in die Augen. Seine waren sehr dunkel und lustig. Dunkel war sein Haar, er trug einen hellgrauen Anzug. Er sah mich unentwegt an. Was sollte das? Mir wurde ganz seltsam zumute. Unterdessen hörte ich zum erstenmal Ringelnatz mit einem Matrosengedicht. Hollaender wich nicht von meiner Seite.

»Ich möchte Sie abschreiben.«

Abschreiben? Das war etwas Neues.

»Blandine, Blandiiiine...«, sagte er und schmeckte den Namen.

Nach diesem Treffen wanderten wir lange gemeinsam durch die Straßen, die halbe Nacht verging, er brachte mich nach Hause. Wir kehrten zurück. Dann brachte ein Taxi uns wieder nach Hause. Wieder zurück. Die ganze Zeit haben wir miteinander gesprochen.

Er hielt meine Hand, sah mich unentwegt an.

Natürlich. Er war ein Zauberer. Er wollte mich verzaubern, jetzt wußte ich es. Vorsicht, dachte ich, gleich wird er mich verwandeln.

»Haben Sie jemals ein Glasorchester gehört?«

Ein Glasorchester? Welch schöne Vorstellung!

»Oder eine Glasharfe?« Schon das Wort weckte meine Phantasie. Ich merkte, er warf sein Netz aus, ich mußte sehr vorsichtig sein.

Kurze Zeit darauf lud er mich zu *Orpheus in der Unterwelt* ein. Im Großen Schauspielhaus bei Reinhardt gab es eine berühmte Aufführung. Dirigent war Klaus Pringsheim, der Schwager von Thomas Mann. Offenbach – natürlich sagte ich zu, es sollte eine hinreißende Vorstellung sein. Ich freute mich.

»Ich kümmere mich um Ihre Karte.«

Er lächelte, streichelte mein Gesicht. Das fand ich ein bißchen viel. Meine Phantasie hatte einen glasartigen Horizont über ihn gewölbt, ich sah ein Glasorchester, einen Engel an der Glasharfe...

Warum war ich so vergnügt? Das gab es ja gar nicht – ein gläsernes Orchester. Aber warum hatte er es mir versprochen? Nein, er hatte ja nur gefragt.

Dann stand ich allein. Ich hatte noch etwas zu besorgen und mußte dann zur Vorstellung. Während der ganzen Zeit in der Garderobe mußte ich an ihn denken.

Schon als Kind liebte ich Zauberer, Verwandlungen. Ich lebte in einer eigenen Welt, die nur besondere Menschen einschloß. Alle konnten natürlich fliegen. Auch waren gute und schöne Gestalten immer in meiner Nähe. Die Bilder, die meine Mutter mir ins Krankenbett gehängt hatte, blieben mir im Gedächtnis und sprangen bei Pannen ein, wenn mich ein Mensch enttäuschte. Oder sie entschuldigten ihn. Sonst wäre ich in der Wirklichkeit vielleicht gar nicht durchgekommen.

Es gab nicht nur diese Welt. Als ich einmal sehr zornig wurde, erschrak ich über mich.

Ich hatte also meine Insel, und auf diese Insel gehörten auch Zauberer. Natürlich waren sie gefährlich, arbeiteten mit Tricks. Ich wollte ebenfalls zaubern, mich ganz leicht erheben können wie Aga, die schwebende Jungfrau, mich von mir trennen können. Eine Tarnkappe besitzen...

Was war dies für ein Zauberer?

Die Wirklichkeit war an mich herangekommen, dieser kleine Mann mit der sympathischen Stimme – »Blandiiiine...«

Wie langsam die Zeit verging. Worauf wartete ich? Zu Hause war alles wie sonst. Der Sonntag kam. Die Nachmittagsvorstellung. Lohnte es sich eigentlich noch, nach Hause zu fahren? Ich würde lieber in meine Garderobe gehen oder in das kleine Theater-Café. Ich las. Dann war es kurz vor acht Uhr.

Orpheus in der Unterwelt.

An der Kasse war eine Karte für die Seitenloge vorn auf meinen Namen hinterlegt.

Wo war er? Ich suchte vergebens. Dann wurde es dunkel. Vor mir die Musiker im Orchestergraben.

Da kam er auch schon mit fröhlichem Schritt im Frack, stieg auf das Podest, nahm das Stöckchen zur Hand, und los ging's! Oh, der Can-Can!

Es war wie ein Rausch. Eine kleine Feuersäule stieg empor und ergriff mich. Ich merkte es kaum. Die Flamme umhüllte mich, flog zu ihm hinunter, tanzte, sang mit, raste wieder herauf zu mir – ungesehen von allen. Ich sah mich auf der Bühne, spielte, spielte, die Musik verzauberte mich – dann der Schluß – rauschender Beifall!

Er sah zu mir herauf.

Ich glitt von meinem Stuhl, langsam genug, um vom Logenschließer aufgefangen zu werden, der mir einen Zettel brachte, zusammen mit einer langstieligen Rose und einer Tafel Schokolade:

> *Blandine,*
> *ich hole Sie.*
> *Friedrich Hollaender*

Wir flogen aufeinander zu.

Er setzte sich ans Klavier und spielte *Anitras Tanz* von Grieg. Ich lag auf dem Récamier-Sofa und hörte zu. Bis tief in die Nacht spielte er. Alle holte er herbei, alle, um mich ganz in Musik zu tauchen – Tschaikowsky, Chopin, Debussy. Er spielte, bis die Nachbarn an die Wand klopften.

So unbeschreiblich schöne Stunden habe ich mit ihm eigentlich nie wieder erlebt. Endlose Gespräche über Musik, über Malerei. Und immer dieses Weitersprechenwollen, immer wieder dieses Nichtgenughaben. In einer Atmosphäre, die nur in der Kunst möglich war. Für mich. Wir entdeckten immer wieder neue gemeinsame Lieben in der Kunst.

Er war befreundet mit Georg Trakl und hatte ein Gedicht von ihm vertont. Er brachte mir kleine Bilder, die Trakl gemalt hatte. Ich stellte sie auf den Boden an die Wand.

Wir webten Gedichte. Einer begann sie, der andere brachte sie zu Ende.

So gerieten wir in einen Zustand, der mit der Wirklichkeit, mit dem Alltag, nichts zu tun hatte. Und das war eine ungeheure Verführung für mich.

Musik ist gefährlich für mich. Menschen, die mich zu ihr bringen oder sie mir in die Hände legen, die mein Innerstes berühren, denen gehöre ich ganz. Aber ein Mensch besteht nicht nur aus Genialität. Die andere Seite ist auch da. Der Alltag ist da, und man muß das ungeheure Kunststück vollbringen, den Alltag in ein Kunstwerk zu verwandeln. Aber das ist nicht so leicht, wie man es sich vorstellt. Ich stellte es mir selbstverständlich vor, allzu selbstverständlich. Deshalb war ich sehr verwundert, wenn ich plötzlich sah, wie behutsam man sein mußte.

Die schönste Zeit mit Friedrich Hollaender war die unserer ersten heimlichen Freundschaft. Ich spielte damals im Staatlichen Schauspielhaus zweimal in der Woche. Einmal in *Minna von Barnhelm*, das andere Mal in *Peer Gynt* die Anitra.

Schnell zum Theater

Hollaender rief mich an. »Es ist so schönes Wetter, wollen wir nicht nach Pichelsdorf fahren? Wir könnten auf der Havel Tretboot fahren.« In Pichelsdorf sagte er zum Taxichauffeur, er solle warten. »Ich glaube, wir werden in einer Stunde wieder da sein.«

»Na ja, ist ja Ihre Sache, die Uhr tickt.«

»Sie können sich inzwischen in die Sonne legen«, schlug ich vor. Das tat er sicher auch, aber die Uhr stellte er trotzdem nicht ab.

Glücklich kletterten wir auf das doppelte Tretboot und strampelten die Havel hinunter. Wir waren ausgelassen und lachten.

Plötzlich sahen wir den Mann wie verrückt winken.

»Guck mal, der Chauffeur, was hat er nur?« sagte Hollaender.

»Er will nach Hause.«

Also gingen wir hinauf und fragten, was denn los sei.

»Ham Se mir vajessen?«

Aber nein, wir hatten doch gesagt, etwa eine Stunde.

»Na ja, macht jetzt schon zweihundert Mark.«

»Zweihundert Mark?! Sie haben doch hier bloß herumgestanden!«

»Also jut, ich komm' Ihnn 'n bißken entgegen. Ich stell für die Rückfahrt ab.«

Ein herrlicher Tag war das.

»Morgen wieder?«

»Wenn ich nicht Vorstellung habe.«

Wieder holte mich Hollaender ab, diesmal ging es nach Onkel Toms Hütte, draußen in Zehlendorf. Und diesmal wurde das Taxi bezahlt und zurückgeschickt.

Wir saßen in dem gemütlichen Lokal, ich trank Schokolade mit sehr viel Schlagsahne.

»Zum Abendbrot gibt es Forellen. Hinterher wird getanzt.« (Da fällt mir ein: Wir haben nie miteinander getanzt. Natürlich machten wir bei solchen Gelegenheiten Pläne für gemeinsame Arbeiten.) Hollaender hatte ein Exemplar *Des Knaben Wunderhorn* bei sich, wir lasen die Gedichte und genossen sie. Der Tag verflog, es wurde dunkler. Plötzlich starrte ich Hollaender erschrocken an.

»Ist Ihnen nicht gut?« fragte er besorgt.

Ich konnte nur stottern. »Der Spielplan ist geändert worden, heute haben wir *Peer Gynt*! Um Gottes willen – gleich fängt die Vorstellung an!«

»Nein, Sie irren sich, heute ist doch ...«

»Doch! Sommersdorf ist krank – sie haben umgestellt, heute ist *Peer Gynt*. Wir brauchen sofort ein Auto.«
Wir rasten zum Restaurant zurück – kein Auto da, kein Auto zu bekommen. Am Parkplatz alles leer, kein Taxi, nur ein Privatauto, das gerade ankam. Hollaender stürzte auf den Wagen zu, öffnete die Tür. »Mein lieber Herr, Sie müssen uns helfen! Meine Frau muß unbedingt in die Stadt, sie muß spielen . . .«
»Ihre Frau?! Ich bin doch gar nicht Ihre Frau«, sagte ich.
»Fräulein Blandine muß spielen, die Vorstellung fängt in diesen Minuten an, wir müssen ins Schauspielhaus!«
»Tut mir leid, aber . . .«
»Lieber Mann, bitte helfen Sie mir! Ich muß eine Konventionalstrafe bezahlen, man wird mich hinauswerfen. Bitte fahren Sie uns doch. Bitte, bitte!«
»Na ja, wenn Sie so hübsch bitten . . .«
Wir saßen schon im Wagen. »Sie bekommen zum Dank eine Eintrittskarte oder zwei in der ersten Reihe.«
Nun hatte er seinen Ehrgeiz – er raste die Onkel-Tom-Straße hinunter, in die Stadt. Ich begann schon, mich auszuziehen. Der Mann staunte.
»Nanu? Ziehen Sie sich aus?« Ich hing in den Kleidern.
»Um Gottes willen, fahren Sie! Gleich ist mein Auftritt!«
Schließlich waren wir vor dem Bühneneingang, meine Garderobiere Niki stand vor der Tür, hielt das weite Ballettröckchen in der Hand und die Trikotstrümpfe. Ich konnte sofort in das Kostüm steigen.
»Nicht das Trikot, das dauert zu lange! Haben Sie es schon gemeldet?«
»Nein, nein! Gott sei Dank, daß Sie da sind!«
Sie wäre verpflichtet gewesen zu melden, daß ich bei Vorstellungsbeginn nicht im Haus war. Ich hörte auf dem Weg zur Bühne: »Am Tanz erkennt man Jugendschwung, ich tanze, ergo bin ich jung.« Genau das war mein Stichwort – die Musik für Anitras Tanz setzte ein –, ich war im allerletzten Moment aufs Stichwort am Ort . . .
Welch ein Dusel! Meiner lieben Niki habe ich das nie vergessen.

Der Besucher im Kleiderschrank

Das ist mir nie wieder zugestoßen. Ich kann es mir nur damit erklären, daß ich verliebt gewesen sein muß. Hollaender war es bis über beide Ohren, wie er später erklärte.
Meine Eltern wußten natürlich nicht, was sich in der kleinen Wohnung meiner Tante in Friedenau abspielte. Sie wußten nicht, daß wir daraus ein Konservatorium machten. Wir luden Freunde ein, es wurde gespielt, es wurde gesungen. Ich deckte den Abendbrottisch auf dem Boden. Einer der Freunde war Walter Mehring. Er konnte sich nie von uns trennen. Hollaender mußte ihm klarmachen, daß es Zeit sei zu gehen, worauf Mehring ihm klarmachte, daß auch er gehen müßte. So wanderten die beiden dann friedlich von hinnen, während ich die Nachbarn am Telefon beruhigte.
Hollaender bat einmal: »Ich möchte so gern den ganzen Nachmittag und Abend mit dir verbringen, mich unterhalten, Dinge überlegen, immer ist dieser Walter Mehring dabei oder andere Theaterleute.«
»Also gut, Samstagnachmittag bin ich frei und abends . . . abends auch.«
Schon am Vormittag kaufte ich ein. Lauter feine Sachen. Gänseleberpastete, italienischen Salat, Weintrauben und dazu einen Jasmintee. Ich zog mein leichtes Organdykleid an und summte eine Melodie, die natürlich von Hollaender war. Die Dämmerung kam und mit ihr Friedrich Hollaender.
Der Abend wurde ganz anders, als ich geglaubt hatte. Wir sprachen über tausend Dinge. Alles, was ich erzählte, untermalte er sofort am Klavier. Immer hatte er neue Einfälle. Wir lachten, und er erklärte: »Du, ich müßte eigentlich alles aufschreiben, was du sagst.«
Schließlich machte ich eine Pause. »Jetzt gibt es Tee.«
»Tee?! Jetzt müßte es Champagner geben!«
»Tee ist wunderbar. Tee ist etwas, das einen erfrischt und wovon man zwölf Tassen trinken kann. Das sagte nämlich immer Melchior Lechter, ein Freund von Mami.«
Ich holte also den Tee, Hollaender setzte sich wieder ans Klavier.
»Wie spät ist es eigentlich?«
»Es ist zehn.«
»Was? Ja, mir war auch so.«
Nun tranken wir Tee. Und es ging weiter, Ideen wurden geboren, Ideen wurden ausgesprochen. Ich saß wie

gebannt und hörte zu, bis er sagte: »Jetzt mußt du wieder erzählen.« Unter Lachen und Spielen und kleinen Küssen, ganz zarten Küssen, verstrich diese keusche Nacht. Immer wieder ging er ans Klavier und spielte.

Man klopfte von oben. Nanu, wir waren doch gar nicht so laut gewesen. Ach, diese dummen Nachbarn. Endlich übermannte uns die Müdigkeit vom Erzählen, vom Singen, denn wir probierten allerhand Möglichkeiten durch. Ich legte meinen Kopf auf ein großes Notenheft, das er mitgebracht hatte.

»Weißt du, daraus wollte ich dir auch vorspielen. Es ist eine neue kleine Spieloper, an der ich arbeite.«

Mit dem Kopf auf der kleinen Spieloper schlief ich ein, Hollaender saß zu meinen Füßen auf dem Boden. Wir schreckten auf. War da nicht jemand am Schloß der Wohnungstür?

Um Gottes willen, hier hatte doch keiner einen Schlüssel außer mir. Doch – durchzuckte es mich – Großmutter, natürlich. Meine Großmutter wohnte am Lauterplatz und hatte von Tante Doni, ihrer Tochter, einen Schlüssel bekommen, um ab und zu nach dem Rechten zu sehen. Ob der Portier gepetzt hatte? Während ich noch so überlegte, hörten wir nun gewiß, daß aufgeschlossen wurde.

»Rasch, rasch«, sagte ich, »Friedel, rasch ins Schlafzimmer!« Dort stand nämlich der große Kleiderschrank meiner Tante. Mein Gedanke wurde schnell in die Tat umgesetzt: Ich schloß das Schlafzimmer von innen ab, nahm einen hocheleganten hellblauen Pansamtmantel heraus, der meiner Mutter gehörte (sie hatte auch immer ein paar Sachen in Berlin, falls wir ins Theater gingen). Diesen Mantel zog ich Hollaender in Windeseile an. An den Armen waren kostbare Weißfuchs-Besätze, ebenso am Hals. Wirklich, er sah gut aus. Dann stülpte ich ihm einen Glockenhut auf, aus hellblauem leichtem Stroh, verziert mit blauseidenen Bändern. Rasch nahm ich einen Schleier, den ich ihm über das Gesicht warf, so daß er wie eine Orientalin verkleidet aussah. Dann sagte ich laut und deutlich, während ich die Schlafzimmertür leise öffnete: »So, Ditha, nun ist es wohl besser, du gehst, denn wir müssen nachher alle in die Kirche.«

Hollaender unterdrückte einen Gluckser. Da stand auch schon meine Großmutter in der Wohnungstür und starrte Hollaender an. Der grüßte vornehm und trippelte stumm an ihr vorbei, den kleinen Korridor entlang. Ich schloß hinter ihm zu – tief aufatmend.

»Weißt du, Großmama«, sagte ich, »wir haben uns gestern abend verschwatzt, und darum ist Ditha bei mir geblieben.« Meine Großmutter schaute mich durchdringend an. Sie sagte nur: »Merkwürdig, was für große Füße deine Freundin hat.«

Heiratsantrag

Ich war ein sprödes Mädchen.

Friedrich Hollaender war nicht nur Musiker, sondern auch ein Mann, der sich für Fräulein Blandine interessierte. Natürlich gab er sich mit Gesprächen nicht zufrieden. Aber immer wieder hatte ich Angst vor noch größerer Nähe. Ich spürte, daß dies kein harmloser Flirt war. Eines Tages sagte Friedel, wie ich ihn nannte: »Warum heiraten wir eigentlich nicht? Dann können wir uns ein ganzes Leben lang unterhalten.«

Damit hatte er natürlich recht. Ich mußte ihm zustimmen. Der Gedanke, sich ein ganzes Leben unterhalten zu können, hinreißende Musik zu hören, in Konzerte zu gehen, sollte dieser Traum nun Wirklichkeit werden? Aber war es ein Traum? Ist ein Traum, der Wirklichkeit wird, nicht etwas ganz anderes?

Das Chanson kam mir dabei entgegen, weil ich von jeher gern gesungen hatte. Als ich in der Wiege lag, sang mich meine Mutter in den Schlaf, die ganze Kindheit hindurch begleiteten mich Lieder. Lydia – genannt Ly –, eine Freundin, nahm mich zu Professor Engel mit, einem damals bekannten Gesanglehrer, bei dem sie studierte. Ich mußte vorsingen. Er meinte: »Genau richtig für die Spieloper.«

Ich durfte Gesang studieren, das waren schöne Stunden. In diese Zeit fiel die Begegnung mit Friedrich Hollaender, er platzte in alles hinein und legte Feuerwerkskörper, spielte sich in mich hinein. Die kongeniale Verbindung von Text und Musik fesselte mich. Wir wurden eins in diesem Punkt. Professor Engel soll gestöhnt haben: «O diese Gans, diese dumme Gans!« Beim Adieusagen zerdrückte er sogar eine Träne. Das freute mich. Er meinte es ernst, denn er hatte mir eine Rechnung geschickt.

Erste Chansons im »Schall und Rauch«

1919. Max Reinhardt ließ mich rufen und sagte: »Fräulein Blandine, Sie sollten mit Friedrich Hollaender arbeiten, für die Eröffnung meines neuen Hauses, für ›Schall und Rauch‹.« Jetzt also auch eine offizielle »Verbindung«. Die Kleinkunstbühne war ein riesiger Raum unter dem Großen Schauspielhaus.
Ich weiß nicht, wie viele Leute er faßte, vielleicht tausend. Es war ein stimmungsloses Kellergewölbe mit einem kleinen Podium, das so angelegt war, daß ein kleines Orchester – drei Streicher – in der Mitte sitzen konnte. Rundherum war ein ziemlich schmaler Steg, auf dem die Schauspieler auftraten. Das Klavier war außerhalb. Das Klavier, wohlgemerkt. (Ich wunderte mich, daß kein Flügel da war, aber Flügel gibt es selten in solchen Etablissements. Sie nehmen zuviel Platz weg.)
Der erfolgreichste in dem neuen Ensemble war Paul Graetz, ein echter Berliner. Er verdankte seinen großen Erfolg einem Chanson von Kurt Tucholsky: *Wenn der alte Motor wieder tackt*. Hollaender entdeckte noch mehr attraktive Schauspieler, so Hubert von Meyrinck. Er schrieb ihnen die Chansons, er machte die Musik, er leitete

Der Eingang zu »Schall und Rauch«

Conférence provocative
an das Premieren-Publikum des Max Reinhardt-Cabarets (Großes Schauspielhaus) – in den ehemaligen Stallungen des Zirkus Schumann – 11. November 1919

Verehrte Niezuhörer!
Antikem Brauchtum gemäß folge dem heroischen Kladderadatsch einer wieder einmal miserablen Geschichtstragödie die schadenfröhliche Satyrfarce; dem Größenwahnwitz der Schmieren-Caesaren der nun spottbillige Galgenhumor...

L'Art pourboire – Die Kunst dem Pöbel – oder: wat dem eenen sin Uhl, is dem annern Dada!
schlicht und schlecht:
all das, was Ihnen kein Bayreuther Weihfest, kein Oberammergauer Passionsspiel, kein Salzburger Welttheater zu bieten hat, sondern einzig das
Tingeltangel enragierter Mimen und engagierter Textdichter
(Namen sind Schall und Rauch)
* »Morgenrot, Klabund, die Tage dämmern«
* Theobald Tiger
* Joachim Ringelnatz (Kuddeldaddeldu)
und
der Autor der nun folgenden Darbietungen.

Walter Mehring, Ketzerbrevier

das Ganze. Aber meine Bühne war es nicht, ich hatte nie eine große Beziehung zu diesem Haus. Ich fand sie lieblos. In den ersten Aufführungen sang ich ein Chanson von Hollaender, das mir aber so wenig gefiel, daß ich am liebsten mittendrin von der Bühne abgegangen wäre. Es hieß: Berlin, dein Tänzer ist der Tod. Ich trug einen gespenstischen schwarzen Umhang, meine Augen waren riesig schwarz umrandet. Der Text enthielt eine Warnung an das Publikum der Spielhöllen und an die Kokain-Schnupfer.

Der Zuschauerraum von »Schall und Rauch«. »Das Kernstück des Eröffnungsprogramms war eine Parodie der ›Orestie‹, die gerade droben auf Reinhardts Bühne Triumphe feierte. Die Kabarettisten entwarfen ein Puppenspiel mit dem Titel ›Einfach klassisch – Eine Orestie mit glücklichem Ausgang‹. Mehring zeichnete für das Buch verantwortlich, George Grosz entwarf die Puppen, John Heartfield schuf mit Unterstützung von Waldemar Hecker, dem ehemaligen Puppenkünstler der ›Elf Scharfrichter‹, große Masken und Marionetten, Friedrich Hollaender ließ sich die Musik dazu einfallen.«
Lisa Appignanesi in ihrem Buch »Das Kabarett«

»Café Größenwahn« und das Leben in den Chansonfiguren

Das Haus, in dem ich meinen ersten wirklichen Erfolg hatte, war das »Café Größenwahn«, ein Lokal am Kurfürstendamm/Ecke Joachimsthaler Straße (wo heute das »Kranzlereck« ist). Der schmale Raum faßte ungefähr 250 oder 300 Leute und hatte eine hübsche Bühne. Nur einen Fehler gab es: Es wurde hier geraucht. Wenn ich als sogenannter Star des Hauses erst spät, gegen halb zwölf, auftrat, war ich immer in dichte Rauchschwaden gehüllt. Das war der Stimme und der Gesundheit nicht zuträglich. Ich merkte es selbst, und wäre ich nicht so jung gewesen, so hätte ich es wohl kaum durchstehen können.
Ich sang also hier das erste der *Lieder eines armen Mädchens*, das *Groschenlied*. Das Publikum war erst verwundert, dann brach es in Jubel aus. Anders kann man das nicht nennen. Danach folgte *O Mond, kieke man nich so doof*. Und da wurde es ganz still. Niemand rührte sich. Das berührte wiederum mich. Ich ging betroffen nach Hause, ich spürte, was hinter der Maske eines Gesichts vorging, und ich versuchte es zurückzubringen. Das war es wohl, warum die Leute in diesem »Café Größenwahn« saßen. Sie warteten auf die »Wirklichkeit«, die sich in der Kunst offenbart. Eine solche Welle der Liebe und Freude schlug mir entgegen, daß ich mich diesem Publikum immer wieder hingeben konnte. So ist es ja auch heute noch. Wenn ich an einem kleinen Lied arbeite, empfinde ich genau, was in dem Innern einer Figur vorgeht. Ich kann es »zeigen«. Mitteilen. Und dann kommt »Verstehen« zurück.
Die Leute waren manchmal ganz glücklich. Sie wußten wohl selbst nicht, warum. Es kamen Menschen und streichelten mich. Sobald ich zu mir zurückfand, wieder ich selbst war, hüllte mich eine gewisse Kühle ein, weil ich erschöpft war. Ich hatte nicht mehr die Kraft zu zeigen, wie glücklich es mich machte, daß ich etwas mitteilen konnte, das die Menschen im Innersten berührte.

Die »Lieder eines armen Mädchens«

»Wie kam es zu den *Liedern eines armen Mädchens*?« wurde ich oft gefragt.
In ihnen hat die Zusammenarbeit von Hollaender und mir ihren Höhepunkt gefunden. Hollaender hat das aus seiner Sicht sehr schön formuliert:
*»Wie gleichst du, Blandine, dem Bild, das mir vorschwebte! Oder sollte ich sagen: Wie schwebtest du mir vor, daß ich es nachzeichnen konnte? Wie warst du, was du spieltest! Wie spieltest du, was du warst! Und das ist die lautere Wahrheit.
Amen.«*
Keines der Lieder ist entstanden oder fertig geworden, ohne daß wir gemeinsam daran gearbeitet hätten. Beide hatten wir beobachtet und berichteten einander davon. Oder wir erlebten, beobachteten gemeinsam. Etwas schlief in jedem von uns, wir weckten es gemeinsam. Das »arme Mädchen« hat einen Namen, es heißt »Lieschen Puderbach«, jene Figur aus Else Lasker-Schülers *Wupper,* die ich spielen sollte (dazu kam es leider nicht, das Deutsche Theater gab mich nicht frei). In allen späteren Chansons, in denen das »arme Mädchen« einen Namen hat, heißt es Lieschen. Den »Prinzen von Theben«, wie die Lasker-Schüler sich selbst nannte, hat das sehr gefreut.

*»Im ersten Stock über dem alten Café des Westens machte Rosa Valetti ihr Cabaret ›Größenwahn‹ auf. Zweites literarisches Cabaret, noch dazu mit C geschrieben, nicht mit K, wie heute. Da mußte ich dabei sein. Sollte es ohne mich schallen, ohne mich rauchen, das Leben geht weiter. Blandine nahm ich auch gleich mit. Und nun beginnt für uns zwei das Erlebnis der ›Lieder eines armen Mädchens‹. Eine Figur aus dem ›Wedding‹ kam zur Welt. Eine Figur, armselig und liebenswert zugleich ... Die ersten eigenen Texte. Die erste, ganz große Interpretation.«
Friedrich Hollaender in »Von Kopf bis Fuß«*

Das Jroschenlied

Wo Mutter wäscht im Vorderhaus
Da is et mir jeschehn.
Da lag een Jroschen uffm Tisch
Und hat mir anjesehn.
Frau Wischnak jing mal raus wat holn
– Der Jroschen der lag da –
Und plötzlich hatt ick ihn jestohln,
Weeß nich, wie det jeschah.
Wie bin ick bloß dazu jekomm,
Det ick det Jeld hab wechjenomm?
    Eeen Jroschen liegt auf meiner Ehre,
    Een Jroschen, unscheinbar und kleen.
    Wenn ick't bloß nich jewesen wäre;
    Ick kann mir jarnich mehr in Spiegel sehn.

Ick wollte Friedan imponiern,
Die hat sich immer so.
Die wurde jrün und jelb vor Neid,
Ick wurde nich von froh.
Ick kann ooch nich spazieren jehn,
Mir jeht durch meinen Sinn:
Nu müßten alle Leute sehn,
Wat ick for eene bin.
Mir is, als kiekten Stuhl und Uhr:
Wat hat denn unser Liesken nur?
    Een Jroschen liegt auf meiner Ehre,
    Een Jroschen, unscheinbar und kleen.
    Wenn ick't bloß nich jewesen wäre:
    Ick kann mir jarnich mehr in Spiegel sehn.

Der Jroschen brennt, der Jroschen brennt,
Ick wälz mir nachts im Schlafe.
Wenn't duster is und alles pennt,
Wart ick uff meene Strafe.
Herr Jesus wird mir nich verzeihn
Und ooch der Otto nich
[Ich sollte seine Braute sein –
Nu hab ick eenen Stich.]
Wenn der mir sollte trotzdem nehmen,
Ick müßte mir zu Tode schämen.
    Een Jroschen liegt auf meiner Ehre,
    Een Jroschen, unscheinbar und kleen.
    Wenn ick't bloß nich jewesen wäre;
    Ick kann mir jarnich mehr in Spiegel sehn.

Heut nacht hatt ick son schönen Traum,
Mir war so leicht und frei,
Ick ruhte untern Kirschenbaum,
Een Engel war dabei!
Der sprach: »Na, Liesken, steh man uff,
Ick komm von lieben Jott!
Nu brauchste nich zu fürchten mehr
Ne Strafe oder Spott.
Kauf dir ne Kuchenkrümeltüte:
Dir is verziehn durch Jottes Jüte!«
    Nu hab ick wieder meine Ehre,
    Nu is die Welt ooch wieder schön!
    Es war mir eene jute Lehre.
    Nu kann ick wieder unter Leute jehn!

Friedrich Hollaender

Hollaender sagte oft: »Erzähl doch, erzähle!« Dann erzählte ich, und natürlich identifizierte ich mich sofort, etwa mit dem Lenchen, das bei uns in Strausberg einen Freitisch hatte. Das kam mir in den Sinn, als wir *Das Jroschenlied* zusammen – ich möchte sagen – erlebten, denn gedichtet hat es ja Hollaender. Das kleine Lenchen mopste wie eine Elster. Und da ich immer für Gerechtigkeit war – und mir überhaupt ein Leben ohne Gerechtigkeit gar nicht vorstellen kann –, sagte ich mir: Wenn diese Gerechtigkeit nicht hier stattfindet, dann muß sie sich irgendwo fortsetzen, so daß meinem kleinen Mädchen selbstverständlich der Himmel offenstand. Und dann: Frau Wischnak etwa. *Frau Wischnak jing mal 'raus, wat holn – der Jroschen, der lag da.*
Frau Wischnak war die Erinnerung an unsere Waschfrau. Sie stand mit ihren vielen Röcken am Waschfaß, in dem ein blitzendes Brett war, auf dem sie die Wäsche rubbelte. Wenn ich sie von hinten beobachtete, wippte ihr Popo auf und ab mit all den Röcken. Sie kamen ordentlich in Schwung. Sie drehte sich um und sah aus wie die von Goethes »rüstigste der Wäscherinnen«.

Wenn ick mal tot bin

Wenn ick mal tot bin und in weißen Seidenkleid
in meinen Sarje lieje mit Bescheidenheit,
dann fällt die Schule aus,
dann jeht's zum Kirchhof raus,
die janze Klasse kommt bei mir ins Trauerhaus,
die wolln mir alle sehn,
    wenn ick mal tot bin.
Wenn ick mal tot bin,
    ach, det wird zu schön!

Wenn ick mal tot bin, kommt ooch Pastor Eisenlohr,
der liest'n schönen Vers aus seine Bibel vor:
Wer ohne Schuld tut sein,
der schmeiß den ersten Stein
uff Lieskens Puderbach, det liebe Engelein.
Doch ick – ick lieg janz still,
    wenn ick mal tot bin.
Wenn ick mal tot bin,
    mach ick, was ick will.

Wenn ick mal tot bin, zündn se jelbe Lichter an,
die stelln se rechts und links an mir janz dichte ran,
dann fällt een joldner Schein
uff meen verstorbnet Jebein,
und unser Lehrer, der fängt furchtbar an zu wein!
Nur Tante freut sich sehr,
    wenn ick mal tot bin.
Wenn ick mal tot bin,
    eß ick doch nischt mehr!

Wenn ick mal tot bin, schick ick aus mein kleenet Jrab
mein letzten Willn und wat ick zu vermachen hab:
mein Püppchen ohne Kopp,
mein rotet Band forn Zopp
und dann ooch noch den jlänzrigen Perlmutterknopp.
Den will ick Truden schenken,
    wenn ick mal tot bin.
Wenn ick mal tot bin,
    soll se an mir denken.

Wenn ick mal tot bin, dann fängt erst mein Leben an,
wenn ick durchs Wolkenmeer in Himmel schweben kann,
die Engel tiriliern,
die Geijen jubiliern,
wenn zum Empfang von Liesken alle aufmarschiern.
Mensch! Machen die een Krach,
    wenn ick mal tot bin.
Wenn ick mal tot bin,
    is mein schönster Tach!

Friedrich Hollaender

In dieses Chanson könnte ein Erlebnis hineingewoben sein, das ich einmal mit unserer Auguste hatte, der »Perle« in den ersten Jahren meiner Ehe.
Auguste hatte immer einen Tropfen an der langen, spitzen Nase, was Hollaender furchtbar störte. Mich natürlich auch, denn wenn sie in die Töpfe guckte, war man immer ein bißchen bange. Auguste hatte langes dunkelblondes Haar, das sie oben auf dem Kopf zu einem Dutt flocht. Auch sie trug schwingende Röcke und hatte ein etwas knochiges, langes Gesicht mit sehr roten Backen. Und grobe Hände, die zupacken konnten, das war wichtig! Eines Tages war die eine Backe dick geschwollen. Es war furchtbar. Sie geriet ganz außer sich. Es tat weh, und sie hatte Angst. Wir banden ihr ein Tuch um, das oben geknotet wurde. Ein Stückchen ölgetränkte Watte wurde untergelegt. Es half nichts. In der Apotheke wurden verschiedene Medikamente besorgt, es half nichts. Die Backe schwoll und schwoll, und Hollaender sagte: »Ich kann es nicht mehr sehen, es sieht gräßlich aus!«
Ich sagte: »Sei froh, daß du die Schmerzen nicht hast. Wenn es so gräßlich aussieht, schau nicht hin!«
Aber Auguste wollte absolut nicht zum Zahnarzt. Das war das Problem. Der Zahnarzt war für sie ein Mörder. Sie sagte – genau wie mein Vater, ein Arzt –, sie kenne »diese Strolche«. Schließlich sprach ich ein Machtwort:
»Auguste, so geht es nicht weiter. Ich kenne einen sehr guten Zahnarzt, der gar nicht...«
Sie fiel mit drohender Stimme ein: »Ich kenne auch einen, das wäre der einzige, zu dem ich gehen würde.«
Ich atmete auf. »Na, bitte, dann gehen Sie sofort hin!«
»Nein«, sagte sie, »nicht allein!« Das klang entschlossen.
»Wer soll denn mitgehen?«
»Sie! Bitte!«

»Ich?« sagte ich. »Ich habe Proben, Auguste, ich kann jetzt nicht... Wo wohnt dieser Mann?«

»Hoch im Norden«, antwortete sie.

Wir mußten mit der U-Bahn zuerst zum Alexanderplatz fahren, dann weiter mit der Straßenbahn. Ich hatte Hollaender gebeten, bei der Probe auf mich zu verzichten, denn wenn Auguste diesen Zahn nicht los würde, würden wir sie loswerden. Das wirkte. Nur das nicht! Auguste war zuverlässig, man konnte ihr vertrauen, man konnte alles herumliegen lassen.

Widerstrebend ließ sie sich beim Zahnarzt ihr Tuch abnehmen. Dann erhielt sie eine Spritze, ich mußte ihre Hand halten.

Der fürchterliche Zahn war draußen. Auguste sollte sich ein Weilchen aufs Sofa legen, aber nun war sie plötzlich wie verwandelt. Sie bestand darauf, jetzt müßten wir schleunigst zu Frau Eilgriff.

»Wer ist Frau Eilgriff?« fragte ich.

»Das war mal 'ne Assistentin, und sie hilft andern aus, wenn sie in Not sind, und meine Freundin ist augenblicklich in Not, und da muß ich mal persönlich fragen, was los ist.«

Die Fahrt ging weiter in den Norden. Wir stiegen um, nochmals auf eine Straßenbahn. Ich dachte mir, wenn es auch zwanzig Mark kostet, zurück nehmen wir ein Auto. Schließlich standen wir vor einem häßlichen Mietshaus. Eine entsetzliche Altbauwohnung. Parterre. Vorn zwei riesige, langgestreckte Zimmer, dahinter das »Berliner Zimmer« und die Küche.

Der Anblick im ersten Zimmer war so überraschend, daß es mir die Sprache verschlug: Da standen drei kleine Särge. Zwei waren geschlossen, der dritte offen. Dieser war weiß, mit Spitze ausgeschlagen und goldenen kleinen Rosen drauf. Ich war fassungslos. Aber schon erschien Frau Eilgriff, eine stramme Frau von ungefähr Ende Vierzig. Auguste sprach mit ihr, und es stellte sich heraus, daß mit der Vertretung alles in Ordnung war.

»Nee, nee, junge Frau«, wandte sie sich an mich, denn mein Gesicht hatte wohl meine Gedanken verraten, »ick bin keene Engelmacherin.«

Engelmacherin? Ein ganz neues Wort. Auguste erklärte mir nachher, daß eine Engelmacherin gegen unerwünschte Kinder hilft. Das waren dann gewiß Engelchen.

»Wo ist det kleene Lottchen?« fragte Auguste.

Wir gingen in den zweiten Raum. Da saß Lottchen ganz mickrig in einem Stühlchen.

»Die macht's nicht mehr lange«, sagte Frau Eilgriff. Tränen rollten ihr über das Gesicht. »Det kleene Lottchen hat sich anjesteckt. Nebenan liejen die beiden anderen.«

Det kleene Lottchen war so winzig und so hübsch. Die großen blauen Augen mit den seidigen Wimpern guckten mich fragend an. Dabei wimmerte es.

»Was sind denn das für Särge?« wagte ich zu fragen.

Frau Eilgriff antwortete: »Die beeden anderen sind tot. Der dritte, der kleene weiße, ist für meine, die macht's nicht mehr lange.«

»Um Gottes willen«, rief ich, »so holen Sie doch einen Arzt!«

Sie sagte: »Nee, det is nich nötig, ick bin ja selber 'n Arzt. Da kann keener mehr helfen.«

Es war fürchterlich. Früher gab es noch keine Antibiotika, und wenn eine ansteckende Krankheit umging, starben die Kinder einfach dahin. Ich wußte nicht, was ich tun sollte. Ich ging hinaus und suchte irgendein Geschäft, in dem ich für das Kind etwas besorgen konnte. Ich fand einen Bäcker. Ich kehrte mit Schnecken und Kuchenkrümeln zurück, die ich vor Lottchen aufbaute. Das kleine Mädchen lächelte fast schelmisch.

»Sie sieht wie ein Engel aus«, sagte ich.

»Ja«, sagt Frau Eilgriff, »da fehlen bloß die Flügel.«

Ich tröstete sie. Sie kochte Kaffee. Es scheint mir, daß Menschen in schlimmen Situationen immer Kaffee kochen.

»Sind die beiden anderen nicht Ihre Kinder?« fragte ich schaudernd.

»Nee«, antwortete sie, »in Pflege.« Ganz ruhig konnte sie das sagen.

Ich kniete vor dem kleinen Lottchen nieder und streckte ihr die kleinen Kuchenstücke in den Mund. Sie kam mir jetzt ganz munter vor. Endlich verabschiedeten wir uns. Einige Tage später fuhr ich mit Auguste noch einmal dorthin. Mit einer Puppe und etwas Nützlichem. Aber Frau Eilgriff sagte einfach: »Det kleene Lottchen is nich mehr.«

Sie hatte ein schäbiges schwarzes Kleid an. »Nun bin ick so vertraut mit dem Tod«, sagte sie, »aber det kleene Lottchen fehlt mir.«

Ich schluckte leer. Auguste putzte sich unentwegt ihre lange Nase. Später erzählte ich Hollaender davon. Es verging einige Zeit. Eines Tages legte er mir ein Papier auf den Tisch, darauf stand in seiner hübschen Schrift: *Wenn ick mal tot bin.* Das war jenes arme Lottchen.

Oh, Mond

Mit eenem Ooge – kiekt der Mond mir an
des Abends – in de Kaiserallee.
Mit eenem Ooge – kiekt der Mond mir an,
wenn aus't Jeschäfte ick nach Hause jeh.
Een jroßet Ooge hat er immer offen
wie Vater, wenn er uffn Sofa pennt.
Von diesem Ooge fühl ick mir jetroffen
bis in mein tiefstes – tiefstes – Element.
       Oh, Mond,
     kieke man nich so doof,
       wenn ick
    abends nach Hause loof.
    Du kennst die jroßen und die kleenen
        Schmerzen,
     du bist der Tröster von die Mädchenherzen!
Ick sehne mir
zu dir
ins jrüne Licht –
       Oh, Mond,
vaführe mir liebers nicht!

Mit eenem Ooge – kiekt der Mond mir an
des Abends – wenn ick schlafen jeh.
Mit seinem kalten Strahl faßt er mir an
und krabbelt mir an meinen jroßen Zeh.
Een jroßet Ooge hat er immer offen,
wenn ick det Fenster ooch verhängen tu,
und dieset Ooge macht mir janz besoffen:
Wenn ick mir auszieh, kiekt er immer zu.
       Oh, Mond,
     Kieke man nich so scharf!
       Du weeßt,
     Det ick det noch nich darf!
Du machst mir jedesmal denselben Kummer,
du kitzelst mir aus meinen Mädchenschlummer –
Ick sehne mir
zu dir
ins jrüne Licht –
       Oh, Mond!!
Vaführe mir liebers nicht. –

Mit eenem Ooge – kiekt der Mond mir an –
Dann muß ick aufstehn – aus meinen Bett...
Mit eenem... Ooge – kiekt der Mond mir an –
Und leise klimme ick uffs Fensterbrett.
Er lockt mir langsam – nach de Rejenrinne,
Herrjott – ick weeß ja jar nich, wie mir wird!
Hätt ick bloß Zeit, det ick mir mal besinne –
Ick habe mir doch nich aufs Dach verirrt – ?
       Oh, Mond,
     kieke man nich so doof!
       Wie Blei
     zieht's mir runter in Hof!
Und über mir sind Sterne, lauter Sterne –
Ick kann ja nich – ick möchte ja so jerne –
WER RUFT NACH MIR – ??
       Mir schmerzt die Brust so sehr,
       Oh, Mond,
Ick seh dir ja nich mehr – – –

Friedrich Hollaender

Wir beobachteten einmal ein mondsüchtiges kleines Mädchen und sprachen darüber. Mehr war es zunächst nicht. Eines Tages aber gab mir Hollaender *O Mond*. Später hat Kurt Gerron daraus einen Kurzfilm gemacht.

Oh Mond!—

Worte und Musik von Viktor Hollaender

Molto moderato

Auf den Höfen, Geldes wegen, singen wir Currendemecher unter Leitung einer Dame, Fräulein Mikulewsky ist ihr Na-me.

Drum miss-achtet nicht die Waisen, die das höchste Glück erfahren, die einst Cheru-bime heissen und mit Flügeln, langen weissen, als Gottes Lieblingskinder umperdiamantenen Himmelstron sich werden scha — ren!

Kurrende

Auf den Höfen, Geldes wegen,
singen wir Kurrendemeechen
unter Leitung einer Dame,
Fräulein Mikulewsky ist ihr Name.

Aus Kattun sind unsre Kleider,
früh verlorn die Eltern leider,
wir sind Waisen, schwarz und klagend,
alle gleiche Hüte tragend.

Öffnet, öffnet eure Fenster,
Menschen sind wir, nicht Gespenster.
Dringt's auch heiser aus den Kehlen,
denn wir singen, singen mit den Seelen.

Unsre Nasen sind erfroren,
Gott der Herr hat uns geboren,
Gott der Herr wird uns ernähren
wohl mit Wurzeln und mit süßen Beeren.

Wie die Vögel, die nicht säen,
wird auch uns nicht übergehen.
Ach, schon morgen kann's geschehen,
daß verwandelt wir in lauter Feen.

Wenn wir sprechen mit den Knaben,
kriegen viele Nasenbluten,
drum verbieten's die Statuten
und auch, weil wir doch die Bleichsucht haben.

Unsre Eltern komm'n im Traume,
und sie winken mit dem Finger leise,
und wir fassen sie am Saume,
aber sie entschweben aus dem Kreise.

Und der Morgen kommt wie Spülicht,
und im Altersheim von gegenüber
hocken Greise, starrn ins Glühlicht,
und sie nicken, nicken zu uns rüber.

Und wir winken, und sie grüßen,
sie die Alten, wir die Waisen.
Müssen wir die Fenster schließen,
wird es öd und traurig bei den Greisen.

Aber einmal wird es tagen,
Gott der Herr öffnet seine Hände,
um ins Zauberschloß zu tragen
armes, armes Mädchen der Kurrende.

Drum mißachtet nicht die Waisen,
die das höchste Glück erfahren,
die einst Cherubime heißen
und mit Flügeln, langen, weißen,
als Gottes Lieblingskinder
um den diamantenen Himmelsthron sich werden scha-ren!

Dankeschön...

Friedrich Hollaender

Als wir später in München einmal durch den Englischen Garten gingen, kam eine Gruppe von Waisenmädchen an uns vorbei. Sie sahen alle sehr ernst aus. Sie versammelten sich um ihre Leiterin, sprachen mit ihr, zeigten dahin und dorthin. Alle trugen gleiche Kleider – eigentlich eher Kutten – und Hüte.
Auf den Höfen Geldes wegen singen wir Kurrendemädchen entstand aus diesem Bild.

In den Abendwind jeflüstert

Ob mein Vater een Prinz war – oder een Säufer?
Starb er auf Erden, lebt er im Himmelreich?
War er Dichter oder Zeitungsverkäufer?
Oder beides zugleich!
Hat er mir schon vajessen?
Oder hat er mir niemals jekannt?
Hab' ick ihn je besessen?
Hat er mir Tochter jenannt?

Ob mein Vater Soldat war – oder ein Denker?
Freute er sich über'n Krieg oder hat er jeweit?
War er Pfarrer oder war er ein Henker?
Oder beides vereint?
Is es der Herr aus de Sieben,
Der im Dustern ins Been mir kneift?
Is es der Kellner von drüben,
Der abends die Autos pfeift?

Ach! Von jedem ne Ecke
Fühle ick in mir ins Blut.
Ick bin Prinzessin im Drecke
Und Lehdi in Dienstmädchenhut.

Ick bin eine Kellnerinseele
Mit aristokratischem Teng.
Den Mann, mit dem ick mir vermähle,
Den knall ick nieder –
Peng!

Und ick stürze mir tief in die Sünde
Und verachte mir selber so tief,
Und plötzlich wird mir so linde,
Als ob eine Stimme mir rief,
Dann fall ick vor Gott auf die Stufen
Und höre die Engelsschalmein,
Und laut will ick VATER rufen –

Und ER wird mein Vater sein.

Friedrich Hollaender

In den Abendwind geflüstert ist ein mir besonders liebes Chanson. Anlaß dafür war eine Zeitungsmeldung über ein Kind, das vor einem Findelhaus gelegen hatte. Ein bildschönes großes Mädchen war daraus geworden, das plötzlich so auffallend werden konnte, wie man es nicht für möglich gehalten hätte. Wer mochten die Eltern gewesen sein? *Ob mein Vater ein Prinz war – oder ein Säufer?*
So liegen all diesen Liedern Erlebnisse zugrunde. Sie entstanden nicht sofort. Man sieht etwas, beobachtet, nimmt in sich auf, und im nächsten Jahr kommt es an einer ganz anderen Stelle hervor – plötzlich ergibt sich eine Assoziation.

Ich baumle mit de Beene

Meine Mutter liegt im Bette.
Denn sie kriegt das dritte Kind;
Meine Schwester geht zur Mette,
Weil wir so katholisch sind.
Manchmal troppt mir eine Träne
Und im Herzen puppert's schwer;
Und ich baumle mit de Beene,
Mit de Beene vor mich her.

Neulich kommt ein Herr gegangen
Mit 'nem violetten Schal.
Und er hat sich eingehangen,
Und es ging nach Jeschkenthal!
Sonntag war's. Er grinste: »Kleene,
Wa, dein Port'menee is leer?«
Und ich baumle mit de Beene,
Mit de Beene vor mich her.

Vater sitzt zum 'zigsten Male,
Wegen »Hm« in Plötzensee,
Und sein Schatz, der schimpft sich Male,
Und der Mutter tut's so weh!
Ja, so gut wie der hat's keener,
Fressen kriegt er und noch mehr,
Und er baumelt mit de Beene,
Mit de Beene vor sich her.

Manchmal in den Vollmondnächten
Is mir gar so wunderlich:
Ob sie meinen Emil brächten,
Weil er auf dem Striche strich!

Früh um dreie krähten Hähne,
Und ein Galgen ragt, und er...
Und er baumelt mit de Beene,
Mit de Beene vor sich her.

Klabund

Als Klabund für mich *Ick baumle mit de Beene* geschrieben hatte, da war er bei meinem Vortrag fasziniert von dem Ausdruck, den ich hatte, als der Geliebte gehängt wurde.
Darauf schrieb er mir das Chanson *Wo andere gehen, da muß ich fliegen*. Hollaender hat es hinreißend vertont, dennoch habe ich es sehr selten gesungen.

Da muß ich fliegen

Jeboren bin ick hoch im Norden,
da wo die Schnepfe Schnepfe Schnepfe Schnepfe streicht.
Und bin ein fechet Biest geworden,
das seine Zähne Zähne Zähne Zähne zeigt.
Ick lasse mir nich unterkriegen,
ick lasse mir nich unterkriegen!
Wo andre gehn, da muß ick fliegen.

Mein Bräutigam hat nen Doppeldecker,
er ist Pilot Pilot Pilot in Tempelhof.
Die Hochzeitsreise, die wird lecker
im Aeroplan im Aeroplan Mensch bist du dof!
Du fährst in D- und Bummelzügen
Du fährst in D- und Bummelzügen!
Wo andre gehn da muß ick fliegen.

Der Himmel steht mir immer offen,
weil ich son Weihnachtsengel bin!
Der Petrus, der ist leicht besoffen:
Na, Klenne, komm man immer rin!
Mir ist, als ob mich Flügel trügen
mir ist, als ob mich Flügel trügen!
Wo andre gehn, da muß ick fliegen.

Klabund

Chinesisches Märchen

Die ganz ganz kleine Prinzessin Minuti hat Bauchweh.
Die langbezopften Minister blicken verstört,
Der kaiserliche Papa ist mehr tot als lebendig
Und kann nicht regieren.
Der ganz ganz lange Haus- und Hofrat Ming
Macht ein ganz ganz langes Gesicht,
Betastet, befühlt, beklopft und spricht:
»All meine Künste helfen hier nicht.
Man brate das Herz eines Kolibri
Mit feingehacktem Sellerie –
    Vielleicht hilft's!
    Wer weiß!
        ping –
    Mein Name ist Ming.«

Neunzig der allererfahrensten Vogelfänger
Suchen in heiligen Hainen und Wäldern
Den ganz ganz verschmitzten Kolibri,
Der so klein ist wie ein Stecknadelkopf –
    O wie vergeblich –
Neunzig der allererfahrensten Vogelfänger
Schwuren sich einen heiligen Eid,
Nichts zu verraten und nicht länger zu suchen.
Und sie nehmen statt eines Kolibriherzens
Ruhig eine Nachtigallenzunge,
    Feingehackt mit Sellerie –
      Ping!

Kaum tat die allererlauchteste Prinzessin, die ganz
Ganz kleine Minuti, den ersten Bissen,
Machte sie Pips! und fiel in Ohnmacht.
Der kaiserliche Papa ward bleich,
Legte Szepter und Krone hin,
Das ganze Tagwerk im ganzen Reich machte halt –
Und hielt den Atem an.
    Barbier und Kuli und Teppichverkäufer
    Sänftenträger und Kartenkünstler –
      Schrecklich!

Am andern Morgen hatte Minuti, die ganz
Ganz kleine Prinzessin, keine Bauchschmerzen mehr,
Aber – einen Sohn!
Papa, der Kaiser, hub an zu lachen
Und lachte, daß das ganze Reich erdröhnte
Von Nordnordost – bis Südsüdwest,
Daß das Porzellan von den Etageren
    Kaiserlich-Königliche Manufactur
    Herunterpurzelnd in Scherben ging
      Ping!

Lachte und griff zu Szepter und Apfel
Und fing wieder ein bißchen an zu regieren.
Und in die Straßen kam wieder Leben,
Barbier und Kuli und Teppichverkäufer
Begannen da, wo sie aufgehört,
Weil die ganz ganz kleine Prinzessin
Kein Bauchweh mehr stört.
Und alles Volk lutscht zur Feier süße Makronen,
Nur die ganz ganz kleine Minuti muß sich noch schonen! –
Und vor dem kaiserlichen Baby neigen
    Sich tausend Millionen.

Ich möchte wohl in diesem Lande wohnen
    Bitte schön, wann geht das nächste
    Dampfschiff – ?
      – ping –

                Friedrich Hollaender

Das *Chinesische Märchen* von der *kleinen Prinzessin Minuti* ist eine Geschichte, die sich in unserem eigenen Haus abgespielt hat. Die winzige Minuti sollte ein wenig von mir haben. Hollaender lachte immer, wenn ich irgendwo nicht hinaufreichen konnte. Ich liebte altes Porzellan. Einmal klirrte es, weil Auguste allzu energisch putzte. Da lagen nun die Scherben. Daraus ist dann in Hollaenders Kopf das *Kaiserlich-Königliche Porzellan* geworden, das beim Lachen des kaiserlichen Papas von den Etageren fällt. Vielleicht war es auch verbunden mit den letzten Tagen vor der Geburt unserer Tochter Philine. Hollaender war sich der Wirkung seiner Chansons bewußt und setzte diese Macht gelegentlich ganz bewußt ein. Es konnte geschehen, daß er eines Tages, nachdem wir verschiedener Meinung gewesen waren und ich mich einfach nicht entschließen konnte, seinen Ansichten zuzustimmen (der Zwist hatte selten mit künstlerischen Dingen zu tun), ein Zeichen der Übereinstimmung geben wollte. Dann legte er mir ein Chanson auf den Toilettentisch. Drumrum lauter schöne Nußschokolade. Wer kann da widerstehen? Ein solches »Versöhnungsgeschenk« war das *Wunderkind*.

Das Wunderkind

Mein Vater machte mir zum Wunderkinde
fürn Rummelplatz und fürn Verjnüjungspark.
Ick arbeit ohne Apparat und Drahtjewinde,
bekleidet nur mit eine seidne Magenbinde,
mein Eintritt kostet zweenehalbe Mark.
Ick rechne Wurzeln, Einmaleins und Brüche,
ick blas Pistong und lese aus de Hand,
ick schlafe aufn Herd in unse Küche –
La belle Elmira werde ick jenannt.
        Hoppla!

Jedanken lesen tue ich wie 'n Alter,
mein Vater jeht dabei durchs Publikum –
»Det is 'ne Uhr! –
        Und det 'n Federhalter!«
Dann kommt mein Tanz »Der schwerverletzte Falter«,
da spielt mein Vater das Harmonihum.
Auf einem Drahtseil stehe ick und schieße
aus meines Vaters Mund een hohles Ei.
Vorjestern hatte ick erfrorne Füße,
da schoß ick Vaters Nasenbeen entzwei
       – hoppla –

Und neulich, als ick ans Trapez jehangen
– den Kopp nach unten –, sah ick einen Mann
mit blauen Augen und mit bleichen Wangen
(mir is beinah det Jleichjewicht vergangen),
verkehrt rum sahen wir uns beede an.
Da is die Liebe in mein Herz jezogen,
ick sah in seine Nasenlöcher rin,
er kiekte mir von oben in die Oogen –
Ick wußte, det ick ihm verfallen bin.
          !
         a
        l
       p
      p
     o
    H

Dreimal jing ick mit ihm uff seine Bude,
da tanzte ick für ihn und schoß nachs Ei.
Er nannte mir mit meinem richtjen Namen Trude,
und er hieß Max, ein Meter funfzich jroß und Jude,
und plötzlich kam een Brief.
        Es war vorbei –

Seit diesen Tach verpatz ick jede Nummer,
ick rechne falsch und treffe keenen Schuß.
Ick warte uff den Abend, wo ick mir aus Kummer
koppüber
vons Trapeze fallen lassen muß
       – h
        o
         p
          p
           l
            a –
             !

Friedrich Hollaender

Ich gehe noch heute wahnsinnig gern in den Zirkus. Das ist eine Märchenwelt. Nur die Luftakrobaten mit ihren gefährlichen Sprüngen sah ich nie gern.
Damals waren Amerikaner angekündigt, sie wollten ohne Netz auftreten. Das hatte mir die Vorfreude verdorben. »Nein, Friedel, das möchte ich nicht sehen!« Trotzdem gingen wir hin. Sie traten zu meiner Erleichterung mit Netz auf. Eines dieser bildschönen jungen Mädchen stürzte ins Netz. Hoppla!
Nun ist es für einen Dichter wohl nicht schwer, sich in eine unglückliche Liebe zu versenken. Ich hatte Hollaender irgendwann erzählt, daß ich einmal eine Beziehung zu einem jungen Mann abgebrochen hatte, weil er verheiratet war. All das kombinierte er.

Drei Wünsche

Ick möchte Klavierspielen könn' wie
                    mein Onkel Franz Wiedehahn!
Wenn der richtich loslegt, det klingt wie ne Eisenbahn,
Det rauscht wie ne Muschel – da wackelt die Wand,
Der hat so ne furchtbare Kraft in de rechte Hand!
Und denn kann er ooch lieblich wie Glöckchen im Wald,
Und denn kann der ein Lied, da wird einem janz kalt:
Det is det Lied von dem totjeborenen Kind,
Da hört man die Tränen und den sausenden Wind.
Meine teure Unschuld, ick schenkte sie her,
Wenn ick so laut Klavierspielen könnte wie der!

Ick möchte een Bliemchen sein auf saftigen Wiesenjrund:
Die Sonne bescheint mir, ick blühe und bin hübsch bunt,
Ick wieg mir im Winde und nähr' mir von Tau,
Ick riech nach Parföng, und der Himmel is blau.
Uff eenmal, da brummt wat, und ick denke noch rasch: Nanu?
Da erscheint eene jroße, eene reichliche braune Kuh,
Die sieht mir da stehn – und jlotzt – und öffnet den Mund –
– Atjö, schöne Welt!
             Ick sterbe janz ohne Jrund
Am Morgen gibt die Kuh mir wieder her
Zu manchen Vorteil hab ick verändert mir sehr,

Ick möchte een Arzt zum Mann hab mit
                    eem kohlrabnschwarzen Bart,
Der muß furchtbar berühmt sein und am janzen Körper behaart.
Hab ick dann mal Bauchschmerzen, denn ha'k se umsonst
(Denn ick bin ja dem Arzte sein Ehejesponst!)
Hab ick de Maulsperre, knallt er mir eene rin.
Er weckt mir jratis uff, falls ick mal ohnmächtig bin.
Fall ick aus 'n Fenster, fünf Stock oder so,
zerquetsch mir de Beene, verstauch mir 'n Popo,
und zerbrech mir 's Jenick –
                  und man trägt mir nach Haus – –

Det kost mir keen Fennich – ! Da bin ick fein raus!

Friedrich Hollaender

Nachtgebet

Lieber Gott, meine große Schwester,
die is wunderschön anzusehn,
und nach Gebrauch von Lilienmilch
duftet sie lieblich.

Lieber Gott, ich will'n Hund sein,
aber meine große Schwester, die muß raus ausn Laden.
Sonst is die eines Tages ausn Leben abmarschiert.
Und Du staunst dann,
daß in Deiner groß'n Herde wieder 'n Schäfchen wen'ger is,
so 'n schönet Schäfchen...
so 'n frommet Schäfchen...

Lieber Gott, wirf ein Auge auf Mahartan...
Aahmen!

Lieber Gott, bei der Quäkerspeisung
is gestern 'n kleiner Junge
ohnmächtig hinjefallen.
Blaue Augen hat der und blondes Haar,
und der müßte von Rechts wegen, ohne Dir vorzugreifen,
eine doppelte Portion Quäker kriegen.
Aber Du kannst ja schließlich nicht überallwissend
gegenwärtig sein.
Darum bitt ich Dich recht schön –
bei der nächsten Quäkerspeisung
setz dem schwarzen Fräulein mit der Suppenkelle
einen Floh aufs Handgelenk,
daß se bei 's Verteilen einen klenen Zuckrer kriejt
und die janze Suppe in den kleinen Jungen sein Teller kippt.
Aahmen!

Lieber Gott, von mir will ich schweijen,
denn wenn de Sonne scheint, scheint se durch mir durch.
Lieber Gott, wenn Du zu uns beten würdest,
daß die Menschen was für Dich tun sollen,
da wärst Du schön aufjeschmissen.
Gibt es Dich denn eigentlich wirklich?
Und haste auch gut zugehört?
Aahmen!

Friedrich Hollaender

HANS REIMANN MONUMENTA GERMANIAE

2 Blandine Ebinger.

„Wenn sie man bloß nich kaputt geht!" dachte ich, als ich Blandine das erste Mal sah. Und dann dachte ich: „Das arme Mähchen, das arme Mähchen ..." Und war überzeugt, daß sie schwer leidend sei und allerhand Gebresten habe.

Ja, Kuchen! Die Ebinger ist stabiler und zäher als wir alle miteinander, diese Katze aus NN.

Nee, Katze ist wohl nicht ganz richtig; denn sie schaut aus wie eine Feldmaus, die sich zur Stadtmaus hinaufschmarotzt hat und demgemäß arrogant ist. Oder wie eine Herbstzeitlose ... Doch (frage ich mit Recht): ist das ein Tier? — Die Herbstzeitlose ist kein Tier, und dennoch gleicht Blandine Ebinger einer Herbstzeitlose. Man wird mir das nachzufühlen nicht umhin können.

Auf dem Podium stellt Blandine die Jöhre dar; die leicht angebuffte, wurmstichige Jöhre.

Wenn sie das „Groschenlied" singt (singt? Du bist varrickt!), vereint sie in ihrer minderjährigen, sehr zur Notzucht geneigten Brust das Elend und den Kotz von tausend armseligen Existenzen, die nie die Sonne und dafür desto öfter die elektrischen Bogenlampen erblicken; meist aber das Dunkel. Blandine Ebinger mimt Jöhren, die im Kintopp geboren wurden — bei Kitschmusik und Mief. Wer sie genossen hat, darf sich einen Begriff von der sozialen Frage machen. Blandine ist die soziale Frage, Blandine ist allerletztes, vertiertes Hinterhaus. Blandine ist nicht von Käte Kollwitz, deren kranke Menschen eine Portion Kraft und Energie auf ihren Backenknochen spiegeln. Blandine ist von Zille entworfen und von Marquis de Bayros ausgeführt. Es lebe die Dekadenz! Blandine Ebinger (um es noch ein wenig schärfer zu formulieren) ist die gewordene Tochter des Freiherrn von Sade.

Manchmal markiert sie ein illegitimes Erzeugnis der Lotte Pritzel. Aber das mißlingt ihr. Sobald ihre Kurve in „grande dame" umbiegt, hört Blandine Ebingers Echtheit auf, und gewöhnliche Pose lagert sich hernieder.

Oder sie singt (gewissermaßen; denn Blandines Zuckerstimmchen tummelt sich auf dem Grad, wo die Stimme aufhört, Stimme zu sein) das berühmte Chanson „Und ich baumle mit de Beeno ...", was ihr Gelegenheit gibt, zuguterletzt richtig und wahrhaftig in Mondsucht hineinzufallen. Niemand macht ihr das nach. Außer Asta Nielsen. Doch die trällert keine Chansons. Gleichwohl; ich wüßte außer der Nielsen keine Frau, die den äußersten Grad von Schmerzlichkeit so ergreifend zu reproduzieren vermag, wie die Ebinger — jenen Schmerz, der sich in Mondsucht löst.

(Ha! Verzeihung! Die Rosa Valetti im Gerichtsakt der „Fremden Frau"! Das sei ihr unvergessen und unbenommen.)

Kaum ist der Vorhang unten, hoppelt die Ebinger wie eine meschuggene Gazelle auf der Bühne umher und herum. Und ehbevor der Vorhang aufgeht, hat sie Herzklopfen, daß die Bühnenarbeiter hinschmelzen.

Auf dem Podium das inkarnierte Lampenfieber, im Leben die personifizierte Unnahbarkeit. In beiden Fällen jedoch nur so lange, bis der Vorhang hochrauscht. Übrigens trägt sie als Berliner Jöhre die Unterhosen ihrer Großmutter, ein Paar sehr sentimentale Röhren.

Denn es wohnt der Blandine ein Mordstrumm Komik inne, und diesem Talent zur Komik laufen die großmütterlichen Unnerbuxen gewissermaßen parallel.

Ich hab einmal erlebt, wie die Blandine die Tänzerin Lena Amsel imitiert hat. Das war schöner als meine Parodie auf den Dinter.

Ihre stärkste Leistung scheint mir die Filissa zu sein, die Hauptfigur in Wedekinds nachgelassener, zweifellos nachgelassener Pantomime „Die Kaiserin von Neufundland".

Da ist sie, ein Aas, eine fleischfressende Pflanze, ein anämisches Gewächs mit genialer Geschlechtlichkeit. Die Pantomime streckenweise überpantomimend, lebt die den Beweis für die Überflüssigkeit jeglicher Umgangssprache.

Mit zehn Jahren hat sie (als Klein-Eyolf) auf der Bühne gestanden.

Sie wird mit achtzig noch auf dem Brettl stehen.

»Die Trommlerin« und Karl Kraus

Die Trommlerin hatten wir auf dem Rummelplatz erlebt. Ich konnte gut schießen. Ich wußte selbst nicht, wieso es mir immer gelang, ins Schwarze zu treffen. Für mich war es die größte Wonne, den Mann mit den Klößen oder eine in der Luft kreisende kleine Figur zu erschießen.
Die Trommlerin. Der Krieg. Ja, es ist naheliegend, daß Hollaender die Trommlerin, die wir auf dem Rummelplatz gefunden hatten, ins Weltgeschehen versetzt hat. Mit wenigen Worten, ganz schlichten Erklärungen. Ich glaube, sie wurde mein wichtigstes Chanson.

»Blandine Ebinger, wandlungsfähig, wahrhaft erschütternd, mit fernen und Hintergründen, in einer Schießbudenfigur, als Antikriegstrommlerin…« Aus einer Zeitungsnotiz

Die Trommlerin
Eine Schießbudenfigur

Ein Uhrwerk trage ich in mir inwendig.
Wer nach mir schießt, der schießt mich gar nicht tot.
Im Gegenteil, er schießt mich nur lebendig;
Kein Blut färbt meines Mörders Hände rot.
Wer mich getroffen, dem wird automatisch
Mein lustig Trommeln seinen Schuß quittier'n.
So mancher Herr kann hier so mancher Dame
Für 'n ganzen Abend billig imponier'n.
Starr steh ich da und lächle süß wie Gift,
Bis eine Kugel mich ins Herze trifft.
    Ein Schuß zehn Pfennig!
    Drei Schuß fünfundzwanzig Pfennig!
    Na, wer will noch mal?
    Na, wer schießt noch mal?

Der Jäger schießt in mir wohl seine Hirsche;
Der Ehemann den Hausfreund, der ihn hörnt,
Der Schüler schießt in mir den Klassenlehrer,
Hier wird ihm greifbar, was ihm sonst entfernt.
Der Dieb erschießt in mir den Polizisten,
Der Knabe den Indianer von Karl May.
Euch allen, die in mir ein Abbild wüßten,
Erklingt mein Trommeln als mein Todesschrei.
Doch kommen auch Amateure her und Laien,
Die nur am Spiel des Uhrwerks sich erfreuen.
    Ein Schuß zehn Pfennig!
    Drei Schuß fünfundzwanzig Pfennig!
    Na, wer will noch mal?
    Na, wer schießt noch mal?

Die Herren, für die der Krieg zu kurz gewesen,
Die traten gern an meine Bude hin,
Und zielen ohne vieles Federlesen
Auf meine Wenigkeit die Trommlerin.
Sie träumen sich in längst versunkene Zeiten,
Wo jeder mal so'n bißchen Feldmarschall.
Sie seh'n sich durch versenkte Dörfer reiten
Mit Wogenprallen und mit Donnerhall.
Und diesen Herren wirft die Trommlerin
So wie von ungefähr die Worte hin:
    Ein Schuß zehn Pfennig!
    Drei Schuß fünfundzwanzig Pfennig!
    Na, wer will noch mal?
    Na, wer schießt noch mal?

Friedrich Hollaender

Die damalige dritte Strophe erschien mir nach dem Zweiten Weltkrieg zu betulich geworden, zu wenig aggressiv. Und aggressiv hatte sie sein sollen. So wurde aus dem *Wogenprallen und Donnerhall* der siegessüchtigen Generäle:

Die Herren, für die der Krieg zu kurz gewesen,
die treten gern an meine Bude hin
und zielen ohne vieles Federlesen
auf meine Wenigkeit, die Trommlerin.
(Soweit der alte Text im Original, dann aber:)
Sie sehen sich im Wahne weitersiegen,
der General und auch so mancher Mann.
Die Toten klagen an, die Kinder liegen
atomverkrüppelt – denken die daran?
Und diesen Herren wirft die Trommlerin
   so wie von ungefähr die Worte hin:
   Ein Schuß zehn Pfennig,
   drei Schuß fünfundzwanzig Pfennig.
   Na, wer will noch mal?!
   Na –?! Wer schießt noch mal?!

An die Begegnung mit Karl Kraus erinnere ich mich deutlich. Friedrich Hollaender schlich an jenem Abend um mich herum, kam immer wieder in die Garderobe und fragte: »Wie fühlst du dich, Blandine, nervös?«
»Ich bin konzentriert wie immer, die Spannung kann ich nicht überwinden, nie, und zum Glück erkenne ich keinen Menschen im Parkett, wenn du darauf hinaus willst.«
»Ich will dich ja nicht aufregen, Blandine...«
»Du tust es schon, sag lieber nichts mehr.«
Aber er ließ sich nicht halten. »Es ist nämlich jemand drin, weißt du, so jemand, so etwas Interessantes, ein großartiger Mann, ein...«
»Ich bitte dich, Friedel, sag mir nichts mehr. Du weißt doch, ich muß mich verwandeln, also bitte.«
Drittes Klingelzeichen.
»Bitte geh!«
Er raste zum Klavier. Da stand ich nun. Jetzt kam die *Trommlerin* an die Reihe. Eine Stecknadel hätte man zu Boden fallen hören. Nach den letzten Worten:
   Na, wer will noch mal?!
   Na –?! Wer schießt noch mal?!
war alles still. Eine ganze Weile. Der Scheinwerfer, der auf mich gerichtet war, wurde eingezogen. Auf einmal hörte man Bravorufe, eine Begeisterung, die Leute sprangen auf, so sehr waren sie mit mir einer Meinung. So war es fast jeden Abend.

Ich wußte nicht, daß unter denen, die heute im Zuschauerraum saßen, Karl Kraus war. Friedrich Hollaender kam in die Garderobe, er war ganz aufgelöst. Er umarmte mich. Hinter ihm stand Sigismund von Radecki, er brachte mir Grüße von Karl Kraus und sagte, sie würden sich freuen, wenn sie uns bei Kempinski erwarten dürften.
Hollaender sagte: »Ich bin ganz außer mir, ich könnte mich ohrfeigen.«
»Warum denn? Was ist los?« fragte ich.
Radecki erklärte: »Kraus ist unangemeldet gekommen, wie das so seine Art ist. Wir sind leider verabredet für eine wichtige Besprechung, Herr Hollaender und ich.«
»Ich weiß, es ist schon lange abgemacht.« Ich war gar nicht betrübt darüber, ich freute mich darauf, den Abend mit Karl Kraus allein zu verbringen.

»Von allen späteren Antikriegsproduktionen... hat mir keine einen so starken Eindruck hinterlassen wie die ›Trommlerin‹, Text und Musik von Friedrich Hollaender, in der ergreifenden szenischen Gestaltung durch Blandine Ebinger aus seiner Revue hervorstechend... wichtiger zur Frontabschreckung als die Propaganda für Quark und Remarque...«
Karl Kraus in der »Fackel«, Nr. 827

Eine halbe Stunde später war ich bei Kempinski. Karl Kraus saß mit dem Rücken zur Wand (wie immer, damit ihn keiner überraschen konnte). Er sprang auf, kam mir entgegen. Seine durchdringenden Augen verrieten Zufriedenheit. Sie waren von einer Bläue, wie ich sie diesem Mann nicht zugetraut hätte, von sanfter Bläue. Aber gleichzeitig von einer Schärfe, die mir zeigte, daß man vor ihm nichts verbergen konnte.
Ich dachte an seine Kämpfe mit Alfred Kerr. Der Gedanke belustigte mich. Bei uns zu Hause gab es eine ganze *Fackel*-Reihe. Hollaender verkündete immer voll Freude eine neue Ausgabe vom »Fackelkraus«.
»Sie können sich ausruhen, Blandine.« Wie er in seinem österreichischen Tonfall »Blandine« sagte, ohne Schärfe, ganz freundlich, das machte mir Spaß. »Aber erst wollen wir bestellen.«
Ich war zu müde, hatte gar keinen Appetit, nur etwas trinken wollte ich.
»Ich werde alles bestellen, ich werde Sie verwöhnen.«
»Ach«, sagte ich, »das ist wunderbar.«
Nachdem er bestellt hatte, begann er mit überraschendem Eifer: »Ich sehe Sie in vielen Gestalten, Sie können noch ganz andere Sachen, ich werde alles heraussuchen für Sie, und Radecki wird es Ihnen bringen, wir müssen einen Abend zusammenstellen, der gewissermaßen eine Überraschung wird. Ich denke etwa an eine Arie der ›Perichole‹. Sie haben etwas so Reines in Ihrer Stimme, etwas, das ich bei Knaben liebe, auch dafür werde ich etwas finden. Und zu diesem Abend werde ich kommen!«
Karl Kraus war so unbeschwert wie ein Junge. Dieser selbe Karl Kraus, der einen mit ätzender Lauge begießen konnte, wenn er wollte.
Wir sprachen über Gedichte. Er kramte in seiner Mappe. »Ich suche etwas für Sie.«
Der heitere Kraus ist sehr angenehm, dachte ich. In diesem Augenblick sagte er: »Bei Ihnen bin ich entspannt, Sie hören zu, das können nur wenige Frauen. Übrigens habe ich eine Bitte: Erlauben Sie mir, Ihr Chanson von der *Trommlerin* zu singen! Ich meine, ich werde versuchen, es so zu machen wie Sie.«
Wir lachten. Er nahm meine Hand. »So einen kleinen Finger habe ich noch nie gesehen«, sagte er.
Ach, warum sind nicht alle Menschen, die das Leben interessant und reich machen, in Berlin? Warum leben sie in Wien, in Paris oder London? Wie herrlich, ein solches Urteil über die Arbeit zu bekommen.
Ich schrieb ja selbst Gedichte und kleine Geschichten, aber ich wäre nie auf den Gedanken gekommen, das zu erwähnen, es war mehr eine Spielerei. Wieder kramte er in seiner Tasche. »Schreiben Sie? Haben Sie jemals den Wunsch gehabt?«
Ich lächelte. »Ich habe eben daran gedacht.«
Jetzt kam das kleine Souper, das er zusammengestellt hatte.
»*O Mond, kieke man nich so doof*«, zitierte er plötzlich, unvermittelt. »Was haben Sie mit dem Wort ›Element‹ gemacht! Wie arbeiten Sie so etwas?«
Ich antwortete: »Ein Wort baut bei mir eine Welt auf. *O Mond!* Schon bin ich ihm verfallen bis in mein tiefstes Innere.«
Er lächelte und hörte mir geduldig zu.
»Ein Wort kann ebenso meine Welt zerbrechen, mich verwirren, ich muß da vorsichtig sein.«
Kraus verstand genau, was ich meinte. Ich wollte sagen, daß ich sehr leicht mit Worten zu beeinflussen sei. Wenn ein Regisseur oder ein Schriftsteller mir einen Text gibt und sagt, ich hätte gern, daß Sie das sprechen, dann ist schon dieser Satz für mich eine Verpflichtung. Ich muß also meine ganze Energie aufwenden, um gegebenenfalls »Nein« sagen zu können.
O Mond – in meinen Gedanken wird dieses Wort voll und rund, und ich bin allein mit ihm, es ist Nacht, ich sehe gar nichts mehr, ich höre kein Publikum, ich höre nur, wie ich jetzt sagen werde: *O Mond*. So einfach ist das. Es gibt Wörter, die man nur denken muß, um sie sprechen zu können.
»Das langweilt Sie sicher, Sie wissen das ja alles.«
»Nein, nein, sehr gut, daß Sie mir das sagen.«
Er ergriff meine Hand, ich war fröhlich, wie ich es lange nicht mehr gewesen war. Ich war noch nie mit einem Menschen zusammengewesen, der so auf mich einging. Ich meine, auf mich, Blandine, nicht auf die künstlerische Arbeit. Ich war ganz bei diesem Abend.
Als es Zeit zum Aufbruch wurde, holte er ein schmales Buch aus der Aktentasche und schrieb etwas hinein, gleich auf die erste Seite. »Für Blandine Ebinger.« Kein Datum, nein, dann kann es also jeden Tag neu sein? Er nickte. Jeden Tag. Ich blätterte, fand eine Liebeserklärung an *Die erste Falte*. Wem mag sie gegolten haben?
Endlich brachen wir auf. »Keine Minute habe ich mich gelangweilt, Blandine«, sagte er.
Und ich ging wie auf Wolken nach Hause.

Dieses Büchlein mit seiner Widmung hat Krieg, Brand, Umzüge, alles heil überstanden. Ich halte es in der Hand und möchte zitieren:

An eine Falte
Wie Gottes Atem seine Flure fächelt,
So wird es leicht und licht
In diesem klaren Angesicht.
Es hat die Erde gern
Und schwebt ihr fern
Und liebt und lächelt.

Um Gottes Finger bildete den Bug
Vom Ebenbilde.
Es zieht so milde
Hin über alles Leid.
Und es verzeiht
Der edle Zug.

In dich, o unvergeßlich feine Falte
Betend versanken,
Meine Gedanken.
Daß diese letzte Spur
Seiner Natur
Mir Gott erhalte!

Übrigens brachte mir Sigismund von Radecki später wirklich die Platte, Text und Noten von ihm. Ich arbeitete lange daran – ich weiß nicht mehr, warum es nicht zu dem Abend kam. Hat Hollaender ihn verhindert? Oder mußte ich »sicheres« Geld verdienen? Ich habe es bedauert. Ich sah Karl Kraus nie wieder.

Wie ich ein Chanson erarbeite

Zuerst lese ich den Text mehrere Male. Dann lege ich ihn beiseite und tue etwas anderes. Am besten man geht dann ins Freie. Man kommt zurück und liest ihn erneut. So macht man sich mit ihm bekannt. Er schmeichelt sich gewissermaßen ein, mancher schneller, mancher braucht mehr Zeit, das ist ganz verschieden. Vor dem Schlafengehen oder in der Nacht liest man den Text wieder. Plötzlich – irgendwann – unerwartet – ist die Auffassung da. Es ist ein gegenseitiges Erkennen.
Nun lernt man den Text. Dabei verwandelt man sich langsam in die Figur, deren Aussage man transportieren soll. Zuerst muß man also den Dichter sprechen lassen. Dabei gibt es ganz verschiedene Momente.
Meistens will der Dichter einen logischen Gedanken klar zum Ausdruck bringen oder einen poetischen oder beides. Der Vortrag muß »einfach« sein, dennoch mitreißend. Alles kommt von selbst zu einem, wenn man so ein Lied-Chanson »in seinem Herzen bewegt«. Es kommt das Erkennen. Danach muß man in Feinarbeit Zeile für Zeile ausarbeiten. Das hat nie ein Ende, bei jeder neuen Ausarbeitung wird wieder ein neuer Gedanke geboren.
Oft führt einen auch die Musik zum Ziel. Zuweilen ist es sofort da, man entdeckt sie sozusagen in sich. Schließlich hat man es vollkommen nacherlebt. Nun geht es wieder an die Versenkung, und man bleibt eine Weile ganz einsam. Glaubt man. Natürlich ist man im Unterbewußtsein immer mit dieser Arbeit verbunden. Und eines Tages kommt es ganz unerwartet, ist da. Fertig. Ich würde sagen, »The winged spirit« bringt es mir.
Es ist geboren. Jetzt hofft man, daß auch andere dieses Kunstwerk lieben werden. Wie ich es liebgewonnen habe. Wieviel Pflege gehört dazu! Man muß sich eines klarmachen: Es gilt, den Inhalt einem Publikum, das den Text vielleicht zum erstenmal hört (!), so nahezubringen, daß er sofort »ankommt«. Dazu ist es notwendig, es selbst vollkommen zu durchschauen, in sich aufgenommen zu haben, so daß man es sozusagen federleicht weitergeben kann.
Dann steht man endlich auf der Bühne. Und mit jedem Chanson, mit jedem Lied wandelt man sich in die darzustellende Person, denn jetzt ist sie selbständig und verlangt ihre Rechte. Man kann sie nun lieben oder ablehnen. Konzessionen sind unmöglich.
Eine gute Möglichkeit, die eigenen Vorstellungen zu ver-

wirklichen, fand ich bei eigenen Texten, die schon früh aus der Empfindung entstanden und für die ich später auch meine Musik schrieb. Erst bei meinen Abenden in den siebziger Jahren trug ich etwa die *Kindertragödie* vor und fühlte mich vom Publikum bestätigt. Es ist die Geschichte eines Jungen, der sich unbewußt schämt, weil er sich selbst noch nicht versteht. Er findet nur den einen Ausweg: sich zu erhängen.

Kindertragödie

Der Frühlingsabend, sanft und milde,
zieht auch in Kinderherzen ein.
Ein Junge träumt von einem Bilde
und will mit ihm zusammen sein.

Ein Mädchen sehnt sich jetzt nach Liebe;
am Himmel flimmert schon ein Stern –
Sie hofft, daß endlich einer käme –
sie hat die ganze Bande gern!

Der Mond lockt beide auf die Wiese,
der Junge sieht das Mädchen nicht –
er taumelt fast in ihre Arme,
die Nebel streicheln sein Gesicht.

»Komm doch her, unter'n Busch
hab mich lieb, du Kuschi kusch – «

Als sie seinen Leib umfaßte
ach wie tief er da erblaßte –
einen Kuß hat er probiert,
doch dann war er deprimiert –

»Bleib doch hier! Unter'm Busch!« –
»Nein ich will nicht kuschi kusch!«

Kommt der andre angegangen,
hat sie beide fest umfangen –
stellt Euch vor, was da passiert:
der andre hat ihn fasziniert!
Er fühlt Erregung
er spürt Bewegung –
ein heimliches Gruseln,
ein zärtliches Schmuseln –
immer, wenn der andre ihn berührt!

»Hab dich lieb, immerzu – «
Blumen flüstern hmhm du –

Das Mädchen konnt es nicht ertragen,
böse fing sie an zu fragen –
laut hat sie den Jungen dann blamiert:
»Habt euch lieb! Unterm Busch!«
– Blätter rascheln – kuschi kusch. –

Im Hinterhof unter dem Nußbaum
hat sich der Junge erhängt.
Das Mädchen tanzt im schwarzen Kleid –
weinend der andre den Toten umfängt –
»Bleib bei dir, deck dich zu – «
Regen fällt – Fenster zu –
Regen fällt – – Fenster – zu – –

»Ganz allein gemacht hat sie Friedrich Hollaender, diese Parodie-Revue, Worte, Musik und Regie sind von ihm allein, und das ist gut so ... Blandine Ebinger singt ihr unheimliches Kurrendemädchenlied als Einlage, sie ist zum Schluß ein herztausiges Rotkäppchen ...«
BZ am Mittag, 20. Februar 1926

Nachtvorstellung in Charlottenburg.
Die „Laterna magica" der Renaissance-Bühne.

Leben zwischen Ehe und Cabaret

Ich war nicht die einzige, die mit Friedrich Hollaender arbeitete. Vor allem im »Café Größenwahn«, das nun ein kleines Theater wurde. Er schrieb für alle anderen. Er komponierte. Ich hatte in meinem Beruf als Schauspielerin viele Pflichten. Ich spielte Theater – dazu gehören auch wochenlange Proben tagsüber –, in Filmen, und nun kam dieses »Cabaret Größenwahn« hinzu. So jagte ich den ganzen Tag herum und kam erst nach Mitternacht heim, wo ich erschöpft ins Bett sank. So war die Wirklichkeit. Was sollte ich tun? Meinen Beruf aufgeben? Nein, das war unmöglich, das kam uns damals überhaupt nicht in den Sinn. Wir lösten das Problem mit einer Haushälterin. Ich fand Lieschen, ein blondes, sanftes junges Mädchen, das den Haushalt versorgte und kochte. Natürlich kostete das Geld. Es kamen immerzu Rechnungen. Ich konnte sie nicht bezahlen, es war nie Geld da, obwohl ich soviel arbeitete. Auch Hollaender arbeitete ununterbrochen – woran lag es? Er war ein Spieler.

Das erkannte ich damals in der vollen Tragweite natürlich nicht. Ich hatte den *Spieler* von Dostojewski gelesen, kannte Stefan Zweig, aber es kam mir nicht in den Sinn, daß ich mit einem Spieler verheiratet sein könnte. Außerdem waren da immer wieder die Momente künstlerischer Zusammenarbeit, die mich alle Probleme vergessen ließen.

Die wichtigsten Dinge waren für mich von jeher die künstlerischen gewesen. Das private Leben ist für die Außenwelt uninteressant. Jeder Mensch hat seine Aufgabe. Ganz gleich, welcher Art die Begabung ist. Diese Aufgabe muß erfüllt werden, und daran setzt man alle Kraft. Das taten wir damals beide.

Ich war also nun verheiratet. In mir hatte sich nichts verändert. Ich hieß auch nur selten Frau Hollaender, ich blieb Blandine Ebinger. So nannte man mich, es fiel gar nicht auf, daß eine Änderung eingetreten war. Nur zu Hause war es anders. Strausberg war ein Ort für einen Besuch geworden. Meine Mutter – die mit Hollaender nie ganz einverstanden gewesen war – überließ mich bewußt mir selbst. Ich wohnte mit einem Mann zusammen, nicht mit irgendeinem, sondern mit dem, den ich für ein ganzes Leben erwählt hatte, so war es beschlossen. Ich dachte darüber nicht weiter nach. Manchmal kam meine Mutter am Wochenende zu Besuch. Da wir noch keine eigene Wohnung gefunden hatten, wohnten wir in Tante Donis Wohnung. Es waren die Möbel meiner Tante, der Flügel war die einzige Neuerwerbung. Ein wunderschöner Ibach-Flügel mit herrlichem Klang. Unlackiert. Unbezahlt – auf Raten. Wir frühstückten zusammen, rasten dann ins Theater. Man raste damals, man rast heute. Man hatte ja immer furchtbar viel zu tun.

Das Theater hatte sich für mich nun ins »Cabaret Größenwahn« verwandelt. Es gehörte Rosa Valetti. Sie war zwar eine große Komikerin, aber menschlich etwas schwierig. Wenn man dort oben auf der Bühne stand, war linker Hand ein Fenster. In meiner Erinnerung war es ewig zerbrochen, und es strömte immer feuchte oder eisige Luft herein. In dem Augenblick, wo ich auf der Bühne stand, war ich so vertieft, daß diese Dinge nicht an mich herankamen. Ich bemerkte sie nur vorher oder hinterher. Die Garderobe war eher ein Verschlag.

Hier trat ich nun jeden Abend auf. Hier wurden – wie man so schön sagt – viele der *Lieder eines armen Mädchens* »aus der Taufe gehoben«. Das Wort Taufe erinnert mich daran, daß die Lieder so etwas wie meine Geschwister waren. Sie wurden allmählich so vertraut, daß sie in unsere Wohnung einzogen, und wenn man von *Lieschen Puderbach* sprach oder von dem kleinen *Mondmädchen*, sie gehörten einfach dazu. Sie bemächtigten sich meiner oder ich mich ihrer. Kurzum, wir führten ein künstlerisches Familienleben. Im übrigen blieb ich ziemlich für mich allein.

Für die Revue *Laterna Magica* hatte Hollaender einen Sketch geschrieben: *Rotkäppchen und der Wolf*. Die Großmutter spielte Annemarie Hase, den Sänger Herbert Zernik. Ich war gekleidet, wie ich mir das Rotkäppchen immer vorgestellt habe: rotes Röckchen, ganz kurz, bunte Bluse, rote Schuhe und rotes Käppchen, weiße Schürze, am Arm ein Körbchen mit Schokolade, Kuchen, Wein, Äpfeln für die Großmutter. Ich wanderte durch den Wald und sang vor mich hin:

> *Ich komm grad aus dem Bilderbuch*
> *der Gebrüder Grimm.*
> *Ich bin das gute Rotkäppchen*
> *bim bim bim.*
> *Bin kein enfant terrible mehr*
> *und bin auch nicht Madame.*
> *Mama hat mich nicht aufgeklärt*
> *bam bam bam*
> *Dideldideldi, dideldideldi,*
> *dideldideldumchenbumbumbu.*

Blandine Ebinger als Rotkäppchen in »Laterna Magica«

Nach der Generalprobe kam Hollaender zu mir in die Garderobe. Ich hatte die Angewohnheit, nach jeder Probe – und später nach jedem Auftritt – einen Apfel aus dem Körbchen zu essen. Er sah mir nachdenklich zu, wie ich das Äpfelchen sorgsam verspeiste.
»Schmeckt's gut?«
»Ja, danke.«
Pause.
»Ich muß dir etwas sagen.«
»Bitte.«
»Ich habe einen Gedanken, Blandine. Ich denke ... ich glaube ...«
»War ich nicht gut?«
»Doch, sogar sehr gut! Das ist es ja – deshalb finde ich ...«
»Na, nun sag schon!«
»Ich möchte ein kleines Rotkäppchen von dir.«
Sollte das ein neuer Einfall sein? Ich starrte ihn an.
»Ich denke, wir sollten ein Kind haben.«
»Aber Friedel!« Ich war verwirrt. »Das geht doch nicht. Sieh mich an – wo soll denn da Platz für ein zweites Rotkäppchen sein? Außerdem muß ich jetzt wieder auf die Bühne. Und ich bin noch nicht umgezogen!«
Mir wurde bange. Mit meinen knapp 40 Kilo, dem schlanken Körper, wie fühlte ich mich immer schwach! Wenn ich ein Kind haben soll, dachte ich, dann will ich auch die Freude daran haben. Ich werde mit meinem Vater sprechen, er weiß, ob ich genug Kraft habe.
Mein Vater untersuchte mich. »Nein, nein, mein Kind«, war seine Diagnose, »du bist zu schwach. Spann ein halbes Jahr aus und fahre nach Oberstdorf. Dort war ich als Student, es hat ein gesundes Klima. Auf dem Weg gehst du in München zu einem Lungenspezialisten, der dich genau untersuchen wird. Mir gefällt das nicht. Professor Romberg wird genau wissen, was für dich gut ist.«
»Ein halbes Jahr? Immerzu Ferien?«
Das war für mich unvorstellbar.
Er bestand darauf. Nach der letzten Vorstellung fuhren meine Mutter und ich nach München zu Professor Romberg. »Brenzlig, brenzlig«, sagte er immerzu, als er die Röntgenaufnahmen betrachtete. Mit guten Ratschlägen schickte er uns nach Oberstdorf. Das sei sehr gut für mich.
Wir fanden dort eine kleine Wohnung, in der meine Mutter es uns sofort gemütlich machte. Es ist kaum zu beschreiben, wie ich das genoß. Jeden Tag trank ich frische Milch, die direkt von der Kuh kam – ich erholte mich von Tag zu Tag zusehends. Meine Mutter hatte mir nicht alles gesagt, was Romberg ihr mitgeteilt hatte. Er hatte große Bedenken gehabt und vorgeschlagen, daß ich einen Pneumothorax bekommen sollte. Mami wollte es erst einmal ohne versuchen.
Als wir nach einigen Wochen zu einer Zwischenuntersuchung nach München zu Romberg fuhren, war er sprachlos über die Besserung. Jetzt erfuhr ich erst, was Mami mir erspart hatte. Er meinte, binnen kurzem würde ich kerngesund sein. Wir fuhren selig nach Oberstdorf zurück.
Als Hollaender zu Besuch kam, war auch er fassungslos über mein Aussehen. Wir waren albern und lachten viel.

Eine Tochter

Nach Berlin zurückgekehrt, begann ich nicht gleich wieder mit der Arbeit. Jedenfalls war eines Tages ein kleines Rotkäppchen da.

Gerade hatte ich das Schlimmste überstanden, war entsetzlich schwach und erschöpft, als eine Filmequipe ins Zimmer stürzte, die Hollaender engagiert hatte, um die ersten Tage dieses Rotkäppchens im Film festzuhalten. Meine Mutter stand mir nicht bei, warf diese Menschen nicht hinaus – sie sah nun nichts anderes als das Neugeborene. Mich gab es nicht mehr, ich war in der Versenkung verschwunden. Alles drehte sich um Philine.

Das Kind veränderte das Leben schlagartig. Natürlich, das ist immer so. Ich dachte an den Augenblick, in dem ich die erste Regung gespürt hatte, dieses zarte Tupfen, das einem sagt, daß man nicht mehr allein ist, das zu versprechen scheint, man werde nur Freude und keine Sorgen haben. Selbstverständlich war das ein Irrtum. Die Sorgen fingen sehr bald an – sie haben bis heute nicht aufgehört.

Ich war glücklich, daß alles vorbei war. Als ich mich vor den Spiegel stellte, war ich froh, wieder eine normale Figur zu haben. Dennoch hatte sich etwas geändert. Ich war eine Frau geworden.

Ich hatte für alles zu sorgen, aber Lieschen half mir dabei. Sie war ein Glückstreffer, sie blieb bei mir, bis sie heiratete.

Blandine Ebinger und Friedrich Hollaender mit ihrer Tochter Philine – eine glückliche Familie?

Der erste eigene Vortragsabend

Nachdem Hollaender und ich mit den Liedern einen so durchschlagenden Erfolg gehabt hatten und ich etwa hundertfünfzigmal abends in dem rauchigen »Tingel-Tangel« auf der Bühne gestanden hatte, meldeten sich Theater aus anderen Städten. Eine Berliner Agentur schlug einen eigenen Abend vor: »Das literarische Chanson.« Sicher gab es dafür ein besonderes Publikum, dennoch zögerte ich. Hollaender drängte: »Du mußt unbedingt zusagen!«
»Ich kann doch keinen ganzen Abend allein bestreiten! Du glaubst gar nicht...«
»Natürlich kannst du das!«
»Es braucht eine ungeheure Körperkraft. Und ich bin augenblicklich wirklich etwas müde.«
Hollaender meinte: »Das vergeht. Du bist eine viel zu große Künstlerin, als daß du das nicht lächelnd schaffen würdest. Sobald dir klar ist, daß da unten dein Publikum sitzt, das sich freut...«
»Wir haben ja gar kein abendfüllendes Programm. Du hast noch nicht genug geschrieben.«
»Das Ganze findet ja erst in einem halben Jahr statt. Wir beginnen gleich mit den Vorbereitungen.«
Nun wurde am Tage an den Chansons gearbeitet, abends gespielt, nachts oft geprobt – ich wußte bald kaum mehr, wo mir der Kopf stand. Aber unweigerlich rückte der Abend näher. Ich dachte: Endlich! Weil ich es bald hinter mir haben würde. Hollaender verstand mich nicht.
»Was glaubst du, wie viele statt deiner gern dort oben stehen würden! Es ist ein Glück, geliebt zu werden!«
»Ja, ja, ein großes Glück. Aber diese Verantwortung!«
»Ich bitte dich, Blandine! Du wirst sicher und fröhlich auf die Bühne gehen, und die Menschen werden sich freuen.«
Die ganze Sache bedrückte mich immer mehr. Von wem ich dieses übertriebene Verantwortungsgefühl geerbt habe, weiß ich nicht. Ich hatte immer den Wunsch, alles aus mir herauszuholen, ich wollte dem Publikum zeigen, was in der Seele der Kinder vorgeht. Ich zweifelte nicht daran, daß ich schauspielerisch alles genügend darstellen könnte, in diesem Punkt hatte ich mich stets sicher gefühlt. Es war etwas ganz anderes: Ich konnte krank werden, heiser, einen Frosch im Hals haben, schwindelig werden – lauter derartige Überlegungen gingen mir durch den Kopf. Natürlich war es auch Angst. Würde ich den Mut und die Kraft haben, zwanzig Chansons – viele zum erstenmal – an einem Abend vorzutragen?

Auftritt: Blandine Ebinger und Friedrich Hollaender

Wir gingen den Kurfürstendamm entlang. Plötzlich sah ich es an der Litfaßsäule.
»Friedel!« Ein kleiner, unterdrückter Schrei.
Ein großes Plakat, in Lettern von mindestens zehn Zentimeter Größe sah ich: »Blandine Ebinger.« Mein Name. Um Gottes willen! Und darunter »Bruno Walter!« Hollaenders Name war etwas kleiner – warum eigentlich? Am soundsovielten im Blüthner-Saal.
Das Herz klopfte mir bis zum Hals.
Hollaender lachte. »Wunderbar!«
»Das lesen jetzt viele Menschen. Sie kaufen vielleicht Karten, und dann...«
»Ja, natürlich! Willst du etwa vor einem leeren Saal auftreten?«
»Natürlich nicht. Ich muß sofort nach Hause!«
»Warum denn?«
»Wir müssen üben!«
»Nein, du mußt jetzt nicht üben. Wir gehen jetzt in ein gemütliches Restaurant essen, und du ruhst dich einmal aus.«
Und dann war er da, dieser lang vorbereitete, ängstlich erwartete erste Abend.
Ich stand in meiner Garderobe. Nicht wie sonst meistens im Kinderkleidchen oder in Röckchen und Bluse, sondern in einem schlichten knielangen Abendkleid wie eine Sängerin, die ernste Kunst vorträgt.
Meine Mutter fragte: »Warum hast du denn deine Nase so weiß gepudert?«

»Mami, ich habe mich überhaupt nicht gepudert!«
Hollaender kam ins Künstlerzimmer. Wir saßen stumm. Ich stellte mir den kahlen, nackten Blüthner-Saal mit dem einfachen, nüchternen Licht vor. Von Stimmung konnte gar keine Rede sein. Ich sagte es Hollaender.
Er tröstete mich. »Die Atmosphäre bist du! Und nun hör endlich auf! Sei genau wie immer, mehr ist gar nicht nötig. Das ist genau die Stimmung, die wir brauchen.«
Das Klingelzeichen.
Hollaender ging hinaus. Ich hörte den Beifall, mit dem er empfangen wurde. Ich folgte ihm, nahm kaum etwas wahr. Der Saal verdunkelte sich. Die ersten Akkorde, das Vorspiel zum *Wunderkind* – und da verflog schon alles, die Angst, die Nervosität, der nüchterne Saal, die vielen Menschen dort unten.
Da stand ich nun und stieg hinein – wie ich es nenne – in das *Wunderkind*. Ich war in seinem kleinen Körper, in seinen Gedanken; ich wurde zu dem armen Wunderkind, das auf den Wunsch des Vaters im Zirkus Balanceakte vollführt.

*Auf einem Drahtseil stehe ick und schieße
aus meinet Vaters Mund een holet Ei...*

So ging es weiter, weiter, bis zum Schluß, wo ich vom Drahtseil hinunterstürze und zum letztenmal dieses *Hoppla* rufe... Der frenetische Beifall der Menschen weckte mich. Der Bann war gebrochen. Ein Chanson nach dem anderen. Mühelos. Bis zur Pause.
Niemand durfte zu mir kommen, weil ich mich auf den zweiten Teil konzentrieren mußte. Man brachte mir eine Rose. Nur eine. Meine Mutter kam.
»Gott sei Dank, mein Kind. Hier in diesem Saal, an derselben Stelle hat dein Vater Tut sein erstes Konzert gegeben.«
»Mami!«
»Ich wollte dich nicht aufregen. Deswegen habe ich es dir nicht vorher gesagt. Er war so schrecklich nervös. Er hielt meine Hand bis zur letzten Minute, zitterte wie Espenlaub.«
»Siehst du, Mami, das Lampenfieber habe ich von ihm.«
»Sei ruhig. Du hast es nicht geerbt, du könntest sonst nicht weiterarbeiten.«
Wieder die Klingel.
»Bleib weiter so«, sagte meine Mutter und schob mich zur Tür.
Und nun der zweite Teil. Als ich am Schluß des Programms die Worte sagte:

> *Wenn ick mal tot bin*
> *is mein schönster Tach –*

ertönte kein Applaus. Eine ganze Weile Stille. Das war der schönste Beifall. Dann erst äußerten die Menschen, die da unten saßen, ihre Freude. Ich beendete den Abend mit einer einzigen Zugabe, mit *Lieschens Nachtgebet:*

> *Lieber Gott,*
> *gibt es dich nun eigentlich wirklich?*
> *Und –*
> *haste auch gut zugehört?*
> *Amen –*

Konzert-Direktion Hermann Wolff und Jules Sachs, Berlin W 9, Linkstr. 42 II

BECHSTEINSAAL
Sonnabend, den 31. Januar 1925, abends 8 Uhr

Tragi-Groteskén

Blandine Ebinger
Am Flügel: Friedrich Hollaender

– Erster Teil –

Legenden

1. Chinesisches Märchen
2. Das Mädchen mit den Schwefelhölzern   } Worte und Musik: Friedrich Hollaender
3. Die Kellnerin flüstert in den Abendwind
4. Die roten Schuhe . . . Worte: Walter Mehring / Musik: Friedrich Hollaender
5. Volkslied . . . Worte: Ludwig Uhland / Musik: Friedrich Hollaender

– Zweiter Teil –

Aus den Liedern eines armen Mädchens

1. Das Wunderkind
2. Oh Mond
3. Die Hungerkünstlerin
4. Bimmelbolle   } Worte und Musik: Friedrich Hollaender
5. Currende-Mädchen
6. Drei Wünsche

„Die Lieder eines armen Mädchens" erscheinen im Wege der Subscription im Elena Gotschalk-Verlag mit einer Original-Lithographie von Käthe Kollwitz.

KONZERT-FLÜGEL STEINWAY & SONS BUDAPESTER STRASSE 6

Während der Vorträge bleiben die Saaltüren geschlossen

Das traditionslos Eigenwillige der Blandine Ebinger ist der Radikalismus ihres ausdruckhaften Stilisierens. Jede ihrer Vorführungen ist eigentlich im Grunde ein Linienspiel, dennoch kein bloßes Ornament, sondern aus dem Körperakzent geschöpfte Suggestivkraft erfüllt es. Dieses körperhafte Ausdrucksgenie ist an der Ebinger das Wesentliche, und es scheint mir grundfalsch, sie auf den zuerst von ihr gezeigten Typ des Berliner halbwüchsigen Mädels festzulegen, als wäre ihre Stilisierungskraft bloß an die eine Proletariermädchenfigur gebunden. Aus der Eigenart ihres gebrechlichen, kindlichen Körpers vermag sie ebensogut die subtile Lüsternheit wie Erotik zu entwickeln. Es zeigte sich nämlich erstens, daß die Ebinger eine Gestaltungskraft hat, die nicht bloß an die eine (Proletariermädchen-)Note gebunden ist. Der erste Teil der Darbietungen bewies ihre Vielfalt im Zeichnerischen, das Lebensromantisches, Panoptikumdämmriges, Galantlegendäres, Volksliedraunendes, Bizarres und Primitives genauso scharf und mit einer ebenso aparten für das besondere Instrument ihrer Sprach- und Körperkunst gelungenen Formung traf. Augen und Lippen umgeisterte eine tödliche Lasterhaftigkeit, aus rotem Gewand lugte ein nacktes Bein. Sie ist sich ihrer Möglichkeiten genau bewußt und hat das Spiel auf ihnen bis zur äußersten Souveränität ausgebildet, so war alles bis ins Kleinste abgewogen, Hingabe oder Sichversagen des Tonfalls, der Handbewegung, der Haltung so ausbalanziert, daß sich eine Leistung von wirklicher Geschlossenheit ergab.

Im zweiten Teil sang die Ebinger Lieder des Genres, das nach dem Durchschnittsdiktat ihre einzige Domäne sein soll. Auch das erledigte sie natürlich wieder genial. Und auch tragische, mit Schwermut oder Bitternis belastete Lieder (Oh Mond, etc.) werden schließlich gepreßte Anklagedramen von einer Wahrheitswucht, wie sie langwierigen Schauspielen selten eignet.

Alfred Kerr

Schallplatten

Es sprach sich schnell in Berlin herum. Es kamen weitere Angebote, neue Anfragen. Electrola meldete sich. Wir machten Schallplatten. Im »Acht-Uhr-Abendblatt« erschien auf der ersten Seite oben rechts in der Ecke eine Anzeige: Man zeigte mich in einer Vignette – mit Matrosenkleid und langen Zöpfen. Diese Platten sind damals viel beachtet worden. Einer der Platten verdanke ich eine der phantasievollsten Kritiken, die mir je zuteil geworden sind:

Kunst und Wissenschaft
Dan – ke – schön ...
Die Platte rauscht, die Platte schwillt, der Herrgott sitzt daran. Sieht nach der Nadel ruhevoll ...
Engel Nr. 23 überreicht einen Zettel. Auf dem steht nur »Blandine Ebinger, Berlin«.
»Det Frollein möchte in den Himmel rin«, meldet Nummer 23.
»Ick sarje: Wer sind Se denn?« Sagt se mit ner janz piepsigen Stimme: »Hungerkünstlerin, Bollemädchen, Kurrendemaid, Wunderkind, Ophelia«. Sarje ich: »Det kann jeder sarjen und selbst wenn et stimmt, is es noch lange nischt.«
Sagt der Herrgott: »Wen gibt es denn als Referenzen auf?«
Sagt Nr. 23: »Leopold Jessner, bei dem se die Ophelien gespielt haben will.«
Sagt der Herrgott: »Telegrafisch anfragen.« Und legt eine neue Platte aufs Grammophon. Fräulein Ebinger hat sich auf ein Stühlchen gesetzt, wartet artig und hört gut zu. Nach einer Weile kommt Nr. 23 zurück, zwei Depeschen in der Hand. Der Herrgott reißt sie auf und liest halblaut: »Ebinger nur mäßige Ophelia. Jessner.«
In einem Anflug von Verstimmung runzelt der Herrgott die Stirn. Fräulein Ebinger rutscht unruhig auf ihrem Stühlchen hin und her. Ein Kind. Die Hosenspitzen gucken vor. Jeden Augenblick wird das Auge anfangen zu weinen. Hämisch lächeln die Engel vom Dienst. Engel sind nämlich gar keine Engel.
Sagt der Herrgott endlich: »Ja, liebes Kind, wenn nicht einmal Leopold Jessner eine gute Auskunft über Sie gibt, woraufhin soll ich Sie dann in den Himmel aufnehmen?«
»Ich singe auch«, antwortete Fräulein Ebinger zaghaft. Und versucht sich im Kunstgesang. Es braust ein Ruf wie Donnerhall. Alle Vögel sind schon da. Es geht nicht.
»Die will singen können?« fragt naseweis Nummer 23. »Wie soll denn das erst beim Hallelujah werden?« Petrus hält sich vor Lachen den Bauch, der sich schüttelt, daß die Schlüssel klappern.
Der Herrgott macht ein verzweifeltes Gesicht. Fräulein Ebinger bricht in Tränen aus. Und schluchzt hervor: »Zu Hause hab ich so schön gekonnt und jetzt kann ich nich. Aber ich hab auch zwei Platten mitgebracht. Fürn Grammophon. Was da drauf is, richtig zu singen, schäm ich mir jetzt.«
»Na denn mal los.«
Fräulein Ebinger packt ihre Platten aus. Da sich der Bindfaden dabei entsetzlich verheddert, ist es ein Wunder, daß sie sie nicht vor Aufregung hinwirft. Nummer 23 steckt eine neue Nadel ein und dreht auf.
Da rauscht es, tickt es, knackt es. Nach einigen Sekunden ist es gar nicht mehr wie im Himmel, sondern wie in Berlin N. Langsam kommen die Töne angefahren, manche klingen wie aus einer Blechröhre gequetscht. Dieselbe Stimmung fließt durch einen durch wie morgens um drei in der Alexanderstraße. Die letzte erste Trambahn grölt um die Kurve am Polizeipräsidium. Bumsige Tanzmusik schallt dumpf aus dem Ballhaus Trichter. Man hört sie natürlich nicht auf den Platten. Man hört sie doch.

MUSIKPLATTEN „ELECTROLA"

KABARETT-VORTRÄGE

Phot. Binder

BLANDINE EBINGER
Am Flügel: Fritz Holländer, der Komponist

Das Wunderkind . . . . } EG 281
Die Hungerkünstlerin . . . .

Bisher erschienen:

O Mond . . . . } EG 220
Das Currendemädchen . . . .

Das „Berliner Tageblatt" vom 3. Januar 1927 schreibt:

Was man, ohne sich zu besinnen, mit dem Wort Erlebnis bezeichnen muß: Die Stimme der Blandine Ebinger auf einigen Electrolaplatten. Keine Sprecherin kommt im Grammophon dieser gleich an solcher gespenstigen und lebendigen Nähe. Niemals drang eine Maschine so weit in das Geheimnis der vox humana.
Wieder und wieder legt man diese Platte auf und lauscht. . . . . welche unter deutschen Sprecherinnen käme diesem Wunder der leisen Sprache gleich? Unvergeßlich.

Preis der EG-Platten Mk. 3.75

ELEKTRISCHE AUFNAHME ★ KEIN NADELGERÄUSCH

»Sachlich« geben also die Platten diese Szenen von sich: Ein Kurrendemädchen singt und sammelt seine Pfennige ein unter Leitung einer Dame, Fräulein Mikulewski ist ihr Name. Eine Hungerkünstlerin hat ans Leben keine Wünsche mehr, denn von dem vielen Hungern kriegt man Hunger, was man verdient, das ist ein Hungerlohn. Ein Wunderkind hängt am Trapez, verliebt sich in einen Blondling in der ersten Reihe, verpatzt vor Aufregung nun jede Nummer, verrechnet sich und trifft nicht einen Schuß. Doof kiekt der Mond um die Ecke von de Kaiserallee...
Der liebe Gott schneuzt sich. Lust und Jammer seiner ganzen Welt, vor allem Jammer, klingt ihm aus diesen Platten entgegen. Petrus klappert verlegen mit seinen Schlüsseln. Nummer 23 vergißt beinahe, den Apparat abzustellen.
»Frollein«, sagt der Herrgott schließlich und steht mit solcher Vehemenz auf, daß er beinah mit dem Kopf an den Rundhorizont stößt, »Ihre Platten behalt ich hier und der Platz im Himmel ist Ihnen natürlich jetzt sicher. Sache kommt gleich in die Akten. Abteilung Berliner Künstler. Sind erst ganz wenig da!«
»Dan – ke – schön« lispelt da Blandine, genauso, als ob sie schon wieder Kurrendemädchen wäre. Dann macht sie nach allen Seiten einen artigen Knicks, rückt das Strohhütchen zurecht und läßt sich die Rückfahrkarte nach Berlin knipsen. Sie will nämlich wieder zurück. Und sie wollte sich ja auch nur im Himmel einen Platz belegen. Wenn se mal dot ist, lassen se ihr jetzt ohne weiteres rin.
Ich selbst werde dann beantragen, in dieselbe Abteilung zu kommen. Ohne Blandine Ebingers tragikomische Lieder möcht ich nicht mehr leben. Nicht einmal, wenn ick dot bin.
Dan – ke – schön.
Erich Gottgetreu

Matineen

Die Matinee wurde in den Zwanziger Jahren in Berlin sehr gepflegt, eine Gruppe Kunstbegeisterter kam immer. Jeder Darsteller hatte seine Anhänger. Wenn man das Glück – oder Pech – hatte, in einem Erfolgsstück aufzutreten, hatte man das ganze Jahr über keinen freien Abend. Das war auch eine der Ursachen von Matineen: Wenn man einen Darsteller noch in einer anderen Art sehen wollte, schlug man eine Matinee vor. So kam es, daß ich eines Tages ins Deutsche Theater gebeten wurde. Es gab *Die Wupper* von Else Lasker-Schüler, aber es gab auch von Marcellus Schiffer und Mischa Spolansky *Es liegt in der Luft*.

Ich hatte ein längeres Gespräch im Büro. In diesem Büro herrschte stets eine unangenehme Atmosphäre. Da war Heinz Herald, der Direktionsvorsteher, der sehr viel überlegte, beriet, da waren der Dramaturg Otto Kahane und natürlich als Oberster Felix Hollaender, der Onkel Friedrichs, der mich immer benachteiligte. Er behauptete, da er Friedels Onkel sei, könne er sich nicht für mich einsetzen. Ich fand das unsachlich.

Er hat mir einige schlimme Streiche gespielt. Er glaubte wohl, ich würde es nicht herausfinden, aber ich fand es heraus. (Er war es, der verhinderte, daß nach dem großen Erfolg in München und Wien die *Kaiserin von Neufundland* nach Berlin kam. Ich meine heute noch, daß das Elisabeth Bergner auch lieber war und daß sie dabei nachgeholfen hat. Ich erinnere mich noch deutlich an die Situation, als sie und ich am Tag vor den angesetzten Proben in der Künstlerkneipe an der Schumannstraße auf das Gelingen anstießen. Sie tat es so heftig, daß mein Glas in Scherben ging. Tags darauf wurde alles abgesagt.)

Es gab noch Gustl Mayer, die Direktionssekretärin. Sie führte das Regiment. Wie sie es anstellte, weiß ich nicht, aber sie pflegte ihre Lieblinge weit in den Vordergrund zu schieben. Ich gehörte – anders als die Bergner – nicht dazu. Ich erfuhr, daß man eine Matinee mit mir plante. Ich schlug die Kammerspiele als Veranstaltungsort vor, zwar ein etwas langer Schlauch, aber die Akustik war gut. Damals gab es ja kein Mikrophon.

Diesmal war ich sehr gespannt, denn in der Matinee sollten einige Mehring-Chansons uraufgeführt werden. Mehring legte besonderen Wert darauf, daß ich seine Lieder vortrug. Das war nicht einfach, denn für viele war seine Art zu dichten zu »abstrakt«.

Wir überlegten lange, womit wir beginnen sollten.

Hollaender hatte für diese Matinee etwas Neues geschrieben: *Das Mädchen mit den Schwefelhölzern* und *Das Geheimnis der Blumen*, also mit Mehrings *Roten Schuhen* waren es zwei Chansons nach Märchen von Andersen. *Die roten Schuhe* wurden als Anfang gewählt. Im letzten Vers der *Roten Schuhe* erkennt man, wenn es heißt: *Karin trägt zwei rote Schuhe*, daß sie erlöst ist. Sie hat ihre abgeschlagenen Füße und wandelt im Licht. Ich stand auf der Bühne, Hollaender saß am Flügel. Draußen fielen die ersten Schneeflocken, es war kurz vor Weihnachten.

Den Schluß bildete *Das Mädchen mit den Schwefelhölzern*:

Das Mädchen mit den Schwefelhölzern
(Nach Andersen)

**Die Kleine mit den Schwefelhölzern läuft in kalter Neujahrsnacht,
Kein Gröschlein und kein Hellerlein hat sie heut noch nach Haus
 gebracht.

Die kleinen Händchen blau und rot –
Sylvesternacht – Sylvesternot –
Die Turmuhr schlägt das alte Jahr
Tot!

Ein Häuserwinkel lockt, die müden Füßchen laufen hin geschwind,
Da lauert es, da kauert es, und hungernd lungernd schaut das Kind.
Zu Haus der Vater ballt die Faust –
Dem Kindlein vor dem Heimgehn graust.
Ein Schwefelhölzchen – –, eines nur,
Es wärmte mich –, wie dröhnt die Uhr!
   Geschwind, geschwind!
   Wie pfeift der Wind!
An rauher Mauer reib dein Köpfchen wund
Und –
Ritsch! – Wie brennt es so bunt!
Ah! – Wie wärmst Du so schön!
Ich meine gar, einen Ofen zu sehn...
   Wie knistern die Scheite...
   Wie prasselt die Glut...
   Lieber Ofen bleibe!
   Wie tust Du mir gut!
      O weh –
Das Flämmchen erlischt in der Hand –
Das Hölzchen ist abgebrannt!

Du kleines Licht, du kurzes Glück, was fliehst du vor dem armen
 Kind?
Ich fliehe nicht –, mich jagt nur Gottes eisiger Dezemberwind –
   Der blies mich aus ganz ohne Not,
   Sylvesterwind kennt kein Gebot.
   Sylvesterwind, der wehte mich
   Tot!
Verkaufst du nichts, mein holdes Kind, was taugen noch die
 Hölzchen dir
Der Vater flucht und schlägt dich noch, bringst du kein Geld für
 Schnaps und Bier!
   Der Hunger nagt –, wie brennt der Schnee –
   Wie tun die starren Finger weh!
Ein Schwefelhölzchen, eines noch,
Es erwärm mich...!
So tu es doch!
   Geschwind, geschwind!
   Wie pfeift der Wind!
An rauher Mauer reib dein Köpfchen wund
Und –
Ritsch! – Wie brennt es so bunt!
Ah! – Wie wärmst Du so schön!
Ich meine gar, einen Christbaum zu sehn...
   Wie duftet's nach Speisen...
   Wie fiebert das Blut...
   Lieber Christbaum! Bleibe!
   Wie tust du mir gut!
      O weh –
Das Flämmchen
Erlischt
In der Hand...
   Das Hölzchen ist abgebrannt.
Die Christbaumlichter schwinden hin und steigen sacht zum
 Himmel auf
Und werden lauter Sternelein, die tuen ihre Augen auf,
   Es teilen sich die Wolken schnell,
   Der ganze Himmel wird so hell –
Beleuchten gar die himmlische Schwell.
Ein Sternlein fällt herab an einem langen Feuerband –
Wie lehrte mich die Mutter einst – ?
   Ein Sternlein fällt...
      Jetzt stirbt jemand –
   Ach, lieber Gott, dein Kind ist arm!
   Bei dir ist's ganz gewiß schön warm!
All meine Hölzchen zünd ich an,
Daß ich den Himmel sehen kann...**

Geschwind, geschwind!
Wie pfeift der Wind!
An rauher Mauer reib die Köpfchen wund
Und –
Ritsch!! – Wie brennt ihr so bunt!
Ah!! – Wie wärmt ihr so schön!
Ich meine gar, meine Mutter zu sehn...
Liebe Mutter, hol mich in den himmlischen Raum
    Zum warmen Ofen
    Und zum Weihnachtsbaum...
            O weh –
Das Flämmchen
Erlischt
In der Hand...
Die Hölzchen sind abgebrannt.

        In kalter Morgenstunde lehnt, mit Bäckchen glühend
                                                        rot,
        Im Winkel an der Mauer
        Ein Kindlein tot.
        Die Händchen noch umklammern viele Hölzchen,
                                        zwanzig Stück, –
        Ums Mündchen aber weht ein Lächeln vom erhaschten
                                                    Glück!

Friedrich Hollaender

Schlußakkord. Stille. Dann hörte man eine Dame schluchzen. Das war genug. Ich verneigte mich. Die Matinee war ein voller Erfolg. Mehring rieb sich unentwegt die Hände, als er bei mir in der Garderobe saß. Er schrieb daraufhin für mich:

Wenn wir Stadtbahn fahren

Wenn wir Stadtbahn fahren,
Sehn den Häusern wir ins Herz
Beieinander hundert Jahre,
Kinder werden Weib und Mann
Und gehn gräberwärts
        Und gehn gräberwärts!
Wir sehen ihre Bilder an Tapeten
Vergilbt in Glas,
Wir sehen Menschen fremd ins Zimmer treten,
Und keines weiß vom andern was!
Und Ampeln glühn so häßlich bunt,
Wenn zur Ruh die Glocken –
        Und
Wenn wir Stadtbahn, Stadtbahn fahren.
Und zur Ruh die Glocken läuten;
Keiner weiß, was sie bedeuten,
Einer lacht, wenn hundert weinen,
Und ein Tag sind tausend Jahre,
Alle tausend Jahr die eine
Stille Nacht, heilige Nacht!

Wenn wir Stadtbahn fahren,
An den Fenstern überall
Tauchen immer sonderbare
Fratzen auf und sehn uns an,
Wie auf dem Maskenball
        Wie auf dem Maskenball!
Und keuchen müde über dunkle Treppen
Mit Glücksgut, das
Aus allen Winkeln sie zusammenschleppen,
Und keines weiß vom andern was!
Und weiden sich am billigen Schund,
Wenn zur Ruh die Glocken –
        Und
Wenn wir Stadtbahn, Stadtbahn fahren,
Und zur Ruh die Glocken läuten;
Keiner weiß, was sie bedeuten,
Einer lacht, wenn hundert weinen,
Und ein Tag sind tausend Jahre,
Alle tausend Jahr die eine
Stille Nacht, heilige Nacht!

Wenn wir Stadtbahn fahren,
Geht ein Engel durch den Raum,
Zündet mit dem Engelshaare
Alle Fensterscheiben an
An unsrem Weihnachtsbaum
    An unsrem Weihnachtsbaum.
Und einmal blüht der große Lebensgarten
Und welkt wie Gras!
Und einmal fragen sie, worauf sie warten,
Und keines weiß vom andern was!
Und der Mond wird groß und rund,
Wenn zur Ruh die Glocken –
    Und
Wenn wir Stadtbahn, Stadtbahn fahren,
Und zur Ruh die Glocken läuten,
Keiner weiß, was sie bedeuten.
Einer lacht, wenn hundert weinen,
Und ein Tag sind tausend Jahre,
Alle tausend Jahr die eine
Stille Nacht, heilige Nacht!

Walter Mehring

Es entstand auf den S- und U-Bahnfahrten von der Friedrichstraße über das Gleisdreieck. Überall in den Fenstern tauchen sonderbare Fratzen auf, sehen dich an. Aber nicht nur Fratzen. Man fuhr durch die eigne Stadt, man schaute indiskret in die Wohnungen hinein, meistens waren diese Wohnungen erleuchtet von einem häßlichen Licht, man sah die Armut. Das alles hat Mehring in diesem Chanson eingefangen.

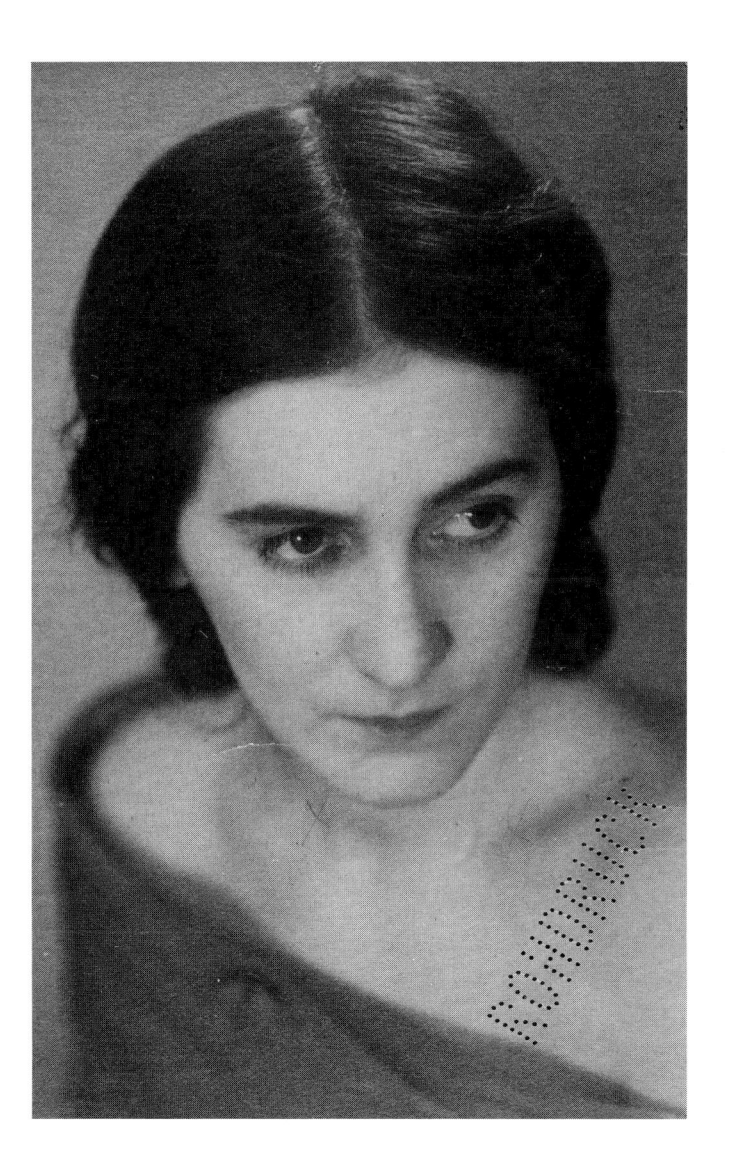

Blandine Ebinger. Auf schmalem Grunde eine Künstlerin von Belang. Entscheidend: sie konnte es wagen, sich aus dem nächtlichen Weindunst der Kabarette in die klare mitleidlose Luft eines Sonntagmorgens zu stellen. In hellrotem Samtkleid erschien sie auf der Bühne der Kammerspiele, und wenige ihrer sparsamen Bewegungen genügten, um die Einstellung zu erzwingen, die ihr zarter und dennoch starker Wille vorschreibt. Unter Verzicht auf Wirkungen weiblichen Reizes, mit nichts als ihrer schwachen Stimme, ein paar Krümmungen des mageren Körpers, einem deutenden Spiel der Hände, einem Glühen der tiefliegenden Augen bringt sie Wirkungen hervor, die künstlerisch adliger sind, als die Gesänge, die Walter Mehring und Friedrich Holländer ihr geschrieben haben. Sie gibt eine sonderbare, spezifisch berlinisch zeichnerische Kunst mit großer Sicherheit. Was sie gesehen und gefühlt hat, das ordnet sie mit Bewußtsein einem wägenden Kunstverstand unter. Unendlich fein ist der Takt, mit dem sie auf theatermäßige Mittel verzichtet. Im zweiten Teil des Programms erschien sie in ihrer schon berühmt gewordenen Maske des Berliner Proletariermädels. Man muß beobachten, wie sie vor den Augen des Publikums für dieses oder jenes Lied eine kleine Veränderung des Kostüms vornimmt. Das ist so einfach, wie ihre ganze Kunst: unverschminkt, wesentlich, ihr eigen und unverwechselbar. — Friedrich Holländer, sehr diskret am Flügel, läßt kleine anmutige Motive durch alle Tonarten gleiten. Aber seine Musik ist stark mondain parfümiert, seine Texte zu bewußt zweckmäßig, um absolut gewertet werden zu können. Trotzdem ist auch der Dichter Holländer dem Walter Mehring vorzuziehen, dessen expressionistischer Infantilismus auch eine Ebinger zuweilen in Verlegenheit bringen kann. Immerhin — sie triumphierte über beide. Absolvierte ihre zehn Gesänge in einer knappen Mittagsstunde und entzog sich — ohne Wiederholungen und Zugaben — mit entschiedener Vornehmheit dem heischenden Beifall des Publikums.   Sling

Matinee Ebinger-Holländer.

Blandine Ebinger und ihr Gatte Friedrich Holländer gaben eine Sonntag-Matinee in den Kammerspielen.

Im ersten Teil erschien sie in einem halb Podium-, halb Gesellschaftskleide von hellrotem Samt, mit rotem Haar und versuchte Kabarettkunst in großer Aufmachung. Die Kabarettverkoppelung von Tragik, Dirnentum, Liebe, Großstadtduft erklang, in Texten von Walter Mehring; doch war dies noch nicht ihr Spezifisches.

Dann aber tänzelt ein etwa dreizehnjähriges Etwas über die Bühne. Der Kinderkörper steckt in einem kurzen Röckchen, in einem zerrissenen Höschen; und eine armselige Sicherheitsnadel baumelt, als glanzvolle Pointe dieses Kostüms, melancholisch hernieder. Das Kindergesicht frühreif, verhärmt, vergreist, eckige Ellbogen ragen schauerlich, doch blicken die Augen kindlich, oder in Ekstase, oder schlau, und ein naiver Zeigefinger fährt drollig durch die Lüfte. Das ist ihr bereits bekannter Typ: die dufte Pflanze von Berlin N. Und sie spricht, singspricht mit dieser quäkenden, quarrenden, sehr echten Kinderstimme etwa das Lied von dem Groschen, den das Kind gestohlen, und man ist entzückt; oder „O Mond, kieke nicht so doof", von ihrem Gatten, oder ein Volkslied von Klabund, oder „Wenn ick mal tot bin", und man ist erschüttert. Hier steckt Kunst, bodenständige, berlinische Kunst.

Das sei ihr größtes Lob: daß sie eine ernste Künstlerin ist. Ihr Gatte, Friedrich Holländer, untermalte ihre Darbietungen mit diskreten, leichtdüsteren Rhythmen. L. R.

Walter Mehring

Mehring wich im privaten Leben nicht mehr von meiner Seite. Sobald sich Gelegenheit bot, war er zur Stelle. Hollaender und ich nahmen ihn immer auf und standen ihm stets bei. Aber dann lockte Paris, seine zweite Heimat. Er verstand es gar nicht, daß ich nur in Berlin leben wollte. Unser Leben lang verloren wir nie den künstlerischen Kontakt und blieben besonders gute Freunde. In den siebziger Jahren sang ich sein *Rätsellied* in der Vertonung von Juan Allende-Blin, das Mehring nach dem Krieg in Venedig für mich geschrieben hatte.

In Venedig lernte ich ihn vielleicht erst wirklich kennen. Man muß sich ja bemühen, seine Dichtung zu verstehen, aber wenn man sie einmal verstanden hat, wird man belohnt. Ich war allein in Venedig, ging in die Accademia delle belle arti, das versäume ich nie. Zumindest muß ich meine kleine Maria auf der Treppe begrüßen. Als ich sie fröhlich verließ, wer saß gleich drüben, neben der Brücke, in dem kleinen Café? Walter Mehring.

Ich wohnte damals in der Pensione Accademia, gleich um die Ecke beim Museum. Am Abend legte er mir eine Skizze auf den Tisch. Mit wenigen Strichen hatte er das dem Hotel gegenüberliegende Haus gezeichnet. Am nächsten Tag einen der vielen Brunnen. Bevor er abreiste, schenkte er mir die Zeichnung eines kleinen Theaters, auf der Bühne – winzig klein – ich, davor applaudierendes Publikum. Darunter stand: »Ich bitte um ein Autogramm. Walter Mehring.«

Walter hatte so viel Witz. Manchmal aber konnte er ein bißchen hysterisch sein. Man mußte über ihn lächeln, vor allem wenn er unbedingt der Größte sein wollte. Das forderte geradezu zu Schabernack heraus. Ein Beispiel: Während des Nazi-Regimes warten die Exilanten in Marseille auf eine Passage nach den USA, unter ihnen Mehring. Man wurde vertraut miteinander in der Not. Auch die Schwächen der anderen wurden offensichtlicher. Mehring kannte alle und jeden. Jedenfalls sagte er das (er hat, glaube ich, wirklich viele Menschen persönlich gekannt). Daraufhin überlegte man in großer Runde, wen man im Gespräch en passant erwähnen könne, um bei Mehring die Reaktion zu provozieren, er kenne diesen Menschen. Die Wahl fiel auf den japanischen Kaiser.

»Den kenne ich, habe ich vor kurzem getroffen«, reagierte Walter prompt. »Neulich, als ich im Park von Versailles spazierenging, ganz früh morgens, begegnete mir ein

Wiedersehen mit Walter Mehring in Venedig

Mann, schritt allein; in einigem Abstand folgte ein anderer. Der erste grüßte mich sehr freundlich, wünschte mir einen guten Morgen. Der folgende kam auf mich zu und fragte, ob ich wisse, wer mir da soeben einen guten Morgen gewünscht habe – das sei der Kaiser von Japan gewesen.«

Ob Walter das Schmunzeln der Runde wahrgenommen hat?

Mehring litt darunter, daß er nicht so populär war wie etwa Tucholsky. Trotz seiner Widerborstigkeit versuchte ich immer wieder, dem Publikum seine Gedichte nahezubringen. Ich gab anläßlich seines 80. Geburtstags zusammen mit Wilhelm Borchardt in Kreuzberg einen Mehring-Abend. Veranstalter war die Neue Gesellschaft für Literatur unter dem Vorsitz von Ingeborg Drewitz. Daß die versammelte Berliner Presse – außer der »Wahrheit« – unsere Mehring-Feier ignorierte, nahm ich übel.

Kurt Tucholsky

Kurt Tucholsky

Natürlich kannte ich Kurt Tucholsky. Wir nannten einander »Onkel Tucho« und »Tante Blandine«. Aber wir sahen uns selten. Bei der Arbeit erlebte ich ihn nur einmal, als Hollaender mit ihm in Rudolf Nelsons Kabarett arbeitete. Ich war Gast auf den Proben. Er gab zwar Ratschläge, verlangte aber nicht, daß man sich unbedingt nach ihm richtete. Er zwang seine Auffassung nicht anderen auf, das hätte auch nicht zu ihm gepaßt.

»Mach doch mal mein *Du, die Berlinerin*, Tante Blandine«, bat er mich. Das hätte ich auch gern gemacht, aber stets drängte sich Walter Mehring vor. »Immer ziehste Walter vor!«

Einmal waren wir abends bei ihm eingeladen. Hollaender und ich hatten frei. Damals wohnte Tucho am Friedrich-Wilhelm-Platz in Friedenau. Eine solche Einladung war etwas Besonderes, wir freuten uns beide darauf. Wir saßen dann in der ganz hübschen, doch eher etwas bürgerlichen Stube, die eigentlich gar nicht zu diesem Schriftsteller mit der aggressiven Feder paßte. Ich wunderte mich darüber.

Außer uns war noch Gussy Holl eingeladen, natürlich trafen wir dort auch seine geliebte Pimbusch. Ich weiß nicht, welche der beiden Frauen er an diesem Abend lieber hatte. Pimbusch war mir vertraut, für sie hatte er *Rheinsberg* geschrieben und es wohl auch mit ihr erlebt. Aber an diesem Abend sah er unentwegt verliebt zu Gussy Holl hinüber. Für sie hat er Chansons geschrieben, unter anderen *In Europa ist alles so groß, und in Japan ist alles so klein*. Ich habe immer gefunden, daß Tucholsky zu viele sexuelle Untertöne hatte, liebenswürdig, charmant oft, zuweilen aber recht eindeutig. Wenn ich es recht überlege, war das vielleicht der Grund, warum aus unserer Zusammenarbeit, über die wir so oft sprachen, nie etwas geworden ist. Mir liegen Zweideutigkeiten nicht. Obwohl Tucholsky sie immer verliebt ansah, erzählte Gussy Holl an diesem Abend unentwegt von ihrem »Prinzen«. Und von ihrem Zobelmantel. Anscheinend wollte sie uns damit imponieren, aber so etwas interessierte mich nie. Ich kann mich an Tuchos Reaktion nicht mehr erinnern, großen Spaß wird es ihm wohl nicht bereitet haben.

Dann erschien noch eine junge Person, eine Anfängerin beim Theater. Sie trug ein kleines Abendkleid, dazu – es regnete in Strömen – kräftige Trotteurs. Sehr vernünftig.

Tucholsky bereitete nun mit Hilfe von Pimbusch und dieser kleinen Schauspielerin ein Abendbrot zu, so gut er es vermochte. Gussy Holl sah dem Treiben zu und sagte plötzlich zu der Kleinen: »Zu einem Abendkleid trägt man aber nicht solche groben Schuhe, mein Kind. Dazu kann man doch nur Lackschuhe tragen.«

Ich war fassungslos über diese kalt vorgebrachte Taktlosigkeit. Der Kleinen sprangen die Tränen in die Augen, ich nahm sie in Schutz. Gussy Holl stand auf und ging ins Bad, um sich »die Nase zu pudern«. Hoffentlich schämte sie sich. Tucho in seiner Verliebtheit bemerkte das alles gar nicht. Er war ein tapsiger Bär mit großen Kulleraugen. Und ganz schön im Speck.

Gussy Holl heiratete später den »Staatsrat« Emil Jannings, seine Sekretärin war die Tochter des damals von Gussy Holl so gerühmten Prinzen. Als ich in der Nazi-Zeit wenig zu tun hatte und mit Jannings darüber sprechen wollte, wurde ich kühl abgewiesen.

Joachim Ringelnatz

Joachim Ringelnatz

Was soll ich von Ringelnatz erzählen? Ringelnatz ist einfach unvergeßlich. An einem Abend, an dem ich früher fertig war, schlich ich mich ins Kabarett und hörte gerade noch, wie er sein berühmtes Wiegenlied vortrug. In der einen Hand ein Glas Wein, den Arm weit von sich gestreckt, ein bißchen wankend, sprach er die letzten Worte: *Der liebe Gott küßt dein Hemd.*

Die Art, wie dieser Mann, der äußerlich durch nichts Besonderes auffiel, auf dieser kleinen Bühne zu einer liebenswerten, einmaligen Gestalt wurde, berührte mich. Natürlich war ich öfter mit ihm und seiner Freundin Muschelkalk zusammen. Dabei schwieg ich meistens und hörte seinen Erzählungen zu.

Er bat mich, mir doch einmal den *Sauerampfer* anzusehen. Ich kannte dieses köstliche Gedicht, das er selbst vorzutragen pflegte. Den *Sauerampfer* habe ich zweimal aufgeführt, aber das ist wirklich etwas für Eingeweihte. Er als Seemann brachte alles mit dem Meer in Verbindung. Nur ein solcher Mensch kann auf den Gedanken kommen, einen Sauerampfer zu bemitleiden, der am Bahndamm steht.

> *Der arme Sauerampfer*
> *sah Eisenbahn um Eisenbahn*
> *sah niemals einen Dampfer.*

Er selbst trug die letzte Zeile geradezu dramatisch vor:
> *Sah niemals...*

Große Pause, er ging mit dem Weinglas, mit dem er geboren zu sein schien, auf und ab, schaute in die Weite. Dann, mit unendlicher Trauer, Mitleid, Tränen in der Stimme:
> *...einen Dampfer.*

Seine *Prinzessin Lina* trug ich ein einziges Mal vor. Sie erwartet den Prinzen aus China, hat eine Handarbeit vor sich, sticht sich in den Finger. Das war ein spontaner Einfall von mir. Als wir darüber sprachen, wollte er unbedingt, daß ich das machte.

Ein aparter, feinfühliger Mann – er sah aus wie ein großer Junge mit schlauer, langer Nase. Als er in den dreißiger Jahren schwer krank wurde – man hatte ihm wegen der Turnlieder Auftrittsverbot auferlegt –, sorgte Gottfried Benn noch dafür, daß er in gute Pflege kam.

Klabund

Klabund schrieb eines der ersten Chansons für mich, *Ick baumle mit de Beene*, später dann *Wo andre gehn, da muß ich fliegen*. Klabund mit den braunen, etwas wehmütigen Augen. Immer wieder mußte er wegen seiner Schwindsucht nach Davos. Er war in seinem Wesen zurückhaltend und bescheiden, konnte so glücklich aussehen, wenn man ihm eine Freude bereitete.

An Klabund richtete ich einmal einige Verse: *An den Dichter*. Ich zeigte dieses Gedicht Walter Mehring. Er war entzückt, liebte mein Spiel mit Wörtern. Er riet mir, es an einen Redakteur der »Frankfurter Zeitung« zu schicken. Ich tat es – leider war er die falsche Adresse. Eine Zeile dieses Gedichtes lautete: »Ein Komma verhaucht in seinem Schoß.« Daran stieß er sich: »Das ist zu intim, Frau Ebinger.«

Seit wann sind Kommata intim? Was für eine Phantasie hatten diese Redakteure! Ich strich das Komma schamhaft.

Klabund las aus seinem *Kreidekreis* vor. Ich hörte ihm mit besonderem Interesse zu, denn ich wollte das Stück gern im Deutschen Theater spielen. Dort war es, wie Hollaender mir berichtet hatte, im Gespräch. Angeregt durch seine Lesung, beschäftigte ich mich sehr genau mit dem Schicksal der Tochter Hai-tang, die von den armen Eltern an ein Freudenhaus verkauft wird. Das Deutsche Theater blieb sich treu – es kam nicht dazu, daß ich diese Rolle spielte.

Klabunds Schicksal war Carola Neher. Es war Liebe auf den ersten Blick. Durch all die schweren Jahre blieb sie bei ihm, begleitete ihn oft nach Davos, wo er Heilung erhoffte. Sie kam nur zwischendurch zurück, um Theater zu spielen. Das war seine glücklichste Zeit. Carola Neher tat ihm viel Gutes. Nach Klabunds Tod ging sie von Berlin nach Rußland, voller Ideale. Aber dort war sie eine Ausländerin, die interniert wurde.

Vor kurzem erschien bei uns – angekündigt von Barlog – ein junger Mann, der etwas gebrochen Deutsch sprach: der Sohn aus Carola Nehers zweiter Ehe, die sie vor der Flucht nach Rußland eingegangen war. Er suchte Menschen, die seine Mutter gekannt hatten, er selbst hatte sie kaum in Erinnerung. Ich erzählte ihm von der gemeinsamen Arbeit bei der *Kaiserin von Neufundland*, für die Brecht sie empfohlen hatte. Sie spielte einen Pagen. Als wahnsinnige Kaiserin hatte ich sie zu erstechen. Ich spielte das so echt, daß die Neher Angst bekam, ich würde ihr etwas antun.

Klabund

Chaplin in Berlin

Lieber Vetter René!
Du möchtest wissen, unter welchen großen Regisseuren ich gespielt habe.
Ich will Dir gleich einen ganz großen nennen: Charlie Chaplin.
Da lachst Du und wunderst Dich. Ja, das will ich Dir erklären.
Charlie Chaplin kam nach Berlin anläßlich einer Premiere, und Max Reinhardt gab einen großen Empfang für ihn in Vollmöllers Palais »Unter den Linden«. Der Empfang fand in einem langgestreckten Raum statt, der von Kerzen erhellt war. Die Fenster standen offen, so daß einige Gäste, darunter auch solche, die nicht dazugehörten, einfach durchs Fenster einstiegen. Karl Gustav Vollmöller war reich, ein Schriftsteller mit sehr gutem Namen, berühmt durch Reinhardts Inszenierung seiner Pantomime *Das Mirakel*.
An diesem Abend war wirklich »ganz Berlin« versammelt, Künstler, Gesellschaftslöwen und Geldadel.
Chaplin zu Ehren sollte ich mit Friedrich Hollaender auftreten. Nun gibt es für mich nichts Schlimmeres, als in einem Privathaus aufzutreten. Weißt Du, es gibt ja Menschen, die das gern machen, aber ich kann es nicht ausstehen. Wenn ich eine Bühne habe und mein Publikum – wunderbar! Aber so in einem engen Rahmen, ohne den Abstand zwischen Bühne und Publikum – und nun Chaplin... Du kannst Dir also denken, wie mir zumute war.
Alles drängte sich. Zuerst war auch ich »Gast« und mußte mich unterhalten, aber mein Herz klopfte hörbar.
Plötzlich verkündete Max Reinhardt mit seiner näselnden Stimme: »Jetzt hat Vollmöller noch etwas Besonderes für uns, eine Überraschung.«
Vollmöller sagte: »Dear Mister Chaplin, Blandine Ebinger and Friedrich Hollaender will entertain you.« Er erklärte ihm das *Mondlied* auf englisch und setzte hinzu, daß man es in jeder Sprache verstehen könne, so plastisch stelle ich es dar.
Chaplin lehnte jede weitere Erklärung ab: »No, let me see!« Wir gingen unter dem Beifall der Gäste zum Flügel.
Also, ich kann Dir sagen, es war wirklich seltsam: Wenn ich das *Mondlied* auf einer Bühne oder einem Podium singe, sehe ich in meiner Phantasie nur den Himmel über mir, und im letzten Vers, wenn ich auf einem Dach

Nach einer Vorstellung bat ein »ganz besonderer Herr«, wie meine Garderobenfrau sich ausdrückte, mich einen Moment besuchen zu dürfen. Er kam herein, als ich gerade meinen Schminkmantel abgezogen hatte und mir die Haare bürstete. Ich hielt inne, er schaute mich strahlend an und überreichte mir eine Zeichnung. Auf dieser Karikatur war ich zu sehen, wie ich auf der Bühne stand. Ich selbst konnte ja nicht beurteilen, wie ich war, wie ich wirkte, aber diese Karikatur zeigte es. Sogar mein Kleid war mit einem Pastellrot angedeutet. Nachdenklich schaute ich auf die Karikatur und den Mann.
»Aha«, sagte er, »ich sehe schon! Genau die Geste meines Augenblicks!« Mit einem Stift schrieb er außer der Widmung an die Seite: »Ich kann's aber besser!«
Der Mann war Professor Emil Orlik.
Das Original hängt über meinem Schreibtisch und erinnert mich an diese schöne Stunde in den Kammerspielen in Berlin.

balanciere, geht alles wunderbar. Aber jetzt war ich in einem Saal und stand auf dem Fußboden, zu ebener Erde. Fünf Meter von mir entfernt, sozusagen neben mir, stand dieser weltberühmte Mann. Und für diesen Mann sollte ich nun die Illusion eines Dachfirstes heraufbeschwören, von dem ich abstürze – ich überlegte ganz schnell. Wenn das auch nur eine Viertelminute dauert, in einer solchen Lage ist es natürlich eine sehr lange Zeit. Meine Augen trafen die von Charlie Chaplin. Er wußte sofort, was ich brauchte. Er lachte mich an, kam auf mich zu, machte eine leichte Handbewegung, als wollte er mich hochheben. Er legte seine Hände auf meine Hüften, und mit einem Schwung saß ich oben auf dem Flügel. Ich wog ja damals nur 40 Kilo.

Das war genau das Richtige!

Nun hatte ich einen Abstand und konnte die Mondsüchtigkeit dieses kleinen Mädchens spielen. Ich fing an:

Mit eenem Ooje kiekt der Mond mir an –

und sofort hatte ich die Zuhörer in meinem Bann. Ich sang noch *Das Groschenlied* und *Wenn ick mal tot bin*. Alle waren still, ganz still.

Chaplin begann zu klatschen und kam auf mich zu.

»Please, if you ever should come to America, come and see me!«

Als ich später in Santa Monica, Kalifornien, einen Abend für Alfred Döblin gab, den Bert Brecht organisiert hatte, sagte Brecht anschließend: »Das müssen wir in Hollywood wiederholen!« Da fiel mir Chaplin ein, Brecht war Feuer und Flamme. Aber wir hatten Helene Weigel übersehen. Sie entgegnete: »Wozu sollen wir das wiederholen?«

Ich dachte: Warum sollen wir es nicht wiederholen? Doch dann kamen mir Zweifel. Sicher hatte Chaplin längst vergessen, daß er zu mir gesagt hatte: »Wenn Sie nach Amerika kommen...« Ich hatte nie im Traum daran gedacht, daß ich einmal nach Amerika kommen würde. Du siehst, ein großer Regisseur hat mir einmal eine Bühne geschaffen. Mehr ist ja nicht nötig. Das ist das Geheimnis des großen Regisseurs, daß er sofort spürt, was der Darsteller braucht. Einmal hörte ich einen Regisseur sagen (war es Jessner oder Kortner?): »Es ist immer nur eine Sekunde, eine Art Trick.« Das ganze Leben scheint aus Tricks zu bestehen. Aber man muß sie eben kennen, lieber René.

»*Von da ins ›Palais Heinroth‹, dem damals beliebtesten Lokal Berlins und Haupttummelplatz des Nachtlebens. Alle Gäste sind im Abendanzug, nur wir nicht. Mein Erscheinen ruft keinerlei Aufregung hervor. Wir geben Hut und Mantel ab und bitten um einen Tisch. Der Manager zuckt die Achseln: ›Bitte, da hinten!‹ Er zeigt auf einen ganz obskuren Teil des Saales. Das bringt mir das Nichtvorhandensein meiner Folie ganz deutlich zum Bewußtsein...« Charlie Chaplin in seinen Erinnerungen »Hallo Europa!«*

108

Eifersucht

Der Ibach-Flügel stand in seiner schönen Form vor mir. Ungebeizt, unlackiert. Wir schwärmten damals für rohes Holz. Jetzt aber fand ich, daß er blau noch viel schöner aussehen würde. Ich besorgte mir einen Kübel mit leuchtend blauer Farbe und machte mich daran, ihn anzumalen. Hollaender war etwas verwundert, aber dann malte er mit. Wer gar nicht damit einverstanden war, das war die Firma Ibach, wie sich später herausstellte, denn wir hatten diesen Flügel ja auf Abzahlung gekauft.

So lebte ich in einer eigenen Welt und bemerkte gar nicht, daß Hollaender ein Doppelleben führte. Wir führten bald eine Ehe, die eher eine Bruder-Schwester-Beziehung war. Das lag gewiß auch daran, daß ich mich mit allen Kräften auf meine künstlerischen Aufgaben konzentrierte. Ich machte mir das damals gar nicht klar. Das hinderte Hollaender aber nicht daran, mich sehr eifersüchtig als seinen alleinigen Besitz zu beanspruchen. Er mißtraute jedem Bühnenpartner und Regisseur. Immer öfter geschah es, daß er aus Eifersucht berufliche Entscheidungen – Absagen! – für mich traf. Aus Eifersucht wollte er auch eines Tages den Flügel mit dem Beil zerschlagen.

»Vorsicht! Er ist noch nicht bezahlt!«

»Warum willst du nur Theater spielen? Ich schreibe dir Dramen in vier Versen!«

Freilich, das hatte er meisterlich getan, aber dabei heimlich und leise meine Theater-Karriere aufs Abstellgleis geschoben. Im wahrsten Sinne des Wortes »vereiste« er alles um mich herum. Ich sollte nur für ihn da sein, seine Werke spielen. Ich wollte Dinge arbeiten, die mich interessierten. Man hatte mir im Schauspielhaus gerade die *Emilia Galotti* in die Hand gedrückt – alles dies nicht mehr!

Hollaender hatte etwas von einer E. T. A. Hoffmannschen Gestalt. Er war klein, schmal und flink und konnte wie ein Schemen plötzlich auftauchen oder verschwinden. Zum Beispiel sagte er: »Ich muß ein Talent prüfen, du wirst das verstehen.«

Ich dachte natürlich, er prüfe ein Talent, aber er raste in einen Spielklub. Erst viel später wurde mir klar, wie viele Talente er dort geprüft hatte.

Eines Tages sagte der Arzt: »Sie müssen leider auf Frau Ebinger verzichten, Frau Valetti, sie muß in die Wärme, nach Italien, schleunigst!«

So erlebte ich unerwartet eine glückliche Zeit. Wir fuhren an den Gardasee, aber in Bozen wurde gestreikt, der Zug fuhr nicht weiter. Es wurde immer kälter. Schließlich nahm Hollaender ein Taxi, das uns an den Gardasee brachte.

Ich erholte mich zusehends. Der Husten ließ nach, und Hollaender sagte: »Ich habe jetzt eine Überraschung für dich.« Diese Überraschung war Venedig!

Wir kamen am Abend dort an. Vom Zug aus stieg man fast unmittelbar in die Gondel. Mich überwältigte das Gefühl, in eine verzauberte Stadt gekommen zu sein. Damals war Venedig leise. Wir glitten schweigend an den Palästen vorbei. Hinter uns der Gondoliere, von Zeit zu Zeit sein langgezogenes »Hooo«. Ich wanderte durch die Märchenstadt, ging selig durch die engen Gassen, war weit weg von allem und spürte, daß die Stille der Stadt und ihrer Kirchen mir neue Kraft gab.

Spoliansky und die Geister

Im Laufe der Zeit aber verblaßte Hollaenders Wirkung. Ich fühlte mich ärmer. Ich vermißte mein Theater, die Bühne, die Garderobe, in der meine Muse saß und auf mich wartete. Wieviel besser war die Akustik in dem großen Theater! Und dann das Spiel mit dem guten Partner, dieses Geben und Auffangen. Mich überfiel Traurigkeit. Doch Hollaender spürte meine Traurigkeit, darin war er schnell.

»Mischa Spoliansky kommt heute abend. Du wirst dich sehr gut unterhalten.«

Wir hatten inzwischen eine möblierte Wohnung in Westend gemietet. Spoliansky, allgemein Spolly genannt, stand ebenfalls am Anfang seiner Karriere, er hatte gerade geheiratet. Spolly, ein blasser, kleiner junger Mann, kam fröhlich zum Abendbrot. Die beiden wollten für *Schall und Rauch* etwas arbeiten. Sie saßen am Flügel im Arbeitszimmer und spielten vierhändig. Sie überlegten, etwas Metaphysisches zu bringen, sie wollten eine Drohung, eine Prophetie aussprechen. In Berlin gab es damals viele Drogenabhängige. Fürstinnen, russische Emigranten, Künstler nahmen Kokain und verführten viele, die in Sorge und Not waren.

Hollaender wollte für die Arbeit die Geister zu Hilfe rufen. Inzwischen hatte ich in der kleinen Küche das Abendbrot zubereitet.

Plötzlich waren wir mittendrin in einer Unterhaltung über Spiritismus. Hollaender setzte sich an den Flügel, spielte eine tieftraurige Musik, zu Versen von Trakl.

> *Es weht der Frühlingswind durch kahle Alleen*
> *seltsame Dinge sind in seinem Weh'n...*

Hierauf stand Hollaender auf, ging an einen Kasten und holte Bilder von Schrenck-Notzing heraus, die sein Vater aufbewahrt hatte. Victor Hollaender hatte sie schon bei seinen spiritistischen Sitzungen benützt. Da waren gräßliche Nebelschwaden, die sich um ein Medium schlangen. Das Medium stöhnte und gab irgendwelche Weissagungen von sich. Mir war das unheimlich und unsympathisch. Spolly war auch nicht begeistert. »Friedel, mir wäre es lieber, ein anderes Thema zu wählen.«

In diesem Augenblick hörten wir im Nebenzimmer ein seltsames Geräusch.

Spolly drehte sich erschrocken um. »Nanu? Was war denn das?!« Aber schon ging es weiter. Nebenan kullerte etwas, als ob Kegel geschoben würden.

Wir sahen einander an. »Vielleicht ist es ein Geist«, sagte Hollaender, »ein Klopfgeist.«

»Unsinn!«

Aber es ging weiter, bullerte, kullerte. Es war schrecklich! Plötzlich ein dumpfer Knall.

Mir wurde es unheimlich. Was war da los? Auguste hatte Ausgang. Hollaender legte den Finger auf die Lippen.

»Ruhig! Ganz ruhig! Mit den Bildern meines Vaters haben wir die Geister gerufen.«

Spolly war sichtlich nervös, rutschte hin und her. »Aber die Spiritisten brauchen doch einen Schemel«, sagte er.

»Wir haben gar keinen Schemel.« Ich war ganz seiner Meinung.

»Sie sind eben ohne Schemel gekommen«, meinte Hollaender.

»Also mir ist das zu dumm!« sagte ich.

»Ich hole einen Besen und gehe einfach hinein.«

»Um Gottes willen, Blandine, doch nicht mit dem Besenstiel! Sie werden uns nie mehr verlassen!«

Bumm, bumm, bumm, ging es nebenan, Scheiben klirrten. Krach! Ein Knall.

Spolly sprang auf. »Ich mach das nicht mehr mit!«

»Habt euch doch nicht so!«

Ich war nicht so leicht zu beeindrucken. Ich hatte gerade *The History of Spiritualism* von Conan Doyle gelesen, und mein gesundes Gefühl ließ mich nicht an Geister glauben.

»Wir müssen beten!« forderte Hollaender uns auf. Und schon sank er auf die Knie, Spolly folgte seinem Beispiel. Ich fand es komisch, wie die beiden da auf dem Boden knieten, mit gefalteten Händen. Trotzdem machte es mir Eindruck.

Krach! Bumm – bumm – bumm – krach!

Plötzlich ein Schrei. Spolly hatte Tränen in den Augen. Nun kniete auch ich nieder. Vielleicht hatte Friedel recht. Ich hörte ihn Beschwörungsformeln murmeln, darin kam etwas von Nepomuk vor, aber genau verstand ich es nicht. Allmählich wurde ich mißtrauisch: Hollaender wollte nur Macht über uns gewinnen, der kleine Zauberer war da am Werk...

Dem Schrei war ein Wimmern gefolgt, und das war zuviel für Spolly. Er ergriff seinen Hut und verließ in wilder Panik die Wohnung. Wir hörten die Tür zufallen. Er kam nie wieder zu Besuch.

Der Spuk war vorbei. Ich öffnete das Fenster, die frische Nachtluft tat gut. Hollaender ging an den Flügel, spielte Grieg. Den Tanz der Trolle aus *Peer Gynt*!

Ich blieb mißtrauisch. Hatte er Auguste für den Spuk engagiert? Aber diesen gewaltigen Lärm hätte sie nicht allein vollbringen können. Warum hatte er mich nicht in das Zimmer gelassen?

Er arbeitete ohne Spolly weiter.

Ich habe nie herausbekommen, was damals in der Wohnung geschehen ist. Auch danach hat es oft geknackt und geknistert, manchmal war es sehr ungemütlich. Ich erzählte meiner Mutter davon. Sie machte all dem Rätseln ein Ende, indem sie erklärte: »Aber, ich bitte dich, hier ist nichts Geisterhaftes, absolut nichts! Was hier knackt, das sind die alten Möbel. Altes Holz knackt.«

Allerdings fiel mir kurz danach auf, daß Auguste einen neuen Mantel trug.

„Mieze und Maria"
Gastspiel Blandine Ebinger.

Im Kleinen Lustspielhaus spielt Blandine Ebinger wieder ihre Mieze in Georg Hirschfelds fröhlich sentimentaler Milieu-Komödie. Unnötig zu sagen, daß die ausgezeichnete Künstlerin den

Blandine Ebinger als „Mieze".

Erfolg, den sie im November-Gastspiel hatte, noch steigerte und das Publikum zu Beifallskundgebungen, die an Intensität nichts zu wünschen übrig ließen, hinriß. Was Blandine Ebinger gibt, ist echtes, wahres und liebes Berlin.

A. M.-F.

Blandine Ebinger ist ein Erlebnis. Ihr Berliner Dialekt ist köstlich; von jener menschlichen Echtheit und jenem klanglichen Zauber, den nur der Dialekt (die Volkssprache) hat. Auf einem stakigen Körper sitzt ein seltsamer Kopf. Schon die schlanken Finger sind von unerhörtem Ausdruck. Haltung und Geste von erschütternder Transparenz: im Tragischen und im Komischen. Man lacht mit einer Träne im Auge. Mund und Auge ergänzen tausend kleine Züge. Aus einem Vielerlei an Mitteln wird ein Mensch von Fleisch und Blut: ein Kind des Berliner Volkes.

Die Ebinger schuf eine Atmosphäre, der sich niemand entziehen konnte. Tautz und Frau Körner, Hans Zesch und Manja Bogdan, Dalichow und Lotte Weber, Clauder und (beinahe auch) Mühlhan halfen mit, sich dieses Abends zu erfreuen.

H. S.

Eine Puppe unter Einfluß

Ich erkannte allmählich, was für ein Spiel Hollaender trieb. Er wollte aus mir eine Puppe machen, die ohne ihn hilflos war, die nur er aufziehen konnte. Vielleicht tat er das gar nicht bewußt, aber er beobachtete mich. Warum eigentlich? Er tat es.
Ich suchte wieder den Kontakt mit anderen Menschen, wurde ein bißchen freier. Aber da kam er und sagte: »Du bist heute da und da gewesen, gestern warst du dort, um soundsoviel Uhr fünfzehn warst du dort.«
Ich erschrak.
»Sieh dich vor! Mir entgeht nichts!« Und weg war er.
Ich war allein, ich ging zum Schreibtisch. Hier lag ein Kuvert. »Herrn Friedrich Hollaender.« Von Schimmelpfeng.
Schimmelpfeng? Das kam mir bekannt vor (ein großes Detektivbüro in Berlin).
Ich schaute nie seine Post an. Ob er sich meine vornahm, weiß ich nicht. Bei mir zu Hause tat man so etwas nicht, und ich hatte selbstverständlich volles Vertrauen. Ich kannte ja keine anderen Männer – das war wahrscheinlich ein Manko. Aber dieses Kuvert zog mich an, weckte meinen Forschertrieb. Ich öffnete es und konnte nun genau lesen, wo ich wann um soundsoviel Uhr gewesen war. Das rührte mich irgendwie. Der kleine Hollaender – sieh mal an, darum dieses ganze Theater! Merkwürdig.

Im Salon

Eine Einladung bei Paul Cassirer und Tilla Durieux ist mir in deutlicher Erinnerung. Es gab ein kaltes Buffet, wie ich es selten gesehen habe. Große Schinken – sogar in den Bücherregalen (anstelle der Bücher) –, Kaviar, Pasteten, üppig, wie es niemand gewohnt war.
Tilla und ich hatten uns gegenseitig Komplimente gemacht, nun bat sie plötzlich: »Singen Sie uns Chansons, Blandine.« Ich muß entsetzt ausgesehen haben. Wie hatte ich mich darauf gefreut, behaglich im Sessel zu sitzen und zu genießen! »Nur drei, Blandine, bitte!«
Was blieb mir anderes übrig?
Danach wollte ich gehen. »Wenn du noch bleiben willst, Friedel, bitte, aber bring mich nach Hause, dann kannst du zurückfahren.«
Neben meinem Pelz hing ein sehr ähnlicher. Wir überzeugten uns, daß ich wirklich meinen Mantel nahm. Am nächsten Tag, als ich meine Handschuhe suchte, fiel mir eine große Kaviardose in die Hand. Ich stellte mir vor, daß diese Dose eigentlich in den anderen, ähnlichen Pelz hätte gesteckt werden sollen. Wir lachten sehr und genossen ein köstliches Frühstück.
Erst nach dem Krieg erzählte ich Tilla diese Geschichte. Sie lachte schallend.
Am Kurfürstendamm – damals durchaus nicht das Zentrum von Berlin wie heute – führte Betty Stern einen Salon. Sie hatte den Ehrgeiz, es den historischen Salons gleichzutun wie Madame Récamier, Madame de Staël oder Rahel Varnhagen. Jedenfalls verstand sie es, berühmte Leute um sich zu versammeln. An einem bestimmten Wochentag traf man sich in Betty Sterns offenem Haus. Eines Tages lud sie mich ein, und da ich neugierig war, sagte ich gegen meine Gewohnheiten zu. Betty Stern war eine hübsche, etwas rundliche Frau, unterhaltsam. Ihre Augen waren überall, dennoch konnte sie sich auf den Menschen konzentrieren, dem sie sich gerade widmete. Sie glänzte, genoß es. Ihr Mann hatte nur das Geld zu liefern, er tauchte weiter nicht auf. (Betty Stern hat es später in der Emigration sehr schwer gehabt, Remarque hat das beschrieben. Sie sehnte sich nach Berlin, nach ihrem Salon, nach einer Vergangenheit, die tot war.)
Betty Stern stellte mir Friedrich Strindberg vor, einen Sohn von Frank Wedekind und der fünften Frau von August Strindberg. Friedrich trug ihren Namen, da sie mit Wedekind nicht verheiratet gewesen war. Dennoch war er

stolz darauf, daß er der Sohn Wedekinds war. Wir unterhielten uns lange und anregend. Er bestand dann darauf, mich nach Hause zu begleiten. »Danke, ich habe meinen kleinen Wagen da.«
»Nein, nein, lassen Sie uns noch ein Stück laufen, ich habe Ihnen noch so vieles zu erzählen.«
Nanu?
Also gut. So ging ich mit dem jungen Redakteur die Straße entlang. Auf dem Kurfürstendamm trafen wir einen Bekannten. Ich wollte die Herren einander vorstellen, aber Strindberg kam mir zuvor, verneigte sich und sagte: »Strindberg-Wedekind.«
»Schiller-Goethe«, kam prompt die Antwort. Wir lachten sehr, nachdem ich meinen Bekannten aufgeklärt hatte.

Pfändung

Meine Mutter hatte für uns eine Wohnung gefunden in Siegmundshof, im Tiergarten. Sie hatte uns ein schönes Biedermeierzimmer geschenkt, das aus dem Kunstgewerbemuseum stammte.
Aus München kam ein Brief von Otto Falckenberg, dem Intendanten der Kammerspiele. Er wollte *Die Kaiserin von Neufundland* aufführen, die große Pantomime von Frank Wedekind. Hollaender sollte die Musik schreiben, ich die Kaiserin spielen. Wir waren begeistert. Falckenberg besuchte uns, wir besprachen die Besetzung. Kurt Horwitz sollte meinen Verehrer spielen, Hans Leibelt den Athleten, Erwin Faber und Hans Schweikart andere Bewerber. Schließlich verabschiedete sich Falckenberg, ich brachte ihn zur S-Bahn. Ich freute mich. Endlich wieder eine interessante Rolle. In Gedanken versunken ging ich den kurzen Weg zurück. Was stand denn da für ein großer Wagen vor unserem Haus? Es wurden Möbel aufgeladen, eine Vitrine, ein Biedermeierschreibtisch ... Das war ja mein Biedermeierzimmer!
Ich konnte nichts tun. Hollaender machte ein schuldbewußtes Gesicht. Der Anwalt erreichte zwar, daß die Pfändung hinausgeschoben wurde, aber die Wohnung im Tiergarten wurde aufgelöst.
Ich erkrankte an einer schweren Grippe. Hollaender verschwand. Er fuhr nach München, um dort mit der Komposition zur *Kaiserin* zu beginnen. Alle Schwierigkeiten ließ er meine Mutter und mich allein durchstehen.
Aber meine Mutter mußte zurück nach Strausberg. Sie konnte das Sanatorium nicht so lange allein lassen. Als schließlich alle Möbel in einem Speicher verstaut waren, hielt ich nicht mehr durch. Meine treue Hilfe Hedwig konnte nicht verstehen, was da alles vor sich ging.
»Hedwig«, sagte ich, »ich muß jetzt ein Zimmer suchen, und wir müssen uns leider trennen.« Aber sie bestand darauf, zu bleiben. Ich nahm es natürlich nicht an.
Ich suchte ein Zimmer. Da ich immer höheres Fieber hatte, sagte mein Arzt, ich müßte in eine Klinik. Ich erklärte ihm, eine Klinik könne ich nicht bezahlen, nahm das erstbeste Zimmer, das ich fand, in Friedenau in der Nähe vom Birkenwäldchen. Ich kam zu einer kleinbürgerlichen Dame, aber sie war freundlich. Frau Kloke.
Ein merkwürdiges Zimmer! Darin stand in einem Winkel ein dunkelbraunes Bett. Über dem Bett hing ein Bild mit

einer Göttin, die auf einer Kugel tanzte, das zerbrechliche Glück. Vom Bett aus hatte ich einen Blick auf die *Apokalyptischen Reiter,* auf Bismarck und Herrn Kloke in Öl. Ich legte mich ins Bett. Mein alter Doktor staunte über die Bilder.

Als ich aufwachte, war es dunkel. Ich wollte mich gerade erheben und in die Küche gehen, da entdeckte ich Hedwig auf dem Bänkchen vorm Ofen. Ich war richtig erschrokken.

Hedwig lächelte: »Ich gehe nicht weg, Frau Blandine, ehe Sie wieder ganz gesund sind.«

Was sollte ich tun?

»Hedwig, Sie wissen, ich habe kein Geld. Aber wenn Sie darauf bestehen, zu bleiben, werde ich, sobald ich kann, alles in Ordnung bringen.« Diese Treue rührte mich. Und sie beruhigte mich. Sie kochte Grießbrei und pflegte mich. Sehr sonderbar: In den siebziger Jahren, nach der Fernsehsendung *Berlin 0–24 Uhr. Die Rückkehr,* in der geschildert wird, wie Emigranten jetzt Berlin erleben, meldete sich meine Hedwig wieder! Sie hatte die Sendung gesehen, mich von Ost-Berlin aus gefunden und saß plötzlich auf unserem Sofa, eine sehr reizende Großmutter. Meine alte Hedwig kam mich besuchen, und wir sprachen über die vergangene Zeit.

Zurück nach Friedenau: Hedwig blieb und pflegte mich wohl gute vierzehn Tage lang. Eines Tages weckte mich leises Gitarrenspiel.

Ein Lied von Brecht

Es war Brecht, der am Ofen saß. Er schnarrte mit seiner unverwechselbaren Stimme: *Wo im dunklen Schoß der Erde ruhte BAAL...* Dann sang er etwas sehr Sanftes und kam an mein Bett. Er machte eine kleine, sehr freundliche Verbeugung, neigte den Kopf, den er auf besondere Weise hängen ließ, und reichte mir ein Papier, auf dem ein Weihnachtsgedicht stand. Es beschrieb die Geburt Jesu, alles in Brechtscher Art.

Er setzte sich auf den Rand meines Bettes, las das Gedicht vor und spielte einige Akkorde dazu. Plötzlich entdeckte ich, daß die Tür neben den *Apokalyptischen Reitern* spaltbreit geöffnet war. Meine Wirtin, Frau Kloke, eine kleine, schmächtige Frau mit sehr energischem Ausdruck, spähte durch den Türspalt. Was war das für ein Mann, der so ein Lied sang? Nachdem die lyrische und poetische Seite beendet war, kam Brecht zu der Stelle, wo es hieß: *Die Kuh hat an die Wand gepißt.*

Darauf wurde die Tür mit einem Ruck geschlossen.

Brecht war lieb, wir sprachen über München. Er sagte, er wolle schon jetzt hinfahren, wir würden uns dort sehen. Sein Weihnachtsgedicht legte er auf den Tisch. Ich dankte ihm. Etwas linkisch verabschiedete er sich von mir. In der Tür zog er seine Mütze tief ins Gesicht und ging an der verstörten Wirtin vorbei. Das Gedicht wollte ich in meine Reisetasche stecken, zu den wenigen Sachen, die ich für mich behalten hatte. Ich schlief wieder ein und hörte das Getuschel zwischen Hedwig und Frau Kloke nicht.

Als ich aufstehen konnte, begann ich, meine Habseligkeiten zu packen, um mich auf München vorzubereiten. Ich kontrollierte meine Reisetasche. Wo war das Gedicht von Brecht?

Hedwig sah mich kummervoll an. Ihre Lippen zitterten. Sie wußte, was sie mir zu sagen hatte, und traute sich nicht.

»Hedwig, ist jemand an meiner Tasche gewesen?«

»Ja«, sagte sie, »Frau Kloke. Ich kam gerade dazu, als sie Ihre Tasche ausräumte und das Gedicht las. Sie hat es auf ihrem Gasherd verbrannt.«

Ich war fassungslos.

Frau Kloke stand vor mir wie eine Heldin. »So ein Gedicht, das soll heilig sein! Mit so einem Satz, die Kuh hat an die Wand gepißt? Pfui!«

»Frau Kloke, wissen Sie überhaupt, wer der Mann war? Das war ein Dichter. Was haben Sie mir zerstört!«

Frau Kloke sah mich herrisch an. »So etwas tut eine Kuh nicht!«
»Natürlich tut sie es.«
»Aber dann sagt man es nicht«, erwiderte sie, »vor allem singt man es nicht! Die Mieter haben es auch gehört.«
Da gab es nichts mehr zu sagen. Schweigend ging ich zur Tür. »Seien Sie froh«, waren ihre letzten Worte, »seien Sie froh. Ich habe es gut mit Ihnen gemeint.«

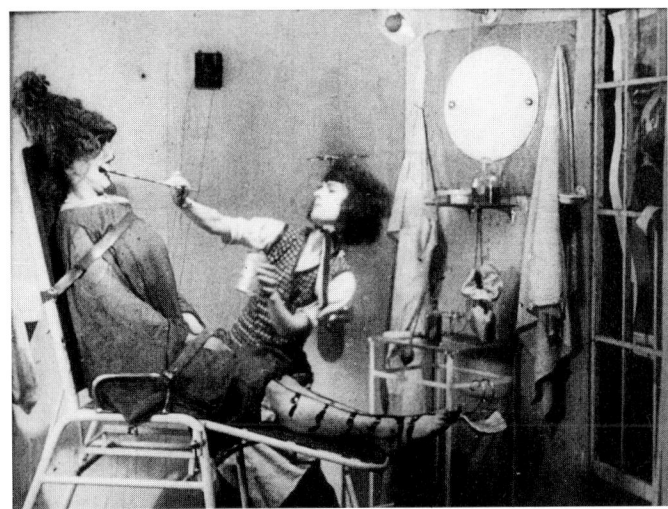

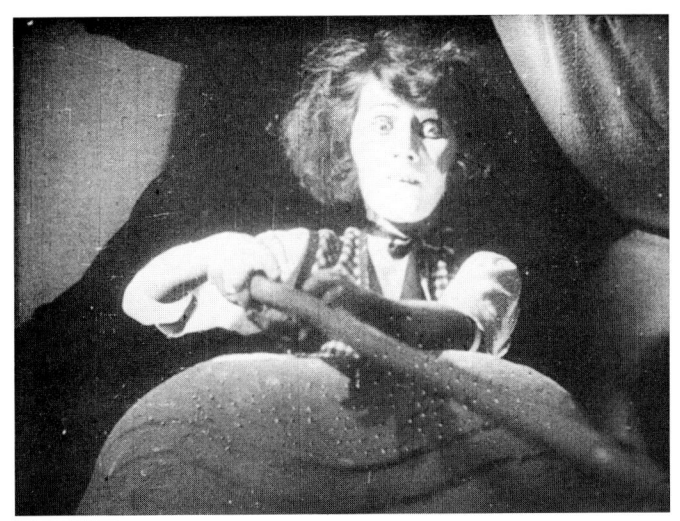

Szenen aus dem Film »Mysterien eines Frisiersalons« (1922 oder 1923). Regie: Erich Engel und Bertolt Brecht. »Der alte Engel mußte lachen, als unser Gespräch auf jenes ›Filmchen‹ kam... Die Darsteller waren die, mit denen Engel und Brecht am Theater arbeiteten: die reizvolle Blandine Ebinger, um die Brecht sich bemühte, Hans Leibelt und Erwin Faber aus ›Trommeln in der Nacht‹, Karl Valentin natürlich, den Brecht eben in den Programmblättern der Münchener Kammerspiele eine der ›eindringlichsten geistigen Figuren der Zeit‹ genannt hatte...« Wolfgang Gersch in »Film und Fernsehen«, 4/75

Die »Kaiserin von Neufundland«

Bevor Brecht aus meinem kleinen Zimmer gegangen war, hatte er gesagt: »Sie sind prädestiniert für diese Rolle, Blandine.«
Natürlich beschäftigte mich schon der Gedanke: Wie werde ich diese Wedekindsche Figur gestalten?
»Sie werden es wundervoll machen«, hatte Brecht gesagt.
»Ich muß es bewußt formen.«
»Nein, ja nicht! Machen Sie es genau wie bei Ihren Liedern, denn Sie haben ja keine Ahnung, was Sie da machen.«
Ich war verwundert gewesen.

Im Kostüm von Lotte Pritzel: Blandine Ebinger als Kaiserin von Neufundland in den Münchener Kammerspielen

»Wirklich, Blandine, das ist es doch: Sie haben keine Ahnung. Das ist ein Glück, denn wenn Sie es wüßten, würde es vielleicht Routine werden.«
Ich hatte überlegt. »Nun ja, ich spiele meine Lieder.«
»Was denken Sie sich dabei?«
»Gar nichts. Ich spiele sie.«
»Eben, das ist es, und so wird die *Kaiserin* werden. So werden Sie sie spielen.«
Falckenberg erwartete mich in München. Er hatte bereits die *Kaiserin* konzipiert – eine Puppe, die ein eigenes Leben führte. Es war die Pritzel-Puppe, die damals so berühmt war wie später die Käthe-Kruse-Puppe. Lotte Pritzel schenkte dieser Puppe ihr ganzes künstlerisches Empfinden. Sie erwartete mich nun für die Anproben. Robert Forster-Larrinaga war der Regisseur, einer, wie es nur ganz wenige gibt.
Die Proben begannen.
Im Parkett saßen Tilly Wedekind, die Witwe, Otto Falckenberg und der Stab der Kammerspiele. Die *Kaiserin* war eine Pantomime. Forster-Larrinaga stellte sich vor, daß eine gewisse tänzerische Ausdrucksweise zu dieser Rolle gehörte. Das entsprach ganz meiner Auffassung. Wir waren uns einig, daß ich zu einer Ballettlehrerin gehen sollte. Ausdruckstänze hatte ich schon in Berlin studiert, weil mich der Tanz von jeher angezogen hatte. Die Tanzlehrerin stand schon fest. Forster-Larrinaga war befreundet mit Lala Herdmenger, die in der Art der Schwestern Wiesenthal tanzte. Genauso etwas Beschwingtes, Freies lag in den Schritten, in den Gedanken der *Kaiserin von Neufundland*.
Lotte Pritzel kleidete mich in lange, durchsichtige Spitzenhöschen. Auf dem Kopf hatte ich eine dunkelrote Perücke. Zwei Zöpfe mit eingeflochtenen Perlen hingen über die Schultern bis zu meinen Hüften. Arme und Brust waren mit zartem Chiffon bedeckt, um den Hals trug ich eine sehr lange Perlenschnur. So saß ich schwermütig auf dem Thronsessel, den Lotte Pritzel aufgebaut hatte, und erwartete die Liebhaber, denn mein Reich wollte einen Erben und eine glückliche Kaiserin.
Die Liebhaber kamen: Horwitz, Schweikart, viele andere, aber die *Kaiserin von Neufundland* war nicht zu heilen, nicht abzulenken. Das Kinn in die Hand gestützt, saß sie auf ihrem Thronsessel und sah gelangweilt den Künsten zu. Bis plötzlich ein weiterer Mann den Raum betrat: ein Mann, der die Kraft ausstrahlte, nach der sie sich sehnte, die männliche Kraft. Es war ein Gewichtheber. Er begann

mit ganz kleinen Gewichten, und das Gesicht der Kaiserin erhellte sich. Sie hob den Blick vom Boden, sie sah dem Athleten zu. Immer schwerer wurden die Gewichte. Die Kaiserin spürte, wie neues Leben ihren müden Körper durchdrang. Jetzt ein noch schwereres Gewicht, noch schwerer, und jetzt, auf dem Höhepunkt, klatschte sie in die Hände. Sie war außer sich vor Freude. Sie konnte sich nicht fassen. Die versammelten Mitglieder des Hofes staunten. Die Kaiserin war glücklich. Das wunderbar große Gewicht hatte er gestemmt und sie erlöst von ihrer Schwermut. Hingerissen und ermattet sank sie in ihren Thronsessel.

Dann faßte sie sich, nahm Schmuck aus einem Körbchen und legte ihn dem starken Mann, dem Kraftprotz Hans Leibelt, um den Hals. Sie streichelte seinen Körper, enorme Muskeln, enorme Schenkel. Wie wunderbar war dieser Mann!

Für den zweiten Akt hatte mir Lotte Pritzel ein Kostüm gezaubert, das nur aus Tulpenblättern bestand. Die Kaiserin war selig, ihr Haar offen, sie strahlte und verbrachte herrliche Stunden mit dem Gewichtheber. Immer wieder mußte er stemmen, immer wieder bis zur Ohnmacht. Und wieder sank sie ermattet in seine Arme. Sie konnte ihr Glück nicht fassen.

Das Publikum war nicht zu halten vor Begeisterung. Aber da war noch der dritte Akt. Entsetzen erfaßte den Hof, Entsetzen die Kaiserin: Der Athlet war verschwunden. Man mußte ihn wiederfinden. Die Kaiserin suchte ihn selbst, sie mußte über eine Drehbühne wandern, wandern, bis sie ihn fand – in einer Kaschemme mit gewöhnlichen Weibern, mit gewöhnlichen Männern, betrunken, seine Kräfte vergeudend. Das aber war unerträglich für die Kaiserin, denn sie hatte ein neues Gefühl in sich entdeckt: Sie liebte die Kraft, sie liebte die Kraft, wie sie in diesem Manne verkörpert war. Nicht die Dichtkunst konnte sie bereichern, nicht die Musik, nicht die Leier, nichts – nur die Kraft, die Kraft!

Da saß nun dieser Mensch – schlaff, er konnte kein Gewicht mehr stemmen, nicht das kleinste. Was blieb ihr nun? Sie spielte mit ihrer Perlenschnur, die sie wie einen Rosenkranz durch ihre Finger gleiten ließ – oh, hätte er doch seine Kraft wieder! Sie warf sich ihm zu Füßen, sie flehte ihn an – nichts, nicht das kleinste Gefühl. Er war nahe daran, sie mit dem Fuß fortzustoßen.

Nichts konnte sie fröhlich machen. In ihrer letzten Verzweiflung griff sie zu ihrer Perlenschnur, Tränen flossen über ihr Gesicht, sie schluchzte.

Das Publikum wartete: Was würde nun geschehen? Würde der gewaltige Kraftprotz sie in seine Arme nehmen? Würde er noch einmal ein Gewicht stemmen, wenn auch nur ein kleines?

Sie wartete – nichts! Da hob sie die Perlenschnur und erdrosselte sich. Die Weiber starrten, und selbst der Kraftprotz schaute verwundert. Die Kaiserin von Neufundland war nicht mehr.

Ich fiel vornüber und blieb so liegen. Ein Schleiervorhang senkte sich, ein zweiter, und schließlich war dieses verzweifelte Sehnen nach Kraft zu Ende.

Immer wieder ums Maximilianeum

Ich war völlig verbunden mit meiner Rolle. Auch beim Verneigen sah ich nicht in die ersten Reihen. So kam es, daß meine Verehrerin Beate Moissi – es war wohl nach der fünfzehnten Vorstellung – sagte: »Ist Ihnen nicht aufgefallen, daß vorn in der ersten Reihe allabendlich ein begeisterter Verehrer sitzt? Er kann sich gar nicht trennen. Und jeden Abend steht er am Bühneneingang.«
»Doch«, sagte ich, »das ist mir aufgefallen, denn in meiner Garderobe stehen schon sieben Rosenstöckchen.«
Das ging so weiter. Ich hatte in meinem Zimmer einen kleinen Blumengarten. Schließlich überlegte ich, ob ich vielleicht einmal mit diesem jungen Mann sprechen sollte. Beate bettelte fast darum.
»Was machen Sie eigentlich, wenn Sie zu Hause sind?« fragte sie mich.
»Ich beschäftige mich gerade mit Gedichten, die Brecht mir gebracht hat. Ich gehe immer früh schlafen, denn die Vorstellung nimmt mich ganz in Anspruch.«
»Wie merkwürdig«, sagte Beate, »Ihr Mann Friedrich Hollaender sitzt doch immer im Restaurant mit vielen anderen...«
»Ja, ja«, fiel ich ein, »er ist viel kräftiger als ich.« Wir mußten beide lachen. Aber war es wirklich so? Saß er nur im Restaurant?
Ich gab dem Portier, der mir die Blumen und die Karten des jungen Mannes gebracht hatte, eine Antwort mit: »Ich bin heute abend bereit, mit Ihnen spazierenzufahren.«
Als ich in einem dunklen Samtumhang aus dem Bühneneingang kam, stand schon eine Droschke bereit.
Der junge Mann verneigte sich. Wir stiegen ein, beide sehr verlegen.
Seine ersten Worte lauteten: »Ich weiß nicht, was ich sagen soll.«
Ich antwortete: »Ich auch nicht.«
Dann schwiegen wir wieder eine Weile.
Der Kutscher hatte gefragt: »Wohin?«
»Geradeaus!«
Dann fragte der junge Mann mich: »Wollen wir nicht in den Englischen Garten fahren?«
Ich bekam einen Schreck: Im Englischen Garten war es jetzt dunkel. Das durfte ich wahrscheinlich nicht tun.
Darum sagte ich: »Nein, nein, fahren Sie um das Maximilianeum herum!«
Der junge Mann versuchte, mir zu erklären, wie hin-

Tosender Beifall brach los. Schade, daß Wedekind sich nicht mehr verbeugen konnte, aber es gab Tilly, die den Erfolg ebenso genoß wie Forster-Larrinaga, Lotte Pritzel, Otto Falckenberg, Kurt Horwitz, Schweikart, Faber, Carola Neher. Und die arme, verzweifelte kleine Kaiserin, die ein Opfer ihrer Sehnsucht geworden war. Der Geist konnte sie nicht aufrichten, nur die Körperkraft. Wedekind hatte eine bitterböse Wahrheit hinreißend gestaltet. Friedrich Hollaender durfte sich für seine auf den Punkt zutreffende Musik verneigen. Immer wieder. Ich könnte noch heute jede Note singen, aber es gibt die Partitur nicht mehr. Verloren ist sie, für immer fort.

reißend er diese Kaiserin finde. Bei seiner Begeisterung wurde ich langsam zutraulicher, obwohl ich ein solches Unternehmen noch nie gewagt hatte. Ich fühlte ein ganz seltsames neues Erschrecken, aber ein angenehmes. Ich ließ ihn sprechen und hörte zu. Ich hörte es gern, daß er mir lauter angenehme Sachen sagte. Dabei blieb er so zurückhaltend, wie ich es schätzte.
Plötzlich fragte der Kutscher: »Und jetza? Wohin fahr ma jetza?«
»Wieder ums Maximilianeum«, antwortete ich schnell. So fuhren wir viele, viele Male. Ich saß zurückgelehnt und ließ mir erzählen. Schließlich sagte ich: »Ich muß jetzt nach Hause.«
Als er sich verabschiedete, fragte er: »Morgen wieder?« Ich nickte. So ging es eine ganze Weile. Am fünften Abend, glaube ich, nahm der junge Mann meine Hand. Das war ganz entzückend. Dann küßte er sie. Ah – das war noch viel angenehmer.
Eines Tages sank mein Kopf an seine Schulter. Ein großes Wohlgefühl, ich war so erlöst. Erlöst wie die Kaiserin von Neufundland. Aber nicht durch die Kraft, sondern durch die Ausstrahlung eines Mannes, der sagte: »Ich bin nur für dich da.«
Nach einiger Zeit mußte Hollaender wohl davon erfahren haben. Jedenfalls war er schon da, als ich diesmal nach Hause kam.
»Wie verwunderlich! Schon da?« begrüßte ich ihn.
»Ich bin schließlich dein Mann!«
»Ach«, sagte ich, »wie komisch!«
»Wieso komisch?«
»Ich meine nicht komisch, sondern komisch, wie man so sagt. Komisch, daß du schon da bist.«
Er sagte: »Na, hör mal, das ist doch selbstverständlich!« Ich fand das eigentlich nicht selbstverständlich, aber ich sprach das nicht aus.
»Ich habe gehört, daß du öfter spazierenfährst im Englischen Garten.«
»Nicht im Englischen Garten«, erwiderte ich, »ums Maximilianeum herum.«
»Das ist kein Unterschied.«
»Doch«, sagte ich, »das ist ein großer Unterschied.«
»Und wie soll es weitergehen?«
Zum erstenmal hatte ich den Mut zu sagen: »Das ist doch meine Privatangelegenheit!«
Er war sprachlos. »Seit wann hast du Privatangelegenheiten?«

120

»Ich fange an, auch welche zu haben.«
»Und dieser junge Mann, dieser Ernst Heiter?«
Woher kannte er seinen Namen? Gleichgültig erklärte ich: »Er verehrt mich.«
»Aha«, sagte Hollaender, »und wo führt das hin?«
»Nirgends führt es hin. Oder doch, es führt zu einer wunderbaren Freundschaft.«
»Einer seelischen?« fragte er spöttisch.
»Ja, natürlich«, antwortete ich, »zu einer seelischen.«
»Daraus könnte aber etwas anderes werden!«
Wieder hatte ich den Mut zu sagen: »Das ist meine private Sache.«
»Ach«, sagte er, »ist dir schon aufgefallen, daß du verheiratet bist?«
»Ja, mir ist das schon lange aufgefallen, aber dir nicht!«
So ging es hin und her, und er wunderte sich noch immer: »Was mag nur in deinem Köpfchen vorgehen?«
Ich fand das lächerlich.
Hollaender sah mich an. »Ich möchte dich darauf aufmerksam machen, daß unser Gastspiel bald beendet ist und daß wir nach Berlin zurückreisen. Eine neue Revue oder so etwas.«
Ein kleiner Schrecken erfaßte mich. Hatte ich diesen jungen Mann doch lieber, als mir recht war? Aber ich schob diesen Gedanken weit weg. Ich war froh und unbeschwert – warum sollte ich keine schöne Freundschaft haben?
An diesem Abend sagte ich zu meinem Verehrer: »Es wird bald zu Ende sein, wir werden nach Berlin zurückfahren.«
Er konnte es gar nicht fassen. »Warum denn zu Ende? Es kann nicht zu Ende sein!«
Ich fand auch, daß es nicht zu Ende sein sollte. Ich lehnte mich an seine Schulter, er neigte seinen Kopf über mich, und so blieben wir. Ich sagte: »Es wird das letztemal sein.«
»Nein, nicht das letztemal. Ich rufe an.«
Als ich heimkam, stand Hollaender wieder da. Ich fand es nicht richtig von ihm, daß er mir nun alles verderben wollte. Ich sagte ihm, die Kameradschaftsehe, die wir führten, sei eigentlich ganz angenehm. Er hatte doch das, was er immer gewollt hatte: seine Freiheit. Warum sollte ich keine platonische Freundschaft haben? Darauf sagte er: »Weil es nicht dabei bleiben wird!«
Er gab mir einen Zettel, auf dem stand: »Ernst ist das Leben, heiter die Kunst!«
Mir war gar nicht nach Witzen zumute. Ich war etwas verwirrt und – traurig.

Das Gastspiel ging zu Ende, die Koffer wurden gepackt. Der Abend kam, ich dachte an meinen neuen Freund. Beate Moissi und Gina Falckenberg hatten eine Nacht auf dem Polizeirevier verbracht. Sie riefen mich an und teilten es mir mit. Ich war sehr erschrocken.
»Wir hatten an einen Zaun geschrieben: ›Hoch Blandine!‹ Man dachte, das sei politische Propaganda.«
Das Telefon klingelte. Die Wirtin nahm ab. »Für Sie, Frau Blandine.«
Aber Hollaender hatte einen Auftrag gegeben, und die Tochter der Wirtin war schneller: »Sie ist schon abgereist. – Nein, sie hat nichts hinterlassen. Nur...«, sie sah sich hilfesuchend um, »daß sie mit Wichtigerem beschäftigt ist.«
Ich ergriff den Hörer, aber mein Freund hatte schon aufgelegt. Warum hatte Hollaender das getan?
Wir reisten ab. Ich drückte mich in den Winkel des Abteils und verbarg mich hinter der Theater-Zeitschrift.
Nach der Ausstrahlung des Interviews, das Rainer Bertram vor einigen Jahren mit mir geführt hatte, erreichte mich ein Brief aus Gmunden in Österreich:

»Liebe Frau Blandine!
Dieser Brief wird eine kleine Überraschung für Sie bedeuten.
Auch für mich war es eine Überraschung, als ich Sie in einer Fernsehsendung wiedersah und Sie sich dabei meiner erinnerten.
Allerdings ist das alles nun schon wieder ein ganzes Jahr her...
Mehr als ein halbes Jahrhundert ist vergangen, seit die Kaiserin von Neufundland *in München Triumphe feierte und dieselbe Kaiserin in der Bonbonnière ein Gedicht vortrug, in dem das Wort ›Hoppla‹ vorkam.*
Es grüßt Sie in Erinnerung an eine vergnügte, schöne Studentenzeit
Herzlich Ihr Ernst Heiter.«

„Das bist Du!"
Im Theater am Kurfürstendamm.

»Friedrich Hollaenders Hagenbeck-Schau pendelt zwischen George-Grosz-Satire und Bierulk.« Eine Kritik über die Revue »Das bist Du!«

Die hysterische Ziege

Ich hab schon sieben Männer
Ins kühle Grab gebracht,
Erst hab ich mir mit Henna
Die Haare rot gemacht.
Dann wollt ich auch mal blonde
Dann warn sie wieder grün;
Ich bin die hysterischste
Ziege von ganz Berlin.
Ich weiß nicht, was ich möchte,
Ich möcht nicht, was ich weiß,
Im Sommer ist mir frostig,
Im Winter ist mir heiß,
Mensch, bin ich hysterisch!

Eben lach ich, bums da wein ich,
Und schon schrei ich wie am Spieß,
Ich finds albern, ich finds reizend,
Bitte sehr, wie finden Sie's?
Ich bin krank, ich bin gesund,
Mal hab ich das, mal hab ich dies,
Ich finds reizend, ich finds albern,
Bitte sehr, wie finden Sie's?
Ich finds reizend, ich finds albern,
Bitte sehr, wie finden Sie's?

Ich liebe kleine Kinder,
Wenn sie von andern sind.
Um Gottes Willn kein eignes,
Denn schrecklich ist son Kind.

Will, daß man Klapper klappert,
Dann will es wieder nicht,
Dann hat es sich besabbert,
Das wäre was für mich!!
Es weiß nicht, was es möchte
Bei Tage und bei Nacht,
Eh man was Böses dächte,
Hat es sich naß gemacht.
Mensch, ist das hysterisch!

Eben lacht es, bums da weint es,
Und schon schreit es wie am Spieß.
Ich finds albern, ich finds reizend,
Bitte sehr, wie finden Sie's?
Mal ists krank, mal ists gesund.
Mal hats das, mal hat es dies,
Ich finds reizend, ich finds albern,
Bitte sehr, wie finden Sie's?
Ich finds reizend, ich finds albern,
Bitte sehr, wie finden Sie's!

Und nun erst mit den Männern,
Na ja, da tut sich was –
Sie, ich bin was für Kenner,
Na, wer bezweifelt das?
Doch lieb ich mit Nuancen,
Nur keinen Jammermann –
Nur der hat bei mir Chancen,
Der wirklich etwas kann.
Mal liebe ich n' Alten
Mal auch 'nen jungen Tor,
Mal liebe ich platonisch –
Zwar selten, doch's kommt vor –
Mensch, bin ich hysterisch!

Eben lach ich, bums da wein ich,
Und schon schrei ich wie am Spieß.
Ich finds albern, ich finds reizend,
Bitte sehr, wie finden Sie's?
Ja die Männer, ja die Kenner
Sind ein Spielzeug, aber süß –
Ich finds reizend, ich finds albern –
Bitte sehr – wie finden Sie's?

Friedrich Hollaender

»Stärkste Interpretin ist Blandine Ebinger. Glänzende Charakteristik als ›Hysterische Ziege‹: Sie ist albern, eitel, zerfahren bis zur Verlogenheit, und doch bleibt ihre Mimik im Gesanglichen, in der Musik.« Eine Kritik über die Revue »Das bist Du!«

»Es kommt jeder dran«

In Berlin ging es gleich an eine neue Revue: *Es kommt jeder dran.* Wir schrieben zusammen einen Sketch, *Das große Talent,* in dem ich als Anfängerin auftrat. Diese Revue spielten wir im Künstler-Theater. Über das *große Talent* gibt es eine Kritik von Erich Kästner.
Nach einer Vorstellung kam Carl Zuckmayer hinter die Bühne. Das *große Talent* hatte ihm besonders gefallen. »Aber ich sehe noch etwas ganz anderes in Ihnen.« Wir unterhielten uns über viele Rollen und Stücke, auch über Novellen und Romane, die man vielleicht dramatisieren könnte. »Sie könnten die Äbtissin Johanna von Gottfried Keller spielen. Ich werde das einmal entwerfen, und dann sprechen wir darüber. Ich bin bald wieder in Berlin.«
Jahre und Jahrzehnte vergingen darüber. Ich machte den Fehler, Zuckmayer nicht daran zu erinnern.
Ende der sechziger Jahre trafen wir uns in Berlin wieder. Er aß – wie immer in Berlin, das ließ er sich nicht entgehen – bei Hardtke in der Meinekestraße. Ich brachte die Rede auf den alten Plan mit der Äbtissin Johanna.
»Die Äbtissin Johanna? Warum haben Sie mich nie daran erinnert, Blandine?«
Dieses Wort habe ich mir hinter die Ohren geschrieben. Man muß die Menschen erinnern.

Deutsches Künstler-Theater
Nächsten Sonnabend, den 7. Juli, 7½ Uhr: Premiere
„Es kommt jeder dran!"
Revue in 25 Bildern. Text u. Musik.
Friedrich Hollaender
Ilse Bois, Blandine Ebinger, Heinz Georg, Georg Hilbert, Martin Kosleck, Hannes Krok, Erich Moeller, Marion Palfi, Viktor Palfi, Franz Pollandt, Alexa von Poremsky, Willy Schaetters, Eugen Thiele, Hans Heinrich v. Twardowski.
Weintraub Syncopators
Bühnenbilder: **Traugott Müller**   Tänze: **Géza v. Erdélyi**

„Es kommt jeder dran!"

E. K. Berlin, Ende Juli.

Jedes Theater kommt dran. Jedes will seine literarische Revue haben. Friedrich Hollaender, der jugendliche Altmeister dieser Gattung, ist zur Saltenburg übergegangen und bringt dort, im Deutschen Künstlertheater, sein neuestes Werkchen heraus: „Es kommt jeder dran!"

Er hat – wie immer, wenn ihm etwas einfällt – hübsche Einfälle; spielt mit seinen Jazzmusikern Schlager auf sieben Klavieren; tritt mit ihnen als Militärkapelle auf, hackennackend, schnurrbartstreichend, biertrinkend. Im übrigen bemüht er sich, die Welt als Rummelplatz ins rechte Rampenlicht zu setzen, mit Schießbudenfiguren, Zerrspiegeln, Luftballons und so weiter. Trotz lebhaften Anstrengungen fehlt seinen Texten und Rhythmen diesmal ein bißchen zu oft die nötige Zündkraft. Vielleicht glaubt er, es wäre ihm auch die neue Revue geglückt? Dann wäre über ihn nur zu sagen, was er, in einem Chanson, seine Darsteller singen läßt:

Himmel Kreuz und Zwirn!
Man kann sich doch mal irrn."

Er hat sich in der Annahme, seine neue Revue sei vorzüglich, geirrt. Falls er das überhaupt annimmt... Denn die Berliner Auftrags- und Gebrauchsdichter, deren bester er ist, wissen eigentlich recht gut, daß ihre Leistungen von schwankender Güte sind. Was sollen sie tun, wenn ein Theaterdirektor sie anruft und erklärt, er brauche, in spätestens drei Wochen, eine Revue? Sollen sie sagen: Tut mir leid, ich brauche zwei Monate? Brauchen sie kein Geld?
Wer den Beruf des Gebrauchsdichters ergreift, noch dazu in Berlin, muß liefern können wie ein Schneider; wenn es eilig ist, ohne Anprobe. Nichts wäre ungerechter, als nach solch einem Eillaborat den künstlerischen Zustand des Autor-Komponisten als „erledigt" abtun zu wollen. Hollaender wird, wenn man ihm mehr Zeit läßt, wieder bessere Arbeit liefern.

Die Nachteile solcher Gebrauchsdramatik werden reichlich von der Tatsache aufgewogen, daß sich da eine Gattung Stücke entwickelt, die verlangt und in Auftrag gegeben wird! Endlich gibt es wieder eine Art Arbeitsgemeinschaft zwischen Schriftsteller, Theater und Publikum! Endlich ist der Autor, wenn er will, nicht nur aufs Hausieren angewiesen, sondern weiß, während er arbeitet, daß es praktischen Sinn hat, zu arbeiten.

*

Das Ensemble – zum großen Teil das frühere – spielt gut, ohne Ueberraschungen zu bieten. Ilse Bois, die fixe, zeigt wieder, wie sehr sie parodieren kann. Sie kanns ein bißchen zu sehr.
Hoch über dem gesamten Niveau der sonstigen Darstellung und auch über dem der Holländerschen Leistung steht Blandine Ebinger. Man darf wirklich keine Gelegenheit vorübergehen lassen, ohne auf die unerreichte eigenartige Begabung dieser Frau hinzuweisen. Man könnte sie als eine sachliche Madonna bezeichnen. Sie bringt ein paar Chansons und spielt eine Flüster-Stimmungssoubrette, die einem Berliner Kabarettdirektor, auf Anstellung, vorsingt. Der Direktor reißt vor ihrem Kitsch und Getue aus, nachdem er gespottet hat, er wolle sie für 3000 Mark im Monat engagieren. Dann steht sie allein im Zimmer; freut sich tot; hüpft; wartet, daß er kommt, um den Kontrakt aufzusetzen; wird nervös; ahnt den Hohn; will es nicht glauben; wartet weiter; bis sie langsam, langsam erkennt, daß sie verlacht wurde und gehen kann.
Blandine Ebinger, diese lispelnde, magere Person mit den strengen, großen Augen ist die Meisterin der Tragigroteske. Mit einer kleinen, törichten Handbewegung fegt sie unsere Gleichgültigkeit fort, und mit ihrem Lächeln verlegener Unsicherheit zwingt sie uns zur Erschütterung. Reinhardt gab ihr schon manche Rolle, aber noch nie bekam sie die rechte. Und das, obwohl sie eine unserer größten und unsere modernste Schauspielerin ist.

Gustav Gründgens

Gustaf Gründgens holte mich für eine reizvolle Rolle in dem Lustspiel *Die zärtlichen Verwandten* von Roderich Benedix an die Kammerspiele. Die Proben hatten eine ausgesprochen gute Atmosphäre, so angenehm, daß ich das Gefühl hatte, auf einer Gesellschaft unter Freunden zu sein. Gründgens inszenierte das Stück mit leicht parodistischem Anflug. Die Probenzeit verflog, die Arbeit beflügelte uns alle. Während der Proben saß im Parkett immer ein Freund von GG, ein hübscher junger Mann, der alles mit brennendem Interesse verfolgte.

In einer Zigarettenpause stellte er sich mir vor. Wir unterhielten uns über die Arbeit und über GG. Wir waren uns einig, daß GG etwas Besonderes sei. Für mich war es sehr faszinierend, wie er stets Anregungen aufnahm, die man selbst brachte, so daß er mir die Möglichkeit gab, die Rolle ganz aus mir heraus zu gestalten. Er tippte nur an – schon waren wir uns einig. Über sein ungeniertes, lautes Lachen, wenn ein Wort exakt ironisch gesetzt wurde, und über sein Verständnis für meine Art zu spielen freute ich mich sehr.

Wir hatten einen schönen Erfolg. Anders durfte es in Berlin ja auch nicht sein, denn die Presse wachte mit Argusaugen und zeigte es einem tüchtig, wenn man seine Schulaufgaben nicht erstklassig gemacht hatte. Davor hatte ich allerdings nie Angst, sondern vor etwas Unerklärbarem, und diese Furcht kann einem der Regisseur nehmen (wenn er sie nicht selbst hat!).

GG kam nach der Generalprobe zu mir in die Garderobe. Lässig stand er an der Tür, in der Hand eine rote Rose. »Für Sie, Blandine.«

Ich war ganz verlegen, meine Arbeit mußte ihn zufriedengestellt haben.

Nach der Premiere waren wir natürlich verabredet: Das Ensemble wollte mit Freunden feiern. Als der Vorhang gefallen war und ich mich in der Garderobe abschminkte, kam GG's Freund und berichtete, wie gut Gustaf mich gefunden habe.

Dann kam GG selbst, und nun machte ich einen großen Fehler. Als GG lobend sagte, er habe mich gut gefunden, sagte ich dummes Ding ihm brühwarm, J. sei soeben dagewesen und habe so gelacht, daß ...

Weiter kam ich nicht. GG wurde zornig. Er riß seine Rose vom Vortag aus dem Glas und zerfetzte sie heftig.

»Warum sagen Sie mir das?« Er sah mich wütend an. Ein großer Auftritt aus einem Stück, dachte ich. Ich verstand nicht, was vor sich ging. Ich war verwundert, denn ich hatte es doch gut gemeint. Ich hatte gedacht, er würde glücklich sein, wenn er seinen Freund einer Meinung mit sich wüßte. Aber ehe ich etwas antworten konnte, hatte er die Tür schon hinter sich zugeknallt. Ich bin kein Mensch, der etwas aufzuklären sucht, wenn jemand hysterisch geworden ist. Es muß verletzte Eitelkeit gewesen sein – was waren lebende Worte eines anderen gegen seine? Weihrauch wird viel gebraucht in diesem Beruf, in dem der Größenwahn so nahe neben der Größe liegt.

Ich stand mit GG nie wieder zusammen auf der Bühne, begegnete ihm nach 1933, als er schon Staatsrat war, kurz bevor ich nach Amerika ging. Da saß mir eine Maske gegenüber.

Nach dem Krieg traf ich ihn im Fahrstuhl des Schiller-Theaters in Berlin, kurz vor seinem Gastspiel mit Eliots *Cocktailparty*. Für viele Berliner war es eine Enttäuschung, die hatten sich von Gründgens und von einem Stück mit diesem Titel mehr versprochen. Der steinerne GG strahlte eine eisige Kälte aus, so empfand ich es jedenfalls.

Gustav Gründgens in »Tanz auf dem Vulkan«, 1938

Adele Sandrock

Die Festaufführung der *Kassette* zu Carl Sternheims 50. Geburtstag mit Adele Sandrock, Heinz Rühmann und Jacob Tiedtke folgte. Die Sandrock war empört über meine Art zu spielen. Sie fand sie zu modern.
»Das ist kein junges Mädchen«, sagte sie, »ein junges Mädchen muß einen Zopf tragen.«
Natürliche Locken waren ihr zu modern. Sie hingen offen herunter, und sie wollte einen Dutt daraus machen. Ich kannte sie ja schon aus den Erzählungen meiner Mutter. Sie hatte im *Olympia* mit der Sandrock zusammen gespielt. Eines Tages hatte sie zwei blaue Flecken am Arm. »Mami, woher hast du die blauen Flecken?« hatte ich gefragt. »Stell dir vor, die Sandrock hat mich gekniffen, weil ich bei einem Satz einen Lacher bekam.«
Die Sandrock konnte richtig brutal sein. Sie spielte noch Burgtheater, als am Burgtheater längst kein Burgtheater mehr gespielt wurde. Gerade das machte ihren Erfolg aus.

»...Blandine Ebinger, die diese junge Provinzpflanze in ihrer schamhaften Frechheit, in ihren ungelenken und doch reizvollen Bewegungen so treffend hinstellte, daß sie immer neue Lachstürme erweckte... Und wenn Adele Sandrock über die Bühne wallt und die verhaßte Verwandtschaft hineinlegt, eine Walküre noch im Hemd, ist Sternheim bestätigt.« Eine Zeitungskritik

Blandine Ebinger als Anitra in »Peer Gynt«

Werner Krauss

Ich trat wieder in *Peer Gynt* auf, diesmal als Grüne. Lieber hätte ich die Solveig gespielt. Eine dieser *Peer-Gynt*-Aufführungen werde ich nie vergessen:
Ich saß in meiner Garderobe, war fertig mit dem Auftritt, aber die Vorstellung begann nicht. Warum nicht? »Sie wissen es nicht?« fragte die Garderobenfrau. Ich kam nicht dazu, ihre Erklärung zu hören, denn der Inspizient holte mich auf die Bühne.
Mein Stichwort fiel, die moderne Drehbühne war gerade zum Stillstand gekommen. Auftritt.
»Brautrößlein, Brautrößlein, komm!«
Werner Krauss, der Peer Gynt, kam mir entgegen, so unsicher – ja, er torkelte auf mich zu. Tausend lyrische Mampedüfte umwallten ihn. Den Text konnte er nur noch lallen. Wieder begann die Bühne sich zu drehen, vor mir der unsichere Krauss, gleich daneben die Versenkung...
Ich erschrak. Ein Bühnenarbeiter zischte aus der Kulisse: »Festhalten! Halten Sie ihn fest!« Ich flüsterte zurück: »Wasser! Einen Kübel kaltes Wasser!«
Wir spielten uns durch dieses Bild, Krauss mehr lallend als verständlich, zwischendurch flüsterte er immer »Nicht böse sein«, wenn er mich umklammerte.

Die Szene ging schließlich zu Ende. Ich hielt Krauss mühsam an einem Arm aufrecht – er war so schwer! Immer näher steuerte er auf das riesige Loch der Versenkung zu. Ich sah am Bühnenrand den Inspizienten mit einem Kübel Wasser stehen. Wie sollte ich Krauss dorthin bekommen? Ich konnte ihn kaum noch stützen. Eine Reflexbewegung mußte ich hervorrufen! Vielleicht war er kitzlig? Ich versuchte es – und es half! Mit einem Ruck stand er auf den Beinen, und ich bekam ihn wenigstens hinter die Bühne. Ich goß das Wasser dem großen Schauspieler über den Kopf.

Werner Krauss

Hamlet im Staatstheater.

Eine Aufführung, die sich — das ist ihr Plus — mit frenetischer Vehemenz abkehrt vom Literarischen, vom Lyrismus, von vorgestriger Klassik, von allen Verstaubungen der Tradition: hin zum Theater. Jeßner will, was im „Hamlet" vom Theater verlangt wird: es zum Spiegel der eigenen Zeit machen. Er sucht in jedem Augenblick unsere Nähe, nicht die irgendeiner Historik oder eines Vorbildes oder eines Stiles. Historik und Stile wirbelt er frisch durcheinander. Ein Kaleidoskop von Gesichten sozusagen. Laertes an der Spitze einer modernen Offiziersrebellion, der Totengräber mit Snabs, Plattdütsch und der Tabakspfeife. Hamlets Schauspielervorstellung: Blick in ein üppiges Barock- und Hoftheater, mit Königs- und Schranzenlogen, Achselstücken, Orden, üppigen Damen und Lorgnetten, Marschallsfräcken, Operngläsern. Die Vision, die sich dem Regisseur bei jedem Bilde, unabhängig vom vorhergehenden, einstellt, wird mit schrankenloser Theater- und Projektionsfreude verwirklicht, im Zeitlosen, geschichtlich Ungebundenen. Einem Temperament wie dem Jeßners gibt diese Freiheit Flügel. Er holt sich die Wirkung, wo er sie braucht, wann er sie findet — und nimmt, mit Hilfe dieser sympathischen Respektlosigkeit, eine erquickende Entstaubung des „Hamlet" vor. Von dem klassizistisch aufgetakelten, lyrisch trüben, perückenüberladenen Hamletfossil ungezählter Jahrzehnte hat sich noch nie ein Spielleiter so radikal entfernt. Und es ist gewiß shakespearisch, in erster Linie Theater und Publikumsnähe zu suchen. Nüchternheit, ehrliches Bekenntnis zum Sinn der Bretter, Helligkeit, Abschaltung jeglichen literarisch-„bedeutsamen" Zwielichts, Verzicht auf jedes nicht dem Augenblick dienende Detail: enorme Vorzüge dieser Aufführung. Man genießt die Sensationen

dieses auf die Sekunde konzentrierten S u r r e a =
l i s m u s (auch in der beherrschten, verdichteten
Phantastik der Bühnenbilder Caspar Nehers,
der kalt massierten Zweckmusik Edmund Mei =
sels!) — und der Mangel ist höchstens, daß man
sie gewissermaßen v e r g n ü g t genießt. Es
müßte, zur Vollkommenheit, in diesem herrlich un=
befangenen, farbigen, getürmten Theaterwirbel ein
Etwas, ein Mehr sein, das nicht darin ist, im
Fluidum des Spielleiters etwas, das neben der
Lebendigkeit noch die Tiefe, neben den hurtig
flatternden Gesichten noch — d a s G e s i c h t hätte.
Wie es die Schauspieler dieser Aufführung fast
durchweg haben — einzeln haben, leider nicht ein=
gesammelt, nicht einem großen Reservoir des
Magnetismus zugeführt. Es bleibt die Erinne=
rung an etwas erfreulich Bewegtes, an frische,
gute Luft — aber es bleibt auch, auf irgendeine
seltsame Art, die Erinnerung an etwas ungemein
Flaches, an Aeußerlichkeiten, Tricks, unaus=
geglichene Paradoxe ...

K o r t n e r : Hamlet. Der überlieferte Mar=
tyriumston ist abgestellt. So weit ins Geistige
schritt selten ein Hamlet. Klar, scharf, überreal.
Wie wenn das Vatergespenst nur Symbol sein
sollte: d e r „G e i s t" ü b t R a c h e. Aus dem
Ausdruck, den dieses Gehirn sich bahnt, aus der
brutalen Uebergeistigkeit dieses Diskants streckt eine
mächtige Faszination schicksalhaft ihre Fangarme
über die Bühne, loslassend nur im taumelnden
Ausbruch des Gefühls. Aribert W ä s c h e r ,
König Claudius: prachtvolle Studie des gepflegten
politischen Gewaltmenschen und des Zusammen=
bruchs. Die Königin, Maria K o p p e n h ö f e r ,
trägt ein zwingendes Engramm der Gewissens=
not. Blandine E b i n g e r , hinreißend anzusehen,
ist Ophelia. Auch dies sehr, sehr weit ab vom
Traditionellen. Kindertragödie fast. Helles,
zartes Glas, das mit erschauernden Tönen zer=
bricht. Im Anfang ganz ohne Schatten, wunder=
voll unbeschwert, völlig ohne die hergebrachten
tragischen Vorwehen, völlig Kind, spielerisch,
Backfisch — dann erschütternd tief in die Abgründe
des Zerfalls gleitend, diesen Zerfall unheimlich
ausschöpfend. So entfernt sie sich beide Male vom
erprobten Klischee der aberhundert Ophelien, erst
durch die Zurückhaltung vom Tragischen, dann
durch seine überwältigende Präzisierung. Der
Kontrast ist freilich so überstark, daß eine Art
gegenseitiger Isolierung der beiden Teile des Er=
lebnisses nicht ganz vermieden wird: der unnach=
drücklichen Töne des Anfangs, der veristischen
Durchgespieltheit nachher. Aber dem tiefen Ein=
druck vermag diese Spaltung keinen Ab=
bruch zu tun. Paul W i l d t zeichnet
mit Feinheit einen Schranzen=Polonius von fast
wilhelminischem Einschlag. Veit H a r l a n s herber
Laertes, Fritz V a l k s ganz ungespenstisch körper=
haft sachlicher Hamletgeist, I w a r d o w s k i s
adliger Fortinbras, Floraths waterkantiger
Totengräber: alles atmete die reinliche Theater=
luft Leßnerscher Sphäre.

Ein starker Abend. Ein Ja — wenn auch ein
eingeschränktes ...

Walter Steinthal.

Noch einmal Brecht

Immer wieder wurde ich als Schauspielerin geholt, auch wenn Hollaender vieles davon verhinderte. Er hatte mich für sich gepachtet, und ich weiß heute noch nicht, wie er es immer wieder schaffte, etwas abzubiegen, mich aus etwas herauszuholen. Nur gelegentlich gelang es mir, dennoch zu spielen. Etwa in Brechts *Trommeln in der Nacht*, die er – leider – selbst inszenierte. So sehr ich Brecht schätzte, ich fand seine Inszenierungen der eigenen Stücke nie besonders aufregend.

Hollaender beendete auch die Gespräche, die Brecht und ich wegen der Polly in der *Dreigroschenoper* führten. Brecht wollte, daß ich die Rolle übernahm, Hollaender zu ihm: »Blandine kann in der *Dreigroschenoper* nicht spielen, sie spielt um diese Zeit schon etwas anderes, ist schon fest engagiert...«

»Ach«, fragte ich erstaunt, »was ist denn abgemacht?«

»Du spielst *Die Frau von Format*.«

Also ging es nicht mit der *Dreigroschenoper*, Verträge müssen ja eingehalten werden, sonst kommt die schlimme Konventionalstrafe.

»Was ist das, diese *Frau von Format*?« fragte ich Hollaender später.

»Die schreibe ich erst für dich.«

Das hat mich die Polly gekostet.

Bertolt Brecht: „Baal."

„Die junge Bühne." Deutsches Theater.

I.

Ein matter Vormittag. („Tödlich graute mir der Morgen", beginnt ein Lied von Hugo Wolf.)

Als im letzten Bild jemand Herrn Baal zurief: „Wer interessiert sich für dich!" stimmte das Haus mit Gelächter bei.

Jemand sagt Baals Ende vorher. Im Hause: Bravo.

Der Unterschied zwischen dem Leipziger Theaterskandal und dem gestrigen in Berlin liegt etwa darin, daß in Leipzig mehr Widerstand, in Berlin mehr beruhigter Ulk herrschte.

Was über die Epigonenarbeit zu sagen blieb, ist hier vor zwei Jahren gesagt worden. Es war nun die dritte Begegnung. 1918 im Manuskript. 1923 in Leipzig. 1926 in der „Jungen Bühne" — mit welcher das Ganze so wenig zu tun hat wie mit der Gegenwart.

Es dient als Merkmal, was in der Zeit geschaffen wird; nicht, was aus der Zeit geschaffen ist. (Man lebt nicht im Heut, weil man heute schreibt.)

Vorläufig nicht mehr Baal.

II.

Dabei tat Brecht nun selber, was die Kritik ihm vorgemacht: er hat sein Werkchen etwas verspottet. Sogar seine Lober darin angeulkt.

Aber was nützt es, wenn ein Inhalt und eine Potenz hier mangeln?

Ja, was tut ein heutiger Mensch mit dieser Gestalt in der Mitte, wofür etwa die Unterschrift paßt: „Uebles Tun und Bestrafung eines rücksichtslosen Burschen". Selbst wenn das nun schon in der Form eines Bilderbogens vorliegt! Selbst wenn, wenn, wenn der Autor es von sich abrückt. Damit kommt noch nichts hinein — falls der Zeichner des Bilderbogens es nicht im Handgelenk hat.

(Daß er sein Werk in halb spaßiges Licht setzt, ist eine Ausflucht. Noch keine Leistung).

III

Herr Baal nimmt immer noch einem Fabrikanten die Frau, einem Freunde die Braut weg, rafft (in Leipzig) zwei junge Schwestern gemeinsam übers Lager (in Berlin fallen die gleichzeitigen Schwestern fort), hält sich hernach an einen männlichen Begleiter, lebt mit ihm und einer geschwängerten Sophie, verläßt diese samt ihrem Kind im Leib auf der Landstraße, mordet jenen Genossen, stiehlt zwischendurch einem Toten den Branntwein — und stirbt in einem Bretterbau.

Sobald man sich damit einverstanden erklärt hat, fragt man: Und —? Keine Antwort.

Es kommt nämlich auf die Art an. Die Art ist krafthuberisch, aber matt. Es empfiehlt sich, das Wort „Bilderbogen", das Wort „Ballade" gefurchten Antlitzes in der Verlegenheit hinzuschreiben — damit ist aber nichts wettgemacht. Es muß halt ein guter Bilderbogen, es muß halt eine gute Ballade sein...

IV.

Der Bearbeiter Brecht hat für Berlin die frühere Luftstimmung fast unterdrückt; Wetterbetrachtungen gekappt. Er läßt vor jedem Bild einen „Ansager" (im dinner jacket) an die Rampe treten, welcher die Ironie der Hörer vorwegnehmen soll. Auch das mißlingt. Die Zuschauer ulken sogar über den versuchten Ulk.

V.

Der Held, Herr Baal, soll stark sein — und Herr Homolka ist fett.

Er ähnelt hier, im Aeußeren und im Laut, einem wienerisch-polnischen Zahlkellner. Solches mehrt an dem Stück, das nicht problemhaltig ist, das Problematische.

VI.

Der Schauspieler Bildt wiederholt eine frühere Leistung: den grotesk-fragwürdigen Gentleman.

Sybille Binder, im Schmerz ein bißchen ohne Versenkung, oder Blandine Ebinger, in der Knospigkeit prachtvoll, oder Gerda Müller, im Dasitzen und Blicken für das Werk völlig ausreichend, helfen der zuglosen Regie des Verfassers nicht auf die Beine. Brecht ist eine berufsmäßige Hoffnung.

VII.

Tödlich graute mir der Morgen.

Alfred Kerr.

Rascheln in der »Bonbonnière«

In München gab es ein kleines Theater, das ungefähr 250 Menschen faßte, die »Bonbonnière«. Es war vornehm ausgestattet mit behaglichen Sesseln, rundherum war ein Gang mit kleinen Extratischchen. Wie stets hatte ich mir im Vertrag ausbedungen, daß nicht serviert werden durfte, wenn ich auftrat, und danach richtete sich die Direktion auch. Wir waren eingeladen, dort einige Monate aufzutreten. Zunächst mußten wir das Programm zusammenstellen. Ich sollte den ersten Teil bestreiten. Und der zweite Teil? Da gab es allerhand Möglichkeiten. Willi Schaeffers war als Conférencier vorgesehen. Hollaender und er suchten die Künstler, die auftreten sollten. Wir wollten Anfängern eine Chance geben.
Im Parkett saß eine Jury, der ich angehörte.
Es kam eine Gruppe junger Leute, ganz begabt, aber nicht umwerfend. Nachdem sie eine Weile getanzt und ihre kleinen Szenen gespielt hatten, stellte ich fest, daß sie raschelten. Hollaender und Schaeffers bestritten das. Aber ich blieb dabei. »Sie rascheln!« Es gab ein Hin und Her; aber schließlich, weil sie alle sehr hübsch und sehr jung waren und auch sehr fröhlich herumhopsten, wurden sie engagiert. Sie bestritten also den zweiten Teil.
Da war eine Schwierigkeit: Es gab außer einer Stargarderobe, die mir zugeteilt war, nur noch eine Garderobe ür alle anderen Künstler. Sie war zu eng, zwei kleine Mädchen des Balletts mußten bei mir untergebracht werden. Ich hatte nichts dagegen. Aber dann raschelten sie beim Anziehen entsetzlich. Ich war außer mir. Noch heute quälen mich derartige Geräusche. Ich merkte, woran es lag: Sie trugen Röckchen, die wie gefältelte Lampenschirme um sie herumstanden und aus einem Material bestanden, das raschelte.
»Ich trete nicht auf, wenn die Mädchen vom Papierballett in meiner Garderobe sitzen. Das macht mich nervös, ich kann mich nicht konzentrieren.«
Das Wort »Papierballett« sprach sich natürlich sofort herum, und wie es so geht, im Nu hieß es: »In der ›Bonbonnière‹ tritt ein Papierballett auf.«
Man lachte und kicherte, bevor man den Zuschauerraum betrat. Ich mußte mich damit abfinden, daß die beiden Mädchen bei mir blieben. Bald zerstritten sie sich, und es blieb nur noch eine übrig.
Die Kleine war wirklich bildhübsch. Während der Proben hatten Schaeffers und Hollaender abwechselnd etwas mit

ihr zu besprechen, zu ändern, zu klären. Sie hatte in einer Pantomime eine verfolgte Nymphe oder etwas Derartiges darzustellen. Sie wurde abwechselnd von den beiden »geprüft«, was zur Folge hatte, daß sie sich in beide verknallte. Bei ihnen war es ebenso.

Mich regte es nicht weiter auf, ich kannte das und wußte, daß die Begeisterung jeweils nur kurz anhielt. Im Augenblick war mir mein Auftritt wichtiger.

Bei der Generalprobe lag dieses Wesen vor meiner Tür, ihr Lampenschirm knisterte um sie herum. Sie schluchzte. Sie müsse mir etwas erzählen.

»Jetzt nicht. Ich muß zu meinem Auftritt. Also bitte, stehen Sie auf.«

Sie weinte und blieb liegen.

Schließlich stieg ich über sie hinweg.

Alles ging schief beim Auftritt. Nach dem *Wunderkind* Blackout, es wurde nicht wieder hell. Nervosität.

»Das bedeutet Glück«, meinte irgendein Spaßvogel.

Das jammernde Mädchen vor meiner Tür mußte schließlich auf die Bühne und tanzte ihre raschelnde Pantomime. Die Premiere wurde ein liebenswürdiger Erfolg.

Am nächsten Tag lag die Nymphe wieder vor meiner Garderobe. Was sollte nun werden? Hollaender stieg über sie hinweg, Schaeffers stieg über sie – ich beschloß, mich nicht darum zu kümmern.

Ich merkte, daß es einen jungen Mann gab, zu dem sie gehörte und der sich vergeblich bemühte, sie zur Vernunft zu bringen. Bald sah man sie mit Schaeffers im Englischen Garten – sie weinte, bald mit Hollaender – sie weinte. Dann stand sie eines Abends in der Kulisse, Schaeffers streichelte sie beruhigend, küßte sie – da gab es einen Knall. Ein mächtiges Durcheinander, bis man erkannte, daß ihr junger Mann geschossen hatte. Zwar in die Luft und mit einer Platzpatrone, aber die Wirkung war da.

»Du Schlampe, du elende Schlampe! Du weißt gar nicht, in wen du verknallt bist!«

»Dafür kann ich doch nichts!«

»Du gehörst mir!«

»Warum?« schrie sie. »Ich möchte sie beide!«

Die Fetzen flogen, zum Schluß war die Bühne übersät mit Lampenschirmen und Papierfetzen. Die Mädchen liefen halbbekleidet umher.

Der Vorhang war nicht gefallen. Das Publikum amüsierte sich. Als das Gastspiel beendet war (und Hollaender das kleine Talent zu Ende geprüft hatte ...), sagte er: »Du hattest recht.« Womit? »Sie haben zu sehr geraschelt.«

»Es liegt in der Luft«

Wir spielten die Revue *Es liegt in der Luft* mit den Texten von Marcellus Schiffer und der Musik von Mischa Spoliansky, Regie wieder Forster-Larrinaga. Eine wunderbare Ausstattung, entzückende Kollegen wie Willi Prager, Hans Wassmann, Alexa von Poremski, Tala Birell, Oskar Karlweiß, Dolly Haas, ich weiß nicht, wer noch alles dabei war. Spoliansky dirigierte. Wir gastierten damit in ganz Deutschland, es war überall ein riesiger Erfolg.

In Frankfurt zum Beispiel schrieb Bernhard Diebold:

» . . . *Man lese dieses dumme Gedicht:* »Es liegt in der Luft eine Sachlichkeit.« *Ach Gott, ach Gott. Man lasse dieses Gedicht nach Spolianskys Noten tanzen – auf dieser monotonen Dominante, die Johann Strauß (auf seine Art) hingesetzt haben dürfte. Man höre dann dasselbe als pianissimo wispernden Geisterchor des ganzen Ensembles mit den Chorführern Karlweiß und der Blandine – der Sibylle. Dann liegt's in der Luft . . . Und die Luft geht dir aus . . . Dann schnappst du danach . . . riechst vom Blocksberg die Winde . . . den Bock und die Ziege . . . und die Hexen schwirren.*

Blandine! Sie hätten dich im Mittelalter – da hätten sie dich gerichtet und verbrannt. Gott sei Dank, wir tun so was nicht mehr. Blandine lebt. Ist gerettet . . .«

Dies machte uns allen natürlich riesigen Spaß, und meine Kollegen gaben mir am nächsten Tag ein Essen. Damals freute man sich noch miteinander.

Nächste Station war Nürnberg. Aber das Publikum dort hatte keinen Sinn für die Schärfen, die Marcellus Schiffer verabreichte. Es fühlte sich eher schockiert.

Am Tag vorher hatte ich mit Gerhard Grindel telefoniert. »Es ist so vieles zu erledigen. Kannst du nicht herkommen?«

Gerhard sagte: »Ja natürlich, sehr gern.«

Meine Mutter begleitete mich meistens, sie half mir ein wenig bei den anstrengenden Verpflichtungen, die eine Tournee mit sich bringt. Es machte ihr aber auch große Freude, im Parkett zu sitzen. Ganz bewußt nahm sie mir nicht alle täglichen Verrichtungen ab, sie wollte die Reisen genießen. Deshalb sollte Gerhard kommen. Ich war überanstrengt.

Gerhard war ein besonders herzlicher Mensch. Er tat alles, mir das Leben zu erleichtern. So bat ich ihn eines Tages:

Szene aus der Hollaender-Revue »Es liegt in der Luft« mit Blandine Ebinger (Vordere Reihe, 3. von links)

»Du, ich möchte mich vor der Vorstellung noch ein bißchen hinlegen, aber es ist so kalt oben, das Bett ist klamm und kalt – bist du so lieb und wärmst es für mich an?«
Gerhard war sehr verwundert. »Bitte!« sagte ich. »Sonst geht wieder das bißchen Zeit, das einem bleibt, mit dem Anwärmen des Bettes verloren.«
In seiner grenzenlosen Güte legte sich Gerhard Grindel also in mein Bett, um es anzuwärmen.
Die Probe zog sich hin. Danach sah ich Grindel im Bett, die Decke bis unters Kinn hochgezogen. Vor ihm meine Mutter, sprachlos. Wirklich sprachlos. Sie starrte ihn an, und dann ging es los: Was er sich eigentlich denke und was er sich erlaube, es nahm kein Ende. Hierauf kam ich an die Reihe: »Was gibt's da zu lachen? Das ist ja unerhört! Was soll denn das? Wieso kommt Grindel in dein Bett?«
»Aber Mami, das ist doch mein guter Kamerad Gerhard. Warum darf er nicht mein Bett anwärmen? Ich habe ihn darum gebeten.«

Mami schimpfte: »Blandine hat immer so verrückte Ideen! Hinaus! Sofort hinaus!«
Ach, mein armer Gerhard. Er flitzte aus dem Zimmer. Und ich wußte nicht, ob ich ihn trösten oder mit Mami sprechen sollte. Ich mußte lachen.
Ich legte mich in das gewärmte Bett, ruhte mich aus und dachte daran, daß am nächsten Abend unsere letzte Vorstellung sein würde. Dafür mußte ich mir etwas Besonderes ausdenken.
Der rote Faden der Revue war, daß alle Beteiligten ihr Schicksal erlebt hatten und zum Schluß an die Umtauschkasse gingen, um ihre Erlebnisse zu tauschen.
Einige symbolische Gedanken konnte man dazutun, man konnte es auch lassen. Ich dachte mir nun: Man könnte doch als alte Frau zur Kasse kommen.
Ich gab einem Bühnenarbeiter ein Trinkgeld. Er besorgte mir aus dem Fundus einen alten Umhang aus *Macbeth* und von einer der Hexen eine furchtbare Perücke mit wirren

grauen Haaren. Ich machte mir einen schwarzen Zahn und schminkte meine Lippen dunkel. Ich sah fürchterlich aus! Der Bühnenarbeiter hatte mir einen knorrigen Stock beschafft. Alles ganz heimlich. Keinen der Kollegen hatte ich eingeweiht.

Mein Stichwort fiel. Spolly gab den Einsatz. Alle anderen hatten ihren Umtausch schon abgeschlossen, ich war die letzte. Ich zögerte einen Moment, alle sahen zur Kulisse, ich mußte mir einen Stoß geben und humpelte hinaus. Spoliansky stand starr, den Arm mit dem Taktstock in der Luft und starrte mich an. Ich humpelte unangefochten weiter und sagte zu Partner Willi Prager: »Jo – jo – was lachen 'S denn?« Und zu Wassmann: »Das wird Ihna ka Glück bringen, eine alte Frau zu verhöhnen. – Jessas, jessas«, sagte ich, blieb stehen und faßte mit meiner schwarzen Hand an meinen Mund, »jetzt hab i mei Gebiß verloren.«

Die Kollegen bogen sich vor Lachen. Um Wassmann oder Prager – ich weiß nicht mehr, wer von den beiden es war – entstand auf dem Boden eine kleine Pfütze. Spolly atmete tief, faßte sich nur schwer, von allen Seiten hörte man Kichern.

Ich wandte mich an alle: »Ja, könnt mir net einer an Stiftzahn borgen?«

Und nun geschah es: Die Nürnberger, die den ganzen Abend über keine Hand gerührt hatten – wir hatten das Gefühl gehabt, vor einer Taubstummen-Versammlung zu spielen –, waren jetzt endlich gelockert, klatschten und konnten sich kaum zurückhalten vor Vergnügen.

Ich sagte an der Kasse: »Jaa, i möcht mein Brautkleid umtauschen, wissen'S, i kann's halt nimmer gebrauchen. Wos i jetzt brauch, des is a warme Sach, an Wollcape, wo ich meinen Alten mit unter die Fittiche nehmen kann. Gell, das gefällt Ihnen? Da freun'S Ihna. Fittiche, das ist ein schönes Wort. Jo – jo ...«

Spolly gab das Zeichen zum Finale, dann fiel der Vorhang. Das Publikum rief uns immer wieder. Ich verschwand so schnell wie möglich. An sich tut man so etwas nicht, ich hatte ein schlechtes Gewissen, schminkte mich ab und kam schuldbewußt in die Kantine. Aber selbst der Tourneeleiter Baye strahlte. Marcellus Schiffer, der zu dieser Vorstellung gekommen war, sagte: »So hätten wir es überhaupt machen müssen. Das war wirklich großartig, Blandine!«

»Ich war doch ein bißchen ängstlich«, gestand ich.

»Das hat man aber nicht gemerkt«, sagte Spolly.

Ein Reinfall

Hollaender wollte stets »standesgemäß« leben, das aber bedeutete angesichts des großen Loches auf der Spielseite: weit über unsere Verhältnisse. Dabei waren die Verhältnisse an sich nicht schlecht. Wir verdienten beide gut; ich arbeitete ständig bis zur Erschöpfung, er war immer fleißig. Nur für das Tägliche reichte es nie. Nach dem damaligen Recht vermochte ich nichts zu tun, wenn mir am Zahltag im Theater gesagt wurde, er habe meine Gage bereits abgeholt. Vieles von dem, was er tat und wollte, war maßlos. Das war die andere Seite seines Genies.

Natürlich gab es damals eine große Zahl von Leuten, die Hollaenders und mein Talent nutzen wollten. Oft wurden wir gemeinsam eingeladen, etwas zu schreiben und aufzuführen. Hollaender wollte lieber alles allein machen – Text, Musik, Regie. An ein Ereignis kann ich mich besonders gut erinnern. Es begann damit, daß sich ein Herr von der Terra-Film bei mir anmeldete. Er hatte meine Mutter und mich auf der Bühne gesehen, und es ging um einen Film. Wir sollten an den Einnahmen beteiligt sein, da meine Mutter angeboten hatte, ihre Ersparnisse einzubringen. Wir waren alle sehr euphorisch, der Herr wollte den Vertrag aufsetzen. Alles war besprochen.

In diesem Augenblick betrat Friedrich Hollaender die Stube, und die beiden Herren begrüßten sich.

Der Herr von der »Terra« war etwas kühl. Vielleicht ahnte er, was nun geschehen würde.

Hollaender griff sofort den Faden auf und sagte: »Sie können Produzent sein, aber ich werde die Regie führen – Ihr werdet sehen!«

Wir sahen es. Leider.

Er verbreitete zunächst Begeisterung und Überzeugung. Er wollte die Geschichten liefern, die Drehbücher schreiben, Regie führen. Meine Mutter verzichtete oft mir zuliebe, aber in diesem Fall brauchte sie es nicht.

Der Film sollte damit beginnen, daß eine Klavierlehrerin an einem Sommernachmittag vor lauter berühmten Leuten etwas zum besten geben sollte, und zwar eine Rhapsodie von Liszt. Ich, eine ungezogene, verwöhnte Göre, verdarb alles durch irgendwelche Streiche. So war es geplant. Für die Dame des Hauses war eine tschechische Komikerin mit unaussprechlichem Namen engagiert worden. Meiner Meinung nach war sie nicht sehr komisch. Ihre ganze Komik bestand aus der Rückseite. Ich habe keine Vorstellung, was Hollaender damit bezweckte. Ich weiß nur, daß sie eine unerhörte Gage verlangte. Außerdem war da ein Schauspieler, dem er einen Gefallen tun wollte. Dieser Herr hatte als Portier die Herrschaften anzukündigen und mit dem Kopf zu wackeln. Es war unmöglich! Das Manuskript wurde gar nicht geschrieben, sondern von Fall zu Fall erstellt.

Meine Mutter war bereit, Hollaender das Geld zu geben, und ich ließ mir einreden, daß er auch ein guter Filmregisseur sei. Sicher war ich nicht, denn wenn er bei meinen Chansons Regie führte, sagte er nur: »Mach es so, wie du es immer machst.« Das ist gewiß keine große Regieanweisung. Aber schließlich machte er seinen ersten kleinen Film. Es wurde ein totaler Reinfall. Er hatte mich verkehrt eingesetzt. Meine Auftritte waren an sich lustig, doch der Zusammenhang fehlte. Außerdem war der Kameramann nicht gut gewählt, die Bilder wurden ziemlich dunkel. Nur meine Mutter war als einzige wirklich hinreißend. Sie sah als Klavierlehrerin mit ihren Ringellöckchen sehr komisch aus. Sie hatte auf dem Klavier ein riesiges Glas Bier stehen, so eins mit Henkel. Jedesmal, wenn sie eine Passage hingelegt hatte, nahm sie einen großen Schluck Bier und schnalzte mit den Lippen. (Der Film ist verschollen.)

Eine ganze Serie sollte folgen, und das wäre für meine Mutter gewiß eine Karriere geworden. Aber sie hatte ihr Geld Friedrich Hollaender gegeben, der es für seine ungekonnte Regie verbraucht hatte.

Er reiste ab, um sich zu erholen.

In der Klinik

Ich klappte zusammen. Hollaender brachte mich fürsorglich in das Grunewald-Sanatorium. »Meine Frau muß Ruhe haben.« Ich war sehr verwundert. »Wo willst du denn das Geld hernehmen?«
»Laß mich nur machen! Hier bist du hervorragend aufgehoben, du wirst herrlich gepflegt.«
Also schön.
Ich ging mit meinem Köfferchen auf das Einzelzimmer. Wie genoß ich die Ruhe! Und: Ich brauchte mich nicht um Essen und Trinken zu kümmern.
»Was kostet es denn hier am Tag?« fragte ich eine Schwester. Sie nannte einen für mich horrenden Preis.
»Aha«, sagte ich.
Bevor sie ging, sagte sie, der Arzt würde gleich kommen und mir etwas Wunderbares, etwas herrlich Teures verschreiben. Wer wird das bezahlen? überlegte ich, während durch das offene Fenster die warme Luft ins Zimmer strömte. Da offenbarte sich die ganze Niedertracht der Assoziation: Ich selbst muß es bezahlen, sagte ich mir, ich, denn Hollaender sitzt beim Roulette. Der Gedanke war kaum zu Ende gedacht, und schon sprang ich auf, warf meine Kleinigkeiten in das Köfferchen, ging einen verglasten Korridor entlang, der die Häuser miteinander verband. Ehe eine der reizenden Schwestern mich festhalten konnte, saß ich in einem Taxi und war auf dem Weg nach Hause, um der Last der auf mich zukommenden neuen Schulden zu entgehen.
Alle waren sprachlos, als ich zurückkehrte. Hollaender und ich sahen uns lange in die Augen, und ich sagte: »Du wolltest also versuchen, nicht mehr zu spielen.«
»Genau das!« antwortete er.
»Ich bin gerührt.«
»Ja, ich bin es auch«, sagte er.
Darauf lachten wir, gingen in eine Konditorei oder holten Kuchen, ich weiß es nicht mehr. Jedenfalls feierten wir meine Heimkehr.
Damals arbeiteten wir an *Jonny*. Wie dieses Chanson entstand – nicht für Marlene Dietrich und nicht nur mit jenem Refrain –, ist eine Geschichte für sich.

Jonny, wenn du Geburtstag hast

Um auszuspannen, wollten wir in Humperdincks Oper *Hänsel und Gretel* gehen. Hollaender war Meisterschüler von Humperdinck gewesen und verehrte seinen Lehrer sehr.
Ich wollte ein taftseidenes Kleid anziehen, das vorn mit mindestens 100 taftbezogenen Knöpfchen geschlossen wurde, die in Schlingen zu knöpfen waren. Den unteren Teil konnte man zugeknöpft lassen. Ich begann in der Mitte weiter zu knöpfen, aber als ich oben angelangt war, hatte ich mich verknöpft. Eine Schlinge blieb übrig, so daß der Kragen schief war. Hollaender kam herein. »Bist du fertig?«
»Sofort.«
»Wieso, der Kragen ist schief! Das sieht unmöglich aus.«
»Hilf mir lieber.«
Er half mir. Er kniete auf dem Boden, weil nun – von oben angefangen – noch die Mitte zu schaffen war. Jetzt war allerdings die Beule in der Mitte.
Er resignierte: »Ich kann es nicht, so etwas kann man nur selbst. Bitte beeil dich, wir haben nur noch wenig Zeit.«
Verärgert setzte er sich an den Flügel, spielte.
Ich knöpfte wieder auf, knöpfte wieder zu, vergebens. Schließlich klappte er den Klavierdeckel zu. »Es ist genug! Wir müssen los. Nimm ein anderes Kleid.«
Ich hatte gerade die richtige Reihenfolge geschafft. »Ich bin fertig«, sagte ich, »das Thema eben war sehr hübsch!«
»Nein«, entgegnete er, »es war nicht hübsch, und wir kommen zu spät.«
Er warf das Blatt mit den hingeworfenen Noten des Themas in den Papierkorb.
Ich holte das zerknüllte Papier heraus.
Das war *Jonny*. Der Anfang.
In Wirklichkeit wurde aus *Jonny* – als wir den Text entwickelten – endlich mein Sarotti-Mohr. Jonny, der weiße Mädchen verführte und sitzen ließ. Er war nicht aus Schokolade, er war nur lecker wie Schokolade.
Jonny – eine leise Ironie liegt in diesem Chanson, obgleich es auch *Das Lied eines armen Mädchens* ist, aber dieses Mädchen ist schon eine Frau.

Jonny

1

In der kleinen Pony-Bar
ist der Neger-Jonny Star.
Der hat wildes Blut in seiner braunen Haut –
    Oh!
Wenn er auf der Geige spielt,
wenn er mit dem Bogen zielt,
hat er jede Nacht 'ne neue kleine Braut –
    Oh!
Denn sein Katzenblick verwirrt die Mädchen ganz und gar.
Kleine weiße Händchen krabbeln durch sein schwarzes Haar.
Und die Frauen rings im Chor
schaun verklärt zu ihm empor,
und sie singen ihm ihr Lieblingslied ins Ohr:

    Jonny,
    wenn du Geburtstag hast,
    bin ich bei dir zu Gast
    für eine Nacht.
    Jonny,
    ich träum so viel von dir,
    ach, komm doch mal zu mir
    nachmittags um halb vier.
    Jonny,
    wenn du Geburtstag hast
    und mich dein Arm umfaßt
    für eine Nacht,
    Jonny,
    dann denk ich noch zuletzt:
    Wenn du doch jede Nacht Geburtstag hättst!

2

In der kleinen Pony-Bar,
wo der Neger-Jonny Star,
eines Abends saß ein süßes kleines Ding –
    Oh!
Bis zum Stupsnäschen verklärt
hat sie auf sein Spiel gehört,
sprach kein Wort und gab ihm heimlich einen Wink –
    Oh!
Und er sah ihr Leibchen weiß und zart wie Porzellan.
Und da hat der Mohr dann seine Schuldigkeit getan.
Und sie war sein scheues Lamm,
seufzte nachts nur dann und wann –
»Oh wie stark ist doch der wilde Negerstamm«.

    Jonny,
    wenn du Geburtstag hast,
    bin ich bei dir zu Gast
    für eine Nacht.
    Jonny,
    ich träum so viel von dir
    ach komm doch mal zu mir
    nachmittags um halb vier.
    Jonny,
    wenn du Geburtstag hast
    und mich dein Arm umfaßt
    für eine Nacht,
    Jonny,
    dann denk ich noch zuletzt:
    Wenn du doch jede Nacht Geburtstag hättst!

3

In der kleinen Pony-Bar
ist nicht mehr der
eines schönen Tages war er durchgebrannt –
    Oh!
Ließ in tausendfachem Schmerz
manches umgeknickte Herz,
manches Mündchen, manche kleine weiße Hand –
    Oh!
Nur das blonde Mädi, das sein letztes Liebchen war,
geht von Zeit zu Zeit vergeblich in die Pony-Bar.
Doch ein Pfand sie bei sich trägt,
das sich unterm Herzen regt,
und sie singt, wenn sie sich nachts ins Bettchen legt:

    Jonny,
    wenn du Geburtstag hast,
    du süße kleine Last
    der Liebesnacht –
    Jonny,
    ich träum so viel von dir,
    ach, komm doch bald zu mir,

die Mutti wartet hier!
Jonny,
wenn du Geburtstag hast,
dein Ärmchen mich umfaßt
in einer Nacht –
Jonny,
dann denk ich an Papa:
Doch der ist unten, weit, in Afrika.

Friedrich Hollaender

Wir arbeiteten lange an diesem Chanson. Es hatte seine Premiere im »Größenwahn«. Kaum hatte ich geendet –
*Jonny, dann denk' ich noch zuletzt,
wenn du doch jede Nacht Geburtstag hätt'st,*
sprang ein Jüngling auf den Tisch und schrie: »Sie hat's geschafft, sie hat's geschafft, sie ist dem Fluch entronnen!« Das Publikum strahlte und wußte, er meinte den Fluch des Abgestempeltseins. Ja, ich war dem Fluch entronnen.

Die Dietrich

Lange Zeit trug ich *Jonny* nicht vor, weil das Lied, wie ich fand, einen falschen Zungenschlag bekommen hatte durch Marlene Dietrich, die daraus eine Sex-Episode machte. Erst viel später sang ich es wieder, zur Freude des Publikums. Marlene Dietrich lernte ich nur oberflächlich kennen. Ihre Karriere baute sich – neben ihrem Talent – gewiß auf dem Glücksfall des *Blauen Engel* auf. Bei der Musik zu diesem Film hatte Hollaender eine seiner ganz großen Begegnungen mit seiner Muse. *Ich bin von Kopf bis Fuß auf Liebe eingestellt . . .* und *Ich bin die fesche Lola.* Hollaender hat seine Nöte mit dem Auftrag und dem Entstehen der Lieder selbst sehr schön geschildert. Die Titel waren das Billett nach Hollywood.
Kürzlich brachte mir ein Freund die Memoiren von Marlene Dietrich. Er legte sie mir auf den Flügel und sagte: »Vielleicht hast du Lust, einmal hineinzuschauen.« Ich suchte nach dem Bericht über den Beginn ihrer Gesangskarriere. Aber nichts, gar nichts fand ich. Das konnte doch nicht wahr sein. Wahrhaftig, da standen ein paar Worte: »Man glaubt, ich verdanke Friedrich Hollaender meinen Stil.« Auf einer anderen Seite stand: »Ich sang ein Lied von Friedrich Hollaender.« Ende. Aus. Nichts weiter. Kein weiteres Wort fand ich über diese Chansons, die so viel zu ihrem Weltruf beigetragen hatten.

Marlene Dietrich, Berlin 1928

Warum will sie diesen Ruhm nicht teilen? Was war sie denn vorher gewesen? Ich verstehe das nicht.
Hollaender meinte, als er schon sehr krank war: »Merkwürdig, die Dietrich tritt groß auf, sie nennt alle anderen Autoren, mich nennt sie nie. Seltsam. Ich habe ihr doch nichts getan. Ich habe ihr doch nur zu einem unerhörten Aufstieg verholfen. Mit meinen Chansons.«
»Ja«, antwortete ich, »das hast du. Warum sagst du es ihr nicht?«
»Wozu? Sie weiß es.«
Von innerer Schönheit zeugt das nicht, dachte ich. Genau wie damals, Anfang der dreißiger Jahre. Sie war schon nach Hollywood gegangen, noch in der Nacht der *Blauen Engel*-Premiere.
Die Premiere von Hollaenders eigenem Kabarett »Tingel-Tangel« war voller Spannung von unseren Freunden erwartet worden. Ein Programm voller satirischer Anspielungen, ein scharfes, politisches Programm. Und das in einer Zeit, in der es immer gefährlicher wurde, so etwas zu tun.
In der Pause erschien plötzlich Marlene Dietrich, die für kurze Zeit in Berlin zu Besuch weilte. Das Publikum klatschte Beifall. Sie stellte sich an den Flügel, begrüßte Hollaender und intonierte: *Ich bin von Kopf bis Fuß auf Liebe eingestellt*. Ihm blieb nichts anderes übrig, als sie zu begleiten.
Man kann sich denken, wie außer sich die Kollegen waren. In einer Premiere (!) kommt ein Star, ein Filmstar wie Marlene, und singt ihren Weltschlager. Damit habe sie unser ganzes Programm geschmissen, meinten die Kollegen.
Ein Kellner sauste in der Garderobe herum, beruhigte, verteilte Kognak. Ich war sehr ruhig. Meine Kollegen sagten: »Nicht auftreten! Auf keinen Fall auftreten!«
Ich erwiderte: »Ich will nicht wissen, was los war. Draußen sitzt das Publikum, wartet auf das, was wir alle lange erarbeitet haben! Wir dürfen an nichts anderes denken. Wir müssen wie Rennpferde auf unser Ziel sehen. Wir hören gar nichts, wir wissen gar nichts. Es klingelt, seid ganz ruhig!«
Die erste mußte hinaus.
Das war schon gut. Dann kam Annemarie Hase, Kurt Gerron folgte, glaube ich. Und schließlich als Höhepunkt ich mit dem *Starken Tobak*.
Erst war ein Schweigen nach dem letzten Vers. Dann brach der Sturm los.

Wir hatten an diesem Programm unerhörte Freude. Es war gefährlich. »... Ei wie rollt das Köpfchen.«
Wie gefährlich es war, wußten wir nicht, aber das Publikum ahnte es wohl.
Der letzte Vers des *Starken Tobaks* wurde Wahrheit. Bald darauf mußte Hollaender Berlin verlassen – es war *Höchste Eisenbahn*, wie es in einem Revue-Titel von ihm hieß.
Damals lebten wir schon getrennt, waren geschieden.

Tingel-Tangel
Bei Frau Direktor Ebinger

Tingel-Tangel totgesagt? Stimmt gar nicht! Man hat nur ein altes Kinderspiel gespielt: „Bäumchen verwechseln!" Friedrich Holländer ist weg? Blandine Ebinger ist da! Wir kennen Blandine Ebinger in vielen Versionen. Aber daß wir sie mal als „Frau Direktor" kennen lernen würden, das hätte wohl niemand von uns ge-

Blandine Ebinger als Dirigent

dacht. Zum mindesten in einem Punkt ist sie klüger als sämtliche Kabarett-Direktoren Berlins. Deren Programme dauern drei bis vier Stunden, bis in die Nacht hinein, bis alles schläft. Blandine schafft es in zwei Stunden. Alles ist kurz, schnell und flink.

Max Baltruschat, der Hofsänger, der keiner mehr ist, ist eine Mischung von Caruso und arbeitslosem Jungen. Was mag wohl aus ihm werden? Gott segne den Jungen! Der Teufel hole den Caruso!

Und Blandine? Früher war sie eine „lesse Jöhre", heute ist sie eine schöne Frau. Wieviel und was sie alles kann, das weiß Berlin schon. Sie gibt sich manchmal zu viel Mühe. Und sie hätte es garnicht nötig! Ein bischen von dem (scheinbaren!) Phlegma der Claire Waldoff, — und Blandine Ebinger wäre nicht nur ein „Erlebnis" (das ist fad) sondern ein „Glück".

Starker Tobak

Ich bin ja so durchaus verlastert,
ich bin ja so schrecklich verrucht.
Es gibt ja für mich nichts mehr Neues,
ich hab ja schon alles versucht:
Mit Opium hab ich begonnen,
ich fraß schon geschmolzenes Zinn.
Ich schlürfte mit teuflischen Wonnen
saure Milch mit Streichhölzchen drin.
Ich machte mir schon auf der Schulbank
Injektionen mit Tinte in 's Bein,
und schmierte mir Koks auf die Stullen –
Man kann also beim besten Willen nicht sagen:
Was will denn diese Anfängerin, dieses Baby, dieser Dreikäsehoch?
Oh nein!
Heut brauchen meine Nerven neue Schärfen.
Und beginnt es nachts zu dämmern und zu düstern –
ei, was wittern da so lüstern meine Nüstern – – !?
Ich lese mal die ›Grüne Post‹ – Ha!
Ich mach mir 'n Tag mit roher Kost – Ha!
Ich lad mir Emil Ludwig ein,
's kann auch ein strammer Boxer sein.
Starker Tobak, starker Tobak,
wilder Sinne gier'ger Fraß.
Ach was bin ich für ein per-
für ein ganz perverses Aas!

Ich bin ja so durchaus verlastert,
ich bin ja so schrecklich verrucht.
Es gibt ja für mich nichts mehr Neues,
ich hab ja schon alles versucht:
Ich schlang Zigarillos mit Mostrich,
und schmierte mir Honig ins Haar.
Ich badete täglich in Scherben,
was drei Tage anregend war.
Das soll mir erst mal einer nachmachen ohne zu weinen!
Immer nur lächeln und ladylike erscheinen.
Heut brauchen meine Nerven neue Schärfen.
Und beginnt es nachts zu dämmern und zu düstern –
ei, was wittern da so lüstern meine Nüstern – – !?
Ich seh mir 'n alten Stummfilm an – Ha!
Ich fahr mal mit der Straßenbahn – Ha!
Ich gehe mal ins Opernhaus,
ich schlafe mich mal richtig aus!
Starker Tobak, starker Tobak,
wilder Sinne gier'ger Fraß.
Ach was bin ich für ein per-
für ein ganz perverses Aas!

Ich bin ja so durchaus verlastert,
ich bin ja so schrecklich verrucht.
Es gibt ja für mich nichts mehr Neues,
ich hab ja schon alles versucht:
Mit Reißzwecken hab ich gegurgelt,
ein Gefühl, das man niemals vergißt.
Ich hab auf der Suche nach Lastern
acht Tage Kakteen geküßt!
Ich bin schon spazieren gegangen
mit Großvatis Kneifer und nackt!
Ja, was kann man denn noch mehr verlangen?

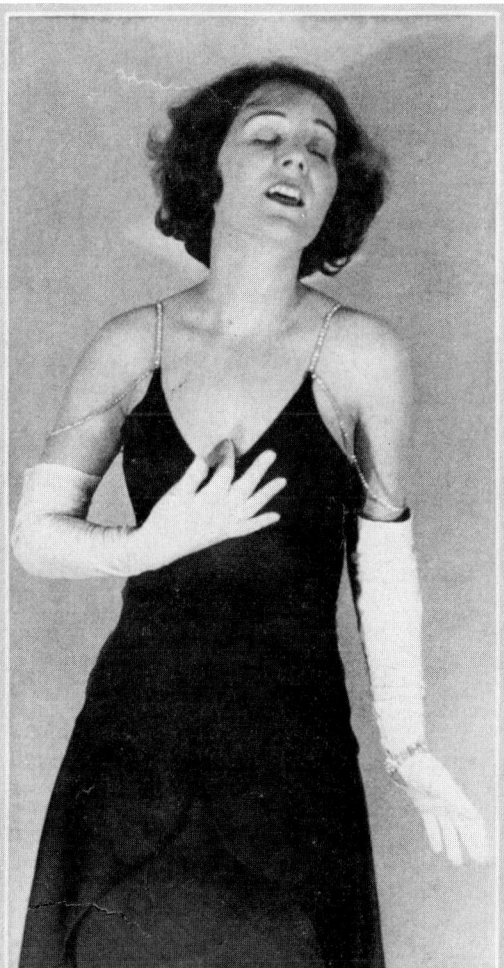

Das sind eben alles Spielereien, davon wird man zwei-, dreimal,
Aber nie für die Ewigkeit gepackt!
Heut brauchen meine Nerven neue Schärfen.
Und beginnt es nachts zu dämmern und zu düstern –
ei, was wittern da so lüstern meine Nüstern – – !?
Ich geh mal auf den Presseball –
das ist ein ganz perverser Fall!
Hab ich genug von Tanz und Jazz,
latsch ich zur Comedie Française.
Komm ich erregt nach Hause dann,
stell ich das tolle Radio an
und lösch das schwule Ampellicht
und hör im Traum, wie Goebbels spricht:
»Ei, wie rollt das Köpfchen!«
Starker Tobak, starker Tobak,
wilder Sinn gier'ger Fraß.
Ach was bin ich für ein per-
für ein perverses Aas!

Friedrich Hollaender

»Augenblick, – ich muß mich erst mal erholen! Wie, die Frau, die eben auf der Bühne stand, diese strahlende Frau mit den großen Augen, diese höchst mondäne, sehr freche, ganz weibliche Person – das war die Ebinger? Ja, was ist denn da geschehen? Da ist ein begabtes Menschenkind mit jähem Ruck dem furchtbarsten, unerbittlichsten Fluch Berlins entronnen: dem Fluch des ewigen Spezialistentums. Weiß man, was das bedeutet: seinem eigenen ›Typ‹ entkommen zu sein, dem entsetzlich engen

›Fach‹, das einen gefangen hatte wie eine Falle, für Jahre und Jahre, zur gnadenlosen Freude der Mitmenschen?
Der Ebinger ist ein großer Streich geglückt. Sie hat sich ein wundervolles Abendkleid angezogen, und sie hat einen Anlauf genommen, bis auf die Bühne von Hollaenders ›Tingel-Tangel‹, und was sie da allabendlich treibt, ist Ausdruck ihrer kannibalischen Freude darüber, daß sie endlich so weit ist; daß sie endlich einmal nicht das frierende Waisenkind aus der Müllerstraße zu sein braucht, um zu gefallen; daß man ihr endlich erlaubt, eine Frau zu sein – ein glanzvolles Solo, und nicht immer weiter ein Häuflein Unglück.
Die Freude darüber macht sie sehr schön, bringt sie in ausgezeichnete Laune. Und in dieser Laune führt sie allabendlich den messerscharfen Spott von Hollaenders Lied ›Starker Tobak‹ vor. Einem atemlos aufhorchenden Publikum erzählt sie mit leuchtender Ironie, wie schwer es ein lasterhafter Mensch heut habe: alle Perversitäten seien von bedauerlich kurzem Reiz, alle Requisiten verbraucht, Blandinens Klage ist erschütternd.«
H. G. Lustig in »Die Dame«, Heft 13 (März 1931)

Auf eigenen Beinen in Deutschland und den USA

»Ehen werden im Himmel geschlossen«

In Berlin spielten wir irgendeine Komödie seit grauenhaft langer Zeit. Wahrscheinlich das Lustspiel *Wie werde ich reich und glücklich?* mit der Musik von Mischa Spoliansky. Ich war allmählich ermüdet von den ewigen Wiederholungen.
Walter Hasenclever schrieb mir aus Paris: »Bist Du endlich fertig? Kannst Du nicht aus diesem Stück aussteigen? Kann man Deine Rolle nicht umbesetzen?«
Nach 300 Vorstellungen interessierte mich die Rolle tatsächlich nicht mehr. Ich sagte zu meinem Vater: »Ich bekomme schon Platzangst, wenn ich den Bühneneingang sehe.«
Er antwortete: »Wenn du wirklich Platzangst hast, gebe ich dir ein Attest.«
Hasenclever telegrafierte: »Komm sofort, habe Einfall!«
Endlich kam der Augenblick, wo ich telegrafieren konnte: »Wir unterbrechen bis Herbst, die Ferien beginnen.«
Le Lavandou. Das klang verlockend. Ein Fischerort an der Côte d'Azur. Aber wie sollte ich hinkommen? Er beschrieb es genau: mit dem Zug nach St. Raphael. Meine Mutter wollte sich derweil in Berlin um Tochter Philine kümmern. Wir trafen uns in Menton. Von dort fuhren wir nach Le Lavandou, immer die Côte d'Azur entlang. Walter rauchte viel, unentwegt, aber ich hatte mir vorgenommen, nichts zu sagen. Es hatte ohnehin keinen Zweck.
Bei einem Kiosk hielt er an, um Zigaretten zu kaufen. An der oberen Corniche bei Cannes gibt es manchmal ziemliche Abgründe. Zum Parken mußten wir nahe an einen solchen Abgrund heranfahren.
»Nicht so nahe! Geh einen Meter zurück«, bat ich.
»Keine Angst! Mein Buick gehorcht auf . . .«
»Auf einen Gedanken«, vollendete ich. Hoffentlich.
Er kam mit schrecklichen Zigaretten zurück. Dann fuhr er an – nicht mit dem Rückwärtsgang, sondern mit dem ersten. Zum Glück langsam, sanft. Er fuhr überhaupt sanft. Aber diesmal sanft ein Stückchen über den Abgrund hinaus. Wir hingen mit den Vorderrädern nahezu in der Luft. Wir hatten eine ganze Reihe von Schutzengeln. Blitzschnell schaltete er den Rückwärtsgang ein, und alle vier Räder waren wieder fest auf der Erde. Walter war verwandelt. Ich schaute ihn an. Neben mir saß ein Mann mit schneeweißem Gesicht und zitternden Händen. Das war also der kleine Abgrund gewesen. Die größeren Abgründe kamen später . . .
Schweigend zündete ich ihm eine Zigarette an, schweigend fuhren wir eine ganze Weile. Dann sagte er: »Es ist großartig, daß du mir in diesem Moment keine Vorwürfe gemacht hast!«
Mein Lieber, dachte ich, das werde ich mein ganzes Leben nicht vergessen.
Le Lavandou, später.
Die Umgebung leicht, licht. Wir waren fröhlich, ausgelassen, glücklich. Ein paar Tage vergingen ohne Pflichten, ohne Arbeit. Wir genossen das Leben. Und das Essen.
»Wie wäre es nun mit einem Einfall? Hat der liebe Gott dir schon einen geschickt?«
Walter blickte mich an. »Der liebe Gott?« Dann begann er zögernd: »Ich möchte ein Stück schreiben. Es soll im Herbst in Berlin herauskommen. Ich möchte eine schöne Rolle für dich hineinschreiben, eine Gestalt, die sich völlig mit dir deckt, eine, die du bist. Du hast so viele Seiten, du kannst dich so wandeln. Ich sehe dich in zwei Rollen. Die eine ist die Schauspielerin, die sich gern verwandelt, die andere ist die Frau, die immer noch an der Familie hängt.«
»Ich muß für das Kind sorgen.«
»Du bist so inspirierend. Du mußt nach Paris kommen, zu mir. Dann geht alles viel besser.«
»Erst das Stück, Walter. Jetzt wird ernsthaft überlegt. Also, zuerst der Mann. Der ist ungeheuer wichtig.«
»Zwei Männer.«
»Zeig doch mal eine glückliche Beziehung. Nicht immer nur Ibsen und Strindberg. Du bist Hasenclever!«
Wir gingen unter dem Sternenhimmel spazieren, setzten uns vor ein kleines Café, schauten aufs Meer. Wir tranken Wein.
»Der Duft der Mimosen . . . Spürst du ihn?« fragte Walter. Wahrhaftig, wir saßen unter Mimosen.
»Weißt du, so könnte eine Ehe sein, so zauberhaft. Und die erste Szene könnte hier spielen.«
»Was?« fragte er.
»Na ja«, sagte ich, »man kann den Himmel jeden Abend und jeden Tag zu Hause haben. Es liegt nur an den Menschen.«
»Was sagst du? Ich hab's! Die erste Szene spielt im Himmel. Du bist eine elegante Frau. Du bist die heilige Magdalena.«
»War sie nicht ganz unheilig?«
»Nun ja. Aber sie war berührt von der Heiligkeit – später.

Du, das ist ein Riesenfortschritt für den ersten Abend. Trinken wir unseren Aperitif.«
»Natürlich, im Schlaf, im Traum wirkt es dann weiter. Paß auf, morgen früh wirst du dann schreiben.«
»Heute nacht noch.«
Er hatte lange Licht.
Der nächste Tag. Ich frühstückte im Bett. Walter klopfte an die Tür. »Darf man?«
Ich freute mich, seine Stimme klang so fröhlich.
»Du«, sagte er, »meine Süße, stell dir vor, gestern nacht war der liebe Gott bei mir.«

Ich war eigentlich gar nicht überrascht – nachdem wir schon im Himmel gewesen waren.
»Er besteht darauf aufzutreten. So eine Gelegenheit, meint er, kommt nicht wieder, er kann sich einmal von der Bühne aus mit den Menschen unterhalten.«
Das Stück wuchs. Nun brauchte ich ihm nur noch die gute Stimmung zu erhalten. Das tat ich.
Es verging eine Woche. Er war schon beim zweiten Akt.
»Wie geht es weiter? Die Menschen sind nicht so glücklich geworden, wie es der liebe Gott eigentlich wollte.«
»Du meinst, der liebe Gott sollte eingreifen?«
»Das meintest du doch!«
»Ich?«
»Ja, als Magdalena.«
Hm.
»Komm, laß uns noch mal rausgehen. Wir essen später.«
Wir gingen wieder am Strand entlang. Die Sterne hätten wir pflücken können.
»Was denkst du, Blandine?«
»Ich denke, sie müßten umsteigen.«
»Umsteigen?«
»Ja, umsteigen. So, wie man..., na ja, sie könnten die Untergrundbahn nehmen.«
»Die U-Bahn?«
»Ja. Und woandershin fahren. Wie man manchmal in sein Inneres hinabsteigt...«
»Aha«, sagte er.
Schweigend gingen wir weiter. Die Wellen kamen jetzt ganz langsam. Plötzlich faßte mich Walter an der Schulter.
»Du, ich hab's! Ja, wir steigen um, in ein völlig anderes Millieu.«
»Und wohin?«
»Das weiß ich noch nicht. Jetzt essen wir Austern!«
Nach dem Essen sagte ich: »Walterchen, ich will dich nicht traurig machen, aber ich habe einen Brief bekommen. Ich muß zurück.«
Er war richtig verärgert. »Warum sagst du mir das? Mach Schluß mit Berlin! Du wirst dir in Paris eine Existenz schaffen. Ganz leicht, du wirst schon Erfolg haben. Du bist eine hinreißende Schauspielerin. Die Chansons sind gut, man kann sie übersetzen.« Er redete wie ein Wasserfall.
»Weißt du, es ist sogar gut, wenn ich jetzt weggehe.«
Er fand es gar nicht gut. »Ich lese dir hier eine Notiz vor, ein Gespräch zwischen dem lieben Gott und Magdalena: ›Wer von früh bis spät arbeiten muß‹, sagt Magdalena, ›für den ist das Leben heilig. Jedes Glück, jede Liebesstunde

Die verlorene Rolle

Im Herbst war es soweit. Walter hatte das Stück dem Deutschen Theater angeboten. Die Theater wurden damals von Doktor Klein geleitet. Doktor Klein galt als ein umsichtiger Direktor. Ich hatte schon viel bei ihm gespielt. So war ich sehr erfreut, als er anrief: »Blandine Ebinger, ich muß Sie unbedingt sprechen.«

Wir trafen uns, und er erklärte: »Es geht um das Stück von Walter Hasenclever.«

»Natürlich. Ich weiß schon, er hat es für mich geschrieben. Ich freue mich sehr auf die Magdalena.«

»Frau Ebinger, ich will Ihnen etwas sagen, ganz klar und deutlich: Ich bringe das Stück nur mit der Neher, sonst kommt es gar nicht heraus. Wollen Sie Walter Hasenclever schaden? Wollen Sie ihm diese Chance nehmen?«

»Herr Klein, dann haben wir uns ja nichts mehr zu sagen. Adieu.«

»Aber so kann man sich doch nicht trennen.«

»Herr Doktor Klein, Herr Direktor Klein, wofür halten Sie mich eigentlich?« Damit verließ ich den Raum. Ich ging nach Hause, blätterte in dem Stück, das schon mit Ausdrucksstudien versehen war. Ich dachte an Le Lavandou ... Natürlich wollte ich Walter nicht schaden. Aber ich brachte es nicht über mich, ihn anzurufen. Warum rief er nicht an? Warum erklärte er mir nicht die Situation? Warum sagte er nicht: »Vielleicht kannst du es später in einer anderen Stadt spielen?«

Walter ließ lange Zeit nichts von sich hören. Es war ihm peinlich. Ich habe festgestellt, daß Männern unangenehme Dinge immer peinlich sind. Ich selbst hatte gelernt, wenn etwas peinlich war, es sofort anzupacken und es aus dem Wege zu räumen. Aber diesmal schwieg ich. Das war nicht etwas Peinliches, sondern es tat mir wirklich weh. Walter war es unangenehm, sich bei Herrn Klein nicht stärker für mich eingesetzt zu haben, aber er wollte mich auch nicht verlieren. Eines Tages schickte er mir ein gedrucktes Exemplar, in das er (außer der gedruckten Widmung) geschrieben hatte:

»Liebes Blandinchen, ich sende Dir dieses Stück aus dem Sonnenland von Lavandou, wo wir beim Aperitif unter dem Sternenhimmel saßen und am Tage Mimosen pflückten. Ich habe es Dir gewidmet, weil Du ein gutes Ziehkind warst und mir liebevoll geholfen hast!
Nimm es hin von Deinem dankbaren, wenn auch manchmal untreuen Walter.«

wird ein Geschenk für ihn, Großväterchen. Die Menschen, die morgens nicht wissen, ob sie abends zurückkommen, die täglich um ihr Leben kämpfen, die schießen sich nicht tot, die leben weiter!‹ – Sankt Peter: ›An dir ist ein Pfarrer verlorengegangen.‹ – Magdalena: ›Wenn die Theologen so viel erlebt hätten wie ich, wären die Kirchen voll!‹«

»Hast du noch mehr Notizen? Ich würde gern noch mehr hören.«

Ich fuhr ungern weg. Gerade jetzt, wo das Stück erkennbar wurde. Aber ich freute mich auf die neue Rolle. Ich hatte ja gesehen, wie die Magdalena entstanden war, ich lebte sie bereits.

Fertig. So war das eben.
Eine der interessantesten Rollen meiner Laufbahn hatte man mir weggenommen. Gestohlen. Mein Gemüt verdunkelte sich. Jeder von uns trägt einen winzigen Heiligenschein. Mir blieb nichts weiter übrig, als an meinem herumzuputzen, denn der von Magdalena war mir genommen worden. Ich war nie eine Frau, die darauf ausging, schöne Worte zu hören. Das, was er da schrieb, hatte er mir ja unzählige Male gesagt, und daß er nun öffentlich die Widmung gedruckt hatte, das war eine Ehrung, die ich hinnahm. Aber in diesem Augenblick machte sie mich nicht stolz. Ich war fassungslos, daß Walter so gehandelt hatte. Für mich war alles zu Ende.
Erst viel später, vor wenigen Jahren, erfuhr ich die Hintergründe seines Verhaltens. Im Deutschen Theater herrschte große Nervosität, weil der Star Werner Krauss unbedingt *Don Carlos* spielen wollte. Der Dramaturg Hans Rothe war verzweifelt, alle waren es, Max Reinhardt, Onkel Felix Hollaender, Edmund Reinhardt und wie sie alle hießen. Werner Krauss als Don Carlos! Es sprach sich herum. Erst wie die stille Post, dann laut, schließlich lachte ganz Berlin. Man freute sich auf das Fiasko. Das mußte verhindert werden! Werner Krauss war zwar ein großartiger Schauspieler, aber als Don Carlos konnte man ihn sich nicht vorstellen. Das ist der Fluch des Abgestempeltseins, obgleich dieser wandelbare Schauspieler vielleicht doch einen glänzenden Don Carlos hingelegt hätte ...
Reinhardt rief: »Um Gottes willen, findet etwas, bringt ihm etwas, das ihn ablenkt!«
Rothe suchte, und da fiel ihm Walter Hasenclevers *Ehen werden im Himmel geschlossen* in die Hände. Der liebe Gott – das war doch eine Rolle für Werner Krauss! Er schlüpfte in die Garderobe, legte das Stück auf seinen Tisch, und Werner Krauss fing in der Pause sofort an zu lesen, las und las. Der liebe Gott – das war faszinierend, was da der Hasenclever geschrieben hatte. Noch am selben Abend rief er Felix Hollaender und Rothe an: »Das spiele ich, das ist es!« Kein Wort mehr von *Don Carlos*. Das Büro des Deutschen Theaters atmete auf. Reinhardt in seinem Palast am Kupfergraben atmete auf, alle waren selig. Hasenclever war überglücklich. Alles andere war unwichtig geworden. Ob die Mosheim spielte, die Neher oder die Ebinger – völlig gleichgültig. Werner Krauss spielte den lieben Gott, und er hätte ihn um nichts hergegeben.

Grete Mosheim in »Ehen werden im Himmel geschlossen«

Doktor Klein hatte noch den »Mut«, mich zur Premiere einzuladen. Aber da ich keine Masochistin war, ging ich nicht hin.

Vielleicht sollte es nicht so sein, aber es ist nun einmal so: Wenn ich mit einer Sache fertig bin, lege ich sie ab. Ich sah Walter Hasenclever nie wieder. Natürlich hörten wir voneinander, aber das Band war zerrissen. Walter Hasenclever ließ die Magdalena sagen: »Die Menschen, die morgens nicht wissen, ob sie abends zurückkommen, die täglich um ihr Leben kämpfen, die schießen sich nicht tot, die leben weiter!« Diesen Satz habe ich jetzt in dem Exemplar wieder gelesen, das mir Walter damals schickte und das den Krieg überstanden hat.

Die Nazis trieben Walter Hasenclever in den Tod. Man erzählte mir – ich glaube, Hans Rothe war es –, daß Walter in Marseille auf ein Affidavit aus den USA wartete. Es kam eins, aber das erhielt Lion Feuchtwanger. Walter Hasenclever war zu verzweifelt, um noch länger zu warten. Er nahm sich das Leben.

Blandine Ebinger als Braut in »Es liegt in der Luft«

Schnog und Hans Reimann: „Die Perle von Savoyen".

Kommandantenstraße.

I.

Wegen Rotmanns bin ich in einen fernen Himmelstrich ausgewandert hinter den Spittelmarkt — und stieß auf Blandine Ebinger. Auf das Fräulein Eva Brock, sehr zierlich. Auf einen Dorftrottel oder Savoyarden, Herrn Hellmer. Auf einen markig-breiten Väterklang voll Schrot und Gottvertrauen, namens Erich Conradi. Auf bewußten Musikschmalz von Victor Hollaender. Auf andauernden Ulk. Auf einen himmlischen Abend.

II.

Das Volksstück mit Kitscromantik wird reizend parodiert. (Ein echtes ist Vorlage.)

Die armen, aber munteren Dorfbewohner. Die schon fast bedrohte Tugend ihrer schlichten, aber frohen Mädchen. Am Schluß die Heirat zwischen dem zwar mittellosen, doch zärtlich liebenden, in der Hauptstadt harfespielenden Kinde der Bergwelt einerseits ... und andrerseits dem herzenswarm pulsierenden Sohn der stolzen Aristokratin mit seiner Flöte.

Die Tochter der Bergheimat ist ihm ebenbürtig, denn sie hatte der Pfarrer unter dem Taufbecken einst vertauscht.

III.

Ein ganzes Zeitalter. Eine Publikumslust vergangener Epochen. Der Stückeschwindel; Darstellungsschwindel; Geschmacksschwindel. Alles untermengt mit rauhen Ausdrücken der Gegenwart. Zum Piepen.

IV

Und mit einer Lehre, dünkt mich. Glaubt mir: Andreas Gryphius beispielshalber aus dem siebzehnten Jahrhundert könnte zwar parodiert werden — jedoch nie, nie, nie seine schlesisch-mundartlichen Szenen. Ja, Erdnahes nutzt Schadenfreude. Erdnahes wandelt sich nicht. Erdnahes dauert: überdauert.

V.

Blandine macht oft in einer gewaltsam-beweglichen, dabei trocknen und ausgesparten Haltung hinreißenden Spaß. Diese Schauspielerin ist, gewissermaßen, das Waisenmädchen an sich.

VI.

Seltsam bei alledem: daß jede Theaterwirkung von vormals dennoch verfängt. Der Sperrsitz lacht ... erliegt aber dem Verlachten immer noch.

Ihr könnt, bitte Gleiches beobachten — seit Hauffs „Mann im Mond" bis zu Georg Kaisers „Kolportage". (Travestiert Kaiser? oder nutzt er Travestiertes?)

Reimann travestiert. Bei Reimann wälzen sich die vorderen Sessel ... indes die hinteren herzlich bewegt sind. (O Einstein!)

VII.

Schon ehe Kaiser und Reimann wirkten, schlug ich vor: Kotzebues Welterfolg, das Schauspiel „Menschenhaß und Reue" jetzt abermals zu spielen.

Es hat einem Erdteil Fässer, Schläuche, Teiche voll Tränen abgezapft ... Tränen flössen wieder: nur aus andrem Quell.

O Einstein! O Kommandantenstraße! O Ewigkeit, du Donnerwort!

Alfred Kerr.

149

Ein Abend mit Horváth

Wir probten *Kasimir und Karoline* von Ödön von Horváth. Ich saß im Foyer, da ich gerade nicht dran war, und unterhielt mich mit Horváth über meine Rolle. Er schien ganz meiner Auffassung und zufrieden zu sein. Mein Partner war Fritz Kampers, ein großartiger Schauspieler, der mir in einer deftigen Rolle ein Glas Bier in den Rücken gießen mußte, was ich gar nicht gern hatte. Ich wollte Horváth bewegen, daß Kampers das Glas nur heben und mir zuprosten sollte. Horváth wollte es sich überlegen.

Francesco von Mendelsohn, der Regie führte, kam dazu und verkündete: »Zigarettenpause! – Übrigens, Blandine«, sagte er, »ich habe da ein Volkslied. Ich möchte, daß Sie es singen. Ganz klar und rein soll es in diese Gesellschaft rauher Männer fallen. Ich gebe es Ihnen heute abend.«

Es gefiel mir. Ich brachte die Rede auf die Szene mit dem Bier. Aber Francesco war nicht zu einem Verzicht zu bewegen. Kampers auch nicht. Er sagte, ich müßte einmal das Leben kennenlernen, wie es ungefähr ist. Ich seufzte. Verrückter Beruf! dachte ich, andeuten wäre künstlerischer.

Horváth lenkte ab. Ob ich ihn morgen abend nicht begleiten wollte, er ginge zu einem wichtigen Boxkampf. Ich war ein bißchen skeptisch, es interessierte mich nicht, wer siegen würde, abgesehen davon, daß ich Boxen ziemlich brutal finde. Aber Horváth sagte: »Man muß sich mit dem Leben auseinandersetzen.«

Am nächsten Abend gingen wir also zu dem Boxkampf. Horváth machte mich auf das gemischte Publikum aufmerksam und auf die Boxer. Der eine war ein Riese, der andere zierlich und mittelgroß.

»Das erscheint mir ungerecht«, sagte ich. »Der eine ist viel zu groß und zu wuchtig.«

»Nein, nein«, erwiderte Horváth, »alles ist genau überlegt, das Gewicht ist gleich.«

Die erste Runde fing an. Mein Nachbar hopste und pfiff. Warum? Plötzlich schlug der Riese auf den Kleinen ein. Ich erschrak. Aber Horváth beruhigte mich. Wieder ein Schlag, diesmal auf die Augenbrauen des Kleinen. Sie war gespalten und blutete. Ich sagte, man müßte unterbrechen und dieses Auge verbinden oder überhaupt aufhören.

»Aber nein«, wehrte Horváth ab, »so ist es richtig.«

Die Menschen waren alle wahnsinnig aufgeregt, schrien Namen. Es war ein furchtbares Durcheinander, und während ich überlegte, was nun geschehen würde, schlug der Riese wieder auf den Kleinen ein. Immer auf die Augenbraue, bis dem Kleinen das Blut übers Gesicht lief, so daß er nichts mehr sehen konnte. Eine Frau sprang auf und schrie fanatisch: »Feste, feste!« Ich war entsetzt. Kann eine Frau so grausam sein? Jetzt wollte ich mich auch einsetzen, aber für den Kleinen.

Aufgeregt sagte ich zu Horváth: »Das geht nicht, das muß unterbrochen werden! Los, rufen Sie die Polizei!«

Einige Male hatten die beiden schon am Boden gelegen. Horváth sah mich mit seinen Kinderaugen an und sagte: »Ja, aber so ist es doch. Das kann man nicht ändern, gerade das müssen Sie erleben.«

Ich war außer mir. Plötzlich bekam der Kleine die Wut und schlug zu. Er raste auf den Riesen los, schlug, trommelte auf ihm herum, als wäre es meine Wut. Der Riese wankte. Ich war froh, daß der Riese zu Boden sank. Ich fand es so

Szenenfoto aus dem Film »Unheimliche Geschichten« von Richard Oswald, 1932, mit Harald Paulsen

unverschämt und so brutal, immer auf den Kleinen zu hauen, auf seine Augenbrauen zu zielen. Der Riese sprang auf und gab dem Kleinen einen furchtbaren Schlag. »Tiefschlag!« brüllte mein Nachbar.
Der Kleine taumelte. Jetzt ging doch dieses Ungeheuer wieder auf ihn los, wieder auf die wunde Stelle! Mit meiner Beherrschung war es aus. Mit den Worten »So etwas sollte verboten werden!« rutschte ich langsam zur Seite.
Horváth fing mich auf. Der Kleine war ohnmächtig geworden – ich auch.

Ich hatte schon früh ein Auto, war ein begeisterter »Ritter am Steuer«. Ich liebte meinen kleinen graublauen Fiat sehr. Ich arbeitete sogar einige Wochen in einer Fiat-Werkstatt, um den Motor und das Innere des Wagens genau kennenzulernen. Damals gab es ja noch nicht überall Werkstätten, die jederzeit geholfen hätten. Ich wollte gewappnet sein. Am häufigsten passierte etwas mit der Lichtmaschine. Die Kohlekontakte, die mit einem elektrischen Draht verbunden waren – er sah aus wie eine kleine Raupe –, mußten unbedingt sauberen Kontakt haben, sonst war es aus.
Es geschah denn auch einmal, daß wir auf einer Heimfahrt in der Nacht auf der Landstraße liegenblieben. Meine Mutter war sehr stolz auf mich, weil ich mich unter den Wagen gelegt und erkannt hatte, daß die Lichtmaschine defekt war. Ich konnte sie reparieren!

Nazis

Hollaender war schon 1933 nach Hollywood gegangen. Für mich wurde das Leben in Deutschland immer schwieriger.

Eines Tages legte man Philine in der Schule eine Zeitschrift aufs Pult: Das Titelblatt zeigte ihren entsetzlich entstellten Vater. Die Zeitschrift hieß *Der Stürmer*.

Der Pfarrer der Schule, den die kleine Philine sehr liebte, wurde angegriffen, mit Schimpfworten verfolgt. Philine stand auf. »Laßt meinen Pfarrer in Ruh!« Da wurde ihr die Schulmappe um die Ohren geschlagen, so daß sie krank zu Hause bleiben mußte.

Ich brachte das Kind zu den Ursulinerinnen in Dahlem. Es half nicht viel. Selbst dort wurden die Angriffe der Mitschülerinnen immer infamer. Ich mußte natürlich Geld verdienen und kam auf die Idee, ein Auto zu mieten, von Ort zu Ort zu reisen, Gastspiele zu geben, teils mit eigenen Abenden, teils mit Sketchen. Ein Agent arrangierte das mit kleinem Ensemble. Es war sehr anstrengend. Ich war froh, am Tage zu fahren, zur rechten Zeit anzukommen, zu spielen, vielleicht eine ruhige Nacht zu haben.

Aber es wurde immer schlimmer. Mehr kann ich dazu nicht sagen. Man konnte nur durchkommen, wenn man einen gewissen Galgenhumor hatte und mit Jean Paul sagte: »Humor ist der Schwimmgürtel des Lebens.« Es war schwarzer Humor, an den ich mich klammerte.

Heinz Hilpert wollte mir helfen und schickte mir eine

Noch einmal beisammen: Dr. Ernst Ebinger, Blandine Ebinger, Philine und Margarethe Ebinger (von links nach rechts)

Blandine Ebinger in dem Stück »Der erste Frühlingstag«

Rolle. Das Stück hieß *Der erste Frühlingstag* von Dorothy Thompson. Es sollte im Deutschen Theater herauskommen. Meine Rolle: eine Malersfrau. Auf den Proben wurde ich angegriffen durch zweideutige Bemerkungen einiger Kollegen. Die Ehe mit Hollaender wurde zu einem »Fall«.

Hilpert stand mir bei. »Ich halte Blandine Ebinger für eine Schauspielerin, die wichtig ist für uns. Sie bleibt!« Das vergesse ich ihm nie.

Er tröstete mich immer wieder: »Ich wünsche, daß Sie diese Rolle spielen. Keine andere.« Also spielte ich. Gegen alle Widerstände. Ich überlegte immerzu: Was soll ich nur machen? Wie kann ich mein Kind wegbringen, was kann ich unternehmen? Es begann eine unheimliche Zeit, in der man stets Angst haben mußte.

Hollaender in Amerika konnte nichts mehr tun für uns. Eine seiner Tanten hatte ihr ganzes Geld einem Heim am Elsterplatz in Grunewald gegeben, in dem sie nun lebte. Sie rief an, wollte Philinchen sehen.

»Ich schick sie dir gern, aber man weiß ja nicht... Wir können nur hoffen, daß uns niemand denunziert.«

Ich stand ängstlich gegenüber dem Rathaus, damit uns

keiner sah. Philine ging zur Tante, wurde umarmt und geküßt, mußte sich aber ständig umblicken. Es war ein Albtraum.

Ein jüdisches Ehepaar kam zu mir. »Kannst du uns nicht helfen?«

»Wie soll ich euch helfen? Ich hoffe, daß ich mich selbst irgendwie durchbringen kann mit dem Kind. Geht doch fort aus Deutschland!«

Kein Geld, keine Bekannten im Ausland. Es wurde weiter überlegt.

Es hieß, in einem Lager sei es nicht so schlimm, und dieses Lager hieß Theresienstadt.

Ich sagte: »Es wird nichts weiter geschehen, ihr werdet interniert und dann wieder freigelassen.« Welche Naivität! In Theresienstadt kam Mehrings Mutter um. Sie war Sängerin, gab Unterricht. Eine Kollegin war Schülerin bei ihr – sie beleidigte sie als »Judensau« ...

Eine Jüdin konnte sich bei uns in Strausberg verstecken. Eine einzige.

Meine Freundin Lieselotte flehte ich an, in die Schweiz zu gehen. Aber sie traf sich heimlich mit ihrem Mann, der ein SS-Offizier war. Sie liebten sich. Er wollte sich erschießen. Später trennten sie sich.

Man versuchte, sich denjenigen zu nähern, die ein menschliches Gefühl bewahrt hatten. Es gab einen sogenannten Kameradschaftsabend. Dabei war auch ein Bühnenbildner, der den Juden am Deutschen Theater viel zu verdanken hatte. Dieser Mann sagte nun: »Wenn ich hier einen Juden sähe, würde ich ihn an die Wand stellen und aufspießen.«

Das sagte er ganz ruhig. Wir saßen an Tischen, jeder eine Limonade oder ein Bier vor sich. Ganz ruhig saß er da und sagte das. Ich vermag nicht zu beschreiben, was in mir vorging. Wie kann er das sagen? Das stimmt doch nicht. Ich muß ihm sagen, daß es nicht stimmt: Daß er doch eigentlich ein feiner Mensch und ein guter Bühnenbildner ist. Aber er sah mich mit strahlenden Augen an, nahm seinen Stock und führte das Makabre vor. Spießte auf. Einer klopfte ans Glas und sagte: »Hier sitzt Kurt Fuß.« Kurt Fuß war ein Mitarbeiter von Rudolf Nelson, dem Komponisten, der ein kleines Theater hatte, dort, wo an der Ecke Kurfürstendamm/Fasanenstraße heute das Astor-Kino ist. Kurt Fuß war sehr gut. Er stand auf. Der andere sagte: »Ich möchte feststellen, Kurt Fuß ist Arier, Vollarier.«

Kurt Fuß wurde schneeweiß.

Aus Josef Goebbels' Hetz-Pamphlet »Das erwachende Berlin«

Warum sagt er das? dachte ich. Warum spricht er so etwas aus?

Jeder wußte doch, daß Kurt Fuß aus einer guten jüdischen Familie stammte. Wozu diese Quälerei?

Ich wollte einer Bekannten etwas zum Geburtstag schenken. Ich ging zu Rosenthal am Kurfürstendamm, wo man immer sehr hübsche Geschenke fand. Zu meiner Verwunderung war kein Mensch im Laden.

»Was ist denn bei Ihnen los? So leer war es hier noch nie!« Der Verkäufer musterte mich erstaunt, während ich mein Geschenk aussuchte. »Wagen Sie sich lieber nicht mehr in dieses Geschäft.«

»Warum?«

Ach Gott, der Name Rosenthal! Mir fielen Brechts Worte ein: »Blandine, Sie leben wie die Engel im Himmel, Sie gehen an der Fürchterlichkeit vorbei.«

Die Premiere von *Der erste Frühlingstag* kam. Ich hatte das Unglück, Frau Goebbels zu gefallen.

Die junge Malersfrau, die ich spielte, wird von ihrem Mann betrogen, vermeidet aber durch ihre kluge Haltung die Scheidung und kann die Ehe retten. Frau Goebbels kam zu mir und sagte, sie sei tief beeindruckt, wie klug ich das gespielt hätte. Sie würde mich gern sehen und sprechen, sie würde demnächst ein Fest geben.

Ich schwieg.

Nach einigen Tagen kam der »Befehl« – keine Einladung! –, auf der Insel Schwanenwerder zu erscheinen. Die Kleidung war vorgeschrieben. Dorthin ging man nun mit der ewigen Angst im Herzen, im Kopf, im ganzen Körper. Dort waren alle, die damals wichtig waren. Der Speer und andere – wen kannte ich schon von den politischen Größen? Eine Freundin von Gustav Fröhlich, die Baarova, deren Geschichte mit Goebbels bekannt ist, der reizende Hans Brausewetter, liebe Kollegen und unangenehme Kollegen. Goebbels hatte so eine rasche Art, einen unheimlichen, intelligenten, bösen Ausdruck, immer die Zähne zeigend. Ich dachte, um Gottes willen, hier muß ich eine Maske aufsetzen.

Erschöpft vom Versteckspielen kam ich spät nach Hause und erzählte meiner Mutter genau, wie es gewesen war. Sie sagte: »Blandine, um Himmels willen, wie soll das weitergehen?«

»Ich weiß es nicht!«

Die Angriffe wurden deutlicher. Eines Tages wurde ich in die Reichsfilmkammer bestellt. Da saßen viele Herren, betrachteten mich. Mir war fast nach Lachen zumute: So viele Männer sitzen da, sicher in ihrem hocharischen Gefühl, Macht über andere zu haben.

Mir wurden allerhand Fragen gestellt, die ich sehr ruhig beantwortete. Unter andern die, ob nicht eine polnische Linie in meinem Stammbaum sei, meine Mutter sei doch eine geborene Wetzel.

»Wezel« stellte ich richtig. »Meine Großmutter war Berlinerin, ebenso wie meine Mutter und ich es sind.« Schließlich konnte ich gehen und konnte sehen, wie ich mich weiterhin durchschlug. Filme gab es für mich kaum noch. Ich wurde meistens übergangen.

Max Reinhardt in Venedig

Geza von Bolvary drehte in dieser Zeit am Lido von Venedig den Film *Es flüstert die Liebe,* in dem ich neben Gustav Fröhlich eine schöne Rolle hatte. In einer Drehpause badete ich im Meer – wer kam mir aus den Wellen entgegen? Nicht Odysseus (den stelle ich mir schöner vor), aber auch ein interessanter Mann: Max Reinhardt persönlich. Er begrüßte mich freundschaftlich. Wir setzten uns unter die Markise vor seiner Kabine, die Einrichtung ist noch heute vor dem Hotel Excelsior die gleiche wie damals.

»Was machen Sie hier?« fragte er.

»Einen Film mit Bolvary, hübsche Rolle.«

»Daß Sie das jetzt noch tun können...«

»Bis jetzt, ja, Gott sei Dank. Wir sollen dann weiter nach Budapest, auf die Margareteninsel, in die Puszta.«

»Wer weiß, ob das gut geht.«

»Aber, Herr Professor, das alles wird vorübergehen wie ein Spuk.«

»Es ist kein Spuk, meine Liebe. Ich kann nicht zurück.«

»Sie werden uns sehr fehlen.«

Szenenfoto aus dem Film »Es flüstert die Liebe«

»Ihnen vielleicht. Und einigen anderen. Aber der Regierung? Dem verhetzten Publikum?«
»Was wird Ihnen am meisten fehlen, Herr Professor?«
»Die Sprache. Können Sie das verstehen?«
»Sicher haben Sie auch in einer anderen Sprache Erfolg«, sagte ich zuversichtlich.
Das war das letztemal, daß ich Reinhardt sah. Als wir uns in Kalifornien verabredeten, kam es nicht mehr dazu. Er war krank geworden.

Szenenfoto aus dem Film »Frischer Wind aus Kanada«

Die Ufa zeigt:
Frischer Wind aus Kanada

(U. T. Friedrichstraße und U. T. Kurfürstendamm und Ufa-Pavillon am Nollendorfplatz)

Hans Müllers erfolgreiches Bühnenstück gleichen Namens, in der „Konfektion" spielend, aber durch einen frischen Lustspielzug ausgezeichnet, bewährte sich in der Drehbuchfassung auch erfreulich als Film. Der „frische Wind aus Kanada" ist ein Artverwandter jenes schlagfertigen „Herrn Punks", der kürzlich „aus Amerika" kam. Phil. L. Mayring hat ihn drehbüchernderweise geliefert.

Die Ufa hat mit ihren Regiedebütanten offenbares Glück. Nach Schneider-Edenkoben ziehen jetzt Heinz Dietrich Kenter und Erich Holder in das Arbeitsgebiet Filmregie ein. Kenter ist von der Bühne her als guter Regisseur geläufig. Er hat zwar sonst anspruchsvollere Sachen geliefert als ein Unterhaltungs-Lustspiel. Aber er setzt sich mit seinem Kollegen mit Verve ein. — Die Beiden betreten vorerst nicht ausgefahrene Geleise. Sie haben noch Energie zum Schmissigen. Sie sind noch ohne die gleichmachende Routine. Man ist erfreut davon!

Ihr „frischer Wind" ist der Jonny Baker von Harald Paulsen. Er hat die Rolle auf der Bühne gespielt. Er kann sie fast zu gut. Er überschwingt den Schwung. Er reitet sie fast bis zum Virtuosen, mit jenen intimen Zwischentönen, die er sich in den Kammerspieltheatern am Kurfürstendamm als Bühnendarsteller etwas zu viel angewöhnt hat. Da liegt eine Gefahr, die den Präzisionsbedürfnissen des Filmlustspiels auf die Dauer Abweg werden könnte. (Vorerst ist es nicht schlimm. Aber er achte darauf!)

Noch eine andere Besetzung ist aus der Bühnendarstellung in den Film hinübergerettet: die Sekretärin von Blandine Ebinger. Diese feine, delikate Leistung ist eine Freude, weil sie mit beispielhaftem Takt leicht durch-pointiert ist. Welch vorzügliche Darstellerin ist die Ebinger! (Sie wird nur meist beim Filmen nicht voll genutzt. Hier hat man ihr z. B. auch den Sondertreffer der Bühnenwirkung, das Chanson vom Innenleben der Lore Meier weggelassen!)

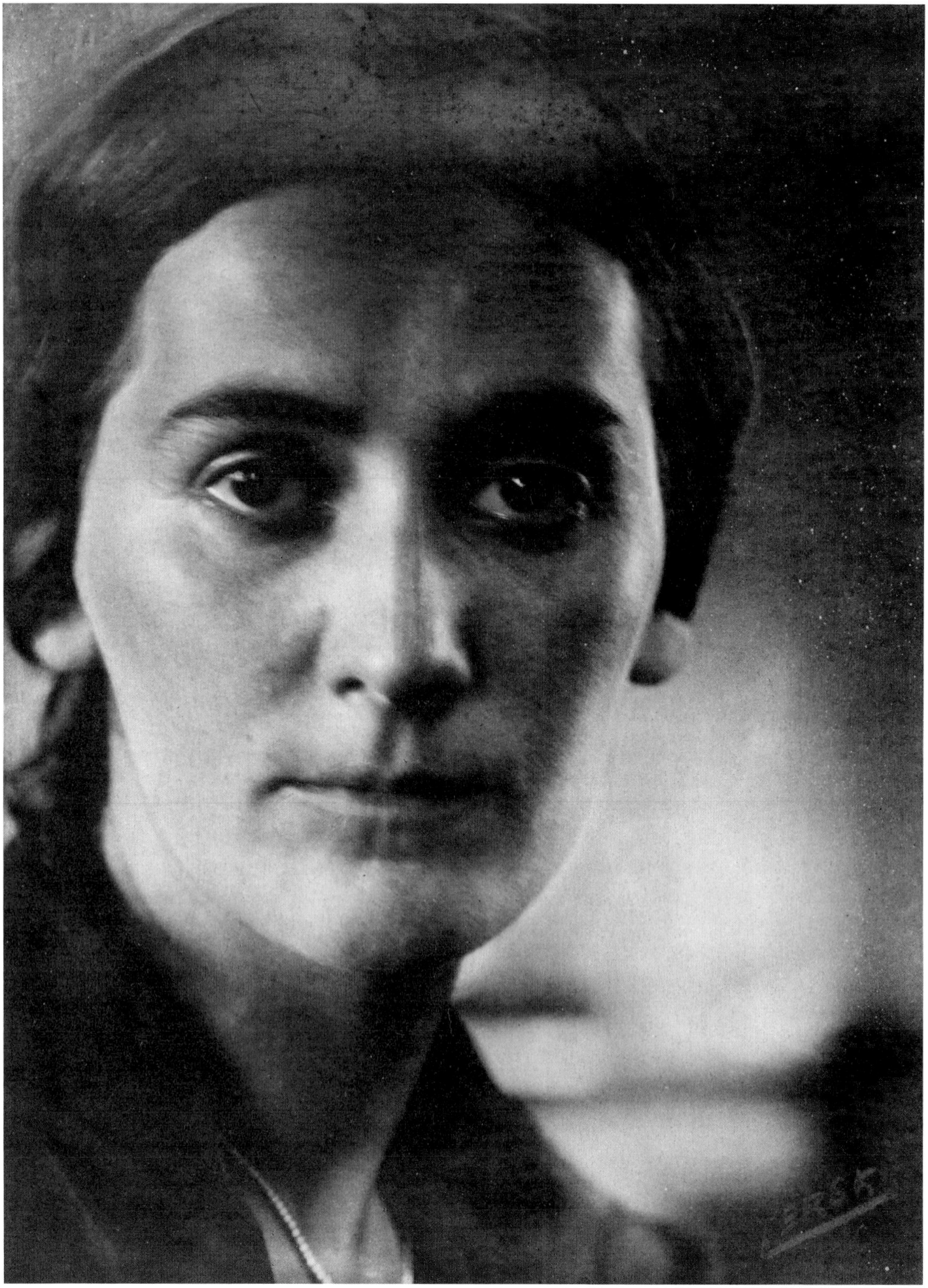

Hitlers Hand

1936 erhielt ich eine Einladung nach München. Wir standen in einer Reihe. Da saß Mussolini, da saß Hitler, die beiden ungefähr drei Meter von uns entfernt. Ich dachte: Was wird jetzt geschehen? Ich werde doch nicht etwa das »Glück« haben, hier irgendwie aufzufallen! Aber kaum hatte ich es gedacht, kam schon Hitler auf mich zu und gab mir die Hand. Ich erschrak. Ehe ich zu mir kommen konnte, hatten sich bereits unzählige Hände meiner Hand bemächtigt. Ich war fassungslos.
Ein Bankett schloß sich an, an dem ich nicht teilnehmen wollte, doch man sagte mir, ich könnte mich nicht drücken. Da saß ich neben einem Ministerialrat, dem ich noch heute dankbar bin.
Dieser Mann flüsterte mir zu: »Frau Ebinger, verlassen Sie sofort Deutschland!« Das war natürlich leicht gesagt.
»Und wie?«
»Ich werde Ihnen einen Weg zeigen.«
Ich war verwundert. »Sie wollen mir helfen? Warum?«
Er sagte: »Weil ich Sie verehre. Sie und Ihre Kunst müssen uns erhalten bleiben. Sie müssen Deutschland sofort mit Ihrem Kind verlassen! Es geht los, Blandine Ebinger!«
In dem Wagen, in dem ich gleich darauf durch den Englischen Garten fuhr, saß auch Leni Riefenstahl. Wir kamen überall ungehindert durch, und ich bestieg schnell den Zug nach Berlin.
Es geht los, dachte ich immer wieder. Ich hörte im Geist Goebbels sagen: »›Ei, wie rollt das Köpfchen.‹ Das haben Sie jeden Abend gesungen, Frau Ebinger.«
Der Schaffner kontrollierte. Meine Gedanken suchten nach einem Ausweg. Nach Zürich zu Kurt Hirschfeld? Wieder in Berlin. Eine Verabredung beim Funk wurde abgesagt. Ein Fremder kam zu mir, wollte mich sprechen. Er sah Philinchens Sandalen.
»Wem gehören die Sandalen?«
Ich erklärte: »Das sind die Sandalen meiner kleinen Tochter. Wieso? Entschuldigen Sie die Unordnung, sie sollten im Spielzimmer stehen.«
»Wer ist der Vater Ihrer kleinen Tochter?«
»Friedrich Hollaender.« Der Mann ging.

Es geht los

Ein Engel kam mir zu Hilfe: Ich lernte einen amerikanischen Rechtsanwalt kennen, Mr. Wirth. Er verstand sehr gut Deutsch. Meine Schallplatte mit dem Kurrendemädchen hatte ihm gefallen. »Sie müssen fort!« sagte er.
Plötzlich ging dann alles sehr schnell. Der Ministerialrat aus München rief an: »Fahren Sie! So schnell wie möglich! Treten Sie heute nicht mehr auf, packen Sie sofort Ihre Sachen. Ich besorge ein Attest.«
Binnen zwei Tagen erhielt ich Fahrkarten für einen holländischen Dampfer. Sie kamen von Hollaender.
Als ich es meiner Mutter sagte, wurde sie blaß. Wir konnten es nicht fassen, daß wir uns trennen mußten. Wir standen am Zug nach Kopenhagen und konnten nicht sprechen.
Philine und ich sollten von Kopenhagen aus nach San Diego fahren. Das war ein ungeheurer Schmerz. Ich verließ Deutschland. Würde ich es jemals wiedersehen? Und meine Mutter, meinen Vater? Und: Wohin fuhr ich? Wer erwartete mich? Ich fuhr ins Leere...

Ohne Geld in Hollywood

San Diego, Kalifornien. Alle waren begeistert, nur ich war von großer Traurigkeit ergriffen. Ich wußte selbst nicht, warum. Vielleicht war es eine Ahnung.
Ich konnte vor Tränen kaum sprechen, als ich dem Beamten meinen Paß gab. Hollaender, der mit Freunden und seiner neuen Frau, Hedi Schoop, am Kai stand, war verwundert. »Warum weinst du denn?«
Nur Philine strahlte. Sie ließ mir keine Zeit, mich meinen Gefühlen hinzugeben. Mir wurde eine große Rechnung vorgelegt, die mir unerklärlich war. Der geringe Luxus auf dem Schiff konnte doch nicht zu solchen Summen führen? Als ich mich dagegen verwahrte, stellte sich heraus, daß Philine – ich war seekrank gewesen – eine Party gegeben hatte. Meines Erachtens hatte ich eine harmlose Kindergesellschaft mit Kaffee und Kuchen erlaubt. Doch nun zeigte es sich, daß sie eine ganze Gruppe trinkfester Damen und Herren freigehalten hatte. Hollaender bezahlte die Rechnung.
Von San Diego aus fuhren wir nordwärts nach Hollywood. Unser Apartment war in Hollywood, nicht weit entfernt von Hollaenders Haus, einer Art spanischer Hazienda mit einem großen Schwimmbecken in einer kleinen Parkanlage.
Jeden Tag war schönes Wetter, von morgens bis abends. Beruhigend. Obwohl ich das herrlich fand, verließ mich meine Traurigkeit nicht.
Ich wollte Philinchen ins Mary-Mount-College schicken, eine Art Höhere-Töchter-Schule von ausgezeichnetem Ruf. Der Unterricht schloß an das an, was sie in Berlin gelernt hatte. Hollaender und Hedi Schoop redeten ihr die Hollywood-High-School ein. Mich störte vor allem, daß dort Jungen und Mädchen in eine Klasse gingen. Ich war besorgt, weil die frühreifen Kalifornier ein ganz anderes Leben führten, als wir es in Deutschland gewohnt waren. Ich fügte mich schließlich. Was half mir die Tatsache, daß mir das Sorgerecht zustand? Was konnte ich dem Kind bieten – ohne Arbeit, ohne Einkünfte, in unserem kleinen Apartment? Hollaender und Hedi dagegen in ihrer Villa mit Bedienung...
Natürlich entschied sich Philine für das, was sie vorschlugen. Und dafür, bei ihnen zu leben. Hedi Schoop wollte ihr eine zweite Mutter sein – ob sie ahnte, wie schwer das war?
So ging Philine in die Hollywood-High-School. Meine

Tochter Philine in Kalifornien

Befürchtungen bestätigten sich bald. Einer ihrer Klassenkameraden war Georg Kreisler (der spätere Kabarettist und Erfinder der zu vergiftenden Tauben im Park), die beiden freundeten sich an. Als irgendwann in den Zeitungen ausführlich zu lesen stand, daß eine Filmschauspielerin – ich glaube, es war Myrna Loy – durchgebrannt war, um zu heiraten, ahmten die beiden es nach. Sie türmten und heirateten, noch halbe Kinder, in Reno. Dadurch wurde Philines Leben nicht gerade in die besten Bahnen gelenkt. Sie hatte sich eine Hochzeit mit Schleier, Feier, Kirche und Tränen vorgestellt. Statt dessen bekamen zwei Gepäckträger je fünf Dollar für ihre Dienste als Trauzeugen – von Romantik keine Spur.
Mutlos ging ich den langen Weg hinunter von dem schönen Hügel, auf dem Friedrich Hollaender wohnte. Wenn es zu einem Bruch zwischen uns käme, was würde dann hier in diesem fremden Land aus mir werden, angesichts des Grauens, das alle vor Deutschland empfanden?
Ich fühlte die paar Dollar in meiner Tasche. Ich mußte sehr vorsichtig sein.

Vor einem Drugstore blieb ich stehen. Mein Blick fiel auf ein Plakat: »Serviererin gesucht.« Wäre das nicht etwas? Ich war noch ganz verwirrt von dem Gespräch mit Friedrich Hollaender. Verstand er mich denn gar nicht? Die letzten Jahre in Berlin waren schon schwer genug gewesen.

Ich war so deprimiert und in Gedanken versunken, daß ich eine sympathische deutsche Stimme, die mich bei meinem Namen nannte, zuerst überhörte. Ich drehte mich um: Vor mir stand Rolf Nürnberg. In Berlin war er Besitzer der »Zwölf-Uhr-Zeitung« gewesen und hatte Kritiken geschrieben.

»Blandine Ebinger in Hollywood? Nein, so etwas! Kommen Sie, wir müssen uns unterhalten. In Berlin sind wir ja nie dazu gekommen. Jetzt holen wir es nach. Für einen Kaffee mit mir werden Sie doch Zeit haben...«

Ich hatte leider sehr viel Zeit.

Wir saßen an einem kleinen Tisch in diesem Drugstore. Wie soll man »Drugstore« übersetzen? Es ist ein Laden, in dem man verschiedene Dinge kaufen, außerdem essen oder an einer Bar sitzen kann. Meistens riecht es darin nach Seife. Dieser Drugstore war ganz nett, trug als Zeichen eine Mühle und glich etwas einem Bäckerladen. Die Bedienung trug eine holländische Haube. War das meine nächste Zukunft?

»Was meinen Sie zu dieser neuen Rolle, Rolf Nürnberg?«

Er antwortete: »Gar nichts halte ich davon.«

Wir tranken den heißen dünnen Kaffee und erzählten. Hatte Nürnberg etwas aus Berlin gerettet? Ein irrsinniges Geld habe er für den Transport seiner Möbel ausgegeben. Dafür hätte er sich eine Wohnung einrichten können. Er habe aber wenigstens etwas retten wollen.

»Sie müssen einmal zu mir kommen. Ein kleines Apartment habe ich. Wir müssen überlegen, wie ich Ihnen helfen kann, ich kenne eine ganze Menge Leute.«

Das war sympathisch. Er wußte selbst noch nicht, wie er weiterkommen könnte, und machte sich meinetwegen Gedanken.

»Was können Sie außer Theaterspielen, Blandine?«

»Ich schreibe. Lese sehr viel.«

»Haben Sie jemals unterrichtet?«

»Ja, Phonetik. Wenn meine Mutter keine Zeit hatte, vertrat ich sie schon als kleines Mädchen. Ich glaube, meine ersten Worte waren ›Knaben waren da gegangen, sangen Psalmen, Banner tragend‹ usw. Aus dem *Kleinen Hey*.« Ich lachte. Aber Rolf nicht.

»Es gibt sehr viele Studenten, die eine gute deutsche Aussprache brauchen.«

Es blieb ein weiter, langer Weg. Wirklich helfen konnte auch Rolf Nürnberg nicht.

Ich versuchte, mein Leben einzurichten. Ich erkannte schnell: Durch Beziehungen konnte ich gar nichts erreichen. Als mir endlich eine Rolle angeboten wurde, ging es um das Stück *Hitlers's Children*, Hitlers Kinder. Ein Anti-Hitler-Film. Ich dachte an meine Eltern und meinen Bruder in Deutschland. Zu der Zeit gab es gerade die Sippenverhaftungen in Berlin. Durfte ich meine Angehörigen gefährden? Ich war zwar keine Berühmtheit, aber doch immerhin eine bekannte Schauspielerin. Man würde in der Reichsfilmkammer davon erfahren. Deswegen lehnte ich die Rolle ab.

Das ging so weiter, ich zog mich immer mehr zurück. Ich hatte keine Lust, auf Parties zu gehen, bei denen sowieso nichts herauskam. Ich mußte andere Möglichkeiten finden.

Ich dachte an den Kurs im Krankenhaus in Strausberg, auf dem mein Vater bestanden hatte, weil mir das vielleicht einmal nützlich sein könnte. Glitschige Neugeborene hatte ich gebadet. Ich setzte eine Annonce in die Zeitung, nannte mich Sybil Vane, nach der jungen Schauspielerin in Oscar Wildes *Bildnis des Dorian Gray*. Als Sybil Vane habe ich ziemlich oft Babies gebadet und gepflegt.

Gelegentlich bekam ich auch eine Aufforderung, kleine Rollen zu spielen. So wirkte ich in einem Stück von Fritz Rotter mit, der *Ich küsse Ihre Hand, Madame*, geschrieben hatte. Darin sah mich der amerikanische Regisseur Dreyfuss, der mir viel später, kurz vor meiner Rückkehr nach Deutschland, eine interessante Rolle in dem Film *Prisonship* gab.

Als Sybil Vane verdiente ich zwar, aber nicht genug, um davon zu leben. Die nächsten Schritte mußten sein: Universität, Auto und Sachlichkeit der Gefühle. Nüchtern mußte ich werden, sachlich. Und logisch! Hier lag mein wunder Punkt. Ich war nie logisch gewesen, hatte immer nur nach meinem Gefühl gehandelt. Wer konnte mir Logik beibringen?

An der Universität von Kalifornien in Los Angeles untersuchte ich erst einmal, welche Vorlesungen für mich in Betracht kamen. Es gab dort eine dramatische Abteilung, wo ein Mr. Freud unterrichtete. Freud? Sollte er mit dem großen Freud verwandt sein? (Er war ein Neffe, wie sich später herausstellte.)

Zufluchtsort in Westwood Village, Kalifornien

Aber weiter, ich brauchte ja Logik! Wer unterrichtete dieses Fach? Professor Hans Reichenbach. Ein deutscher Name. Zweiter Schimmer am Horizont.
Weiter. Mut gefaßt, einen Zettel im Hauptbüro ankleben.
»German Lessons by Miss Ebinger.«
In Hollywood konnte und wollte ich nicht bleiben, das war mir klargeworden. Bei der Uni mußte ich ein Zimmer finden. Ich ging durch das Universitätsviertel Westwood Village, das umgeben ist von spanischen Haziendas, lauter kleinen oder größeren villenartigen Häusern.
Ich starrte auf die Worte »Room vacant«.
Die große ovale Tür des Hauses stand weit offen. Eine Dame auf dem langen Gang, der um das ganze Haus führte wie ein endloser Balkon. Rosen in den Kästen. Sie war schlank, mittelgroß, aschblond. Sie schnitt eine Rose ab und sprach zu einem Unsichtbaren. Sie sah mich, kam auf mich zu und fragte mit dem liebenswürdigsten Lächeln:
»May I help you, dear? – «
Ein Dackel bellte ihr nach wie ein vergessenes Kind. Sie bemerkte meinen Blick auf das Schild »Room vacant«.
»Why dont't you come in?« Wie gewinnend diese freundlichen Augen.
Wir betraten einen großen Raum mit einem riesigen Fenster. »You like it?« Sie beobachtete mich.
»It is like home«, antwortete ich.
»I bet, you're a special student.«

Damit hatte sie ins Schwarze getroffen. Ich hatte die ganze Zeit überlegt, als was ich mich in der Uni eintragen könnte. Da sagte sie mir das Zauberwort. Ich nickte.
»What would you like to take?«
»Drama.«
Sie lächelte.
»And logic«, setzte ich hinzu, schon um einen seriösen Eindruck zu machen.
Darauf lachte sie mir ins Gesicht und sagte: »You better have some music or dancing. You don't look very much like a teacher.«
»That's it!« rief ich. »I'm stupid, I have to learn!«
»Don't worry«, lautete ihre Antwort. »And now I show you the room; right?«
Wir gingen den langen offenen Balkon entlang. Sie öffnete die hinterste Tür. Wir standen in einer winzigen Diele. Von hier führte eine Tür in ein Bad mit Duschraum, die nächste in einen ziemlich großen Raum. Ruhig, mit Blick auf Wiesen und die Universität. Mein Herz hüpfte. Wenn es möglich wäre, wenn, wenn... Ich sah zum erstenmal bewußt, wie praktisch Menschen bauen können. Mit wenigen Handgriffen hatte sie aus dem Arbeitszimmer mit Schreibtisch ein behagliches Schlafzimmer gemacht.
»What do you think, Miss...?«
Ich hatte vergessen, mich vorzustellen. »Miss Ebinger.«

Half Blandine Ebinger im Exil: Pearl Berry

»And I am Mrs. Berry. You like it?«
»I think, it's wonderful.«
»Okay«, sagte sie, »move right in!«
»Mrs. Berry«, stotterte ich, »I think, it is too expensive. I need only one room. I...«
»Just take it! I like you. We talk about the money later.«
Wir gingen wieder in ihre Wohnung. Ich erzählte, daß ich aus Berlin kam, in Hollywood wohnte und mich erst einrichten müßte. Zum Schluß sagte ich noch, daß ich Schauspielerin sei.
Ich mußte mit ihr zu Mittag essen. Dann bat sie mich aber doch um eine Anzahlung, um sicher zu sein. Denn dieses spanische Haus, »Casa della Maria« genannt, gehörte ihrer sehr vermögenden Freundin, die auf einer Weltreise war. Sie kümmerte sich darum und verdiente dabei ein Taschengeld.
Eine großartige Frau, dachte ich, zog meine letzten fünf Dollar heraus und sagte möglichst ruhig und vornehm, das sei meine Anzahlung.
Sie zeigte ihre Fassungslosigkeit nicht. Die gestand sie mir erst später.
Sie wollte mir eine Quittung geben. Ich lehnte ab. Diese Mrs. Berry, meine geliebte Pearl, und ihr Mann Bud wurden für mich die festeste Stütze in all den Jahren in Kalifornien. Niemand hat mir so zur Seite gestanden wie sie.
Pearl starb 1976, Bud, der sie die letzten Jahre liebevoll betreut hatte, folgte ihr bald.

Eine neue »Familie«

In dem Apartmenthaus, das Pearl besorgte, lernte ich zwei junge Männer kennen, die gerade ihr Studium beendet hatten: Robert Gottschalk – er wurde Bob genannt – und John Geisenhofer. Da sie zu den bevorzugten Mietern gehörten, die sich die Zuneigung der Berrys erworben hatten, kamen wir bald in nähere Berührung. Wir trafen uns des öfteren, wenn sie und ich bei den Berrys zum Essen eingeladen waren.
Bob war frisch, aktiv, unternehmend, er stand mit beiden Beinen im Leben, immer voller Ideen, die er auch verwirklichte. Er sah gut aus, hatte schöne braune Augen, dichtes Haar und ein einnehmendes Wesen. John dagegen war versonnen: Wo er ging und stand, hatte er ein Buch bei sich, stets hatte er irgendein Zitat zur Hand und trug gern die Liebesgedichte von Elizabeth Berret-Browning vor. Beide waren vermögend und konnten es sich leisten, in aller Ruhe zu studieren und dabei das Leben zu genießen. Sie hatten die Eltern früh verloren, sie hatten sich während des Studiums kennengelernt und angefreundet. Sie trennten sich ihr Leben lang nicht.
Bob und John wollten unbedingt, daß ich in Hollywood Karriere mache, nachdem sie mich auf der Bühne – in der Aufführung der Drama-Klasse der Universität – gesehen hatten. Ich meinerseits interessierte mich brennend für Bobs Unternehmungen, er hatte damals schon die ersten Modelle der Panavisionskamera, einer leichten Kamera, die auf der Schulter gehalten werden kann, konstruiert. Damit verbesserte er später die Aufnahmetechnik und machte mit seinen Patenten ein Vermögen.
In jene Zeit bei den Berrys kam die Nachricht vom Ausbruch des Krieges. Immer hatte ich gehofft, daß mein Aufenthalt kurz sein würde. Immer hatte ich gehofft, zurück zu können zu meinen Eltern – diese Hoffnung war nun zerschlagen. Ich ahnte, daß ich mich auf eine längere Zeit einrichten mußte.

Krieg in Europa

Das Leben änderte sich irgendwie, ohne daß ich die Einzelheiten beschreiben könnte. Man rückte zusammen. Ich verfolgte auf einer Landkarte den Krieg. Merkwürdigerweise tauchte in den Berichten manchmal Strausberg auf, und mein Herz klopfte vor Angst und Sorge um die Eltern. Bald kam keine Post mehr aus Deutschland. Man konnte sich all das kaum vorstellen – Krieg in Europa, und ich ging am Ozean umher, in der Sonne Kaliforniens, mit einem Rollenbuch in der Hand. Ich lernte die Rolle der Julia aus *Bury the Dead* von Irwin Shaw, die ich in der Aufführung von Freuds Drama-Klasse spielen sollte. Nach dieser Aufführung nannte mich eine Kritik »a very gifted girl«.

Mit Pearl und Bud Berry sowie den Freunden Bob und John lebte ich fast wie in einer Familie. Dazu kam noch Hans Reichenbach, der sich immer besonders freute, neue Menschen kennenzulernen. Bob und John hatten beide das Glück, nicht eingezogen zu werden. Pearl, die Bob vergötterte, war deswegen in großer Sorge gewesen. Bob verlor den Kontakt mit den Berrys nie. Die Nachricht von Pearls und Buds Tod erhielt ich von ihm. Wir hielten losen Kontakt, als ich wieder in Europa war. In den siebziger Jahren besuchte ich ihn zusammen mit meinem Mann. An der herrlichsten Stelle von Bel Air, dem Super-Villen-Viertel am Rande von Los Angeles, hatte Bob ein Anwesen, auf dem er gemeinsam mit John lebte. Die Erfindung der Panavisionskamera hatte ihm ein Millionenvermögen gebracht – seine Kameras konnte man nie kaufen, nur mieten. Wir bewunderten seine Fabrik im San-Fernando-Valley. John war unverändert, fein, leise, vornehm, das Gegenteil vom aktiven Bob. Daß Bob sich lange und zäh mit einer Sache beschäftigen konnte, zeigte uns die Entstehung seiner neuen Villa an einer versteckten Stelle des Valley. Dort hatte er eine heruntergekommene Villa im spanischen Stil erworben. Die begonnenen Umbauten zeigte er uns stolz 1973. Als wir 1980 – zur 200-Jahr-Feier von Los Angeles – wieder dort waren, wohnte er zwar noch immer in Bel Air, aber das Anwesen im Tal war fast fertig. Am eindrucksvollsten war der zentrale Wohnraum: riesig groß, sehr hoch, die Decke aus Glas. Man konnte sie durch einen Knopfdruck verschwinden lassen und saß im Freien. Große Bäume in diesem Raum vermittelten eine fast tropische Atmosphäre. Man sah, daß Bob zu leben verstand. Um ihn waren stets junge Männer. Wir lernten Aki kennen, einen Japaner, den er studieren ließ. Bob hatte auch einen Mexikaner adoptiert, der mit Frau und Kind schon in dem Haus im Tal wohnte.

Vor wenigen Monaten hörten wir die fast unvorstellbare Geschichte seines Todes. Bob, dieser umsichtige, gescheite Geschäftsmann, wurde im Schlaf von einem Jungen erstochen, der bei ihm gelebt und den er kurz zuvor in seinem Testament bedacht hatte.

Was mag aus John geworden sein? Mein Mann und ich schrieben ihm, erhielten aber keine Antwort.

Unter Emigranten

Santa Monica, ein Vorort von Los Angeles, etwa eine Viertelstunde von Hollywood entfernt, wo viele Berühmtheiten am Meer ihre Villa hatten. Hier wohnte auch Eric Charell.

Nach einer Vorlesung fuhr ich mit meinem kleinen Ford ans Meer. Ernö Verebes, ein ehemaliger Ufa-Schauspieler, hatte ihn mir geschenkt. Er war Hollaenders Sekretär und Gärtner, hatte meine Not erkannt und mir den Wagen gebracht, der zwar schon einige Jahre auf dem Buckel hatte, aber für mich eine Rettung aus der Not bedeutete. Ich ging in den Anlagen am Meer spazieren, hoch über dem Ozean wandelte man unter Palmen. Da begegnete mir ein in Gedanken versunkener Herr. Wir blieben beide stehen. Es war Eric Charell, der im Berlin der Zwanziger Jahre einen großen Namen als Choreograph und Regisseur gehabt hatte.

»O Blandine! Das ist ja ein merkwürdiges Zusammentreffen. Kommen Sie doch herein und erzählen Sie mir von sich.«

Ich war sehr erfreut. Ich kannte Charell eigentlich nur flüchtig. Wir gingen in eine sehr schöne Villa, die mit weißen Teppichen ausgelegt war. Plötzlich stieß ich einen kleinen Schrei aus: Fußstapfen waren zu sehen. Ich hatte Teer an den Schuhen hereingebracht. Der kostbare Teppich war mit schwarzen Spuren bedeckt, ähnlich wie vor Grauman's Chinese Theatre, wo die Stars zur Erinnerung ihre Hand- und Fußabdrücke im frischen Zement einprägen.

Ich entschuldigte mich, aber Charell war dasselbe widerfahren. »Wissen Sie, man bringt hier immer vom Strand Teer herein. Wir kennen das schon.«

Er klingelte, ein Farbiger kam herein, und mit Hilfe einer geheimnisvollen Flüssigkeit waren die Teerflecken bald verschwunden.

Ich erzählte Charell von mir, wie schwierig es doch sei, alles allein zu bewältigen.

»Sie müssen natürlich einen Agenten haben, Blandine.«

»Einen Agenten, ja das ist leicht gesagt...«

»Ohne Vermittlung geschieht hier nichts, Blandine. Ich kenne Herrn H. Nehmen Sie Ihre Schallplatte und gehen Sie zu ihm. Er versteht Deutsch.«

Ich nahm meine Schallplatte unter den Arm und ging zu Herrn H. Er legte die Platte auf und hörte zu. Zwischendurch mixte er einen Cocktail, bot mir Zigaretten an. Ich nahm eine Zigarette, lehnte den Cocktail mit der Begründung ab, ich sei nicht daran gewöhnt. Da er mich immer wieder bedrängte, wollte ich nicht unhöflich sein. Er hatte schon mehrere Gläser getrunken. Ich nippte also an diesem schrecklichen Gebräu, das er aus zehn verschiedenen Flaschen zusammengemixt hatte. Dabei erzählte er einige eindeutige Witze. Ich gab mir Mühe, ein bißchen zu lachen, aber sie waren zu geschmacklos.

Ich versuchte, das Gespräch auf meine Chansons zu lenken, doch er sagte: »Darling, first of all I have to show you something!«

Dabei öffnete er eine Tür. Ich sah ein enormes Bett in einem ganz rot ausgestatteten Raum. Er strahlte mich an, legte den Arm um mich und sagte: »Come on, darling, come on. I am crazy about you.«

Ich entzog mich seiner Umarmung, lächelte und sagte: »Thank you, very nice.«

Er wurde ziemlich grob. »Well, then I have supper with somebody else.«

Ich antwortete: »Fine, I have an appointment with Mr. Charell.«

Herr H. schämte sich wohl, denn er sagte unvermittelt: »Your record is outstanding. It is art!«

Ich wußte, er hatte keine Ahnung von Kunst.

»And your bedroom?« fragte ich ironisch.

»Is art, too. Antique, Miss Ebinger.«

Genau wie Sie, dachte ich, very antique. Pause.

Er sagte: »Ich kenne Goethe«, und zitierte:

> »›Komm den Frauen zart entgegen,
> Du gewinnst sie – auf ein Wort.
> Aber bist du rasch, verwegen,
> kommst du noch viel schneller fort.‹«

Aber auch mit Goethe klappte es nicht.

So endete diese Unternehmung, die in Charells Haus für mich so hoffnungsvoll begonnen hatte, mit einer großen Enttäuschung. Ich rief Charell nicht an. Ich fand das Ganze zu peinlich. Erst bei einer späteren Gelegenheit schilderte ich es ihm. Er war sprachlos.

Die erste Zeit in Hollywood war für mich sehr schwer. Bis auf zufällige Begegnungen gab es wenig Kontakte, und wenn man sich traf, kam es nur zu oberflächlichen Gesprächen. Ich gehöre außerdem nicht zu den Menschen, die ihre Probleme vor sich her tragen und sich einfach jedem anvertrauen.

Man sah sich gelegentlich, traf sich, wechselte ein paar Worte, aber man stand nicht füreinander ein, half einander nicht, teilte nicht mit einem andern. Tatsächlich half mir keiner von denen, die es gekonnt hätten. Nur die Amerikaner waren unter Umständen dazu bereit.
Es waren Ellenbogen nötig. Wie in Berlin mußte man Ellenbogen haben. Ich hatte keine. Mißgunst und Bösartigkeit herrschten. Dann aber, wenn man eine Rolle hatte, kam plötzlich ein Umschwung, Kriecherei. Man wurde gefeiert – »You made it« –, weil man nun vielleicht etwas für die anderen tun konnte. Und immer diese eiskalte Phrase »How do you do« – niemanden interessierte wirklich, wie es einem ging. Unter den Studenten gab es jedoch verläßliche Freundschaften. Unter den Amerikanern in der Drama-Klasse der Universität fand ich Begeisterungsfähigkeit.
Vielleicht sehe ich das alles zu einseitig und bin ungerecht, denn nach den ersten mißlungenen Versuchen, Kontakte mit den Emigranten zu finden, hielt ich mich lieber an die Amerikaner in Westwood. Hier gab und nahm man selbstverständlich, fröhlich, gern. Ich mochte gar nicht mehr zu denen gehen, die ich von früher her kannte.

Amusements
The World of Music

French Drama at Starlet

FRANCE'S FALL and her struggles to regain liberty are portrayed in the indvidual lives of one family in "Bastille," three-act drama written and directed by Jay Ingram and produced by S. J. Sigram. It is now showing at the Starlet Little Theater, 107 North Robertson boulevard; principals, Carl O'Byran, Joyce Miller and Joseph Karnay, with frequent lines which call for emotional outbursts. *B. Ehinger*
The play attains near greatness in a remarkably tender little scene in which Sybil Vane portrays the mother of a child victim of Nazi air raiders. Pruning of dialogue and elimination of many long speeches would benefit the play materially. It is to close Wednesday night with a New York production already scheduled.—E. L.
* * *

Meine Lieder in Englisch

»Turnabout« hieß ein kleines Theater, das etwa 300 Zuschauer faßte. Es lag in Beverly Hills und wurde von Forman Brown geleitet. »Turnabout« bedeutete, daß man die Sitze wenden konnte. Auf der einen Seite gab es eine kleine Bühne für den Vortrag von Chansons, Sketchen und dergleichen, auf der anderen Seite – nach dem Drehen der Sessel – konnte man einem Marionettenspiel zusehen. Als ich Forman Brown kennenlernte, suchte er gerade nach neuen »Acts«. Er hörte sich entzückt meine Schallplatte an. Sofort wollte er versuchen, einige Chansons ins Englische zu übertragen. Nach einiger Zeit brachte er tatsächlich sehr gelungene englischsprachige Versionen zustande: *When I am dead, The Penny-Song, Oh moon, The Drummer*.
Wir besprachen einen Abend im »Turnabout«, es wurde geprobt. Das war wirklich eine merkwürdige Situation für mich. Diese urdeutschen Lieder klangen mir erst ein wenig fremd in der anderen Sprache, aber ich fand meinen Weg. Die Zuschauer waren bewegt. Sie riefen »Bis«.
Hollaender lud mich in ein erstklassiges Restaurant am Beverly-Hills-Strip ein, wo die Filmstars verkehrten. Ich hatte es bisher nur von außen gesehen. Allein hätte ich dort wohl kaum ein Glas Wasser bezahlen können. Ich erinnere mich noch an die Bouillon, in der eine Orangenschale schwamm – das merkte ich mir für zukünftige hausfrauliche Betätigungen. Hollaender war reizend, ich hatte ihn lange nicht mehr so liebenswürdig gesehen. Der Erfolg schien ihm doch gut zu bekommen.
Einige Vorstellungen mit animiertem Publikum hatte ich hinter mir, als der Traum auch schon aus war. Elsa Lanchester, Sponsorin des Theaters und Charles Laughtons Frau, sah meinen Erfolg wohl von einem anderen Standpunkt aus. Jedenfalls kam Forman Brown noch vor Ablauf eines Monats sehr verlegen zu mir, druckste herum und begann schließlich, Elsa möchte doch ... nun ja, das Theater gehöre ihr schließlich ... – »Ach«, sagte ich, »das ist mir neu. Ich dachte, es gehört Ihnen.«
Frau Lanchester hatte sich beteiligt. Elsa Maxwell hatte es ihr empfohlen, ihr Mann Charles Laughton hatte ihr zugeredet, kurz, alle waren für diese Beteiligung gewesen, die Forman Brown hatte akzeptieren müssen.
Wieder einmal mußte Blandinchen ihr Aschenbrödelkleid anziehen und sich verabschieden, obwohl ich einen

Blandine Ebinger in einem amerikanischen Spielfilm

Vertrag hatte. Das war wieder meine falsche Art, mich sofort zurückzuziehen, anstatt zu kämpfen. Es war nicht Feigheit. Ich bilde mir ein, alles andere als feige zu sein. Aber wenn mein Stolz verletzt wird, strecke ich die Waffen. Für mein künstlerisches Gewissen aber war es wichtig, daß es mir gelungen war, meine Lieder auch in englischer Sprache »über die Rampe« zu bringen. Ich hatte sozusagen ein Examen bestanden.

Geburtstagsfeier für Döblin

Bei Professor Hans Reichenbach, Physiker und Philosoph, hörte ich Vorträge über Logik. Sie waren eine Entdeckung für mich.

Reichenbachs waren befreundet mit Alfred Döblin, der am 14. August 1943 fünfundsechzig Jahre alt wurde. Zusammen mit Helene Weigel arrangierte Elisabeth Reichenbach zu diesem Geburtstag einen Abend. Die Crème der Emigranten war versammelt. Heinrich Mann sprach einige Worte, dann folgten Fritz Kortner und Peter Lorre mit Texten. Nach einer Pause sang ich die *Lieder eines armen Mädchens*. Am Flügel begleitete mich Hanns Eisler.

Döblin und die anderen konnten gar nicht genug bekommen. Zugabe um Zugabe mußte ich singen. Es war eine merkwürdige Stimmung. Alle standen um mich herum. Wenn ich es recht bedenke, dann war dies – jedenfalls für mich – der erste größere Anlaß in Kalifornien, bei dem alle gemeinsam ein Fest in deutscher Sprache begingen. Alle wirkten wie ausgehungert. Schließlich hörte ich auf, ich konnte ja keinen ganzen Vortragsabend geben. Die Begeisterung war unbeschreiblich. (Brecht war der Meinung, ich müsse dieses Programm wiederholen, er wolle es arrangieren.

Alfred Döblin

Brecht in Hollywood

Aber Helene Weigel verstand es, ihn rasch davon abzubringen.)
Die Darbietungen wurden fortgesetzt, es wurden Gedichte vorgetragen, schließlich sollte Eduard Steuermann eine Komposition von Eisler auf dem Flügel spielen. Entweder war er allzu begeistert, oder die Komposition war zu temperamentvoll, jedenfalls brach beim zweiten Satz der Flügel zusammen. Ich sehe Steuermann noch in die Tasten hauen, als sich das schwere Instrument senkte. Seine Knie wurden zum Glück nicht verletzt.
Zum Abschluß las Ludwig Hardt einen Essay. Beim Vortrag unterlief ihm ein Versprecher: »Die störende Gattin war auch dabei.« Verwunderung. Es hatte heißen sollen: »Die hörende Gattin.« Allseits ein Schmunzeln, auch die anwesende Gattin lächelte – was blieb ihr anderes übrig?
Als letzter betrat Döblin das Podium. Er war tief beeindruckt von dieser Ehrung. Bewegt stand er dort, ein mittelgroßer Mann, schlank, mit einem Gesicht, das immer noch zart wirkte. Es hatte trotz der grauen Haare etwas Jungenhaftes bewahrt. Er ließ die blauen Augen über die versammelten Gäste gehen, die er mit seinen Dankesworten anrühren wollte. Man spürte, daß dies die Worte eines frommen Menschen waren.
Diese Dankesworte regten Brecht zu dem folgenden Gedicht an:

Peinlicher Vorfall

**Als einer meiner höchsten Götter seinen 10 000. Geburtstag beging
Kam ich mit meinen Freunden und meinen Schülern ihn zu feiern.
Und sie tanzten und sangen vor ihm und sagten Geschriebenes auf.
Die Stimmung war gerührt. Das Fest nahte seinem Ende.
Da betrat der gefeierte Gott die Plattform, die den Künstlern gehört,
und erklärte mit lauter Stimme
Vor meinen schweißgebadeten Freunden und Schülern,
Daß er soeben eine Erleuchtung erlitten habe und nunmehr
Religiös geworden sei, und mit unziemlicher Hast
Setzte er sich herausfordernd einen mottenzerfressenen Pfaffenhut
auf,
Ging unzüchtig auf die Knie nieder und stimmte
Schamlos ein freches Kirchenlied an, so die irreligiösen Gefühle
seiner Zuhörer verletzend, unter denen
Jugendliche waren.**

**Seit drei Tagen
Habe ich nicht gewagt, meinen Freunden und Schülern
Unter die Augen zu treten, so
Schäme ich mich.**

Ich konnte Brechts Ansicht nicht teilen. Wenn ich heute dieses Gedicht lese, denke ich an das große Konfuzius-Bild in seinem Arbeitszimmer, das fast eine Wand bedeckte. Brecht hatte eine völlig andere Auffassung vom Leben als Döblin. Döblin war als Arzt vielen Menschen begegnet, denen er die letzte Hoffnung bedeutete. Unmittelbar vor diesem Fest hatte Döblin seinen geliebten Sohn im Krieg verloren. Seine Frau, eine Französin, war streng katholisch. Der Tod des Sohnes hatte ihn tief getroffen.

Heinrich Mann und Nelly Mann

Allmählich bekam ich bessere Rollen. Der berühmte Agent Kohner begann sich für mich zu interessieren. Aber er betreute Weltstars, und ich war nur eine Winzigkeit. Später, Anfang der sechziger Jahre, als ich in Berlin für meine Nebenrolle im *Letzten Zeugen* den Bundesfilmpreis erhielt, stand er neben mir. Genau in dem Augenblick, als ich zu einer Agentin sagte: »Von Kohner halte ich nicht viel. Er tut nur etwas für Leute, die es nicht mehr nötig haben. Kann ich verstehen, da kommt das Geld von allein.« Ich hatte ihn nicht gesehen, weil er so groß war und ich nach unten gesprochen hatte.

Das hat Kohner höchstwahrscheinlich nicht geschadet, mir hat er jedenfalls nichts genützt. Agenten haben mir nie genützt.

Reichenbachs hatten häufig Gäste bei sich. Dort traf ich auch Heinrich Mann und seine Frau Nelly. Heinrich Mann fühlte sich in Hollywood nicht wohl. Er sehnte den Tag herbei, an dem er endlich nach Deutschland zurückkehren könnte.

»Vielleicht schicken mir die Russen eine Fahrkarte«, sagte er. Seltsame Vorstellung.

Ich kannte ihn schon von Berlin her. Wir unterhielten uns, und er fragte: »Was machen Sie jetzt gerade?«

»Ich schreibe einen Artikel über Emigranten in Hollywood.«

»Ja«, sagte er, »ich denke mir, daß Sie schreiben können. Sie haben viel erlebt, und wenn sich das setzt und reift, dann kann ich mir das gut vorstellen.«

Diese unerwartete Bemerkung freute mich natürlich. Ich hätte kaum gewagt, ihm etwas zu zeigen und seine Zeit in Anspruch zu nehmen. Aber er sagte: »Besuchen Sie uns einmal.«

Seine Frau Nelly war eine gutaussehende, nicht zu üppige Blondine, sehr unterhaltsam. Wir trafen eine Verabredung, und es ergab sich, daß ich öfter dort sein konnte, ihr auch beim Kochen half, wenn Freunde bewirtet werden sollten. Vielleicht war meine Hilfe bei Manns der Grund dafür, daß gelegentlich ein kleiner Scheck eintraf – woher er kam, erfuhr ich nie.

Ich las damals gerade wieder die *Buddenbrooks*. »Es ist doch das Beste und Interessanteste, was Thomas Mann bisher geschrieben hat. Die Beschreibung der Toni und des Grünlich ist umwerfend«, sagte ich.

Nelly unterbrach mich: »Was heißt hier Thomas Mann? Heinrich hat ihm immer geholfen, das will nur keiner wahrhaben. Ohne Heinrich wär's doch überhaupt nichts.«

Alle waren betreten. Heinrich Mann schaute sie an und ging dann aus dem Zimmer.

Nelly sagte: »Auch er will es nicht hören. Aber so war's. Wissen Sie übrigens, daß ich das Vorbild für den *Blauen Engel* bin?«

Ich hatte immer gedacht, es sei Trude Hesterberg gewesen, die auf dem Standesamt statt »Ja« ein »Nein« gesagt hatte und davongelaufen war. Trotzdem sagte ich: »Ich hab davon gehört.«

»Na ja«, sagte sie, »ob das sehr schmeichelhaft ist, weiß ich nicht. Aber ich bin Frau Heinrich Mann!« Das betonte sie immer wieder.

Später einmal fand ich Nelly sehr unglücklich vor. Sie weinte und wiederholte immerzu: »Ich kann das nicht ertragen, ich bin schließlich Frau Heinrich Mann, und wie komme ich dazu?«

»Wozu?«

»Mich ausfragen zu lassen.«

Ich wußte nicht, was los war. »Was ist denn geschehen, Nelly?«

Sie war in eine unangenehme Geschichte verwickelt. Sie

Das Ehepaar Heinrich Mann

hatte einen Autounfall gehabt, einen Mann angefahren. Wie das zusammenhing, wer schuld war, ob sie oder der andere, weiß ich nicht. Sie schilderte es so:

»Ich war bei Feuchtwangers, und bei ihnen gibt es ja immer nur diese kleinen Crackers, die ein bißchen belegt sind. Das ist natürlich keine gute Unterlage. Wenn ich dann ein Glas Wein trinke oder einen Cocktail, ist das gleich zuviel. Ich vertrage nichts.«

Ich beruhigte sie, aber es gelang mir nur vorübergehend. Kurze Zeit darauf kam sie in ein Sanatorium. Sie war diesen Aufregungen nicht gewachsen.

Die Folgen des Unfalls waren schwerwiegend. Sie war zu schnell gefahren. Die Verhandlungen zogen sich hin. Aus dem Sanatorium rief sie mich einmal an und bat mich, ihr ein paar Sachen zu bringen. Ich wollte mich gerade auf den Weg machen, da hörte ich, daß sie schon wieder zu Hause sei. Sie war irgendwie entwischt. Heinrich Mann litt entsetzlich.

Und dann überraschte uns etwas Schreckliches: Nelly machte einen Selbstmordversuch. Schlaftabletten. Der Arzt konnte sie retten. Ich sprach mit dem Arzt, der meinte, das könne sich jeden Tag wiederholen. »Sie ist nicht gefährlich für andere, sondern nur für sich selbst«, erklärte er.

Nelly sagte sehr bestimmt zu mir: »Ich werde es wieder tun, aber so, daß man mich nicht mehr aufwecken kann.« So kam es dann auch. Sie schob mit Aufbietung aller Kraft in der Nacht heimlich einen Teil der Bibliothek vor ihre Tür. Am Morgen fand man sie schlafend vor. Diesmal war es zu spät. Heinrich Mann war gebrochen.

In Amerika gibt es eine seltsame Sitte: Man schminkt die Toten und macht sie wunderschön, ehe man sie in den Sarg legt. Sie sehen zum Verzweifeln lebendig aus. Das war fürchterlich für Heinrich Mann. Ich sehe ihn noch am Sarg stehen. Diese bildschön geschminkte Nelly, sein blauer Engel.

Später lebte er einsam. Er zog stets die Vorhänge zu. Er wollte niemanden mehr sehen.

Feuchtwangers

Gelegentlich traf ich auch Lion Feuchtwanger. Wir wohnten eine Zeitlang nicht weit voneinander entfernt am Monaco Drive in Pacific Palisades, jenem Stadtteil von Los Angeles, der an Bel Air anschließt und zum Meer führt. Der Monaco Drive ist eine Villenstraße, die sich, am Sunset beginnend, in vielen Schleifen und Kurven bis weit oben zu den Hügeln hinaufwindet. Weiter unten lebte die Familie Thomas Mann, daneben in einem sehr viel bescheideneren Haus Lion Feuchtwanger und seine Frau Martha, eine kräftige Urmünchnerin. Ganz oben am Berg stand ein spanisches Haus, stilecht, lauter Terrassen, von Mimosen und Orangenhainen umgeben. Dort wohnte ein Richter Thayer mit seiner Familie. Er hatte eine Gästewohnung mit Kochnische und großem Badezimmer. Daß sie frei war, erfuhr ich durch Freunde, als ich mein Zimmer bei Berrys aufgeben mußte. So zog ich zu Thayers und blickte auf meine berühmten Bekannten herunter.

»Who is that little man running around every morning like mad?« fragte Frau Thayer.

»Mr. Feuchtwanger, a famous writer.«

»What a cute figure«, wunderte sie sich.

Auf unserer zweiten Reise nach Kalifornien besuchten mein Mann und ich auch Martha Feuchtwanger in Pacific Palisades, wo sie nun wohnt. Über dem Ozean fanden wir ein Haus in einer kleinen Nebenstraße, es sah aus wie ein verwunschenes Schlößchen. Feuchtwanger hatte es 1943 erworben. Es hat sechzehn Zimmer, in denen Bücher aufwendig untergebracht sind – eine faszinierende Bibliothek von unermeßlichem Wert, die Feuchtwanger testamentarisch der Universität von Kalifornien vermacht hat. Die Sammlung heißt heute »Lion Feuchtwanger Memorial Library«. Martha Feuchtwanger erzählte mir, daß dies schon die dritte Bibliothek sei, die Feuchtwanger zusammengetragen hat. Eine in Deutschland, die er zurücklassen mußte, die zweite in Frankreich, die dann ebenfalls verloren war. Alle Gewinne aus seinen Büchern, den Filmrechten vor allem, steckte er in Häuser und in diese unermeßliche Sammlung. Man könnte seitenlang darüber berichten. Martha Feuchtwanger hat es inzwischen in ihren Erinnerungen getan.

Peter Lorre

Mein Wiedersehen mit Peter Lorre ergab sich ganz zufällig. Ich sehe ihn sofort wieder vor mir, den kleinen, lebhaften Mann mit den seltsam müden, sinnlich-dunklen, vorstehenden Augen. Sie sahen den anderen an, als wollten sie sagen: Ach geh, ich kenne dich schon lange, du erzählst mir nichts Neues, du langweilst mich.
In einem Film nach Edgar Allan Poe spielte er die Rolle eines Trinkers. Im Delirium betrachtete er eine Riesenschlange, dieses vertraute Ungeheuer, mit fast lächelndem Blick, verschmitzt. Unheimlich hat er das gespielt! Als wir uns in Hollywood trafen, rühmte ich diese großartige schauspielerische Leistung.
»Ach«, sagte er, »immer ist es dasselbe. Ein Mörder, ein Verbrecher, nichts anderes fällt ihnen ein.«
»Sie können doch nun wirklich wählen.«
»Nein, nein, Blandine, ich kann nicht wählen, ich bin abgestempelt.«
Er hatte kurze Ferien gemacht und sollte in einem neuen Krimi wieder einen Verbrecher spielen. Wir blickten auf den Sunset Boulevard hinaus (übrigens damals die einzige elegante Straße in Hollywood).
»Es ist schlimm«, sagte er, »daß es auch für Sie so schwer ist. Ich möchte Ihnen so gern helfen. Sie sind eine tolle Schauspielerin, ich habe Sie in Berlin gesehen. Da fällt mir ein, in meinem neuen Krimi gibt es eine gute Rolle für Sie, eine Ausländerin. Ich komme morgen ins ›Turnabout‹. Ganz bestimmt. Mich interessiert es, daß Sie hier mit Ihren Liedern Erfolg haben.«
Wir tranken Coca-Cola. Er war momentan ganz brav, kein Alkohol kam auf den Tisch. Es gab eine lange Pause. Er schloß die schweren Lider, er dachte wohl an Berlin. Dann sagte er plötzlich: »Ich habe Sie mit Cilly gesehen, in Berlin...«
Cilly Lowovski, eine Kollegin.
»Ich werde wieder ganz gesund werden. Ich muß es. Für alle, die mich lieben. Auch für mein Kind.« Die gütige Cilly betreute das Kind, das aus einer anderen Beziehung Lorres stammte.
Hoffentlich würde ihm die Abstinenz gelingen, Helfer waren genug vorhanden. Wer dieses Verfallensein nicht kennt – ob es nun der Alkohol oder Morphium ist oder sonst ein Rauschmittel –, der kann sich keinen Begriff machen, wieviel Energie jemand braucht, um sich davon zu befreien. Ich wünschte es ihm.

Wir sprachen wenig von mir, aber dann sagte er wieder: »Sie haben doch mit Cilly in Berlin bei Hilpert *Troilus und Cressida* gespielt.«
Ein Kollege, der sich erinnerte. Ich war ganz glücklich.
»Ihre Kassandra, visionär und leise. Ich werde die Inszenierung nie vergessen. *Hektor fiel,* das sagten Sie ganz leise, und alle hielten den Atem an.«
Wir sprachen von Cilly. Sie hatte wohl Peter Lorre ihr Leben geschenkt, denn ich sah sie nie wieder auf einer Bühne.
Lorre zog ein kleines Notizbuch heraus, er schrieb meine Telefonnummer auf. Er versprach fest, am nächsten Tag ins »Turnabout« zu kommen. Ich freute mich über die Möglichkeit, seine Partnerin zu sein, hatte allerdings nicht viel Hoffnung. Würde er wieder ganz gesund werden? Ich wartete nicht. Wenn es wirklich zu dieser gemeinsamen Arbeit käme, wollte ich mich überraschen lassen.
Es wurde nichts aus dem Film. Ich hörte später von Freunden, daß er wieder eine Entziehungskur durchmachte. Er hatte nicht die Energie zu widerstehen.
Ich sah Peter Lorre nie wieder.

Peter Lorre

Warten auf die Garbo

Hollywood vergab allerlei Gelegenheitsarbeiten, und jeder, der etwas verdienen wollte, griff danach, mochten sie noch so seltsam sein.
So meldete sich eines Tages ein Holländer bei mir, der eine sehr gute Galerie am Sepulvada Boulevard hatte. Er wollte für einige Tage verreisen und suchte eine Vertrauensperson. Ich war ihm empfohlen worden. Er stellte mich für ein paar Tage an. Greta Garbo hatte sich angesagt, um ein Original zu erwerben. Klee, Chagall, ganz Moderne, aber auch ein Rembrandt waren hier zu haben. Doch es gab etwas, das mir gar nicht gefiel: einen riesigen Hund, der Lasso hieß. Er saß stolz auf dem Teppich und beäugte mich mißtrauisch, für mein Gefühl etwas zu unternehmungslustig.
»Er ist scharf«, sagte der Inhaber strahlend zu mir, »Sie können ganz beruhigt sein.«
Er führte den Hund zu mir. Ich versuchte, mich mit ihm vertraut zu machen.
Beim Abschied sagte der Galerist noch zu mir: »Übrigens, wenn Sie Greta Garbo ein Bild verkaufen, bekommen Sie fünf Prozent.« Großartig!
Ich fragte noch schnell: »Kann nicht ein Bekannter bei mir sein, der Sohn von Professor Reichenbach oder ein amerikanischer Freund von mir, Bob oder John?«
»Nein«, entgegnete er, »nicht Bob und nicht John, man kann nie wissen. Nur Sie!«
Dann stand ich da. Allein. Der große Hund und ich guckten uns an. Er schien freundlich zu sein, aber er war so groß. Es gab glücklicherweise am Sepulvada Boulevard eine Gaststätte, in der man nur Waffeln mit Ahornsirup bekam, dazu Maxwell-Kaffee. Dorthin ging ich in der Mittagspause und sperrte Lasso ein. Auf dem Rückweg besorgte ich für ihn Hot dogs.
Kein Käufer, kein Besucher, nichts. Ich hatte wie immer ein Buch bei mir, arbeitete auch an einer Rolle, die ich bald spielen sollte.
Am dritten Tag, als ich schon ungeduldig dachte, nun könnte endlich einmal etwas geschehen, klingelte es. Auf der Schwelle stand nicht Greta Garbo, sondern Gaylord Hauser. Gaylord Hauser war sehr beliebt in Hollywood, ein gutaussehender Mann, der sämtliche Schauspielerinnen, aber auch Millionen andere mit seiner neuen Diät beglückt hatte, mit einer Diät, mit der man angeblich schlank blieb und doch das Leben genoß. Ganze

Szene aus dem Film »Die freudlose Gasse« mit Greta Garbo (links) und Valeska Gert (rechts)

Reformhäuser lebten von seinen Ratschlägen. Gaylord Hauser kündigte die Garbo an.
Ich sah sie aus dem Auto steigen, eine burschikose Frau, die immerzu ihre Haare zurückwarf, im Lodenrock – das sollte Greta Garbo sein? Ich hatte eine poetische, in sich gekehrte Künstlerin erwartet. Sie flitzte mit großen Schritten herein. Hauser erklärte, sie wolle Bilder kaufen. Sie nickte hoheitsvoll, wie sich das für einen Weltstar gehört, warf wieder die Haare zurück und sagte, sie wolle sich einige Gemälde ansehen. Sie fragte nach dem Hausherrn. Ich antwortete, er habe verreisen müssen, mich aber ermächtigt, sie herumzuführen. Ob sie einen Lieblingsmaler hatte, wußte ich nicht. Sie stürmte mit Riesenschritten umher. Sie hatte nichts von einer Kameliendame. Nein, ein Mädchen vom Lande mit großen Füßen durchquerte diese geheiligten Räume, in denen Meisterwerke ihr stilles Leben verbrachten. Gaylord Hauser setzte sich, schlug die Beine übereinander, lächelte charmant. Er trug einen silbergrauen Anzug, der gut zu seinen blaugrauen Augen paßte. Er sprach in gutem Deutsch mit mir. »Ach, lassen Sie Greta nur, sie sucht sich schon aus, was sie haben will. Erzählen Sie mir lieber von Deutschland. Ich kenne Stuttgart sehr gut.«

In Stuttgart hatte er irgendwelche Ahnen. Ich erzählte ihm auch von Berlin. Er fragte, was ich machte. Ich wollte nicht sagen, daß ich Schauspielerin sei, denn ich hielt es für ausgeschlossen, daß er oder die Garbo etwas für mich tun würde.

Die Emigranten taten nie etwas für einen Kollegen, warum sollte ein Star anders sein? Ich hatte das schon einmal mit einem Star erlebt, mit Ginger Rogers, der Partnerin von Fred Astaire. Otto Preminger hatte mich empfohlen, der Produzent musterte mich und sagte nur: »This is a Ginger-Rogers-Picture. You are looking much too nice. Good luck and put your chin up!« Mein Kinn hielt ich übrigens immer hoch, auch auf Tiefpunkten.

Jedenfalls plauderten Hauser und ich, und er sagte, es wäre sehr hübsch, wenn wir uns wiedersehen könnten. Er gab mir seine Adresse und Telefonnummer. Gerade als ich sagte, nun müßte ich mich aber um Greta Garbo kümmern, kehrte sie zurück. Sie hatte zwei Bilder ausgewählt, ein modernes und ein anderes. Zwischen beiden wollte sie sich entscheiden.

Sie machte wohl gerade eine Kur. Hauser und sie hielten Knoblauch für sehr gesund. Ich dachte: Soll ich ihr sagen, daß ich sie in der *Kameliendame* bewundert habe? Nein, besser nicht. Der Zettel von Gaylord Hauser mit Adresse und Telefonnummer lag auf dem Tisch. Ganz in Gedanken nahm die Garbo diesen Zettel an sich, und beide verschwanden in ihrem kostbaren Auto.

Da stand ich nun. Es war unmöglich, ohne die Telefonnummer an Gaylord Hauser heranzukommen. Vielleicht hätte er mir auch nur einen Speiseplan verschrieben.

Die blaue Stunde kam. Ich mußte Lasso spazierenführen. Heute kam er mir irgendwie mißgelaunt vor. Vielleicht, weil er während des Besuchs eingesperrt worden war. Ich wartete auf die Rückkehr des Galeristen. Er freute sich, daß Greta Garbo dagewesen war. Aber er sagte auch: »Eigentlich schade. Ich hätte gern selbst mit ihr gesprochen und ihr alles gezeigt.«

Ich teilte ihm mit, welche Bilder sie gewählt hatte, und erzählte außerdem von Gaylord Hauser. Er wurde immer nachdenklicher. Ich begriff nicht, warum der Mann so nachdenklich geworden war, es war doch alles großartig. Dann fiel es mir ein: Die fünf Prozent hatten ihn wohl nachdenklich gestimmt.

Der Schluß? Die Garbo kaufte tatsächlich eins der Bilder. Aber ich bekam nicht einmal ein Prozent zu sehen.

Ananda Ashrama

Allmählich hatte ich mir mein Leben eingerichtet, es ging immer irgendwie weiter. Neben aller Sorge um die eigene Existenz bekümmerten mich die Nachrichten aus Europa und Deutschland. Es war eine große Belastung, nie zu wissen, wie es um die nächsten Angehörigen stand. Post kam immer seltener und spärlicher. Meine Tante Doni in Genf hielt mich einigermaßen auf dem laufenden. Es war erschütternd, unfaßbar, was sie berichtete. Ich lebte in tausend Ängsten. Die Bomben... Strausberg so nah an Berlin...

Eines Tages erhielt ich einen Brief von ihr, meine Mutter sei erkrankt. Sie litt an einem Hungerödem. Ich hatte immer fleißig Pakete geschickt, was Schwierigkeiten bereitete, da es verboten war. Der einzige Weg, den ich gefunden hatte, führte über einen Soldaten, Georg Atlas. Ein jüdischer Emigrant, der mich verehrte, half mir. Ihm durfte ich Pakete senden – er war amerikanischer Soldat in Europa –, und er leitete sie weiter an meine Eltern.

Sister Daya

Der Brief meiner Tante versetzte mich in helle Aufregung. Jetzt hieß es: zurück! Aber wie? Der Krieg tobte weiter – wie sollte ich zurückkommen? Ich war entsetzlich deprimiert und wollte wenigstens fort von Hollywood. Zufällig begleitete ich eine Bekannte zu einem Kloster in der Nähe von Pasadena. In einem duftenden Park – Eukalyptus-, Zitronen-, Orangenbäume, Blumen überall, Palmen, hohe Lorbeerbäume – fand ich das Zentrum »Ananda Ashrama«. Ich saß an einem stillen Aussichtspunkt, schloß die Augen und dachte: Hier möchte ich lange bleiben.

Plötzlich sah ich eine weißgewandete Gestalt auf mich zukommen, die schon von weitem eine Vornehmheit und Ruhe ausstrahlte, wie ich sie selten empfunden habe. Sie streckte ihre Hände nach mir aus und begrüßte mich mit einer solchen Wärme, mit einem so heiteren Lächeln, daß ich an meine Mutter erinnert wurde.

»I'm Sister Daya.«

Ich stand vor ihr und sagte: »I'm Blandine.«

So begann unsere Freundschaft.

»Ananda Ashrama« hatte Sister Daya zusammen mit einem Inder, Swami Paramananda, gegründet, einem Schüler von Swami Vivekananda. Dieser war wiederum ein Schüler von Rama Krishna, über den Romain Rolland ein Buch geschrieben hat. All das wußte ich – aber nicht, daß Paramananda, der letzte Schüler also, mit Sister Daya dieses Ashrama gegründet hatte. Sister Daya war die Tochter eines Senators. Sie hieß Georgina, heute ist in Santa Monica eine ganze Straße nach ihr benannt. Sie hatte als junge Frau ihre bürgerliche Existenz hinter sich gelassen, um sich diesem Kloster zu widmen. Sie leitete nicht nur das Ashrama, sondern schrieb auch regelmäßig für eine kleine Zeitschrift, *Vedanta Quarterly: Message of the East,* deren Motto ist: »Wahrheit ist eins, die Menschen nennen es bei verschiedenen Namen« (Rigweda).

Sister Daya führte mich zu einem kleinen Tempel. In den Wänden befanden sich Nischen. In jeder Nische stand das Sinnbild einer Religion; Christus, Buddha, Mohammed und so fort.

Ich durfte bleiben. Als Dayas Gast.

Daya und ich waren oft zusammen. Mit ihrer Beschwingtheit, Heiterkeit und Kraft half sie mir, allein durch ihre Gegenwart. Sie interessierte sich für alles, erfuhr von mir allmählich vieles, das ich sonst nicht preisgab.

»Blandine«, sagte Daya eines Tages, »I think you heard about us through Heinrich Mann?«

Ich verneinte verwundert. Heinrich Mann war nach einer Krankheit lange bei ihnen gewesen. Fast unentgeltlich. Aber in der ganzen Zeit war er kein einziges Mal in den Tempel gegangen. Damit hatte er Daya gekränkt.

Der Aufenthalt im Ananda Ashrama war für mich sehr wichtig, nicht nur damals. Aus der Begegnung mit Daya erwuchs eine der schönsten Freundschaften meines Lebens, die bis zu Dayas frühem Tod hielt.

Für Augenblicke glücklich: Blandine Ebinger 1939 in Palm Springs.

Die Atombombe

Als ich nach Westwood zurückkam, fand ich eine Nachricht vor, daß ich zu einer Probeaufnahme kommen sollte. Zusammen mit Robert Donath würde ich für den Film *Prisonship* in Betracht gezogen werden.
Im Studio herrschte eine merkwürdige Stimmung. Donath sagte zu mir: »Ich hoffe, sie tun es nicht!«
Ich begriff nicht, was er meinte. Ich hatte die Zeitungen nicht gelesen und war infolgedessen nicht informiert, was bevorstand.
»Sure they will do it!« sagte ein Beleuchter.
Ich erfuhr von ihnen, daß es um die Vergeltung für Pearl Harbour ging, um die Atombombe.
Die Probeaufnahmen waren beendet, wir verließen das Studio. Ich war außer mir.
»Vergessen Sie Pearl Harbour nicht, Blandine!«
Aber nein, das durfte einfach nicht geschehen. Ich fuhr mit meinem kleinen Wagen nach Hause. Überall gab es Extra-Ausgaben. Es war geschehen.
Ich sah schweigende Gruppen, und ich sah Menschen, die sich fast schlugen, weil sie verschiedener Ansicht waren. Mich erfaßte ein Schwindel, ich konnte mich kaum am Steuer festhalten, fuhr so schnell wie möglich in meine winzige Wohnung. Das Furchtbare war geschehen. Die Atombombe war über Hiroshima abgeworfen worden.
An diesem Abend war ich mit Reichenbachs verabredet. Verstört langte ich in Santa Monica an. Im Wohnzimmer saß der Physiker, den Kopf in die Hände gestützt. Wir sahen uns an. Er sagte nichts, begrüßte mich nur mit einem Nicken. Reichenbach, der Einstein gut kannte, mit ihm lange Gespräche geführt hatte, wußte, was das bedeutete. Das Essen blieb an jenem Abend unberührt. Wir saßen schweigend im Arbeitszimmer. Schließlich sagte Frau Reichenbach: »Das ist die Antwort auf Pearl Harbour.«
Die Amerikaner liebten die Japaner, liebten die Philippinen. Man konnte sich einen amerikanischen Garten, in dem kein Japaner arbeitete, gar nicht vorstellen. Viele Amerikaner waren von dieser Aktion betroffen. Es gab aber auch andere, die sagten: »Recht geschieht ihnen! Sie haben es herausgefordert.«
In diesem Zusammenhang konnte man auch hören: »Europa hätte man ausradieren sollen. Radiert es aus, wir bauen es wieder auf.« Tagelang verfolgten mich unendlich schmerzliche Gedanken. Was konnte die Völker vor solchem Wahnsinn bewahren? Warum konnten sie keinen Frieden schließen?
In Kalifornien, in Santa Monica änderte sich nichts. Ich unterrichtete weiter meine Studenten in Deutsch, ich hörte weiter Reichenbachs und Russells Vorlesungen über Logik. Und ich arbeitete mit Freud an der Rolle der Porzia im *Kaufmann von Venedig* in englischer Sprache.
Alles nahm seinen Lauf. Die Amerikaner atmeten auf, denn nun würden die japanischen Gärtner bald wiederkommen.
Immer noch keine Nachricht aus Deutschland. Aber Care-Pakete wurden versandt. Wir erhielten Listen. Ich besorgte Öl, Zigaretten, Alltägliches. Ich stellte mir die Freude zu Hause vor.
Ab und zu spielte ich in Filmen, deren endgültige Titel ich nie erfuhr. Ich hatte entweder eine Französin zu spielen oder eine verängstigte Deutsche wie in *Prisonship*.

Im Nachkriegs-
europa

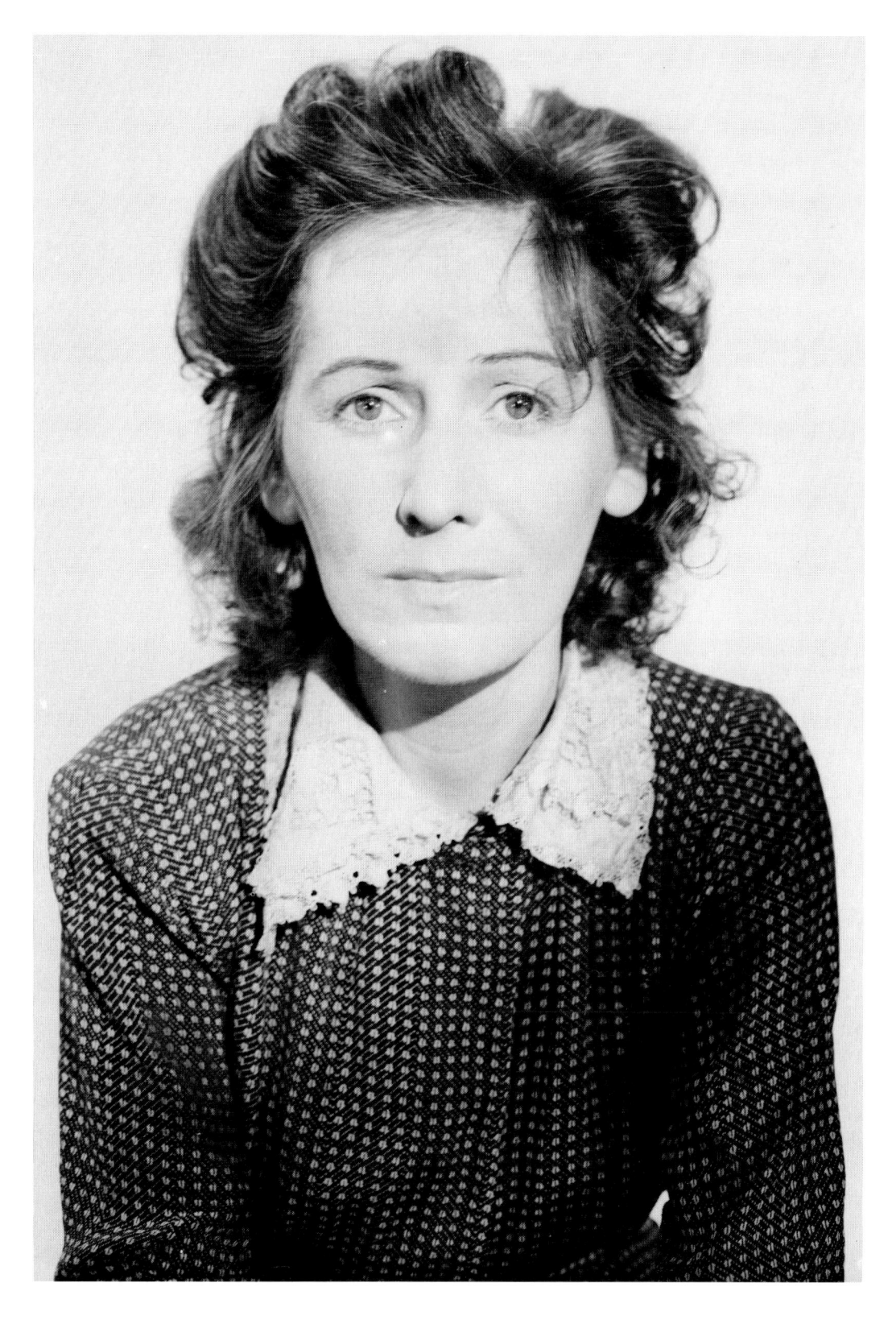

Rückkehr nach Europa

Man konnte nicht nach Deutschland – noch nicht. Eines Tages erhielt ich ein Telegramm aus der Schweiz. Von Tante Doni. Ich bekam Angst und bat Hans Reichenbach, den Sohn des Physikers: »Öffne du es.«
»Komm sofort. Mami schwerkrank.«
Ein paar Tage später folgte ein Brief, in dem sie mich aufklärte, daß meine Mutter Lungenentzündung habe. Ich schrieb zurück, ich könne das Geld für die Rückreise nicht aufbringen. Es würde mindestens ein Jahr dauern, bis ich es beisammen hätte. Wie konnte ich es schneller schaffen? Auch Hans Reichenbach wollte unbedingt nach Europa.
»Ich habe genug, ich will nicht mehr in Amerika bleiben!« Woher das Geld nehmen?
Wir überlegten viele Möglichkeiten. Keine war gut. Hans sagte: »Bob!« Bob war reich, es wäre ihm ein leichtes gewesen, uns zu helfen. Trotzdem hätte ich es nicht über die Lippen gebracht: »Bitte, borg mir die Reise.« Also mußten wir sie zusammenschuften. Hans gärtnerte. Ich spielte in einem kleinen Theater für ein Butterbrot. (Jeder tat das, um von den Mächtigen in Hollywood gesehen zu werden.) Und einige Freunde halfen: Thayers, Robert Siodmak und andere.
1947. Wir rüsteten zur Abreise. Meine Freunde Pearl und Bud sagten: »Du wirst uns fehlen, Blandine, hol doch deine Verwandten hierher! Warte noch. Du hast jetzt schon einige Rollen gespielt, und bald werden es mehr.« Von Ernst Lubitsch kam die Nachricht, daß er in New York etwas für mich in die Wege leiten wolle. Meine Tante hatte geschrieben: »Nur Deine Gegenwart kann Deine Mutter retten.« Also sagte ich mir, so verrückt es auch sein mag, ich fahre jetzt.
»Aber wohin?« fragten meine Freunde. »Es gibt nur eine Möglichkeit, und das ist Paris. Nach Paris kommst du vielleicht durch.« Ich aber beschloß, zunächst nach Genf zu fahren.
Hans Reichenbach wurde immer unruhiger. Er hatte Sorge, ich könnte ohne ihn fahren. Ich fragte bei Tante Doni an, ob ich einen Freund mitbringen dürfe, der mir beigestanden hätte. Sie war einverstanden.
Nachdem *Prisonship* abgedreht war, wurden die Schiffskarten bestellt für einen Dampfer, der »Ernie Pyle« hieß. Abfahrt von New York.
In New York holte uns Mister Bulowa am Bahnhof ab: Bulowa-Watch-Time, berühmt in der ganzen Welt. Hier

Ich werde meine letzte Begegnung mit Albert Einstein in Princeton auf dem Rückweg nach Deutschland nie vergessen. Ich sehe vor mir sein gütiges Gesicht, sein Schmunzeln hatte etwas Jungenhaftes – ein bißchen so wie auf dem Bild, auf dem er allen die Zunge herausstreckt. Wir sprachen über vieles, auch über Hiroshima. »Ich habe immer vor der Wasserstoffbombe gewarnt, ich habe gewarnt vor den Kettenreaktionen.« Er stand auf, ging hin und her, blieb stehen, wie entrückt. »Aber ich weiß etwas... Ich weiß etwas, aber das sage ich nicht. Niemandem...« Was mag es gewesen sein?

stand nun der Enkel dieser weltberühmten Uhrenleute vor uns und lud mich zum Essen ein. Hans hatte Besorgungen zu machen. Mister Bulowa hatte einen der Filme gesehen, in denen ich als Emigrantin aufgetreten war. Das hatte ihm gefallen.

»Frau Ebinger, bitten bleiben Sie in New York! Wir werden Ihnen helfen. Sie brauchen sich keine Sorgen zu machen.« Ich dankte ihm herzlich und lehnte ab. Er war sprachlos. Wenn man die Möglichkeit hatte, in New York zu sein – statt dessen in dieses zerstörte Deutschland fuhr, das konnte nur Irrsinn sein! Irrsinn – oder eben Liebe.

Die »Ernie Pyle« lag vor uns am Pier. Das Schiff sah so leicht aus wie eine Nußschale.

Eine Dame schrie unentwegt, nachdem man ihr eine Kabine angewiesen hatte: »Die nehme ich nicht, die nehme ich nicht, ich habe Klaustrophobie.« Sie war ganz tief im Rumpf untergebracht, nach ihrem Geschrei versetzte man sie ein Deck höher.

Mir wurde eine Hängematte angeboten. Ich verzichtete darauf, ein Geschrei zu erheben. Es lagen noch andere Passagiere in Hängematten, und ich fügte mich. Hans verschwand irgendwo ganz unten bei den Männern. Das Schiff setzte sich in Bewegung, die Freiheitsstatue verschwand.

Ich werde nie vergessen, wie ich am nächsten Morgen den riesigen Waschraum sah. Ich wartete, bis die anderen fertig waren, und ging dann hinein. Ein Farbiger kam. »I don't mind«, sagte er großmütig. »But I do.« Ich schob ihn hinaus und verschloß die Tür.

Tagelang auf diesem Schiff, eingezwängt wie Sardinen in der Büchse. Aber wir hatten wenigstens Glück mit dem Wetter. Bis plötzlich Alarm ertönte. Ein sehr unangenehmes Gefühl. Eine Hölle begann. Haushohe Wellen. Mir war so schlecht, daß ich schließlich dachte: Wenn doch dieses blöde Schiff unterginge! Wir standen enggedrängt an Deck, mit Schwimmwesten, bis der Alarm abgeblasen wurde. So ging es, sage und schreibe – viele Nächte hindurch. Wir überstanden es.

Auf mich wirkte der Gedanke, »nach Hause« zu kommen, wie ein Wunderheilmittel. Wie würde das sein? Was würde ich vorfinden? Wie würde man durchkommen? Ankunft in Le Havre.

Zug nach Paris.

Ich versuchte, mich innerlich auf all das Schreckliche einzustellen, das ich gehört hatte. Zum Glück habe ich die Gabe, daß ich, wenn es ganz schlimm wird, ruhig werde.

Wir kamen nach Paris. Paris hatte trotz aller Schicksalsschläge sein Gesicht bewahrt. Es war irgendwie erlösend, in diese Stadt zu kommen. Sie hatte etwas Tröstendes, weil sie so schön war und unversehrt. Hier konnte man aufatmen.

Im Quartier Latin fanden wir in der Rue de Clamart ein kleines Hotel. Wir gingen durch die Straßen. Wir aßen gegenüber dem Theater, in dem Sarah Bernhardt gespielt hatte. Zwei Tage ein normales Dasein führen – wir fühlten, daß wir lebten. Hans Reichenbach war glücklich, endlich wieder in Europa zu sein.

Weiter nach Genf.

Auf dem Bahnhof stand Tante Doni. Ein ganz anderes Gesicht erblickte ich, ein ausgeruhtes und zufriedenes. Nicht nur sie sah so gut aus, nein, alle Schweizer sahen so aus. Man merkte ihnen an, daß sie keine Kriege kannten. Man stelle sich vor: Nach zehnjähriger Isolation in einem zwar herrlichen, aber doch fremden Land, in dem man zu Gast gewesen war, in dem man nicht so hatte arbeiten können, wie man gewollt hätte – nun Genf! Ein Leben, das man lange entbehrt hatte.

Mit Hans Reichenbach 1947 in Paris

Tante Doni spürte, daß mich trotzdem etwas bedrückte.
»Was hast du denn, Blandine?« fragte sie.
»Ach«, sagte ich, »laß nur, es hat Zeit.«
Später mußte ich es ihr gestehen: »Ich habe keinen Pfennig Geld!«
»So«, sagte sie, »aber Hans Reichenbach, kann er wenigstens für sich sorgen?«
»Nein, das kann er nicht.«
Meine Verwandten waren keine sogenannten »reichen Schweizer«, aber Schweizer verstehen gar nicht, daß man so arm sein kann, wie wir es damals waren. Wir sprachen nicht weiter darüber. Ich wollte nach Berlin. Zu meiner Mutter.
Zu meinem maßlosen Erstaunen hörte ich, daß es um sie gar nicht so dramatisch stand. Ich werde nie verstehen, warum Tante Doni mich mit ihren Notrufen aus Amerika hatte kommen lassen. Von dort hätten wir mit Care-Paketen helfen können. Hier waren wir Gäste, die nichts beizutragen vermochten. Nach Berlin zu fahren, schien ein Unternehmen, als wollte man auf den Mond.
Die ersten Tage waren wundervoll. Dann aber ertrug ich es nicht mehr, immerzu »Danke schön« sagen zu müssen. Nicht, daß es von mir erwartet wurde, doch innerlich sagte ich immerzu »Danke schön«, auch für meinen Freund Hans. Ich setzte mich hin und schrieb einen Brief an Kurt Hirschfeld in Zürich. Ich schilderte ihm meine Lage. Ich wartete. Es vergingen Tage.
Schließlich sagte meine Tante: »Was soll nun werden mit deinem Freund Hans Reichenbach?« Sie hatte sich allmählich daran gewöhnt, »Freund« zu sagen. »Und Hollaender?« fragte sie.
»Aber, Tante Doni, wir sind seit vielen Jahren geschieden!«
»Hier werdet ihr nicht weiterkommen«, erklärte sie.
Endlich kam der Brief von Hirschfeld.
»Liebe Blandine Ebinger«, schrieb er, »ich habe eine wirklich gute Rolle für Sie. Kommen Sie sofort. Sie spielen mit Käthe Dorsch bei mir *So war Mama*.«
Hans Reichenbach bezog ein Zimmer in einem Vorort von Zürich, mich hatte das Schauspielhaus schon in einer Pension untergebracht. Die Wirtin erstickte mich fast mit ihrer aufdringlichen Liebenswürdigkeit. Käthe Dorsch verhielt sich freundschaftlich. Agnes Fink sagte: »Wenn du es in deiner Pension nicht mehr aushältst, komm doch zu uns. Bei uns kannst du gern wohnen, bis du etwas Geeignetes findest.« Das war damals recht schwierig in Zürich.

Blandine Ebinger hat das sonnige Kalifornien, in dem sie jahrelang gewirkt, verlassen, um nach Berlin zurückzukehren. Zürich bleibt nur Zwischenstation.
1937 hat sie einer Einladung nach London Folge geleistet und dort Abende mit Rezitation, mit Liedern und dramatischen Szenen gegeben. Aus der Tournée wurde ein Exil. Sie fuhr hinüber, machte mit in Hollywood, spielte aber auch in Amerika eher Theater als Film, weil die Standardisierung der Filmfabriken ihrem stets sich erweiternden Wesen nicht lag. «Peter Lorre, der doch ein grossartiger Schauspieler war, hat mir eines Abends in Los Angeles sein Leid geklagt. ‚Im Moment, wo ich heute auf der Filmleinwand erscheine', hat er gesagt, ‚bin ich als Gangster abgestempelt.'»

Blandine Ebinger

Sie hat das Rennen nach dem Dollar, bei dem einige einstige Deutsche, wie man weiss, vordere Plätze belegten, nur unwillig mitgemacht. Um sich vom Höllenbetrieb Hollywoods zu erholen, zog sie sich für einige Zeit in die Wüste von Palm Spring zurück. «Diese Zeit der Einsamkeit war die fruchtbarste meines Lebens.»
In Zürich ist sie keine Unbekannte mehr. Letztes Jahr entzückte sie mehr als einen Kritiker und viele Schauspielfreunde in der amerikanischen Komödie «Die Unvergessliche». Darum wird sie nächsten Sonntag schon auf ein kleines Stammpublikum zählen können. Im «Theater am Neumarkt» unternimmt sie das Wagnis einer Matinee. Sie wird Gedichte nicht aufsagen, sondern eher aufführen; klassische und moderne. Sie wird jene «Lieder eines armen Mädchens» singen, die seinerzeit Friedrich Hollaender in Berlin für sie schrieb: **ein Präsent des Dankes**, das er ihr für ihre ergreifende Darstellung des «Hannele» widmete. Dem wird Strindbergs Zweifrauenstück «Die Stärkere» folgen, das heute wieder interessant gewordene psychologische Sezierstück, in dem nur eine Frau spricht, indes die andere von A bis Z schweigt. Angelsächsische Szenen sollen das Programm runden.
Den Ruinen Berlins sieht sie mit etwas Bangen entgegen. Als alte Berlinerin weiss sie jedoch, dass diese Stadt jenes gewisse Etwas bewahrt hat, welches der Millionenstadt einen eigentümlichen Zauber verleiht, eine geistige Elektrizität, um deretwillen man die knapp bemessenen Rationen der materiellen Elektrizität zwar nicht gern, aber doch mit einer Art hochgemuter Trotzigkeit in Kauf nimmt.

Theater in Zürich

Premiere. Immer wieder wurden wir vor den Vorhang gerufen. Eine neue, frohe Zeit begann.
Hirschfeld sagte: »Es ist wunderschön, daß wir Sie hier haben, Blandine. Wir haben auch die Arbeitserlaubnis für Sie.« Gustav Knuth begrüßte mich herzlich, lauter liebe Kollegen – Annemarie Blanc, Leonhard Steckel –, ein Kreis, in dem ich mich wohl fühlte. Ein Chansonabend wurde besprochen. Frau Ludwig, eine gute Pianistin, arbeitete bereits an dem musikalischen Teil.
Plötzlich kam ein Brief aus Berlin. Karl-Heinz Martin vom Hebbel-Theater forderte mich an. Berlin! Sofort ging ich zu Hirschfeld und sagte: »Lieber Hirschfeld, Sie müssen meine Rolle umbesetzen. Ich möchte nach Berlin!«
»Nein«, sagte er, »das kann ich nicht und tu ich nicht!«
»Aber«, sagte ich, »ich habe endlich eine Möglichkeit, nach Berlin zu fahren.«
»Das ist unmöglich«, erklärte er. »Sie müssen sich gedulden, das kann ein Jahr dauern. Ich warte auch schon seit einem Jahr.«
Ich zeigte ihm den Brief. Er schlug wie eine Bombe ein. Hirschfeld war fast persönlich beleidigt, daß ich diese Erlaubnis bekommen hatte, er aber noch nicht. Ich mußte lachen. »Hirschfeld, Sie waren so hilfreich, und ich möchte auch gern wieder hierherkommen, aber verstehen Sie bitte, ich muß nach Berlin! Ich weiß nicht, wie es meiner Mutter geht. Ich darf keinen Tag verlieren. Sie ist so geschwächt durch den Hunger.«
Er besetzte meine Rolle um.
Jetzt überlegte ich mit Hans, was geschehen sollte. Er hatte keine Einreise-Erlaubnis bekommen. Zurück nach Amerika konnte er nicht, denn wir hatten kein Geld. Er wollte ohnehin in Europa bleiben. Schließlich sagte ich: »Warum schreibst du nicht an Russell?« Das tat er, und Bertrand Russell lud ihn sofort ein. Das Problem war also gelöst.
Käthe Dorsch war außer sich, weil nun eine neue Besetzung einstudiert werden mußte, sie konnte gar nicht verstehen, daß man aus einem Erfolg so schnell aussteigen wollte. Ich erklärte ihr meine persönliche Situation. Darauf sagte sie: »Wir sehen uns in Berlin wieder.«

Reise in eine Ruinenlandschaft

Zunächst fuhr ich mit meinem Köfferchen nach Frankfurt. Wie anders sah es hier aus. Da stand ich nun in diesem Ruinen-Frankfurt, das mir fast wie ein amerikanischer Vorort vorkam, so viel amerikanisches Militär war hier zu sehen. Mir fiel ein, daß Hilpert in Frankfurt sein sollte und, soviel ich wußte, im Parkhotel wohnte.
Er war sehr schlank geworden. Wir sprachen über die Zeit in Berlin. Ich dachte daran, daß er mir als einziger die Möglichkeit gegeben hatte, im Deutschen Theater zu spielen, daß er als einziger mich und meine Schallplatten verteidigt – und mir beigestanden hatte, als sich jeder wegen meiner Ehe mit einem Juden von mir abgewandt hatte.

Das zerstörte Berlin: Schrebergärten im Tiergarten

Hilpert lenkte ab. »Wir haben hier sehr wenig zu essen.«
»Du, ich habe noch ein hartes Ei.«
Ich packte dieses harte Ei aus, und er hatte etwas Brot in einer Blechschachtel. Wir teilten dieses eine Ei und überlegten, was nun weiter geschehen sollte.
Ich sagte: »Ich muß nach Berlin!« und zeigte ihm den Brief von Karl-Heinz Martin. Aber er wußte keinen Weg. Am nächsten Tag, nach einer gut durchschlafenen Nacht, kam mir plötzlich ein Gedanke: Vielleicht ist es das beste, ich gehe zum Schalter und verlange einfach eine Fahrkarte nach Berlin.
Es klappte. Innerlich war ich starr vor Staunen. Aber äußerlich tat ich ganz selbstverständlich, bezahlte diese Karte und ging auf den Bahnsteig. Würde ich mit Martins Brief durchkommen? Man wußte es nicht. Man wußte ja überhaupt nie, was geschehen würde.
Die Leute stiegen ein. Verabschiedung. Ich schleunigst in meinen Wagen. Natürlich befürchtete ich aufzufallen, spätestens, wenn der Kontrolleur kam. Immerhin war dieser Zug nur für Militär und Angehörige...
Geh in den Speisewagen, sagte mir mein Gefühl. Endlich setzte sich der Zug in Bewegung.
Im Speisewagen lud mich ein Offizier zu einer Tasse Kaffee ein. Dazu eine Scheibe Brot, das war alles.
Angst im Herzen. Warum fixiert mich dieser Offizier so? Mein Gott, das ist ein Zug für Alliierte! Mein Herz klopfte.
»Was machen Sie eigentlich hier?«
Ich sagte ihm, daß ich nach Berlin zu meiner kranken Mutter führe. Und daß es für mich wunderbar sei, endlich wieder Maxwell-Kaffee zu trinken. Das Eis war gebrochen. Wir redeten über vieles, vermieden es aber, über den Krieg zu sprechen. Ich hatte das Gefühl, daß er die Idee aufgab, mich für eine Spionin zu halten.
Berlin. Endlich!
Ich sah eine Gestalt, so verhärmt und elend, zum Umpusten. Dort stand sie mit ihrem schönen Gesicht, dem auch der Hunger und die furchtbare Not nichts haben anhaben können: meine Mutter. Jetzt wußte ich, warum ich all das Unsichere, Wahnsinnige auf mich genommen hatte, die Gefahr, zurückgeschickt zu werden. Ich war meinem Herzen gefolgt, und es war richtig gewesen. Ich war daheim.
Gleich am nächsten Tag meldete ich mich im Hebbel-Theater. Karl-Heinz Martin ging es nicht gut. Er hatte so gekämpft um sein Theater, war tagtäglich mit dem Rad

180

hingefahren, hatte geschuftet mit seinem geschwächten Körper, viel zuviel Schweres auf sich genommen und war nun krank. Ich schickte ihm Blumen und hoffte, daß alles gut gehen würde.

Nach einiger Zeit fingen wir mit den Proben zu *So war Mama* an. Käthe Dorsch war auch eingetroffen, ihr Gastspiel in Zürich war beendet, und wir bereiteten nun die Premiere in Berlin vor. Nebenbei suchte ich eine Unterkunft. Die Militärregierung verschaffte mir ein Zimmer in der Dependance eines Hotels, das draußen in der Nähe der Podbielski-Allee lag. Allmählich war es Winter geworden, aber es wurde kaum geheizt. Es gab entsetzlich schlechtes Essen. Heißes Wasser, in dem eine Mohrrübe schwamm, nannte sich Bouillon.

Meinen ersten Auftritt werde ich nie vergessen. Als ich die Bühne betrat, brauste Applaus auf. Ich konnte nicht weitersprechen. Daß die Berliner mir einen so warmherzigen Empfang bereiten würden, hatte ich nicht erwartet. Käthe Dorsch sah mich strahlend an. Schließlich ebbte der Applaus ab, und wir spielten weiter. So war alles nicht umsonst gewesen. Man hatte mich in meiner Stadt Berlin wieder aufgenommen.

Wieder in Berlin

Karl-Heinz Martin hat diese Premiere nicht mehr erlebt. Schon während der Proben wurde sein Gesundheitszustand beängstigend. Wir schickten Blumen ins Krankenhaus, wir riefen täglich an. Es schien keine Hoffnung mehr zu geben. Ich hatte mich unendlich darauf gefreut, ihn wiederzusehen, denn unter seiner Regie hatte ich in der Komödie *Sonnenspektrum* von Wedekind gespielt, die »Ilse« gesungen. Wir waren unsäglich traurig, als wir an seinem Grab standen. Karl-Heinz hatte große Liebenswürdigkeit ausgestrahlt. Sein Tod war ein Schock. Viele Kollegen waren betroffen, auch Ita Maximowna, die er auf den Weg zur Bühnenbildnerin geführt hatte.

Ita Maximowna – schon der Name ist Musik. Ita saß vor mir, ich liebte ihr kluges, feines Gesicht. Wir tranken starken russischen Tee und aßen Alexanderkuchen, dessen Rezept sie mir verriet. Sie hatte ihr Märchen-Bühnenbilderbuch mitgebracht. Ein Kunstwerk, das einen gefangen hielt. Ihre ersten Erfolge hatte sie in Berlin gehabt, neben Karl-Heinz Martin. Nach dem Tod des

Lieder eines armen Mädchens

Diesmal war es so still im Zuschauerraum, daß man seinen Nachbarn atmen hören konnte. Es wurde nicht einmal gehustet. Und wo doch geknistert und geflüstert wurde, drohte sofort ein vielstimmiges „Sssstt!".

Blandine Ebinger nach vielen, vielen Jahren wieder auf einer Berliner Bühne mit ihren eigenen Liedern. Zuerst Lyrik von Kerner, Goethe, Hölderlin und Rückert. Am schönsten: Rimbaud, „Die verstörten Kinder", Rückerts Parabel und Verse aus des „Knaben Wunderhorn". Und dann kommt eine Szene von Strindberg: „Die Stärkere". Was ist daran noch gespielt? Diese Madame X., die am Weihnachtsabend in einem kleinen Café ihre Rivalin bekämpft und besiegt, diese kleine schmächtige Frau mit ihren Weihnachtspaketchen und Alltagssorgen, mit ihrer Eifersucht und ihrer zornigen Liebe — diese Frau ist Wirklichkeit.

Aber dann kommen die „Lieder eines armen Mädchens". Friedrich Holländer. Und das ist ihr eigenstes Reich. Wenn sie im kurzen Röckchen auf die Bühne kommt, lachen anfangs ein paar Mißverstehende. Aber da ist diese dünne, zarte Mädchenstimme, nicht rührselig und sentimental, nur erschütternd echt. „Wenn ich mal tot bin ..." und das „Kurrendemädchen": „Aus Kattun sind unsre Kleider und verstorben die Eltern leider ..." Und ihr berühmtes Groschenlied: „Een Jroschen liecht uff meiner Ehre ..." Da ist kein kindlich-kindisches Gehabe. Keine effektvollen Chansons. Kleine, arme Liedchen. Gesungene Porträts aus unseren Tagen.

Ganz anders, kräftiger in den Farben und mit gesundem Haß: die „Trommlerin". Seltsam, diese Mischung von Starkem und Zartem, Kindlichem und Bewußtem. Aber bei allem, was die Ebinger singt und spricht, schwingt Herz mit, sehr viel Herz.

Am Flügel der ungekrönte König des Berliner Kabaretts: Günter Neumann. Wann wird dieser Abend im Renaissance-Theater wiederholt? —ltz

Gefährten entwickelte sie ihr Talent in seinem Sinne weiter und errang internationale Erfolge. An allen wichtigen Opernhäusern hatte sie »ihre Visitenkarte abgegeben«, wie sie sich ausdrückte. Von diesen Bildern erzählte ihr Buch.

Ich traf sie wieder in München, wo sie mit Günther Rennert zusammen die *Irre von Chaillot* machte. Ich spielte – neben Anne Kersten als der Irren von Chaillot und Elisabeth de Freitas, Rennerts Frau – die Irre von Passy, jene mit dem imaginären Hündchen. Ita hatte mir eines der raffiniertesten Kostüme entworfen, die ich jemals getragen habe, hinreißende Lumpen. Seit dieser Münchner Zeit sind wir Freundinnen.

Meine Eltern wohnten noch in Strausberg. Mein Vater war von derselben grausigen Schlankheit wie alle, die ich wiedersah. Meine Care-Pakete waren nur ein Tropfen auf den heißen Stein gewesen. Mein Bruder war verzweifelt, denn seine Existenz war zerstört worden. Er hatte das Sanatorium geleitet und stand nun vor dem Nichts.

Daß ich mit leeren Händen kam, war natürlich eine Enttäuschung. Aber ich fing an, wieder zu arbeiten. Mit meiner Mutter geschah ein Wunder. Keiner konnte es verstehen. Wir hatten nicht viel zu essen, wir lebten von kargen Rationen, wir liefen mit einer Kerze durch die Wohnung, die ewig tropfte, wir froren, aber meine Mutter blühte auf. Seltsam. Ja, es gibt seelische Dinge, von denen wir keine Ahnung haben. Auch meinem Vater ging es nach und nach besser. Und ich spielte jeden Abend *So war Mama*. Die Kritiken waren gut.

Es gab eine Zeitschrift, die *Sie* hieß. Darin erschien ein lustiges Bild von Hans Hessling und Käthe Dorsch, ein Bild von mir mit einer Boa um den Hals. Dazu ein Text. Gerhard Grindel hatte ihn geschrieben. Gerhard Grindel, den ich in Berlin so gern als Freund und Helfer um mich gehabt und der in Nürnberg mein Bett gewärmt hatte. Er gab die Zeitschrift *Sie* mit seinem alten Freund Helmut Kindler heraus.

Gerhard kam in die Garderobe. Wir sprachen lange über alles, was geschehen war. Ich fragte, wie es seinen Eltern gehe. Er schwieg eine Weile, ehe er antwortete. Er hatte seiner Mutter geholfen, sich das Leben zu nehmen, kurz bevor die Russen kamen. Sein Bruder war verfolgt worden. Wie durch ein Wunder blieb er selber ungeschoren.

Blandine Ebinger als Frau von Wulkow in der Neuverfilmung von Heinrich Manns »Der Untertan« unter der Regie von Wolfgang Staudte, 1951

Erich Engel und Bertolt Brecht

Wir spielten das Stück *So war Mama* en suite. Inzwischen hatte ich eine Sendung im RIAS gemacht, kurz darauf kam Erich Engel ins Theater. Ihn kannte ich seit langer Zeit. Bei dem frühen Münchner Film mit Karl Valentin und Bertolt Brecht *Mysterien eines Frisiersalons*, 1922, hatte er Regie geführt. Er bat mich, in dem Film *Affäre Blum* bei der DEFA die Braut zu spielen. Der Bräutigam wird ermordet, keiner der Menschen um sie herum ahnt etwas, sie am wenigsten. Plötzlich ist der Mann verschwunden, erst nach langer Zeit erfährt sie, daß er ermordet worden ist. Sie wird darüber wahnsinnig.

Alle Szenen waren abgedreht bis auf die letzte, in der sich der Wahnsinn zeigt. »Jetzt sind acht Tage Pause, Blandine«, sagte Engel, »da können Sie sich schön ausruhen, danach gehen wir an die letzte Szene.«

Meine Mutter war wieder krank geworden, begann zu husten. Zur selben Zeit kam ein Brief von Tante Doni: »Bring doch Deine Mutter in die Schweiz, damit endlich etwas für sie getan wird.«

Ich überlegte. Jetzt war es mir möglich, meine Mutter wegzubringen. Einige Wochen zuvor hatte ich einige künstlerisch interessierte amerikanische Offiziere kennengelernt. Einem dieser Offiziere erzählte ich: »Ich muß jetzt für acht Tage verreisen, um meine Mutter in die Schweiz zu bringen.«

»Kommen Sie vorher zu mir. Sie müssen nämlich einen Stempel haben.«

Ich vergaß den Stempel.

Wir packten ein paar Sachen ein und stiegen in den Zug der Alliierten. Ich hatte eine Flasche Wodka eingesteckt, Kollegen hatten es mir geraten.

Es war ein Sonntag, an dem wir in Marienborn warten mußten. Eine Stunde, zwei Stunden. Meine Mutter sagte immer wieder: »Gott, o Gott, wenn die Kontrolle kommt, man wird uns hinauswerfen!«

Die Kontrolle kam. Zwei Russen mit langem Gewehr starrten meine Mutter an, die natürlich einen deutschen Paß hatte.

Ich flüsterte: »Huste, Mami, bitte huste.«

Ich gab dem einen Russen die Flasche Wodka. Er nahm sie sehr fröhlich, dem anderen gab ich Zigaretten. Wir nickten uns zu. Ich sagte »Musika!« und trällerte ein bißchen. Es wurde sehr heiter. Und dann – Gott sei Dank! – fuhr der Zug los. Die beiden verließen uns.

In der Schweiz lieferte ich meine Mutter bei Tante Doni ab. Große Freude unter den Schwestern. Nun mußte ich schleunigst sehen, wie ich zurückkam. Da merkte ich, daß ich den Stempel vergessen hatte. Es gab keine Möglichkeit, ihn zu beschaffen. Kein amerikanisches Konsulat. Niemand konnte mir helfen.

Was mußte Erich Engel von mir denken, was Käthe Dorsch und die Direktoren im Theater? Ich war außer mir. So vergingen Tage um Tage (Die *Affaire Blum* wurde ohne meine Wahnsinns-Szene fertiggestellt. Der Grund, weshalb die Rolle so unverständlich versandete.)

Ich fuhr schließlich nach Zürich und sprach mit Hirschfeld. Ich wußte nicht, ob Hirschfeld noch verärgert war wegen der Umbesetzung, jedenfalls sagte er: »Jetzt ist es furchtbar schwer mit der Arbeitserlaubnis, Blandine.«

So war es wirklich.

Hirschfeld erwartete Brecht, der sich freute, mich wiederzusehen. Er wollte mir eine Arbeitserlaubnis verschaffen. Dafür mußte ich eine Rolle in *Herr Puntila und sein Knecht Matti* übernehmen, eine für mich nicht sehr interessante Rolle. Aber bei Brecht war alles wichtig, auch wenn man nur »Piep« sagte. Ich sagte etwas mehr als »Piep«, spielte die Apothekerin. Brecht wollte natürlich, daß ich sie auf seine Weise »dozierte«. Das tat ich bis zur Premiere, und dann dozierte ich nicht Brecht, sondern mich. Das machte ihn rasend, mir aber trug es sehr gute Kritiken ein. (Übrigens hat er mich später gelobt.)

Dann drückte er mir die *Heilige Johanna der Schlachthöfe* in die Hand. Aber es war nicht möglich, zu dieser Zeit ein solches Stück zu spielen.

Wochen vergingen. Es geschah etwas Merkwürdiges: Ich bekam von meiner Mutter aus Genf Briefe, die mich erstaunten. Ich dachte, sie sei überglücklich, dort in einer heilen Landschaft zu sein, genug zu essen zu haben, ein Leben ohne Aufregung zu führen. Aber nein, ganz und gar nicht. Sie schrieb: »Ich will endlich wieder nach Berlin. Ich langweile mich furchtbar!«

War das denn möglich?!

»Ich brauche auch nicht so viel zu essen...« Ich las weiter: »Mich interessiert das hier überhaupt nicht. Ich bin nur von satten Menschen umgeben, die keine Ahnung haben, wie das wirkliche Leben ist.«

Mich verfolgte nur der eine Gedanke: Wie komme ich zu dem benötigten Stempel? Ins Büro. Im Büro war weder Hirschfeld noch Direktor Oskar Wälterlin. Es war jemand da, den ich nicht kannte. Er begrüßte mich aber sehr

freundlich. »Ach, Frau Ebinger, was haben wir für Ärger und Schreibereien wegen Ihrer Arbeitserlaubnis!«
Ich bedauerte ihn und entschuldigte mich.
»Ja, sehen Sie diesen Fragebogen, einer von vielen...« Er zeigte ihn mir und lächelte abbittend. Er sagte, er müsse einen Moment verschwinden. »Die Natur ruft...« Inzwischen nahm ich den Fragebogen, und plötzlich sah ich auf dem Schreibtisch einen runden Stempel. Diesen Stempel ergriff ich, ohne zu prüfen, was darauf stand, und drückte ihn unten auf den Fragebogen. Dann ging ich in mein Hotel und füllte den Fragebogen aus. Es war sagenhaft, was die Behörden alles wissen wollten. Mich wunderte nur, daß sie nicht auch nach dem Besitz eines arischen Hundes fragten.
Am nächsten Tag hatten wir Umbesetzungsprobe. Schon am Abend vorher hatte es mich gestört, daß eine Freundin von Brecht, Frau B., immerzu fotografierte. Sobald man etwas Wichtiges zu sagen hatte – Klick! – kam dieses feine Geräusch. Endlich hörte es auf. Jetzt saß Therese Giehse da, mit anderen Kollegen, Frau B. begann wieder zu knipsen. Ach so, Brecht wollte ihr zu Bildern verhelfen. Wir sprachen also unseren Text, und Brecht rief von unten, ich solle eine bestimmte Haltung einnehmen. Ich war verstimmt wegen der störenden Knipserei und – änderte meine Haltung nur ein wenig. Brecht ärgerte sich. Frau B. wünschte, daß ich mir ein Kopftuch auf besondere Weise umlegte. Ich machte es nur nachlässig, das aber entsprach ihren Wünschen nicht. Brecht wurde daraufhin so gereizt, daß er einen Wutanfall bekam und eine Flut beleidigender Worte ausstieß. Unter anderem riet er mir, zur Schauspielschule zurückzugehen.
»Danke für den Rat«, sagte ich, »sehr gut!«
»Und dann noch etwas...«
»Ja, gern«, unterbrach ich ihn. »Aber seien Sie vorsichtig, Brecht. Ich muß Ihnen sagen, daß Sie sich in Amerika einen solchen Ton niemals erlaubt hätten!«
Kaum hatte ich das ausgesprochen, sprang Hirschfeld mit dem Schwung eines Zwanzigjährigen über die Stühle. Daß einer es wagte, so zu seinem Brecht zu sprechen!
»Ja«, sagte ich ganz fröhlich, »ich habe mir erlaubt, aus der Krone des Bewundernswerten eine Feder zu rupfen.«
Wir probten weiter. »Sie werden nie mehr fotografiert!« zischte Brecht, und ich befolgte jeden Abend ganz genau seine Regieanweisungen.
Ein paar Tage später kam er zu mir und sagte, es wäre besser, wenn ich es so machte, wie ich es zuerst gemacht hätte, und er würde sich freuen, wenn ich an sein Theater in Ost-Berlin käme.
Ich habe das öfter mit Brecht erlebt: Er tat einem Unrecht, hemmungslos Unrecht, dann überlegte er es sich 48 Stunden lang, lenkte plötzlich ein, natürlich ohne sich zu entschuldigen (was man ihm verzieh), und machte einem ein Angebot.
Ich sagte: »Brecht, ich würde sehr gern mit Ihnen arbeiten, zum Ensemble Ihres Theaters gehören. Ich weiß, dort wird eine besondere und hervorragende künstlerische Arbeit geleistet, aber ich kann nicht zu Ihnen kommen.«
»Warum nicht?« fragte er.
Ich antwortete: »Es hat andere Gründe. Denken Sie einmal nach!«
Viele Jahre später, kurz vor seinem Tode, lud er mich nach Ost-Berlin ein und sagte abermals: »Blandine, warum spielen Sie nicht bei mir? Warum spielt Hanne Hiob nicht bei mir?«
»Ich weiß nicht, warum Hanne nicht bei Ihnen spielt, aber ich weiß, warum ich es nicht tun kann.«
Er öffnete das Fenster seines Arbeitszimmers und sagte: »Schauen Sie, da ist der Friedhof, auf dem ich einmal begraben sein werde...« Dann abrupt: »Welche Rolle würden Sie am liebsten spielen?«
Natürlich hätte ich jetzt ein Stück von ihm nennen müssen. Da war *Der gute Mensch von Sezuan,* da war die interessante Episode in *Galileo Galilei,* aber alle diese schönen Rollen spielte Helene Weigel, seine Frau. Ich antwortete: »Sie sollten die Marquise von O. dramatisieren, Brecht. Oder die Todesstunden von Kleist und Henriette Vogel.«
Er schwieg. (Hans Rothe wollte das später für mich verwirklichen. Er starb zu früh.)
Ich stellte ihm eine Frage, die ihn etwas irritierte. »Brecht, warum kommen Sie nicht herüber? Sie könnten doch bei uns ein Theater gründen.«
Er sagte: »Blandine, man hat mir das hier angeboten, man hat mir hier alle Mittel gegeben.«
»Das würde man bei uns auch tun«, erwiderte ich.
Er sagte: »Kommen Sie doch. Sie könnten hin und her fahren.«
»Nein, es gibt Gründe, warum ich es nicht kann.«
Er sagte: »Äußere?« »Nein, innere.«
Dann sprachen wir noch über meine Chansons. Er sagte: »Sie können alles von mir singen, was Sie wollen, alles, was Ihnen gefällt.«

Seine Frau rief uns zum Essen, und wir gingen hinunter. Wir saßen auf einer Holzbank. Sie fragte mich: »Würden Sie uns Ihre Lieder zum Studieren überlassen?«

»Ja, gern«, antwortete ich.

»Wir wollen sie nicht vortragen, nur mit jungen Talenten erarbeiten.«

Als ich mich von Brecht verabschiedete, sahen wir uns eine Weile nachdenklich an.

»Ich kenne Sie schon lange, Blandine, seit damals.«

»Ja, seit damals, als Sie mir das Gedicht schrieben, das verlorengegangen ist.«

»Noch früher«, sagte er.

»Ja, als Sie am Boden saßen und Gitarre spielten.«

Merkwürdig, dieser Mann. Nach so langer Zeit bot er mir endlich eine Rolle an. Ich sollte wählen. Immer wieder waren wir haarscharf aneinander vorbeigegangen. Ich dachte an die *Dreigroschenoper* und noch weiter zurück an die *Kaiserin von Neufundland,* als er hernach so begeistert zu mir gekommen war. Und an unseren ersten kleinen Film mit Karl Valentin. Noch weiter zurück, als er mich, losgelöst von aller Politik, frei und fröhlich wie ein großer Junge zum Deutschen Theater begleitet hatte. Plötzlich war er stehen geblieben und hatte gefragt: »Blandine, warum setzen Sie sich nie an meinen Tisch?« Das wußte ich selbst nicht. Ich biederte mich nie an. Ich war es einfach gewohnt, daß man sich zu mir an den Tisch setzte, nicht umgekehrt. Ich kann nicht sagen, warum es so war, es war eben so.

Blandine Ebinger in dem Film »Affaire Blum« *unter der Regie von Erich Engel*

```
kouplets für blandy
1
ich bin nicht erotisch ich bin unterernährt ich he..
mutter sagte immer du bist ein stiefkind von lieben
hat keiner was gemerkt
wenn ich abends in der chaussee einen mann erblicke dann lau..
immer denke er hat ein messer wenn anna einen mann sieht sagt sie ..
rot als mir anna das sagte habe ich geweint
meine mutter sagte immer zu mir das lasterleben ist nichts für mich w..
ich es auf der lunge habe
dda kam otto der ist doch elektrisch
ich bin immer so unruhig aber wenn otto mich ansieht könte ich sitzen wie ..
im panoptikum wenn otto mich anrührt gibt es funken
das geht durch und durch es berührt einen förmlich wie ein schlag und dann kenne
ich mich nicht mehr in solchen minuten ich muss ihm ganz zu willen sein
weil ich nämlich auch elektrisch bin gibt es einen so starken kontakt sagt otto
ich muss bestimmt noch dafür büssen wir frauen müssen es immer aushalten oft
denke ich ich ende sicherlich im wasser und im lokalen denn otto ist sagt er
poligam
```

Dieses Typoskript von Bertolt Brecht
erhielt Blandine Ebinger 1980 vom Brecht-Archiv in Ost-Berlin.
»Kaum lesbar, teilweise abgerissen, aber ich erkannte das,
worüber wir uns immer wieder unterhalten hatten.«

Berlin, fünfziger Jahre

Endlich hieß es auf dem Zürcher Konsulat: »Ich gebe Ihnen den Stempel. Ich habe Sie gesehen, ich habe auch Ihren Chansonabend gehört.« Damit drückte dieser freundliche Mann, als wäre es nichts Besonderes, einen Stempel in meinen Paß.
Als meine Mutter und ich endlich in Berlin ankamen, schämte ich mich entsetzlich. Die Blockade war vorüber. Was sollte ich Erich Engel sagen? Und dem Intendanten Oscar Ingenohl? Wer würde mir das mit dem Stempel glauben? Es kostete mich viel Überwindung, meine Beichte abzulegen. Man hat mir geglaubt.
Zum Glück bot mir Kurt Raeck am Renaissance-Theater eine neue Chance. Erst spielte ich zusammen mit Walter Gross ein Stück, das *Onkel Harry* hieß, danach *Eine*

Szene aus dem Theaterstück »Onkel Harry« mit Walter Gross

Mit Gustav Knuth im »Hauptmann von Köpenick«, Zürcher Schauspielhaus

glückliche Familie. Darin spielte ein Kaninchen die Hauptrolle, ich eine Person, die nicht gern hungerte und sich in ihren Träumen das zarte Kaninchen im Ofen vorstellte. Ich stahl es und kletterte eine große Treppe hinunter, um es abzumurksen. Schon der Gang über die Bühne, der Versuch, das zappelnde Tier festzuhalten und zu bändigen, ergab jeden Abend ein riesiges Hallo. Ich war immer ganz zerkratzt. Einmal entwischte mir das Biest, und es entstand eine wilde Jagd über die Bühne. An diesem Abend hatten wir einen besonderen Erfolg zu verzeichnen. Sonst hielt er sich in Grenzen.
Schließlich spielte ich bei Raeck noch Molnars *Einladung ins Schloß* mit hervorragender Besetzung: die kleine Lis Verhoeven, Friedel Schuster, Harry Meyen, Boy Gobert, Fritz Tillmann, Ilse Fürstenberg und Roma Bahn, die erste Frau von Karl-Heinz Martin. Eine Kollegin und ich spielten vierhändig einen hinreißenden Walzer, aber nicht auf dem Klavier, sondern in der Luft. Wir überboten uns

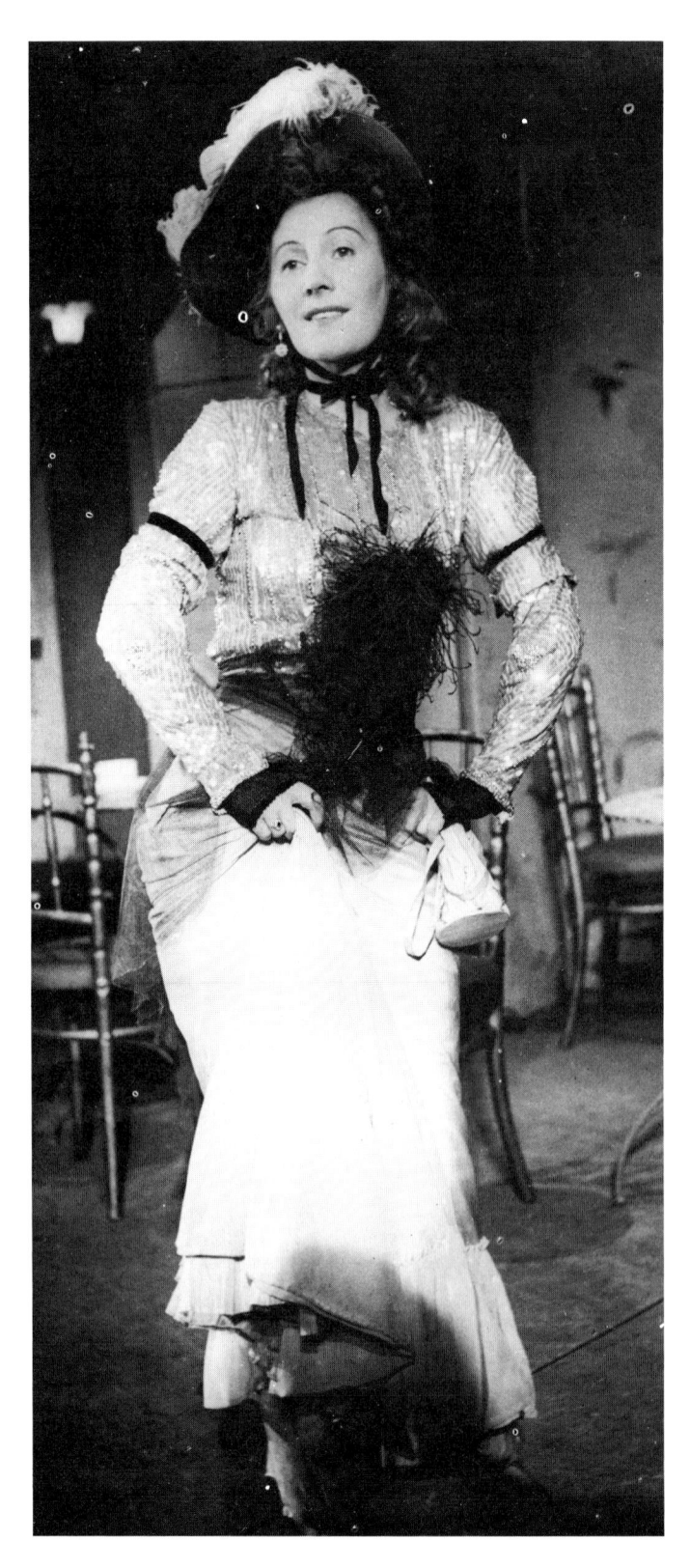

gegenseitig: zwei Jungfräulein, die langsam älter wurden und ihr Leben nur mit Musik ausfüllten. Boy Gobert in einer turbulenten Liebeszene mit Friedel Schuster, die enorme Leidenschaft entwickelte, Harry Meyen wurde von Boy Gobert geohrfeigt, nach meiner Meinung etwas zu brutal, während Tillmann überzeugend einen drastischen Kerl auf die Bühne legte. Dabei flüsterte er mir zu: »Die Dings hat gestern gesehen, daß du Applaus auf offener Bühne hattest. Sie will ihn dir vermasseln. Wundere dich nicht, wenn sie zu früh auftritt.«
Genau das tat sie auch. Mitten in meinen Satz platzte sie und rief mich zur Ordnung. Da ich ihre Gesellschafterin spielte, mußte ich mich fügen.
»Zahl es ihr doch heim!« empfahl mir ein anderer Kollege. Natürlich mußte man sich dazu einen Gag ausdenken. Wie sollte ich es ihr heimzahlen?
Sie war ungeheuer eitel. »Vielleicht kannst du zu ihr sagen, daß sie heute viel älter aussieht.«
Ich verzichtete darauf, sagte ihr aber privat: »Wenn Sie so etwas noch einmal machen, sage ich laut auf offener Bühne, daß Sie eine ganz...«
»Eine ganz – was?« fragte sie.
»Eine Gans sind!« vollendete ich. Zum Glück lachten wir alle. Willi Schmidt – er führte Regie – griff ein und sagte: »Versöhnt euch. Kinder, so etwas macht man nicht!«

Valeska Gert

Damals nahm ich auch an den Quartettabenden bei Rechtsanwalt Georg Thierkopf teil. Unter den Gästen war Valeska Gert, die um die Ecke eine Kneipe betrieb. Dort ließ sie junge Künstler auftreten, die ihr als Gegenleistung bei der Bedienung der Gäste halfen. Valeska war eine bizarre Erscheinung, winzig klein. Ich hatte sie schon vor der Nazi-Zeit gekannt, als man sie in Berlin als Grotesktänzerin verehrte. Am deutlichsten sehe ich sie vor mir in ihrer Rolle als Hebamme, so klein, so zerbrechlich, aber Schrecken einflößend. Sie und Aribert Wäscher, groß und breit, ein Riese, mit etwas kindlichem Ausdruck. Seiner jeweiligen Liebe war er total verfallen. Für Valeska gab es nur Aribert. Sie zog später aus Berlin fort und eröffnete in Kampen auf Sylt ihren berühmten »Ziegenstall«.

Anfang der siebziger Jahre traf ich sie noch einmal in Berlin.

Valeska Gert in ihrem Lokal »Ziegenstall« auf Sylt

»Du siehst gut aus«, stellte ich fest.
»Das machen nur die Wimpern, Blandine. Die Wimpern einer Sterbenden.«
»Aber, Valeska, wieso ›einer Sterbenden‹? Du hast schon immer diese schönen großen Augen gehabt.«
»Ich sage es: Das machen die Wimpern! Ich muß gleich gehen und mir noch zwölf Paar kaufen. In Kampen bekommt man keine guten Wimpern.«
Sie wollte also in Schönheit sterben. Das konnte ich verstehen.
Wir gingen zusammen ins Café Caroussel bei Kempinski. Ich brachte die Rede auf Aribert Wäscher.
»Ach, komm mir nicht mit dem!« wehrte Valeska fast angewidert ab. »Ich habe ihm Care-Pakete geschickt, und er hat sie mit seiner blonden Freundin vertilgt!«
Was konnte ich darauf antworten? »Sie haben damals alle Hunger gehabt«, versuchte ich es.
»Aber allein sollte er das essen!«
»Valeska, erinnere dich lieber daran, wie gut er in *Madame Bovary* war.«
»Natürlich war er ein großer Schauspieler, aber das hat mit dem Persönlichen nichts zu tun.«
Das war das letztemal, daß ich Valeska Gert sah. Ich war nicht in Berlin, als sie begraben wurde. Ihren Wunsch nach einem roten Sarg hatte man nicht erfüllt, ihn aber immerhin mit einem roten Tuch bedeckt.

Fehlleistungen

Es war wieder einmal das Ende einer Aufführung abzusehen. Ein neues Angebot war nicht in Sicht. Was sollte ich nun machen? Die Wohnung von Hela Gerber in der Künstlerkolonie am Breitenbachplatz, die sie meiner Mutter und mir zur Verfügung gestellt hatte, mußten wir verlassen, weil sie selbst wieder einziehen wollte. Ich fand eine Wohnung in der Nähe des Breitenbachplatzes. Dort habe ich zwanzig Jahre lang gewohnt.

Wieder einmal hatte ich großes Glück. Barlog gab mir einen Vertrag, der mich für mehrere Jahre an die staatlichen Bühnen verpflichtete. Nach einem Stück über die Nazi-Zeit, *Die Verschwörung*, kamen weitere Rollen, die mich allerdings nicht so ausfüllten, wie ich es mir gewünscht hätte. Es wunderte mich, daß Barlog mir keine besondere Aufgabe anvertraute. Aber im Ensemble muß man sich fügen und, wenn es verlangt wird, auch kleine Rollen spielen. Ich war sehr enttäuscht.

Mit Begeisterung spielte ich jedoch die geisteskranke Mutter im *Steinernen Engel* von Tennessee Williams unter der Regie von Helmut Käutner. Eine Ärztin rief mich an und fragte: »Wie ist es möglich, daß Sie eine Geisteskranke so genau darstellen können?« Ich erklärte ihr, daß ich in Strausberg Gelegenheit zu derartigen Studien hatte.

In die Zeit bei Barlog fällt meine Begegnung mit Rudolf Noelte, einem der großen Regisseure unserer Zeit. Ich sollte bei einem Gastspiel in Paris im *Schloß* von Kafka unter der Regie von Rudolf Noelte spielen. Warum ich dann nicht mitspielte, ist eine kleine Geschichte für sich. Wir probten im Schloßpark-Theater. Friedrich Maurer spielte meinen Ehemann. Die Proben gingen eine ganze Weile gut, Noelte nannte mich »Blandine«. Nach einiger Zeit verfiel er darauf, mich bei meinem Nachnamen zu nennen. »Frau Ebinger« – ist ja ganz einfach.

Aber eines Tages sagte Noelte: »Ach, Frau Eser, wenn Sie doch bitte hier noch einmal...«

Ich unterbrach ihn: »Ebinger!«

»Ach ja«, sagte er, »natürlich.« Ich tat, was er wünschte. »Frau Eser, es ist besser, wenn Sie um den Stuhl herum gehen und...«

Ich sagte wieder: »Ebinger!«

»Der Satz hat einen wunderbaren Unterton, wie Sie ihn sprechen. Ja, was dahinter liegt, ist wichtig, Frau Eser!«

Jetzt blieb ich stehen. Er hatte mir zwar etwas Angenehmes gesagt, aber die ewige »Frau Eser« hatte ich satt. Mit Unschuldsmiene sagte ich als Freud-Verehrerin: »Wissen Sie, Herr Noelte, Sie haben mich dreimal ›Frau Eser‹ genannt. Kennen Sie Freud? Sie sollten Frau Eser rufen.«

Noelte sah mich entgeistert an.

Ich nahm mein Hütchen und die Rolle, ging ins Büro und gab sie ab. Die Rolle übernahm die Eser. Noelte sagte zu Barlog: »Das hätte sie nicht tun sollen.«

Ich konnte Freud aber auch positiv anwenden. Als ich einmal in München Fernsehaufnahmen machte, kamen mir seine Gedanken zur *Psychopathologie des Alltags* zu Hilfe. Ich hatte gemeinsam mit Nastassja Kinski zu spielen, der damals etwa vierjährigen Tochter von Klaus Kinski, einem bildhübschen, entzückenden kleinen Ding. Laut Drehbuch mußte sie auf mich zukommen und mich zärtlich umarmen. Aber die kleine Kinski war abweisend gegen alle, und es wollte nicht gelingen.

Ich konnte das verstehen, erinnerte ich mich doch nur zu gut an all die »Zärtlichkeiten«, die ich als Kind über mich hatte ergehen lassen müssen. Der Regisseur Wilm ten Haaf wollte ein ernstes Wort mit der Kleinen reden. Ich bat ihn, es nicht zu tun. Ich selbst hielt mich auch zurück, betrachtete sie nur mit einem freundlichen Lächeln. Sie ging mit gesenktem Köpfchen umher, warf mir gelegentlich einen heimlichen Blick zu, wandte sich ab.

Sie wollte allein entscheiden. Und da wir sie in Ruhe ließen – siehe da, nach einem Weilchen kam sie auf mich zu, und bald war die erste Sequenz gelungen. Ich erinnere mich an das zarte Küßchen, das sie mir gab, ich erwiderte es ebenso zart auf das runde Apfelbäckchen.

Szenen aus drei Einaktern von Jean Cocteau, »Die schöne Teilnahmslose« (oben), »Das Phantom von Marseille« (oben rechts) und »Schule der Witwen« (rechts) mit Blandine Ebinger unter der Regie und der Mitwirkung von René Farell.

Nach dem Tod der Mutter

Nach dem Tod meiner geliebten Mutter war ich wie betäubt. Es war wie ein Albtraum. Ich fuhr nach Amerika. Ich wollte möglichst weit fort. Äußerer Anlaß war der Film *Fräulein*, für den Henry Koster mich haben wollte. Bei den Dreharbeiten lernte ich Marlon Brando kennen. Wir saßen in einer Garderobe, wurden vom selben Maskenbildner geschminkt. Ich natürlich nach ihm. Trotzdem hatten wir Gelegenheit, miteinander zu sprechen. Er war sehr interessiert, von mir etwas über Berlin zu hören, was heute dort los sei, wie es in den Zwanziger Jahren gewesen sei. Er fragte nach meinem Hobby, und ich erzählte von meinen Texten. Ich hatte die Figur des »gerechten Maurers« erfunden. Ich sah ihn sofort darin.

Bei meiner Schilderung lachte er und sagte, er wolle den Text gern lesen. Als wir uns einige Tage später im großen Frühstücksraum trafen – alle Damen aßen nur Steaks und Salat –, erinnerte er mich daran. »Schicken Sie das Manuskript an Paramount, Miss Blandine, man wird es mir weitergeben.« Natürlich unterließ ich es. Ich war überzeugt, daß Marlon Brando mir nur Liebenswürdigkeiten hatte sagen wollen.

Ich kehrte nach Deutschland zurück, Berlin konnte ich nicht mehr ertragen. Dort war alles mit meiner Mutter verbunden, jede Ecke, überall ein schmerzliches Bild. Ohne sie konnte ich mir Berlin nicht vorstellen. Berlin

Szenenfotos aus dem amerikanischen Spielfilm »Fraulein« mit Blandine Ebinger unter der Regie von Henry Koster

dorthin das große Hotel »Vier Jahreszeiten«, wo einst Hollaender und ich oben in einer kleinen Dachstube wohnten.

Gleich hinter der Maximilianstraße – heute leider durchpflügt vom Altstadtring – gab es die stille Bürkleinstraße. Hier standen nun Neubauten, große Häuser mit mehreren Eingängen. Dort zog ich Anfang der sechziger Jahre ein. Zwei kleine Zimmer, eine Kochnische, ein winziges Bad. Mehr brauchte ich augenblicklich nicht. Meine schönsten Möbel hatte ich aus Berlin mitgenommen, so daß die Wohnung bald behaglich war. Der kleine Balkon sah etwas armselig aus. Ich ging zum Blumenladen, um drei Geranien zu erstehen. Rosa mußten sie sein. Gleich neben der alten St.-Anna-Kirche sah ich zufällig an einem Haus die Tafel, die es als Geburtshaus von Lion Feuchtwanger kennzeichnete. Das hatte ich nicht gewußt.

Die Wohnung lag praktisch. Man konnte in die Innenstadt zu Fuß gelangen. Und gleich um die Ecke, an der Maximilianstraße, war damals noch das gemütliche kleine Restaurant »Zur Kanne«. Dorthin ging ich gelegentlich. Stammgast war Walther Kiaulehn. Er saß mit seinem Glas Rotwein an seinem Ecktisch und verkündete Weisheiten. Der »Kiaulehn-Tisch« war berühmt wegen der Ausbrüche dieses Kritikers, die recht temperamentvoll werden konnten. Ich kannte sein Berlin-Buch, eines der kompetentesten Werke über diese Stadt. In der »Kanne« traf ich auch Erich Kästner...

geteilt. Strausberg in einer anderen Welt. Ich wollte wegrennen, weil Berlin mir weh tat.

Ich ging nach München, das meine zweite Heimat werden sollte. Es verbanden mich so viele angenehme Erinnerungen mit dieser Stadt. Hier hatte ich die *Kaiserin von Neufundland* gespielt, hier meinen ersten kleinen Film mit Brecht gemacht, auf einem Dachboden in der Türkenstraße, mit Engel als Regisseur, *Mysterien eines Frisiersalons* mit Karl Valentin. (Der Film ist vor einigen Jahren in Moskau wiederaufgetaucht und dann überall in Deutschland gezeigt worden.) Und hier war die Maximilianstraße – nicht nur die Theater dort, gleich am Kosttor hatte es die »Bonbonnière« gegeben, am Wege

Erich Kästner

Er sah sehr verändert aus, krank. Ich war erschrocken, ging zaghaft hinüber, weil ich befürchtete, ihn zu stören, und sagte leise: »Kästner?«
Die Freude war groß. Ich setzte mich zu ihm, wir verabredeten ein Treffen. Es gab so viel zu erzählen, so vieles war geschehen.
Ich hatte Kästner in den dreißiger Jahren nach einer Premiere kennengelernt. Als ich das Theater gerade verlassen wollte, stürmte er zum Bühneneingang herein. Er lächelte, war noch ganz enthusiastisch von der Vorstellung. Ich war verlegen, zurückhaltend, er hatte ja schon einen Namen. Er wünschte mit mir zu sprechen.
»Ja, gern. Ich wollte zwar nach Hause gehen, aber...«
Dieses »aber« nahm er sogleich auf, und wir gingen in ein Café. Er meinte, es wäre sehr schön, wenn ich einmal eins von seinen Chansons singen könnte. Er hatte mich in einer Vorstellung gesehen, in der ich neben den Chansons einen Sketch gespielt hatte: *Das große Talent.*
Nach dieser Begegnung hatten Kästner und ich nur losen Kontakt. Er schrieb einige Chansons für mich, zum Beispiel *Klassefrauen.* Und im Vorwort der Neuausgabe seines Gedichtbandes *Herz auf Taille* im Jahre 1959 heißt es:
Gedichte altern anders als wir. Wir werden älter, indem wir uns von Tag zu Tag und von Jahr zu Jahr verändern. Gedichte altern, ohne daß ihnen auch nur ein Haar ausfällt. Sie sehen aus wie ehedem. Als meine Kollegin Oda S. eines schönen Tages von einer ihr scheinbar völlig Unbekannten aufs herzlichste begrüßt worden war, wandte sich Oda an mich und fragte: »*Wer war denn das?*« »*Blandine E.*«*, sagte ich,* »*sie war zwölf Jahre in Hollywood. Kennst du sie denn nicht?*« »*Das war Blandine?*« *rief Oda verblüfft.* »*Nie hätte ich sie wiedererkannt! Sie hat sich ja überhaupt nicht verändert!*« *Ob es meinen alten Lesern mit meinen alten Gedichten ähnlich ergehen wird?*
Ich muß lachen, wenn ich heute an jenes Gespräch im Taxi mit Kästner denke, in Zürich vor dem teuren »Baur au Lac«. Er versuchte, mich zu einer Zusage für seine Münchner »Schaubude« zu bewegen. Es wurde ein sehr teures Gespräch, und das bei seiner »Ökonomie«. Zur Zusammenarbeit mit Kästner kam es dann nicht, sie wäre sicher unvergeßlich geworden, weil er einen so unerhörten

Erich Kästner

Charme hatte. Das Treffen in der »Kanne« in München aber fand zu spät statt. Leider.
Meine persönliche Einstellung zu Kästner hat ein wenig unter dem gelitten, was er hinterlassen hat, richtiger gesagt, was er nicht hinterlassen hat. Elfriede Mechnig widmete ihr ganzes Leben diesem Dichter, der sie einst mit der Frage engagiert hatte: »Wollen Sie mir helfen, berühmt zu werden?« Sie setzte als seine Sekretärin immer und jederzeit alles ein, weil sie ihn bewunderte. Er behandelte sie stets als seinen Compagnon – in Briefen und im persönlichen Umgang nannte er sie »& Co«. Sie hat sich in unendlicher Bescheidenheit wirklich für ihn aufgeopfert. Für ein kleines Gehalt. Und dann hat er sie im Testament nicht bedacht. Gar nicht erwähnt.
Erich Kästner war nie verheiratet. Keine konnte ihn in dieses Netz locken. Ich kann das verstehen. Vielleicht hatte er dieselbe Aversion gegen Verträge wie ich.

Eine Schallplattenaufnahme

Vertrautes München. Ich fand dort zunächst Maria Schamoni, die Mutter der vier Söhne, die ich alle mehr oder weniger gut kannte. Außer Viktor, dem ältesten, war da Peter, mit dem ich in München *Schule der Witwen* gespielt hatte. Er war sehr komisch. Dann war da Thomas, ein künstlerisch hochbegabter junger Mann, schließlich der »kleine« Ulrich, der Filme ohne Drehbuch machte. Maria war eine eindrucksvolle Frau. Sie brauchte nur etwas zu berühren, und schon war es elegant. Sie konnte eine Blume nähen, aus einem Papier eine herrliche Orchidee falten, es gelang ihr alles.

Walter Mehring war oft zu Besuch in München, manchmal meldete er sich – vorzugsweise, wenn er mich brauchte, manchmal nicht.

Die Arbeit kam schnell zu mir, und zwar in Gestalt von Hans-Dieter Schwarze. Er bot mir schöne Gelegenheiten im Fernsehen. Ostrowski, gemeinsam mit Cordula Trantow, einem hochbegabten Geschöpf. In Hasenclevers *Ein besserer Herr* durfte ich die Mutter gestalten, neben Ernst Fritz Fürbringer und Victor de Kowa als »besserem Herrn«.

In München konnte man – wie in einem Dorf – auf der Straße plötzlich Kurt Horwitz begegnen, inzwischen Intendant der Kammerspiele, oder Therese Giehse. Als ich eines Tages in meine kleine Wohnung zurückkehrte, klingelte das Telefon. »Hier die Deutsche Grammophon in Hamburg. Ich bin Pali Meller-Marcowicz. Ich möchte für unser ›Literarisches Archiv‹ eine kleine Schallplatte mit Ihnen machen, das *Groschenlied* aufnehmen und noch einige andere Stücke. Hätten Sie dazu Lust?«

Natürlich, dazu hatte ich große Lust. Vor nicht langer Zeit war die Electrola-Platte in der etwas verborgenen Reihe *Heiter und besinnlich* erschienen. Ich hatte noch genügend andere Lieder.

So wurde verabredet, daß ich am 28. August 1962 in München ins Studio geholt werden sollte. Am Tag vor der Aufnahme rief Meller-Marcowicz noch einmal an, er selbst könne mich leider nicht abholen, da er schon vormittags im Studio sei. »Ich lasse Sie abholen.«

Ein junger Mann klingelte pünktlich. Er hatte draußen seinen Motorroller abgestellt.

»Wollen Sie mich dahinten auf den Roller nehmen?«
»Aber nein, gnädige Frau, ich habe ein Taxi besorgt.«

Er war mittelgroß, schlank, er hatte ein kluges, feines Gesicht, einen enormen Hinterkopf, aber schön geformt, aufgeworfene Lippen und strahlende blaugraue Augen. Er trug eine Brille. Er lachte fröhlich über meine Bemerkung. »Bitte, kommen Sie doch herein. Nur einen Moment, ich bin sofort fertig.«

»Hübsch haben Sie es hier«, meinte der junge Mann, während er mir in den Mantel half. Er bewunderte meinen Biedermeier-Salon. Ich hatte auch eine sehr schöne Meißner-Vase mit einer roten Rose auf dem Tisch stehen. »Oh, diese Vase und diese Rose!« Es fiel ihm sofort auf. Aber wir mußten ja ins Studio, also beeilten wir uns. Unterwegs sprachen wir über Musik, über Nymphenburg. Er schilderte die Konzerte dort und sagte, ich müsse das unbedingt auch erleben. Pali Meller-Marcowicz hatte mir also nicht irgendeinen jungen Mann geschickt, sondern einen, der etwas von Musik verstand. Ich fand das sehr gut.

Szenenfoto aus dem Fernsehfilm »Talente und Verehrer« unter der Regie von H.D. Schwarze. Links: Blandine Ebinger. Rechts: C. Trantow

Dann fielen mir praktische Dinge ein. Ich sagte: »Gott, in diesen Studios kriegt man nie etwas zu trinken, dabei ist die Luft immer so trocken.«
Er ließ sofort halten, flitzte über die stark befahrene Straße, und schon kehrte er mit Coca-Cola und Wasser zurück. Praktisch war er also auch. Ich fand ihn sympathisch. Wir fuhren weiter, endlich waren wir in Allach. Nein, das hätte ich allein nicht gefunden. Heinz Brühning und seine Musikanten waren bereits zur Stelle. »Sieh da, das Blandinchen«, begrüßte mich Meller-Marcowicz, Hassenpflug hat Sie also richtig geführt.«
Er wurde verlegen, weil er vergessen hatte, sich vorzustellen.
»Wunderbar haben Sie mich begleitet. Danke, Herr Hassenpflug!«
Wir begannen mit der Aufnahme.
Ich bemerkte, wie fasziniert er zuhörte. Das *Groschenlied* ging vorüber, und ich fuhr mit dem *Giftmariechen* fort. Ja, er war ganz bei der Sache.
Kleine Pause.
»Kann man Sie auch einmal auf der Bühne sehen?«
»Vielleicht demnächst.«

Drei Geranien und die Folgen

Endlich zog der Frühling in München ein. Schon gestern war alles naß gewesen. Der Schnee schmolz, man stieg mit Riesenschritten über die Pfützen hinweg. Aber den Pelz konnte man im Schrank lassen, den Schal etwas lockern. Grün schaute überall hervor. Ich stand auf meinem kleinen Balkon und hatte Sehnsucht nach einer Blume. Ich ging also wieder in den schönen Laden um die Ecke. Hier standen drei herrliche Geranien, eine rosa, eine weiße und eine von ganz merkwürdigem Rot. Nicht von dem gewöhnlichen Zinnober. Mit den drei Geranien kehrte ich zu meiner Wohnung in der Bürkleinstraße zurück. Sie blühten. Aber dann wurden sie, obwohl ich sie eifrig pflegte, etwas mickrig. Die weiße, vielleicht die zarteste bald. Was konnte nur daran schuld sein?
Ich fand mich damit ab und tröstete mich: Auspuffgase, der Wind wird sie wegpusten. Aber meine Geranien erholten sich nicht, immer mickriger wurden sie, auch die rote ging ein, nur die rosafarbene hatte ich noch. Ich hätte sie gern behalten.
Auf meinem Kalender stand eine Verabredung mit Herrn Hassenpflug, dem jungen Mann von der Schallplattenaufnahme. Ich öffnete die Tür, und da stand er. Er hatte eine Pudelmütze mit einer gewaltigen Bommel auf dem Kopf.
»Ich muß diese Mütze aufsetzen, denn draußen stürmt es.«
»Föhn liebe ich. Er bringt so etwas Prickelndes, etwas wie Champagner.«
»Hoffentlich bleibt das bei Ihnen so, Frau Ebinger.«
Er ging auf den Balkon. »Was haben Sie denn mit den Blumen gemacht?«
»Überhaupt nichts«, sagte ich, »ich habe sie gepflegt, ich habe sie gegossen. Ich glaube, die Auspuffgase töten sie.«
»Die eine wird vielleicht noch«, meinte er. »Sie ist noch nicht tot.«
Unsere Freundschaft entwickelte sich zu einer behaglichen Notwendigkeit. Mir fiel auf, daß er mich mit der zweiten Stimme begleitete, wenn ich gewohnheitsmäßig vor mich hin sang. Ich bat ihn, mir etwas vorzusingen. Darauf sang er ausgelassen die *Lieder aus der Küche*. Sehr komisch, sehr gut. Und ich dachte: Vielleicht hat er schauspielerisches Talent. Ich liebe es, jemanden zu »entdecken«. Das alles überlegte ich im stillen, ohne mit ihm darüber zu sprechen. Er machte inzwischen seinen Referendar, er war

197

In den fünfziger und sechziger Jahren spielte Blandine Ebinger in verschiedenen Filmen, u. a. in »Der Lügner« mit Hans Rühmann (vorige Seite), »Mädchen in Uniform« mit Therese Giehse, Lilli Palmer und Romy Schneider (oben und links), »Das ideale Brautpaar« mit Günther Lüders (folgende Seite oben) und »Der letzte Zeuge« unter der Regie von Wolfgang Staudte mit Martin Held und Hanns Lothar. Für den letzteren erhielt Blandine Ebinger den Bundesfilmpreis 1962 für die beste Nebenrolle (folgende Seite rechts).

Jurist. Er erzählte mir von seiner Familie, er habe sieben Geschwister.
»Du lieber Gott!« entfuhr es mir.
»Was ist denn?«
»Ach, nichts weiter.« Ich hatte immer den Wunsch gehegt, mich mit einem Waisenknaben zu befreunden, ohne große Familie, und dieser hier hatte sieben Geschwister. Hoffentlich mußte ich sie nicht alle kennenlernen. Aber ich sagte es nicht. Sie konnten ja sehr nett sein.
Ich sah ihn längere Zeit nicht mehr. Ich war sehr beschäftigt, und er auch – promovierte nebenher. Beim nächsten Treffen brachte ich die Rede auf sein Studium.
»Interessant, aber entsetzlich trocken, nicht?«
Auch Goethe habe Jura studiert, antwortete er.
»Nun ja«, sagte ich, »daß Goethe es gemacht hat, ist aber kein Grund.«
»Was hätte ich sonst studieren sollen?«
»Mein Gott«, erregte ich mich, »Musik! Haben denn Ihre Eltern keine Ohren gehabt? Nur Musik!«
»Doch«, sagte er, »Ohren haben sie schon gehabt, aber kein Geld.«
Mein Balkon erregte sein Mißfallen. »Er sieht immer noch furchtbar aus.«
Von da an kümmerte er sich um die Geranie. Was er mit ihr gemacht hat, weiß ich nicht. Er kümmerte sich einfach um sie, während er zwischen seinen Klausuren zu mir kam. Er lockerte die Erde mit einem Stäbchen, beschäftigte sich mit ihr.
Ich hatte im Sinn gehabt, neue zu kaufen. Aber siehe da, eine Woche später ging ich auf meinen Balkon und konnte es nicht fassen: Die Geranie hatte sich gereckt und trug einen Kranz entzückender rosa Blüten. Was hatte er gemacht?
Als er kam, zeigte ich sie ihm. Er lächelte nur, als wäre das eine Selbstverständlichkeit.
Ich fragte: »Haben Sie aus Ihrem Garten etwas gebracht?«
»Nein«, erwiderte er, »gar nichts.«
Als wir bald darauf vor dem großen Fenster zum Balkon standen, sagte er: »Man muß bei diesem Balkon darauf achten, ob er sich für Schatten- oder Sonnengewächse eignet.«
Er verstand wirklich etwas vom Gärtnern.
Im Theater hatte ich gut zu tun. Ich spielte in der »Komödie« im Bayerischen Hof mit Hilde Krahl, Edith Schollwer und dem »Schampi«, das ist Karl Schönböck. Ein Stück von Somerset Maugham. Ich drehte mehrere

Fernsehfilme. Helwig Hassenpflug arbeitete weiter an seiner Doktorarbeit.

An einem strahlenden Sonntag fuhren wir an den Chiemsee. Der See glitzerte. Boote mit glücklichen, lachenden Menschen. Heute war das Leben schön. Ich dachte, wir könnten es einmal spielen...

»Was denkst du?« fragte ich.

»Ich denke es mir schön, wenn wir beide... ich meine, wenn man...« Er sah mich an. »Man muß erst seine innere Stimme befragen.«

»Und was sagt deine?«

»Sie sagt, spielen wir verheiratet!«

»Meine sagt das auch.«

Wir spielten es viele Jahre. Irgendwann beschlossen wir, aus dem Spiel Ernst zu machen. Seitdem steht in meinem Paß der Name »Hassenpflug-Ebinger«.

Das Ehepaar Blandine Ebinger und Dr. Helwig Hassenpflug

Die wiedergefundene Zeit

Wieder nach Berlin

Aus Berlin rief Hans Wölffer von der Komödie an und bot mir eine Rolle in Peter Shaffers *Komödie im Dunkeln* an. Ich liebte München, aber nicht mehr den Föhn. Mein Mann... ja, wie sich das dachte..., mein Mann Helwig wollte Berlin besser kennenlernen. Er würde in der Kanzlei Fromm arbeiten, die auf Urheberrecht spezialisiert war. Der Mann von der Umzugsfirma Kopania hatte recht gehabt, als er vor sieben Jahren meinen Umzug nach München besorgt und gesagt hatte: »Alle kommen wieder. Det hat jar keenen Zweck, det Se ziehen. Aber warum nich – ick verdiene ja dabei!«
Neu angekommen. Ich ging zur Probe. Mein Mann richtete unser neues altes Heim am Breitenbachplatz ein. Ich versuchte nun, Berlin mit anderen Augen zu sehen, versuchte, die schmerzlichen Erinnerungen zu vergessen, sie waren ja von neuen Eindrücken überlagert.
Eine der Hauptrollen in der *Komödie im Dunkeln* spielte Leonhard Steckel, Stecki, wie er von den Kollegen genannt wurde. Wir waren befreundet. In Zürich hatte ich unter seiner Regie im *Hauptmann von Köpenick* die Rolle der Pleureusenmieze gespielt, gegen meinen Willen. Ich hatte ihm vorgeschlagen, mich lieber das kranke Mädchen spielen zu lassen, das aber sah er erst nach der Premiere ein.
Stecki wohnte in Berlin. Und das, obwohl er eine unüberwindliche Angst vor dem Fliegen hatte. »Mich bekommt kein Mensch in ein Flugzeug!«
Ein merkwürdiges Schicksal ereilte ihn: Er fuhr zusammen mit Ulrich Haupt mit dem Zug von München nach Zürich. Haupt war ohne ihn in den Speisewagen gegangen. Das rettete ihm das Leben, Leonhard Steckel kam bei dem Zugunglück auf dieser Strecke ums Leben. Ausgerechnet er, der im Gegensatz zu anderen Kollegen aus Angst nicht geflogen war, ist durch ein solches Unglück auf der Erde umgekommen.
Während der 150 Vorstellungen der *Komödie im Dunkeln* hatten wir uns in Berlin einigermaßen häuslich eingerichtet. Täglich wurde gespielt, täglich brachte mich mein Mann zum Theater und holte mich ab. 1969 wurde er Leiter der juristischen Abteilung eines angesehenen wissenschaftlichen Verlags in Berlin, in dessen Geschäftsleitung er heute tätig ist. Ich gewöhnte mich an das Inseldasein in Berlin.

Blandine Ebinger in dem Theaterstück »Kömödie im Dunkeln« mit Leonard Steckel, G. Boettcher und P. Schmidt unter der Regie von Harry Meyen.

»Meine« Lieder werden erneut geweckt

In den sechziger Jahren spielten »meine« Lieder und Chansons nur eine kleine Rolle. Hin und wieder wollte der Westdeutsche Rundfunk in einer Reihe von Sendungen über Chansons einen Titel haben, aber das war immer eine »kleine Nebensache«. Die Schallplatten hielten alles ein wenig am Leben, doch im Grunde lagen die Lieder im Dornröschenschlaf, aus dem sie erst 1974 erweckt wurden.

Zwischendurch hatte Hans Weigel sie für Elfriede Ott in Wien entdeckt. Eines Tages – als er schon nicht mehr der gefürchtete »Watschen-Weigel«-Kritiker war, sondern nur noch Schriftsteller – schrieb mir Hans Weigel, er habe als junger Student mit klopfendem Herzen versucht, mich zu erreichen. »Ich kann heute noch ganze Passagen der *Hysterischen Ziege* und der *Mondsüchtigen*.« Er stellte jetzt Vortragsabende für Elfriede Ott zusammen.

Die Anfrage war für mich keine einfache Sache. Ich war doch nachdenklich, denn ich hatte noch nie eine Interpretin gefunden, die die Lieder von Hollaender so nachempfinden konnte, wie er es wollte. Immer wieder hatte ich eine Nachfolgerin gesucht, aber eigentlich war es immer eine Enttäuschung gewesen. Hollaender sagte mir kurz vor seinem Tod: »Du mußt unsere Sachen immer wieder singen!«

»Aber es kommt ein Moment, wo ich nicht mehr jung genug dafür bin.«

»Doch«, sagte er, »doch, nur du kannst es!«

Da saß nun Hans Weigel. Ich knabberte an meinem Plätzchen und überlegte.

Ich hatte Elfriede Ott nie gehört, daher sagte ich: »Ich verlasse mich ganz auf Sie.«

»Das können Sie.«

Ich muß gestehen, ein bißchen weh tat es mir schon, denn diese Lieder waren meine Kinder. Sie hatte gerade die drei ausgewählt, die mir die liebsten waren. Aber dann dachte ich mir: Sollen sie in die Welt wandern und wieder leben. So wanderten sie zu Elfriede Ott.

Ein halbes Jahr später gastierte Elfriede Ott mit diesem Vortragsabend in Berlin. Bei Hela Gerber im Theater in der Nürnberger Straße. Ich saß im Parkett und hörte etwas überrascht mein kleines *Mondmädchen* mit einem leichten österreichischen Tonfall. Obwohl es sehr merkwürdig für mich war, kam Überzeugungskraft über die Rampe. Die Sachen von Friedrich Hollaender sind so stark, daß sie überall hinwandern können. Das erlebte ich selbst in Amerika. Auch in der englischen Fassung packten sie das Publikum mit ihrer schlichten Kraft. Das war vor jenem Abend in der Akademie der Künste anläßlich der Berliner Festwochen 1974, an dem die Lieder mit mir zusammen noch einmal zu neuem Leben erwachten.

Auf dem Rückflug von Kalifornien 1973 hatte ich Wehmut empfunden. Die Hinreise war erregend gewesen, weil ich meiner Tochter Philine und den Freunden entgegengeflogen war. Bei der Rückkehr aus der weiten Ferne kam mir das Inseldasein besonders zum Bewußtsein. Nur eines tröstete mich: Mein Mann war glücklich bei seiner Arbeit.

Nach einem Reisetag von zwanzig Stunden legte ich mich auf die Couch und schlief sofort ein. Das Telefon klingelte. Verschlafen fragte ich: »Hallo?«

»Hier ist Allende-Blin.« Eine zarte, aber deutliche Stimme.

»Wo bin ich? Wie spät ist es?«

»Es ist fünf.«

»Ach, fünf?«

»Fünf, siebzehn Uhr. Entschuldigung, habe ich Sie gestört?«

Allmählich hatte ich zu mir gefunden. »Nein, nein, wundern Sie sich nicht, ich komme nämlich gerade aus Kalifornien.«

Er stellte sich noch einmal vor. Und dann: »Ich habe Ihnen geschrieben.«

Den Brief hatte ich noch nicht geöffnet.

»Ich komme in den nächsten Tagen nach Berlin, möchte Sie gern treffen und mit Ihnen über Ihre *Lieder eines armen Mädchens* sprechen. Ich rufe wieder an, in zwei Tagen.«

Ich legte auf. Ein Bekannter aus Chile?

Mein Mann kam um sechs Uhr nach Haus. Ich berichtete ihm von dem Anruf. Wir fanden den Brief in dem Berg noch ungeöffneter Post.

»Sehr verehrte Frau Ebinger,
Gestatten Sie mir, daß ich mich vorstelle:
Ich bin Komponist, in Santiago de Chile geboren, und lebe seit 1951 in der Bundesrepublik.
Meine Eltern waren Musiker. Meine Familie stammt zur Hälfte aus Spanien und zur anderen Hälfte aus Frankreich. Zu Hause bei meinen Eltern verkehrten viele Emigranten: zuerst Spanier, dann Polen, Franzosen und

sehr viele Deutsche. Die Spanier, die zu uns kamen, waren vor dem Bürgerkrieg geflohen, und die Deutschen vor dem Dritten Reich. Zu ihnen gehörten Musiker wie Fritz Busch und Erich Kleiber, aber auch Theaterleute und Maler. Aus den Erzählungen dieser Emigranten entstand für mich ein immer klareres Bild von Deutschland.
Da mein Bruder und ich eine deutsche Gouvernante bekamen und die Eltern Französisch und Spanisch mit uns sprachen, wuchsen wir dreisprachig auf.
Einige der deutschen Emigranten brachten wertvolle Bücher und Bilder mit, und zwar meistens Bücher und Bilder, die im Dritten Reich als entartet bezeichnet wurden. Aber unter den wertvollsten Dokumenten jener Zeit befanden sich Schallplatten, welche doch damals sehr empfindlich und zerbrechlich waren. Der Berliner Maler Hans Soyka, vor wenigen Monaten in München gestorben, der seinen Brecht, seinen Ringelnatz, seinen Tucholsky immer opportun zu zitieren wußte, besaß Schallplatten der Dreigroschenoper, andere mit Ernst Busch, einige mit Kathe Kühl usw.
Der Hamburger Theatermann Erich Zacharias, ehemaliger Mitarbeiter von Gründgens, der vor etwa sechs Jahren starb, hatte Schallplatten von Ihnen mitgebracht und hütete sie sorgsamer als seine eigenen Augen.

Juan Allende-Blin

In einem Antiquariat in einem Armenviertel von Santiago, das einem deutschen Juden gehörte, kaufte ich Noten: sowohl Chansons von Rudolf Nelson und Friedrich Hollaender wie auch Partituren von Schönberg und Berg. Einer meiner Onkel, der lange Jahre in Paris gelebt hatte und der mit Debussy und Ravel befreundet war, wurde später mein Kompositionslehrer. Als ich bei ihm anfing, ich war gerade fünfzehn Jahre alt geworden, schenkte er mir die Partitur von Pierrot lunaire. Später erhielt ich auch die Schallplatte, die Schönberg selbst dirigiert hat. Nun verglich ich die wehmütigen Chansons von Hollaender in Ihrer Darbietung und den Pierrot lunaire von Schönberg mit Frau Erika Stiedry-Wagner als Sprecherin, und ich begriff, daß eine Verbindung auftrat – wobei Gustav Mahler als geheime Brücke wirkte –, welche viele schockiert, doch die für mich als eine Art Schlüssel zum Verständnis des deutschen Expressionismus gilt.
Als ich in Chile mein Studium beendet hatte, wuchs in mir der Wunsch, Deutschland kennenzulernen.
Im Jahre 1951 kam ich hierhin mit einem bestimmten Bild von diesem Land, einem Bild von Deutschland, das von den besten Emigranten geprägt worden war, und ich suchte vergebens in Deutschland nach jenem anderen Deutschland, das durch Hitler im Ausland gestrandet war. Welche Enttäuschung bei den ersten Begegnungen in diesem Land. In Musikkreisen trat ich fast ausschließlich ins Fettnäpfchen: Meine geschätzten Bekannten waren hier entweder unbekannt oder sehr unbeliebt.
Jahre mußte ich warten, bis ich etwas aus jener Vergangenheit im Ursprungsland wiederfinden konnte. Erich Zacharias besuchte mich eines Tages in Hamburg (er kam gerade aus Chile), und ich spielte ihm Ihre Schallplatte In den Abendwind geflüstert vor, ohne ihm das vorher zu verraten. Er horchte auf, und die Tränen fielen ihm verschämt herunter. Warum soll ich Ihnen dies verschweigen, verehrte Frau Ebinger, warum soll ich Ihnen nicht auch meine eigene Bewunderung verraten? Sie hat in mehr als 25 Jahren nicht im geringsten nachgelassen. Warum sollen Sie nicht erfahren, was Sie für viele Menschen, die fern von Ihrem Wirkungskreis lebten, bedeutet haben und heute noch bedeuten.
Nun ergibt sich in diesen Tagen eine konkrete Frage an Sie. Herr Dr. Eckhardt, Leiter der Berliner Festspiele, hat mich beauftragt, einige Konzerte zum 100. Geburtstag von Arnold Schönberg zu programmieren. Mein Thema ist der

Pierrot lunaire *und das Cabaret. Einen dieser Abende,*
Pierrot im Cabaret, *stelle ich mir so vor:*
Im ersten Teil werden kabarettartige Chansons von sogenannten seriösen Komponisten dargeboten: Erik Satie (3 Chansons de café-concert), *Francis Poulenc* (Cocardes) *und Arnold Schönberg (2 Brettl-Lieder:* Nachtwandler *und* Galathea). *Für den zweiten Teil möchte ich Sie bitten, verehrte Frau Ebinger, Chansons von Friedrich Hollaender vorzutragen; ich denke insbesondere an den Zyklus* Lieder eines armen Mädchens. *Würden Sie dieses Angebot annehmen? Das Konzert findet höchstwahrscheinlich im September 1974 in der Akademie der Künste statt.*
Ich würde mich freuen, wenn dieses Projekt Ihre Zustimmung findet.
Mit Dank und Spannung warte ich nun auf Ihre Antwort.
Mit freundlichen Grüßen
Ihr
Allende-Blin«

Ein paar Tage später saßen wir bei Kempinski. Ich sagte nicht sofort zu: »Ich will es mir überlegen.« Ich hatte jahrelang keine Chansons mehr gesungen. Und die Zeit war nicht stehengeblieben.
Leicht würde es nicht sein. Ich mußte die Chansons völlig neu aufbauen und ganz anders gestalten. Damals war ich »ein kleines Mädchen« gewesen. Heute mußte ich ein kleines Mädchen darstellen, zaubern. Es mußte ein Rückblick sein. Ich konnte nicht mehr im Röckchen mit langen Zöpfen auftreten, das wäre eine Karikatur gewesen. Ich konnte nur daneben stehen als Vortragende, so, wie man ein Gedicht vorträgt, im Abendkleid, nicht die Texte personifizieren, sondern meine Zuhörer bekanntmachen mit diesen *Liedern eines armen Mädchens* von Friedrich Hollaender.
Ich arbeitete mit einem Korrepetitor. Ich fand den Mann, der mich begleiten wollte. Es war der Musiker Horst A. Hass. Dann, kurz vor dem Abend, hörten wir zu unserem Entsetzen, daß Hass sich das Leben genommen hatte. Jetzt mußte ich eigentlich absagen. Nochmals diese Riesenarbeit, die Einfühlung, die diese Chansons verlangten? Das würde wieder Monate dauern.
Wie es häufig so unerwartet kommt, klingelte ausgerechnet in diesen Tagen das Telefon.
»Hier ist Erwin Bootz.« Erwin Bootz von den »Comedian Harmonists«.

Von einer neuen Generation wiederentdeckt: Blandine Ebinger in der Akademie der Künste, Berlin, 1974. »Das Publikum war einfach platt. Es jubelte Frau Ebinger zu. Über Nacht wurde sie abermals (zum wievielten Male und nach wie langen Pausen?) in Berlin zur Heldin des Tages und einer neuen Generation. Mitunter lohnt es sich wohl doch, alt zu werden! Um der ganz frischen Wirkung willen.« Klaus Geitel in der Welt, *19. 9. 1974*

»Erwin Bootz, Spätzchen! Wo kommst du her?«
»Aus der Versenkung.«
»Nein, wirklich?«
»Ich komme aus Bochum. Bin da am Theater.«
(Später hat er die Musik für *Kleiner Mann, was nun?* geschrieben.) Er erzählte von jetzt, von früher. »Ach, ich würde dich so gern wieder einmal begleiten.«
Und Erwin Bootz setzte sich an den Flügel. Alle Chansons hatte er im Gedächtnis bewahrt, jede Note, jede Nuance. In den dreißiger Jahren hatte ich mit Erwin Bootz Abende gegeben, teils mit ihm allein, teils mit den »Comedian Harmonists«. Er kannte natürlich auch meinen Stil genau. Da saß er wieder, der kleine Erwin. Etwas runder geworden, aber immer noch diese unerhörte Musikalität, dieser meisterhafte Anschlag. Ich brauchte nicht abzusagen.
Schließlich stand ich – es war der 24. September 1974 – auf der Bühne der Akademie der Künste in Berlin und sang Hollaenders *Die Lieder eines armen Mädchens*. Was ich nun erlebte, hatte ich einfach nicht erwartet. Das Publikum ließ sich mitnehmen, jubelte, ich mußte zugeben – drei Lieder, glaube ich. Es war unbeschreiblich.
Nicht nur das Publikum war zauberhaft, auch die Kritiker äußerten sich begeistert. Friedrich Luft berichtete von seiner Furcht, die Akademie könnte unter dem Beifall zusammenbrechen. Auch die Überschrift und der Tenor der Kritik von Klaus Geitel freuten mich.

Ein Abschied: Friedrich Hollaender

Friedrich Hollaender hat die Wiederentdeckung seiner, unserer Lieder noch erlebt. Er freute sich, war stolz darauf. Ich habe viel über ihn berichtet, Episoden, gemeinsame Erlebnisse, über Facetten seines Charakters. Wie war Hollaender wirklich? Ich will versuchen, das Bild abzurunden.
Hollaender war ein Genie. Auf der Stirn trug er das Zeichen des durch und durch musikalischen Menschen, das man bei vielen Meistern findet. Er war ungeheuer fleißig. Jeden Morgen saß er pünktlich am Flügel. Wenn ihn etwas beseelte, konnte er acht Stunden hintereinander arbeiten. Er hatte einen großen, von Intelligenz geprägten Charme. Münchhausen aber, der Lügenbaron, war gegen ihn ein Waisenknabe, gewiß war Friedrich geschickter als der Baron. Hollaender war auch von einem überwältigenden Egoismus. All diese Eigenschaften erkannte ich erst später. Zunächst konnte er eben zaubern, nicht nur mit Worten und seiner Musik, er verzauberte einen auch durch sein gewinnendes Wesen. Ich, die ich schon in der Kindheit Märchen schrieb und mir gern meine eigene Welt baute, fiel natürlich auf den Zauberer herein.
Ich liebte Zauberer. In Leipzig sah ich einmal einen Zauberer auf der Bühne, der mich so hinriß, daß ich in meiner Begeisterung hinter die Bühne ging. Ich machte seiner Frau Komplimente, wie herrlich es sein müsse, mit einem solchen Zauberer immer zusammen zu sein.
»Das legt sich«, antwortete sie trocken. »Wenn man erst die Tricks kennt, bekommt man genug davon.«
Hollaenders Tricks lernte ich nie kennen, er war schlau genug, sie für sich zu behalten, so daß er seinen Einfluß aufrechterhielt. Er ging auf meine Empfindsamkeiten ein. Er konnte einen merkwürdig anschauen und in besondere Spannung versetzen. Es kam vor, daß ich einen Gegenstand nicht an seinem angestammten Platz fand. Hollaender nannte eine andere Stelle, wo er tatsächlich war. Das beeindruckte mich.
Seine Tricks waren ja keine Zauberkunststücke. Ich erinnere mich an einige: Eine reizende junge Kollegin, Marion Palfi, liebte Hollaender unbeschreiblich. Sie war immer da, ständig um ihn herum. Mir wurde das allmählich gleichgültig, ich war außerdem von meiner Arbeit in Anspruch genommen. Ich hatte Marion gern und dachte, laß sie nur machen. Am Horizont erschien aber

Blandine Ebinger mit dem altgewordenen Friedrich Hollaender

bereits Hedi Schoop, ebenfalls eine Kollegin. Was tat nun Hollaender? Er wurde krank. Er spielte diese Krankheit hervorragend, sie begann mit kurzen Ohnmachten – eigentlich ein Vorrecht der Frau –, die immer schlimmer wurden. Marion war besorgt, begleitete ihn in seine Wohnung in der Cicerostraße. Nachdem sie den armen Kranken zu Bett gelegt hatte, ging sie betrübt nach Hause. Nicht lange danach erschien der arme Kranke quietschvergnügt und puppenlustig bei Hedi, mit der er verabredet war.

Die gemeinsame Arbeit während der Ehe ließ mich kaum zur Besinnung kommen. Ich arbeitete von früh bis spät in die Nacht. Gelegentlich machten wir sogar Ferien. Da uns nicht viel Zeit blieb, höchstens ein Wochenende, fuhren wir immer nur an die Ostsee, nach Heringsdorf oder Swinemünde. Einmal sollte es eine ganze Woche sein. Das Hotel, in das wir kamen, war unmöglich. Der vereinte Chor der Gäste sang unentwegt *Ja, der Sonnenschein, der Sonnenschein ist fein*. Das ging bis morgens um drei Uhr. Ich weigerte mich, dort zu bleiben. Wir zogen um. »Warum haben wir überhaupt so ein Hotel genommen? Das ist doch kein erstes Haus!«

Er hatte wieder gespielt, es reichte nicht für ein erstes Haus.

Ich war entschlossen, die Woche zu genießen, mich auszuruhen. Ich ging an den Strand. Vorsorglich nahm ich Oropax mit, um mich gegen den Lärm zu schützen. Oropax konnte aber den Lärm nicht abhalten, den ein Flugzeug machte, das ganz niedrig über den Strand flog. Was sollte das?

Das Flugzeug warf Flugblätter ab. Reklame für Persil oder ähnliches, dachte ich. Nein! Ein Zettel landete neben mir:

> *Blandine tritt nur einmal auf,*
> *heut abend um halb zehn!*
> *Begonnen hat der Vorverkauf,*
> *das müßt Ihr alle sehn!*

Im Kurhaus!

Das war wirklich die Höhe! Eine Frechheit von Hollaender, erst dieses Hotel, dann auch noch, ohne mir etwas zu sagen, eine Vorstellung.

Scheinheilig sagte er: »Ich wollte dich überraschen! Ich denke, du freust dich.«

Mir kamen die Tränen.

Die letzte Überraschung war der aufgeregte Vater einer jungen Schauspielerin gewesen, der an die Tür donnerte. Als ihm Lieschen öffnete, stürmte er herein, fuchtelte mit einem Revolver herum und schrie immerzu nach Hollaender. Wir konnten Hollaender nicht verstecken, so kam er schließlich kleinlaut hervor und mußte sich eine Standpauke anhören. Meine Mutter, die gerade da war, erbleichte. Der erzürnte Vater verlangte, daß sich Hollaender sofort scheiden ließe. Meiner Mutter gelang es, den Mann hinauszukomplimentieren, er werde Bescheid erhalten.

Hollaender war außer sich, er lasse sich niemals scheiden, sagte er. Merkwürdig. Meine Mutter war es, die für mich empört war und dann alles weitere betrieb.

»Ich nehme dir Blandine weg. Du bist ihrer nicht wert.« Hollaender weinte, er wollte keinesfalls die Scheidung. Schließlich kam jener Tag, an dem wir nur eine kurze Zeit zusammen mit dem Richter in einem fürchterlichen Gerichtsgebäude waren. Hollaender saß ganz allein auf einer Bank, zusammengesunken, wirklich ein armer kleiner Pilz. Und ich, die ich nun von ihm geschieden wurde, hatte Mitleid mit ihm. Dann aber fiel mir ein, wie oft ich ihn wegen einer Freundin hatte trösten müssen. Ich hatte eher schwesterliche Gefühle empfunden, sonst hätte ich das Leben an seiner Seite schon längst nicht mehr ausgehalten.

Wenn ich es heute bedenke, war die Scheidung ein Schritt in die falsche Richtung. Es wäre richtiger gewesen, weiter an seiner Seite zu leben und ihn gewähren zu lassen, behutsam zu lenken. Dieser Schritt hatte Folgen, die erst viele Jahrzehnte später deutlich wurden, nach Hollaenders Tod. Die unmittelbaren Folgen der Scheidung waren zweischneidig. Zwar konnte es nun nicht mehr vorkommen, daß ich nach schwerer Arbeit im Theaterbüro hörte, Hollaender habe meine Gage schon geholt. Aber mein Anwalt hatte kein Scheidungsurteil erwirkt, das für mich eine Sicherstellung bedeutet hätte. Er war vertrauensselig und fiel einfach auf Hollaenders Beteuerung herein, er werde seine Verpflichtungen gegenüber dem Kind und mir erfüllen. Natürlich geschah nichts dergleichen, im Gegenteil, Hollaender kam in alter Gewohnheit zu mir und bat mich, einige Wechsel für ihn zu unterschreiben. »Ich bin in einer verzweifelten Lage! Mein neuer Schlager *Liliput* wird das in kurzer Zeit wieder einbringen.«

Ich brachte es nicht über mich, ihn im Stich zu lassen. Auch nach der Trennung arbeiteten wir immer wieder gut zusammen. Es entstanden Revuen, mit denen wir Ende der Zwanziger und Anfang der dreißiger Jahre große Erfolge hatten. Künstlerisch verstanden wir uns stets gut. Ehe er nach Hollywood ging, heiratete er Hedi Schoop, von der er später in den USA geschieden wurde. Auch in Amerika machte er seine Dummheiten. Er fing mit einer kleinen Schauspielerin etwas an, die ein Kind von ihm erwartete. Wieder kam er zu mir und fragte mich, was er tun solle. Warum fragte er nicht Hedi Schoop? Ich riet ihm, diese Frau zu heiraten. Er wollte nicht mehr, war soeben von Hedi geschieden worden.

»Wenigstens bis das Kind da ist«, riet ich ihm. Chaplin hatte gerade eine sehr unangenehme Affäre, weil er ein Mädchen sitzengelassen hatte. »Du bist hier im puritanischen Amerika, es besteht die Gefahr, daß du kaltgestellt wirst.«

Er folgte meinem Rat, die kleine »Melodie« wurde geboren. Daß sie den Namen Hollaender trägt, hat sie mir zu verdanken, worüber ich froh bin. Die Ehe mit Melodies Mutter dauerte nur kurze Zeit. Sie hielt sich an die Vereinbarung, nach der Geburt des Kindes in die Scheidung einzuwilligen.

Hollaender brachte sich weiter in Schwierigkeiten. Er heiratete in Kalifornien die Französin Berthe, die er gar nicht kannte. Sie war eine Verehrerin, hatte ein Bild von sich geschickt. Nur auf eine Illusion hin ließ er sie nach Hollywood kommen – so etwas tut nur jemand, der nicht ganz auf der Erde steht. Ich glaube, er war gekränkt, weil Hedi Schoop Ernö Verebes geheiratet hatte. Sie hatte ihn nicht erst nach der Scheidung von Friedel kennengelernt, er war Hollaenders Sekretär und lebte auf demselben Grundstück. Ich hatte diese Beziehung sofort erkannt, Hollaender hatte jahrelang nichts bemerkt.

Berthe mußte erst einmal ins Krankenhaus, weil sie durch den Krieg vollkommen ausgehungert und in einem schlimmen Zustand war. Nachdem er sie gesund gepflegt hatte, begegnete ich ihm auf dem Hollywood-Boulevard mit einem Riesenstrauß im Arm, strahlend. Wie lange das Strahlen wohl dieses Mal dauern würde... Sie ist seine Witwe geworden.

Nach dem Krieg blieb Hollaender zunächst noch in Kalifornien. Er kehrte erst 1955 zurück und mietete in München in der Ottostraße eine Wohnung. Lange Zeit lebte dort Berthe allein; er ging nach Ascona, wo er mit Barbara Eff lebte. Von dort kam er nach München zurück, wohnte in der Wurzerstraße.

Er lebte von Berthe getrennt, ich weiß nicht, ob er gut für sie sorgte. Schließlich ging die Beziehung mit Barbara Eff zu Ende, da sie Georg Hurdalek heiratete.

Hollaender hatte Barbara zwar immer wieder herausgestellt, aber irgendwann wurde ihr wohl klar, daß sie einen anderen Weg finden mußte. Ich werde eine der Begegnungen mit ihr nie vergessen – ein liebes Gesicht über einem knallroten Lackmantel, unter einer ebensolchen Kapuze im strömenden Regen.

Hollaender holte Berthe wieder zu sich. Er kränkelte und brauchte jemanden, der bei ihm war. Aus dieser Zeit gibt es einige interessante und schöne Dokumente mit Hollaender als Schauspieler. Er war begabt, der Fernsehregisseur Rainer Bertram hat mit ihm einige seiner großen Chansons aufgenommen. Ein hochinteressantes Interview dazu, eine amüsante Sendung über musikalische Stibitzereien.

Hollaender rief mich eines Tages an, Bertram wolle gern eine Sendung mit uns beiden gemeinsam machen.

»Nanu, Friedel. Du wolltest doch nie wieder mit einer Frau über dreißig auftreten.«

»Was geb ich auf mein dummes Geschwätz. Du bist die Ausnahme.«

Dazu ist es nicht mehr gekommen.

Nach meinem Erfolg in der Akademie der Künste in Berlin rief er mich an: »Späte Ernte«, sagte er.

Späte Ernte, daran war schon etwas. Mir fiel jene Situation in München ein, als er aus dem Bayerischen Hof auf mich zukam. Es lag hoher Schnee, ich war in einen Pelz vermummt, hatte einen kleinen Muff. Ich sah den kleinen Friedrich. Er steuerte auf mich zu, fiel beinahe in den Schnee, küßte mir die Hand und sagte: »Gnädige Frau, ich kenne Sie, bitte, helfen Sie mir.«

»Herr Hollaender, Sie haben ein reizendes Kind von mir.« Er konnte kaum sprechen. »Blandine«, hauchte er. »Blandine, soll ich dir wieder einen Heiratsantrag machen?«

In München traf ich ihn öfters. Ich fragte ihn immer wieder, ob er Philine in seinem Testament ausreichend bedacht habe. Seine ständige Antwort lautete, ich könne beruhigt sein. (Ich habe mich stets um Philine sorgen müssen. Sie war in Amerika geblieben, hatte nach der unglücklichen Ehe mit Kreisler schließlich in Charly Kirkwood einen guten Mann gefunden, den sie aber schon Mitte der sechziger Jahre verloren hatte. Sie hat es immer besonders schwer gehabt, sich jedoch selbst eine Karriere aufgebaut. Sie schrieb sich eigene Shows, machte Theater an den Universitäten auf psychologischer Grundlage, verdiente sich zusammen mit ihrem Partner Ken Michaels den Lebensunterhalt.)

Blandine Ebinger mit Tochter Philine

Eines Tages, als ich in München zu Besuch war, saß ich in der »Kulisse«, dem Theater-Restaurant bei den Kammerspielen in der Maximilianstraße, am Tisch neben mir Therese Giehse. Wir unterhielten uns. Plötzlich wurde mein Name gerufen. Telefon. Hollaender! Er hatte schon mehrfach angerufen. Er bat mich, doch sofort zu kommen, er müsse mit mir sprechen. Eine ganz schwache Stimme. Er öffnete mir selbst die Tür, sah entsetzlich elend aus, abgemagert zu einem Gerippe. Er war sehr krank gewesen. Er bedeutete mir, leise zu sein. Wollte er, daß seine Frau nichts von dem Besuch merkte?

»Blandine, ich will dir nur sagen, ich habe ein Testament gemacht. Ich habe für Philine gesorgt bis an ihr Lebensende. Ich wollte es dir selbst sagen.«

Er tat mir leid, wie er da so kümmerlich vor mir saß, trotz

all der schlimmen Dinge, die er mir angetan hatte. Berthe kam dann doch dazu. Ich erkannte, wie sehr seine Schwäche und Kränklichkeit sie anwiderten.
Das war das vorletzte Mal, daß ich ihn sah. Als ich Anfang 1976 in München mit Ernst-August Quelle bei Rainer Bertram eine Schallplatte und eine Fernsehsendung aufnahm, besuchten mein Mann und ich ihn im Krankenhaus in Harlaching.
»Ach, Blandine! Bin ich im Krankenhaus?«
»Ja.«
»Also doch. Mir tut die Seite so weh.«
»Willst du dich nicht umdrehen? Ich helfe dir.«
»Wo ich liege, da liege ich. Du bist so freundlich...«
Ich berichtete von den Aufnahmen und davon, daß noch ein Interview in unserer Berliner Wohnung aufgenommen werden sollte.
»Singst du auch die *Liebliche Elisabeth*?
Bitte, sing das, vergiß es nicht, sing es wieder!«
Viel später fiel mir ein, warum er das gesagt haben mochte: Es war das Lied eines kleinen Mädchens mit einer Puppe, das aus Verzweiflung ins Wasser geht.

> *Liebliche Elisabeth,*
> *Siehste, wenn ick Dir nicht hätt,*
> *müßt' ick – denn ick hab' ja keen' –*
> *müßt' ick mir zu Tode wee'n.*

Ich versuchte, ihn zu trösten, ihm Hoffnung zu machen, aber schon wenige Tage später hörten wir, daß er gestorben war. Berthe hatte ihm versprochen, ihn niemals ins Krankenhaus zu bringen. Sie soll ihn auch nie besucht haben.
Als das Testament eröffnet wurde, ergab sich eine Überraschung. Philine war – ebenso wie die Tochter Melodie – nur auf den Pflichtteil gesetzt. Alleinerbin war seine Witwe. Da Philine es wirklich nötig hatte, machte sie diesen Pflichtteil geltend, Melodie tat es nicht, sie konnte wohl ohne ihn leben. Das führte dazu, daß Melodie nach Berthes Tod deren Erbin wurde. Das Pflichtteilproblem beschäftigt uns heute noch.

»Aufhören, wenn's am besten schmeckt!«

Im Laufe der Zeit gab ich Gastspiele in anderen Städten, aber auch noch mehrfach in Berlin. Dabei sang ich auch die *Sechs Nachtstücke*, die Juan Allende-Blin nach Texten von Alfred Lichtenstein für mich vertont hatte. Dazu kamen Abende in Paris, Los Angeles, Amsterdam. In Los Angeles vertrat ich bei der Zweihundertjahrfeier unter den zahlreichen Gästen aus Berlin das literarische Chanson. Unter meinen Zuhörern waren Martha Feuchtwanger, Pia Gilbert, die Musikerin (eine der wenigen Komponistinnen), Victoria Wolf, die Schriftstellerin, der Pianist Jakob Gimpel. Auf dem von Victoria Wolf arrangierten Empfang für mich lästerten wir über die katastrophale Organisation. Trotzdem war meine Vorstellung ausverkauft gewesen, trotz fehlender Propaganda wurde Mundpropaganda gemacht. Für die vielen englischsprachigen Zuhörer hatte ich als Zugabe *Miss Otis regrets* von Cole Porter vorbereitet. Ob Paris, Los Angeles oder Amsterdam, überall fanden sich junge Menschen ein, die meine Lieder begeistert aufnahmen.
In Paris war ich zweimal. Zunächst im Goethe-Institut. Dort sang ich vor überwiegend deutschsprachigen Zuhörern. Die zweite Vorstellung fand im Jahr danach auf Schloß Royaumont bei Paris statt. Damals gab es einen ganzen Zyklus von Veranstaltungen zu Ehren von Alban Berg, dessen vervollständigte *Lulu* erstmals aufgeführt wurde. Ich hatte etwas Angst vor dieser Vorstellung, die für Franzosen gedacht war. Es wurde einer der schönsten Abende. Das Publikum ließ sich mitreißen und trug mich fort auf einer Welle überschäumender Sympathie. Als Zugabe hatte ich mir – als Verbeugung – ein Chanson von Jacques Prévert ausgesucht, *Déjeuner du matin* mit der Musik von Cosma.
Nach der Vorstellung – wie immer viele junge Menschen, die Autogramme haben wollten – kam plötzlich eine alte Dame auf mich zu, nahm mich in die Arme und küßte mich. Es war die Witwe des Komponisten Cosma.
Allen Anfragen nach Tourneen hatte ich stets entschieden widerstanden. Ich konnte nicht mit diesen Liedern reisen, tagtäglich woanders leben. 20 bis 25 Chansons mühelos nachempfinden und »über die Rampe bringen« – jedenfalls den Anschein der Mühelosigkeit und Selbstverständlichkeit erwecken –, ich glaube, das muß man

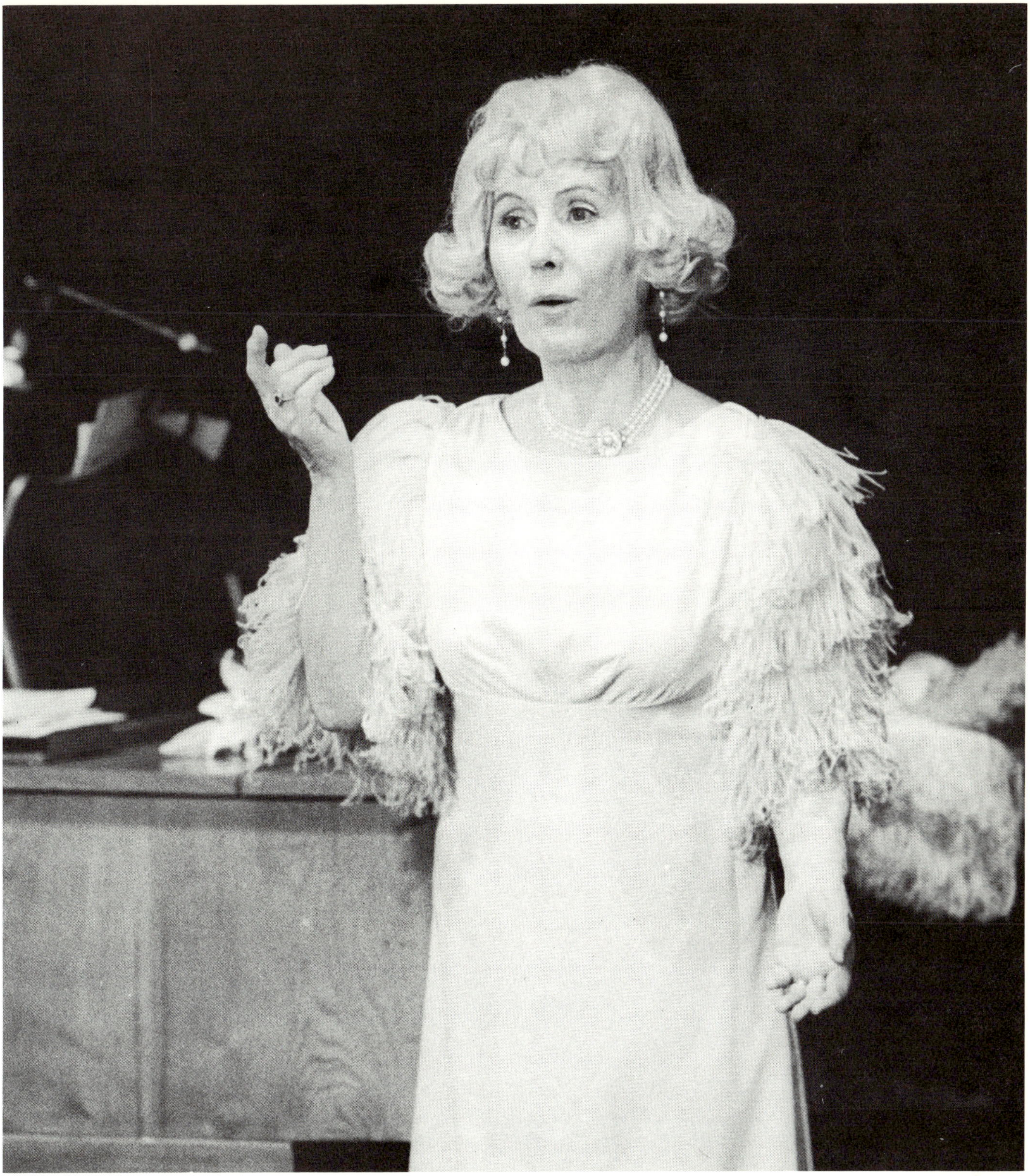

selbst erlebt haben, um ermessen zu können, wieviel Kraft es erfordert. Ich empfand die Verantwortung allmählich als zu groß und belastend. Ich dachte an meine Mutter. »Aufhören, wenn's am besten schmeckt!«
Die Abende schmeckten natürlich köstlich. Ein neues, junges Publikum, das sich einem alten zugesellte, welches »von damals« hören wollte, verwöhnte mich.
Aus Paris hatte sich des öfteren Jean Palmier gemeldet, ein junger Schriftsteller. Er wollte unbedingt ein Interview, zu dem wir uns schließlich trafen. Er hatte mehrere meiner Abende erlebt, kannte die verschiedenen Pianisten. »Ein Abend von Ihnen ist ein luxuriöses Menü, eine Anklage, ein Märchen, ein guter Happen vor einem Peitschenhieb.« Die Trommlerin, der Peitschenhieb.

Ein Menü. »Aufhören, wenn's am besten schmeckt.« Ich beschloß, meinen Abschiedsabend zu geben.
Ich beriet mich mit Juan Allende-Blin, der mit dem Intendanten der Berliner Festwochen darüber sprach. Dr. Eckhardt meldete sich umgehend und bat mich, diesen Abend im Rahmen der Festwochen 1982 zu geben. Mein Mann und ich überdachten es immer wieder. Aber der Gedanke, daß die Last der Verantwortung danach nie wieder auf mir ruhen würde, erleichterte mir den Entschluß. Der 1. Oktober 1982, der letzte Tag der Festwochen, war als mein Abschiedsabend vorgesehen. Es war mir eine schöne Vorstellung, gerade in der Akademie der Künste aufzutreten. Am Tage zuvor machte mir mein Mann den Vorschlag, die Geschichte des neuen Brecht-

Vortragsabend im Kleinen Theater, Berlin, 1975

Chansons zu erzählen. Und vielleicht auch die von Jonny. Er wußte, daß ich mich sträuben und es dann doch machen würde.

Der letzte eigene Vortragsabend. Das Publikum war überwältigend. Es hat mich schier getragen.

Zu diesem Abend waren auch aus Cannes Ruth Hollaender und Edith Happek gekommen. Beide hatten ein schweres Schicksal gehabt, ehe sie sich kennenlernten. Ruth, Enkelin von Gustav Hollaender, dem Besitzer des Sternschen Konservatoriums, wollte früh mit der Familie nichts mehr zu tun haben, die sie im Stich gelassen hatte. Schon als kleines Kind war sie mit Rollschuhen weite Wege durch Berlin gefahren, um zu mir zu kommen. Sie wollte mich zur Mutter haben. In der Emigration in Frankreich, die sie mit Mühe und Not überstand, lernte sie Edith Happek kennen, die zusammen mit einem schwedischen Pastor, Arne Forsberg, viel Leid lindern half. Sie blieben beieinander, ein ganzes Leben lang. Mit ihr schließt sich der Hollaender-Kreis für mich.

»Don't ask domestic questions«

Immer wieder werde ich von Journalisten gefragt, wie alt ich eigentlich sei. Mich persönlich interessiert das Alter eines Menschen nie. Da ich selbst nie danach frage und mich nicht darum kümmere, halte ich es in diesem Punkt mit der Raupe in *Alice in Wonderland,* die neugierige Frager bescheidet: »Don't ask domestic questions.«
Ich denke bei solchen Gelegenheiten an meine Mutter, Ilse Seeck und Irma von Gürgens, wie sie in unserer Stube um den runden Tisch saßen, vor sich das Buch eines Stückes, das sie gemeinsam bei William Wauer spielen sollten. Es war kurz vor Ostern, ich war mit meinen Gedanken längst bei den köstlichen Eiern, die ich so gern von meiner Mutter verstecken ließ.
Die drei Damen lasen also das Stück *Liebe, Feuer, Leidenschaft*. Ich meinte, es solle besser »Feuer, Wasser, Kohle« heißen, dann könnten sie auf der Bühne Ostereier suchen. Ich erntete aber nur einen strengen Blick von meiner Mutter.
»Meine Rolle ist die wichtigste«, erklärte Ilse Seeck. »Ich stelle die körperliche Liebe dar, und die scheint mir auch das Schönste...«
»Aber nein!« fiel Irma von Gürgens ein. »So ein Irrtum! Die körperliche Liebe ist ja ganz schön gut, aber sie ist die unterste Stufe der Liebe! Wie hoch steht dagegen die geistige Liebe! Denk nur an die großen Empfindungen, die sie vermittelt. Das haben uns nicht nur die Heiligen, auch die Ausnahmemenschen haben es gezeigt.«
Meine Mutter sagte: »Ich verkörpere eine ganz normale Frau, einen Menschen. Und da verbindet sich beides.«
»Wenn dieser Mensch gesund ist«, wandte Ilse ein.
»Gesund im Bett«, piepste ich dazwischen.
»Nanu, Blandine, was soll denn das?« Meine Mutter war verwundert.
»Die geistige Liebe bleibt«, fuhr Irma fort. »Wenn man alt ist, währt sie, ist immer noch schön. Sie läßt einem gar keine Zeit, alt zu sein.«
»Wenn ich alt bin, bleibe ich gesund im Bett. Ich frühstücke im Bett, ich lese im Bett, kuschele mich ein, und...«
»Ja, ja, ist schon gut, Blandinchen.« Sie nahmen mich überhaupt nicht ernst.
»Wenn man alt ist, setzt man sich zur Ruhe«, belehrte mich Mathilde.
Dabei dachte ich mir, wenn man sich »zur Ruhe« setzt, setzt man sich neben die Dame Ruhe auf eine Bank. Da ist alles ganz still – schließlich heißt sie ja Ruhe. Aber immer nur Stille fand ich nicht gut. Man mußte doch wenigstens Musik machen können.
Irma war noch bei ihrem Thema. »Wenn man die geistige Liebe wachhält, bleibt man immer schön und jung.«
Mathilde kam herein und wurde gefragt, was sie für das Wichtigste im Leben halte. »Die Gesundheit«, gab sie bestimmt Bescheid.
»Gesundheit ist alles, alles ist nichts ohne Gesundheit«, verkündete ich darauf.
»Woher hast du denn diesen wunderbaren Spruch?«
»Das ist eine Volksweisheit, weiß doch jeder.«
»Gewiß ist Gesundheit wichtig. Aber auch schwerkranke Menschen können geistige Liebe in hohem Maße erleben.« Irma war sehr ernst. »Menschen, die lieben, haben gar keine Zeit, alt zu sein. Alt sein im herkömmlichen Sinne bedeutet Versagen, keine Interessen mehr haben, anderen nicht mehr helfen können. Die körperliche Liebe, Ilse, verwelkt. Du sitzt eines Tages da und wackelst mit dem Kopf und...«
»Na, hör mal!« fiel Ilse empört ein. »Ich denke nicht daran, mit dem Kopf zu wackeln!«
»Mit dem Popo wackeln nützt dann nichts mehr!«
Zuweilen machten sie solche Witzchen, die drei Damen. Es konnte sein, daß sie sich darüber totlachten.
Nun aber begannen sie mit der Arbeit. Ilse sprach die ersten Zeilen, sie probten die unterschiedlichen Ausdrucksformen.
»Philemon und Baucis!« rief ich dazwischen. »Ja, die beiden sind zusammen alt geworden und hübsch geblieben.«
»Siehst du, ja! Helfen, lieben, Freude ausstrahlen, das läßt einem keine Zeit, alt zu sein!«
Heute würde ich sagen: Philemon und Baucis wünschten sich, auch auf einem Stern zusammenzubleiben. Ein ganz unerklärliches, geheimnisvolles Hoffen ist im Menschen. Es ist ihm eingeboren, so zu leben, als sei er unsterblich. Er lebt, als ginge es immer so weiter. Unsterblich strahlt für mich Musik... Mein Paradies...

> *Weiß nicht, woher ich kommen bin,*
> *weiß nicht, wo geh ich hin.*
> *Verstehe nicht,*
> *daß ich so fröhlich bin.*

*Der offizielle Abschiedsabend: Blandine Ebinger am 1. Oktober 1982
in der Akademie der Künste, Berlin*

Nachwort

Dieses Buch wäre so, wie es hier liegt, nicht ohne liebevolle Hilfe zustandegekommen. Zuerst danke ich all denen, die mich immer wieder ermuntert und gestubst haben, weiterzuarbeiten, unter ihnen hat Helwig Hassenpflug wohl den größten Anteil. Ruth Schweizer, Hattingen, hat mit viel Geduld die zahlreichen Fassungen getippt. Horst Königstein hat sich des endlich geborenen Kindes angenommen und mir die liebgewonnenen Damen Elisabeth Raabe und Regine Vitali des Arche Verlags zugeführt. Dafür danke ich ihm, obwohl er dann mit grausamer Wonne über dreihundert Seiten aus dem Manuskript herausoperiert hat, darunter mindestens hundert »Wunderbars«; ich hatte sie so gern, wohl weil ich meine Kinderfrau nachahmte, für die alles »wunderbar« war. Auf anderes habe ich selbst verzichtet, weil Friedrich Hollaender in seinem Buch *Von Kopf bis Fuß* darüber berichtet hat. Schließlich war es für mich ein geheimnisvolles Erlebnis, im Kontakt mit der verständnisvoll erkennenden Elisabeth Raabe ein Buch entstehen zu sehen, das mir trotz der schmerzvollen Kürzungen lieb ist. Habe ich dieses Buch selbst geschieben? Natürlich – es begleitete mich durch viele Jahre, und keiner der anderen Beteiligten hat ja das erlebt, was ich zu berichten habe. Aber ohne ihr Engagement wäre dieses kräftige Baby, das Freude verbreiten soll, nie zur Welt gekommen.

B. E.

Verzeichnis der Rollen von Blandine Ebinger in Theater, Film und Fernsehen

Kinder- und Jungmädchenrollen
Klein Eyolf (Ibsen). Mit 8 Jahren erste Rolle in Leipzig.
Der Mandarin. Residenztheater. Mit R. Schildkraut, Korff.
Glück im Winkel. Komische Oper. Rolle: Die Blinde.
Der Vater (Strindberg). Hebbeltheater. Rolle: Berta.
Die Wildente (Ibsen). Komische Oper. Rolle: Hedwig.
Der Biberpelz (Hauptmann). Lessingtheater. Rolle: Adelheid.
Hanneles Himmelfahrt (Hauptmann). Komische Oper. Rolle: Hannele.
Gespenster (Ibsen). Königliches Schauspielhaus. Rolle: Regine.
Die Ratten (Hauptmann). Theater an der Kommandantenstraße. Rolle: Selma.
Fuhrmann Henschel (Hauptmann). Lessingtheater. Regie: Barnowski. Mit Emil Jannings, Lucie Höflich. Rolle: Adelheid.
Die Steiner Mädeln (Fekete). Residenztheater. Regie: Robert.
Prinzessin Maleine (Materlinck). West Theater.
Die Verhüllte. Residenztheater. Regie: J. Szalit.
Raskolnikow. Regie: Zapolski. Rolle: Dunja.
Peer Gynt (Ibsen). Staatstheater. Regie: Bruck. Rolle: Anitra.
Flachsmann als Erzieher. Königliches Schauspielhaus. Regie: Clewing.
Minna von Barnhelm (Lessing). Königliches Schauspielhaus. Regie: Patry. Rolle: Franziska.

Rollen in den Zwanziger und dreißiger Jahren
Maya (Gantillon). Kammerspiele. Regie: Baty. Mit E. Eckersberg, Frieda Richards, Ida Wüst, Paul Hörbiger, F. Kampers.
Kaiserin von Neufundland (Pantomime von Wedekind, Musik: Friedrich Hollaender). Kammerspiele München. Mit Leibelt, Horwitz, Faber, Hans Schweikart. Regie: Forster-Larenga. Rolle: Kaiserin.
Kyritz-Pyritz
Der Kinderfeind (Mechthilde von Lichnowsky). Mit Helene Thimig.
Mieze und Maria (Hirschfeld). Komödie und Hamburger Kammerspiele.
Hamlet. Staatstheater. Regie: Jessner. Mit F. Kortner, M. Koppenhöfer, P. Bildt, A. Wäscher. Rolle: Ophelia.
Die Ratten (Hauptmann). Theater an der Kommandantenstraße. Regie: Tagger. Rolle: Piperkarcka.
Apollo, Brunnenstraße. Theater am Bülowplatz. Regie: J. Fehling. Mit Lucie Mannheim.

Die Kassette (Sternheim). Komödie. Regie: Dr. Klein. Mit H. Rühmann, A. Sandrock, J. Tiedtke.
Armut (Wildgans). Lustspielhaus. Regie: A. Golfar. Mit Mathilde Ebinger.
Baal (Brecht). Junge Bühne. Regie: Brecht. Mit O. Homolka, Sibylle Binder, P. Bildt.
Trommeln in der Nacht (Brecht). Deutsches Theater. Regie: Brecht. Rolle: Anna.
Troilus und Cressida (Shakespeare). Deutsches Theater. Regie: Hilpert. Mit M. Wiehmann, J. Tiedtke. P. Hörbiger. Rolle: Cassandra.
Die Perle von Savoyen (Reimann und Schnog). Theater an der Kommandantenstraße.
Berlin wie es weint und lacht (Kalisch). Theater an der Kommandantenstraße.
Sonnenspectrum (Wedekind). Theater am Kurfürstendamm. Regie: K. H. Martin. Mit H. Deppe, Margarethe Schlegel, H. Brausewetter, H. v. Meyrink.
Spiel im Schloß (Molnar). Tribüne. Regie: Robert und Mathilde Ebinger. Mit Brausewetter, von Meyrink.
Die Fee (Molnar). Mit von Meyrink, Wäscher, G. Mosheim.
Peer Gynt (Ibsen). Deutsches Theater. Mit Werner Krauss, Faber, J. Hofer. Rolle: Die Grüne.
Wie werde ich reich und glücklich (Joachimson). Musik und Dirigent: Mischa Spoliansky. Mit Oskar Karlweiss.
Der erste Frühlingstag (D. Thompson). Deutsches Theater. Regie: Hilpert. Mit Leopoldine Konstantin, Brausewetter, Rolle: Malersgattin.
Kasimir und Karoline (Horváth). Regie: Francesco von Mendelssohn. Mit F. Kampers, Luise Ulrich.
Die zärtlichen Verwandten (G. Freytag). Kammerspiele. Regie: Gustaf Gründgens. Mit Gründgens, Maria Bard.
Das Wäschermädel. Theater am Nollendorfplatz. Regie: Saltenburg. Mit Wohlbrück, Paul Morgan, Fritz Grünbaum. A. v. Schlegel.
Frischer Wind aus Kanada. Musik von H. Walter. Mit Willi Schaeffers.

Hauptrollen in Revuen
Es liegt in der Luft. Deutsches Theater und Tournee.
Laterna Magica.
Das bist Du.
Es kommt jeder dran.

Rollen nach dem Zweiten Weltkrieg
So war Mama. Hebbeltheater. Mit Käthe Dorsch.
Affäre Dreyfuß (Rehfisch). Schloßparktheater. Regie: Stroux. Bild: Carola Neher. Mit Paul Bildt. Rolle: Frau Dreyfuß.

Der steinerne Engel (T. Williams). Schloßparktheater. Regie: Käutner. Mit Mosbacher, G. Mattishent. Rolle: Geisteskranke.
Der Biberpelz (Hauptmann). Schloßparktheater. Regie: Stroux. Bild: Ita Maximowna. Mit Käthe Dorsch. Rolle: Frau Mothes.
Die Verschwörung (Schäfer) Schloßparktheater. Regie: Barlog.
Die Liebe der vier Obersten (Ustinow). Schloßparktheater. Regie: Barlog.
Michael Kramer (Hauptmann). Theater am Kurfürstendamm. Rolle: Liese Bänsch.
Königinnen von Frankreich (Th. Wilder). Tribüne. Regie: Falk Harnack.
Einladung ins Schloß (Anouilh), Renaissance-Theater. Regie: Willi Schmidt. Mit B. Gobert. H. Meyen, Tillmann, R. Bahn.
Drei Einakter von Cocteau. Maison de France.
Die Stärkere (Strindberg). Berlin, Hamburg, Zürich, auch in London (engl.).
Onkel Harry (Th. Job). Renaissance-Theater. Regie: F. Mellinger. Mit W. Gross.
Eine glückliche Familie. Renaissance-Theater. Regie: Raeck.
Caroline (Maugham). Kleine Komödie München.
Die Irre von Chaillot (Girodoux). Residenz-Theater München. Regie: G. Rennert. Bild Ita Maximowna. Rolle: Irre von Passy.
Komödie im Dunkeln (Shaffer). Regie: H. Meyen. Mit G. Boettcher, P. Schmidt, L. Steckel.
Die Kinder Edouards. Theater am Kurfürstendamm. Regie: Chr. Wölffer.
Italienische Hochzeit (Filippo). Renaissance-Theater. Regie: H. Balzer. Mit H. Hatheyer, F. Schoenfelder. Rolle: Rosalie.

Filmografie
1917
Das Nachträtsel. Mit Viggo Larsen und Rolf Randolf.
1918
Der Teilhaber. Mit Rolf Loer und Hugo Werner-Kahle.
1919
Baccarat. Mit Ernst Josef Aufricht und Reinhold Schünzel.
Der Dolch des Malayen. Mit Carl Auen und Bernhard Goetzke.
Der Knabe in Blau. Mit Ernst Hofmann und Margit Barnay.
Die gelbe Fratze. Mit Friedrich Zelnik und Hermann Vallentin.
Prinz Kuckuck. Mit Conrad Veidt und Olga Limburg.
1921
Der Mann ohne Namen. Mit Harry Liedtke und Georg Alexander.
Die Ratten. Mit Emil Jannings und Lucie Höflich.
1922
Mysterien eines Frisiersalons (Kurzfilm). Mit Karl Valentin, Erwin Faber.
Sie und die Drei. Mit Henny Porten und Hermann Thimig.
1923
Zwischen Abend und Morgen. Mit Werner Krauss und Agnes Straub.
1925
Die Blumenfrau vom Potsdamer Platz. Mit Erika Glässner, Ralph A. Roberts.
Die Frau ohne Geld. Mit Grete Reinwald und Margarete Kupfer.
1926
In der Heimat, da gibt's ein Wiedersehn. Mit Reinhold Schünzel, M. Barnay.
1927
Kopf hoch, Charly. Mit Ellen Richter und Michael Bohnen.
Violantha. Mit Henny Porten und Wilhelm Dieterle.
1931
Kabarettprogramm Nr. 2 (Kurzfilm). Mit Siegfried Arno und Paul Westermeier.
Einer Frau muß man alles verzeih'n. Mit Maria Paudler und Fritz Schulz.
Kein Scheidungsgrund. Mit Lien Deyers und Johannes Riemann.
1932
Das Lied der schwarzen Berge. Mit Ita Rina und Ernst Dumcke.
Unheimliche Geschichten. Mit Harald Paulsen und Maria Koppenhöfer.
Das schöne Abenteuer. Mit Käthe von Nagy und Wolf Albach-Retty.
Kitty schwindelt sich ins Glück. Mit Tony van Eyck und Willi Stettner.
Kampf. Mit Manfred von Brauchitsch und Evelyn Holt.
Gitta entdeckt ihr Herz. Mit Gitta Alpar und Gustav Fröhlich.
1933
Es war einmal ein Musikus. Mit Trude Berliner und Viktor de Kowa.
Kleiner Mann – was nun? Mit Hermann Thimig und Hertha Thiele.
1934
Erstens kommt es anders. (Kurzfilm). Mit Werner Finck und Ruth Hellberg.
Ihr Trick (Kurzfilm). Mit Werner Finck und Ruth Hellberg.
Selbst ist der Mann (Kurzfilm). Mit Eugen Rex und Margarete Kupfer.
Die Liebe siegt. Mit Trude Marlen und Susi Lanner.
Was bin ich ohne Dich? Mit Betty Bird und Wolfgang Liebeneiner.
1935
Frischer Wind aus Kanada. Mit Dorit Kreysler und Paul Hörbiger.
Es flüstert die Liebe. Mit Gustav Fröhlich und Hedwig Bleibtreu.

1936
Heiratsbüro Fortuna (Kurzfilm). Mit Hubert von Meyerinck, Ursula Herking.
Der silberne Löffel (Kurzfilm). Mit Georg Heinrich Schnell und Dorothea Thiess.
Mädchen in Weiß. Mit Maria Cebotari und Iwan Petrovich.
1937
Sparkasse mit Likör (Kurzfilm). Mit Werner Finck und Kurt Seifert.
Bluff (Kurzfilm). Mit Robert Dorsay und Ernst Waldow.
Psst, ich bin Tante Emma! (Kurzfilm). Mit Robert Dorsay und Maly Delschaft.
Der Biberpelz. Mit Heinrich George und Ida Wüst.
Wenn Du eine Schwiegermutter hast. Mit Ida Wüst und Ralph Arthur Roberts.
Der Berg ruft. Mit Luis Trenker und Heidemarie Hatheyer.
Der Lachdoktor. Mit Weiß Ferdl und Carla Rust.
Vor Liebe wird gewarnt. Mit Anny Ondra und Erich Fiedler.
1946
Prison Ship (USA). Regie: Dreyfuß. Mit Donath.
1948
Affaire Blum. Mit Hans Christian Blech und Gisela Trowe.
1950
Epilog. Mit Ilse Werner und Bettina Moissi.
Fünf unter Verdacht. Mit Hans Nielsen und Dorothea Wieck.
Die Treppe. Mit Hilde Körber und Liana Croon.
Saure Wochen – frohe Feste. Mit Marianne Prenzel und Karl Hellmer.
1951
Das Beil von Wandsbek. Mit Erwin Geschonneck und Käthe Braun.
Der Untertan. Mit Werner Peters und Sabine Thalbach.
1953
Das ideale Brautpaar. Mit Jacques Königstein und Hans Reiser.
1954
Ännchen von Tharau. Mit Ilse Werner und Heinz Engelmann.
Die Mücke. Mit Hilde Krahl und Gustav Knuth.
1955
Verrat an Deutschland. Mit Paul Müller und Kristina Söderbaum.
Solang' es hübsche Mädchen gibt. Mit Grethe Weiser und Georg Thomalla.
Vatertag. Mit Grethe Weiser und Paul Westermeier.
Meine Kinder und ich. Mit Grethe Weiser und Claus Biederstaedt.
1956
Der erste Frühlingstag. Mit Luise Ulrich und Paul Dahlke.
Die Stimme der Sehnsucht. Mit Rudolf Schock und Waltraud Haas.

1958
Mädchen in Uniform. Mit Lilli Palmer und Romy Schneider.
Fraulein (USA). Regie: Henry Koster. Mit Mel Ferrer.
1959
Und das am Montagmorgen. Mit O.W. Fischer und Robert Graf.
Alle Tage ist kein Sonntag. Mit Elisabeth Müller und Paul Hubschmid.
1960
Der letzte Fußgänger. Mit Heinz Erhardt und Christine Kaufmann.
Der letzte Zeuge. Mit Martin Held und Hanns Lothar.
1961
Der Lügner. Mit Heinz Rühmann und Annemarie Düringer.
1963
Bekenntnisse eines möblierten Herrn. Mit Karl-Michael Vogler, M. Sebaldt.
1967
Peau d'Espion. Regie: Eduardo Mulinaro. Mit Senta Berger.
1970
Wir-zwei. Mit Sabine Sinjen und Christoph Bantzer.
1971
Der Teufel kam aus Akasawa. Mit Horst Tappert und Walter Rilla.
1972
Der Fremde (USA). Mit Hardy Krüger.
Wir bauen uns ein Haus. Regie: Peter Weck. Mit Peter Alexander.

Fernsehproduktionen
Der Tod im Apfelbaum (Osborn). Regie: W. Semmelroth.
Ein besserer Herr (Hasenclever). Regie: H. D. Schwarze. Mit V. de Kowa, E. F. Fürbringer.
Talente und Verehrer (Ostrowski). Regie: H. D. Schwarze. Mit C. Trantow.
Das Schwedische Zündholz. Regie: H. D. Schwarze. Mit P. Dahlke, H. E. Jäger, M. John.
Junger Herr für Jenny. Regie: Leitner. Mit W. Hessenland.
Die Menschliche Pyramide (Schnurre). Regie: H. D. Schwarze. Mit L. Steckel.
Bedenkzeit. Regie: Ludwig Cremer. Mit K. Keller, P. Pasetti.
Entziehung (G. Wohmann). Regie: L. Cremer. Mit G. Wohmann.
Berlin 0 bis 24 Uhr. Episode »Der Besuch«. Mit W. Blum.

Inhalt

Mein Marionettentheater 5

Eine idyllische Kindheit in Berlin und anderswo
Geschichten meiner Mutter 8
Schuld 10
Tagebuch 11
Die verspätete Taufe 13
Dem Vater auf die Spur kommen 15
William Wauer 17
Knabe mit Krücke: Blandines erste Rolle 19
Theatersehnsucht 20
Das eigene Theater 21
Herr und Frau Sonderblume 22
Idole 23
Freudlose Zeit in Dresden 24
Ein neuer Vater 25
Die Patienten 27
Wunderbare Glasmurmel 28
Das Gespenst 29
Ohrfeigen in Berlin, Kriegsalltag in Strausberg 30

Die Kindfrau
Erste Erfahrungen mit der Theaterwelt
Die erste Rolle bei Max Reinhardt 34
Noch immer »Blandinchen« 35
Melusine und »Frühlings Erwachen« 37
Entscheidung 38
Einstein auf der Straße 38
Angst vorm Fallen 39
Jedes Talent lebt von einem Mangel 40
Der Dybuk 41
Eine Erinnerung an den Schwarzwald 42
Liebe auf der Bühne, Liebe im Leben 42
Talent bewahren, Wirklichkeit meiden 44
Es ist nicht nur wie bei Strindberg 45
»Die junge Bühne« 45
Atelierfest 46
Stummfilmkarrieren 47
Der nackte Mann im Ledersessel 48
Murnau und das Kettchen 49
Der grausame Scheich 50
Ernst Deutsch und Walter Hasenclever 51
Die Entführung einer sehr jungen Dame 52
»Baby« löst sich ... 54
Straßenkämpfe in Berlin 54
»Milieustudien« mit Hasenclever 56
Baby Lulu 59
Ein Brief 61

Die Zeit mit Friedrich Hollaender
Friedrich Hollaender: Der kleine Zauberer 65
Schnell zum Theater 67
Der Besucher im Kleiderschrank 68
Heiratsantrag 69
Erste Chansons im »Schall und Rauch« 70
»Café Größenwahn« und das Leben in den Chansonfiguren 71
Die »Lieder eines armen Mädchens« 72
»Die Trommlerin« und Karl Kraus 86
Wie ich ein Chanson erarbeite 89
Leben zwischen Ehe und Cabaret 91
Eine Tochter 93
Der erste eigene Vortragsabend 94
Schallplatten 97
Matineen 98
Walter Mehring 103
Kurt Tucholsky 104
Joachim Ringelnatz 105
Klabund 106
Chaplin in Berlin 107
Eifersucht 109
Spoliansky und die Geister 110
Eine Puppe unter Einfluß 112
Im Salon 112
Pfändung 113
Ein Lied von Brecht 114
Die »Kaiserin von Neufundland« 116
Immer wieder ums Maximilianeum 118
»Es kommt jeder dran« 124
Gustav Gründgens 125
Adele Sandrock 126
Werner Krauss 127
Noch einmal Brecht 130
Rascheln in der »Bonbonnière« 131
»Es liegt in der Luft« 132
Ein Reinfall 134
In der Klinik 136
Jonny, wenn du Geburtstag hast 136
Die Dietrich 138

Auf eigenen Beinen in Deutschland und den USA
»Ehen werden im Himmel geschlossen« 144
Die verlorene Rolle 146
Ein Abend mit Horváth 150
Nazis 152
Max Reinhardt in Venedig 154
Hitlers Hand 157
Es geht los 157
Ohne Geld in Hollywood 158

Eine neue »Familie«   161
Krieg in Europa   162
Unter Emigranten   163
Meine Lieder in Englisch   164
Geburtstagsfeier für Döblin   165
Heinrich Mann und Nelly Mann   167
Feuchtwangers   168
Peter Lorre   169
Warten auf die Garbo   170
Ananda Ashrama   171
Die Atombombe   173

Im Nachkriegseuropa
Rückkehr nach Europa   176
Theater in Zürich   179
Reise in eine Ruinenlandschaft   179
Wieder in Berlin   181
Erich Engel und Bertolt Brecht   183
Berlin, fünfziger Jahre   187
Valeska Gert   189
Fehlleistungen   190
Nach dem Tod der Mutter   192
Erich Kästner   194
Eine Schallplattenaufnahme   195
Drei Geranien und die Folgen   196

Die wiedergefundene Zeit
Wieder nach Berlin   202
»Meine« Lieder werden erneut geweckt   203
Ein Abschied: Friedrich Hollaender   206
»Aufhören, wenn's am besten schmeckt«   210
»Don't ask domestic questions«   214

Nachwort
Verzeichnis der Rollen in Theater, Film und Fernsehen

Bild- und Quellennachweis
Alle Abbildungen aus: Archiv Blandine Ebinger, Berlin.
Bertolt Brecht, *Couplet für Blandine* aus: Bertolt Brecht *Gesammelte Werke,* Supplementband 2. Copyright © Stefan S. Brecht 1982. Alle Rechte vorbehalten durch Suhrkamp Verlag, Frankfurt am Main.
Bertolt Brecht, *Peinlicher Vorfall* aus: Bertolt Brecht *Gesammelte Werke.* Copyright © Suhrkamp Verlag, Frankfurt am Main 1967.
Klabund, *Da muß ich fliegen* und *Ich baumle mit de Beene* © Kiepenheuer & Witsch GmbH & Co. KG, Köln.
Walter Mehring, *Wenn wir Stadtbahn fahren* sowie Zitat aus dem *Ketzerbrevier* © 1981 claassen Verlag GmbH, Düsseldorf.
Wir danken für die Erlaubnis zum Abdruck.